Edith Wittassek
Angelika Meltzer

Ganzheitlicher Sachunterricht im 1. Schuljahr – neu

Oldenbourg

PRÖGEL PRAXIS 240

Die Deutsche Bibliothek – CIP-Einheitsaufnahme

Wittassek, Edith:
Ganzheitlicher Sachunterricht im 1. Schuljahr / Edith Wittassek ; Angelika Meltzer. –
Neubearb. – München : Oldenbourg-Schulbuchverl., 2002
  (Prögel-Praxis ; Bd. 240)
  ISBN 3-486-96057-1

© 2002 Oldenbourg Schulbuchverlag GmbH, München
www.oldenbourg-bsv.de

Das Werk und seine Teile sind urheberrechtlich geschützt. Jede Verwertung in anderen als den gesetzlich zugelassenen Fällen bedarf deshalb der vorherigen schriftlichen Einwilligung des Verlages.

Trotz entsprechender Bemühungen ist es nicht in allen Fällen gelungen, den Rechtsinhaber ausfindig zu machen. Gegen Nachweis der Rechte zahlt der Verlag für die Abdruckerlaubnis die gesetzlich geschuldete Vergütung.

1. Auflage 2002 RE
Druck   06   05   04   03
Die letzte Zahl bezeichnet das Jahr des Drucks.

Umschlagkonzept: Mendell & Oberer, München
Umschlaggestaltung: Lutz Siebert-Wendt
Fotos: A. Meltzer, E. Wittassek
Lektorat: Antje Glimmann, Silvia Regelein
Zeichnungen: Kristina Klotz, München; Andrea Frick-Snuggs
Zeichnungen S. 222, 225 (OHP), 251, 347 unten: Helge Glatzel-Poch, Bad Tölz;
Zähne S. 317, 318: Petra Paffenholz, Bergisch-Gladbach
Herstellung: Fredi Grosser
Satz: Greipel-Offset, Haag/Obb.
Druck und Bindung: Schneider Druck GmbH, Rothenburg ob der Tauber

ISBN 3-486-**96057**-1

Inhaltsverzeichnis

1. Einführung

Wir verkaufen nur Samen 6
Die „Reaktionsautomatik" der vier Persönlichkeitsbereiche 9
Lernen durch Begegnung 14
Der Sachunterricht und sein Ausgangspunkt für Gesprächs- und Lösungskreise 15
Unterrichtsvorschläge und meditative Übungen 16

2. Die Zeit vom Schulanfang bis Weihnachten

Jetzt bin ich ein Schulkind

Erster Schultag – Meine Schultüte 19
Zweiter Schultag – Wir lernen uns und unser Schulhaus kennen 24
Mein Stuhl und ich 30
Wir gehören zusammen 34
Mein Federmäppchen 38
In unserem Klassenzimmer fühlen wir uns wohl 43
In der Pause erhole ich mich 47
Gesprächskreisanregungen:
In der Schule – Vorstellung und Wirklichkeit 54
Gesprächskreisanregungen:
Mit welcher Schulwirklichkeit habe ich meine Schwierigkeiten? 56
Wir helfen einander 58
Der Redestab 61
Gesprächskreisanregungen:
Wie gut kann ich schon aufpassen? 68
Nicht immer kann ich gut aufpassen 70
Wie heißt unser Thema? 72

Als Schulkind unterwegs

Zu Fuß unterwegs 74
Kleidung für den sicheren Schulweg 76
Farben im Straßenverkehr 82
Gesprächskreisanregungen:
Unterschiede 84
Wir beobachten Partner auf der Straße 86
Auf der Straße Augen auf! 88
Gute Erfahrungen mit Rücksicht 93
Verkehrszeichen helfen uns 97

Leben in der Familie

Bei meiner Familie 103
Jeder ist wichtig 110
Gesprächskreisanregungen:
Kann ich dankbar sein? 116
Meine Lebensgeschichte 121

Miteinander feiern
　Wir erinnern uns an St. Martin 124
Gesprächskreisanregungen:
　Wann möchte ich nicht teilen? 131
　Bei uns hat sich viel verändert 134
　Advent feiern 137
　Unser Adventskalender 138
　1. Dezember – Erde 139
　2. Dezember – Tannenzweige 143
　3. Dezember – Adventskranz 145
　4. Dezember – Sonne 146
　5. Dezember – Quelle 147
　6. Dezember – Heiliger Nikolaus 149
　7. Dezember – Ich zünde eine Kerze an 150
　8. Dezember – Päckchen 151
　9. Dezember – Plätzchen 153
　10. Dezember – Glocke 154
　11. Dezember – Weg 155
　12. Dezember – Engel 156
　13. Dezember – Das Geheimnis der Apfelkerne 158
　14. Dezember – Apfel 160
　15. Dezember – Weihnachtsbaum 162
　16. Dezember – Tor 162
　17. Dezember – Mond 165
　18. Dezember – Maria und Josef 166
　19. Dezember – Weihnachtsstern 167
　20. Dezember – Hirte 168
　21. Dezember – Stall von Bethlehem 169
　22./ 23./ 24. Dezember – Tiere im Stall – Weihnachtskrippe – Jesus in der Krippe 170

3. Die Zeit bis Ostern

Zeiterfahrungen
　Wir erinnern uns 175
　Thema Zeit 177
　Vorerfahrungen zum Thema „Zeit" 179
　Die Woche und ihre sieben Tage 189
　Heute ist Donnerstag 197
　Wie spät ist es? 202
Gesprächskreisanregungen:
　Manchmal kann ich mir die Zeit selbst einteilen 212
　Warum ist es in der Nacht so dunkel? 217
　Erfahrungen mit Schattenbildern 222
　Bauen mit Schnee 226
　Die Sonnenkönigin und ihre vier Söhne 230

Miteinander spielen
    Das Besondere an meinem Lieblingsspiel 239
    „Mensch ärgere dich nicht" – ein Spiel mit Regeln 241
Gesprächskreisanregungen:
    Ich kann so schlecht verlieren 244
    Bewegende Spiele aus vielen Ländern 247
    Spiele und Spielsachen zwischen Gestern und Heute 254
    Spielzeug selbst gebaut 255
    Wir gehen auf den Spielplatz 260
    Auch damit kann man spielen 263

Die Osterzeit
    Gedanken zum Umgang mit der folgenden Ostergeschichte 263
    Das Osterlicht: Das Licht des Lebens 1 266
    Das Osterlicht: Das Licht des Lebens 2 273
    Zeichen für Ostern 280

4. Die Zeit bis Pfingsten

Mit allen Sinnen
    ... den Frühling entdecken 281
    ... meine Sinne erfahren 288
    ... Willis Schätze erkunden 303
    ... Musik aus Willis Schatzkiste erleben 308
    ... meine Zähne erkunden 310
    ... meine Zähne putzen 315
    ... den eigenen Körper entdecken 322
    ... den eigenen Körper pflegen 325
    ... Schmutz mit Wasser lösen 332

Luft zum Leben
    Der unsichtbare Schatz 334
    Spiele und Versuche mit Luft 337
    Ein „Luftfest" im Schulhof 350

Wettererfahrungen
    Unser Wetter heute 355
    Mit Willi in der Ferienwoche 365

5. Die Zeit bis Schulschluss

Mit Willi die Wiese erforschen
    Unser eigenes Thema 370
    Willi wird Wiesenforscher 373
    Ein Tag in der Wiesenforscherschule 376
    Pflanzen und Tiere der Wiese 383
    Wir bereiten ein Wiesenfest vor 386

6. Anhang 398
    Grundlagenliteratur 400

1. Einführung

Wir verkaufen nur Samen

Ein junger Mann betrat im Traum einen Laden. Hinter der Theke stand ein Engel. Hastig fragte er ihn: „Was verkaufen Sie, mein Herr?" Der Engel antwortete freundlich: „Alles, was Sie wollen." Der junge Mann begann aufzuzählen: „Dann hätte ich gern das Ende aller Kriege in der Welt, bessere Bedingungen für die Randgruppen der Gesellschaft, Beseitigung der Elendsviertel in Lateinamerika, Arbeit für die Arbeitslosen, mehr Gemeinschaft und Liebe in der Kirche und ... und ...
Da fiel ihm der Engel ins Wort: „Entschuldigen Sie, junger Mann, Sie haben mich falsch verstanden. Wir verkaufen keine Früchte, wir verkaufen nur den Samen."

Diese Geschichte aus dem Buch „Kurzgeschichten 1" von Willi Hoffsümmer (Mainz: Matthias-Grünewald Verlag 1991) beschreibt recht deutlich unser aller Hoffnungen.
Wäre der junge Mann Lehrer einer ersten Klasse gewesen, hätte er sicherlich auch Wünsche im Hinblick auf seine Schulanfänger geäußert: angemessenes Sozialverhalten gemixt aus Selbstständigkeit, Kontaktfreudigkeit und Verständnis für unseren angestrebten Lern- und Ordnungsrahmen, Lernbereitschaft und eine gute sensomotorische Integrationsfähigkeit, die unser Miteinander im Lernen und Zusammensein zu einer Kette von Erfolgserlebnissen werden lässt und ... und ...
Die Antwort des Engels wäre wohl ähnlich gewesen: „Samen" bringen unsere Kinder mit, manchmal auch „Blüten " - seltener „Früchte." Dies entspricht auch unserer Erfahrung: die Aneignung von Fertigkeiten setzt ein bestimmtes Maß an entfalteten Fähigkeiten voraus.

Standen in den siebziger Jahren die Fachinhalte im Zentrum der Pädagogik, in den achtziger Jahren das Kind in seinem ganzheitlichen Entwicklungsgeschehen, so wird heute eine Balance zwischen Kind- und Sachorientierung angestrebt. Die Komplexität der gesellschaftlichen Veränderungen macht dies erforderlich, auch die Einsicht, dass Kinder lernen müssen, mit dem ihnen zugemuteten Leben zurechtzukommen.
Dieses „Leben" fordert die Fähigkeit, eine Situation von verschiedenen Perspektiven aus zu betrachten und die verschiedenen Standpunkte in Beziehungen zu bringen, die dem Ganzen wiederum gerecht werden. Fehlt diese Fähigkeit, werden nur wenige oder gar nur die eigenen Standpunkte gesehen und

die Berührung mit anderen findet entweder nicht statt oder sie bringt unproduktive Konfrontationen, die sinnvolle Lösungen erschweren.
Um diese lebenswichtige Fähigkeit zu erlernen, bedarf es der aktiven Auseinandersetzung mit möglichst vielen Perspektiven der Wirklichkeit. Sie schafft die Voraussetzung, dass

- der Mensch, Erwachsene wie Kinder, in dem sich ständig bewegenden Veränderungsprozess des Lebens seine Identität finden kann;
- er für sich und seinen Lebensbereich Verantwortung übernehmen kann;
- er eigene Fähigkeiten, Grenzen und Mängel erkennt und bewusst an sich arbeitet;
- er andere Menschen und Kulturen gelten lässt;
- er die Denkströmungen seiner Zeit verstehen und unterscheiden lernt;
- er verantwortungsvoll mit Natur und Technik umgehen lernt;

Diese Auseinandersetzung geschieht einerseits durch die bewusste Beschäftigung mit den einzelnen Bereichen und andrerseits durch die Bereitschaft zur Kommunikation.

- Durch Kommunikation kann der Mensch zu einem realeren Verständnis seiner Umwelt kommen und deshalb leichter seinen eigenen Platz in ihr entdecken.
- Er kann lernen, die Entwicklungen, mit denen er konfrontiert wird, in ihrer Bedeutsamkeit zu erkennen und sie für sich selbst positiv zu nutzen.
- Kommunikation ist immer ein aktiver Prozess, unabhängig davon, in welcher Form er stattfindet, ob durch eigenes Nachdenken und individuelles Verarbeiten oder durch Gedankenaustausch mit anderen.

Die Schule als Teil der Lebenswirklichkeit hat die Aufgabe, den Kindern den Zugang zur perspektivischen Sicht der Wirklichkeit zu eröffnen, um ihnen ihrerseits Wege in die Lebensrealität zu zeigen, sowie Möglichkeiten der Kommunikation zu vermitteln. Dies wird in allen Fachbereichen deutlich, besonders im Sachunterricht, und bezieht sich sowohl auf die Inhalte als auf die Methoden.
Grundlegende Fähigkeiten dazu bringen die Kinder ganz natürlich mit. Sie erleben Phänomene, Fragen und Probleme der sie umgebenden Welt zunächst ganzheitlich und assoziieren zunächst jenen Teilaspekt, der für sie von Bedeutung ist. Erst allmählich lernen sie, diesen und weitere bewusst wahrzunehmen und dadurch ein Verständnis für die Komplexität einer Situation zu bekommen.

„…Wir verkaufen nur Samen." So endet die eingangs zitierte Geschichte und diese „Samen" haben wir vorhin mit „Fähigkeiten" übersetzt. Diese Übersetzung ist für uns mehr als nur ein Wortspiel, denn sowohl die einen wie die anderen sind auf Pflege angewiesen, um sich entfalten zu können. Und wie jeder Samen eine ihm angemessene Betreuung braucht, so können sich auch die verschiedenen Fähigkeiten nur dann entwickeln, wenn sie ihrer Eigenart entsprechende Anregungen bekommen.

- Um welche Fähigkeiten handelt es sich?
- Welche Fähigkeiten zeigen sich bei den Kindern?
- Welchen Persönlichkeitsbereichen können sie zugeordnet werden?
- Welche dieser Bereiche sind den Kindern selbst bewusst?

Diese Frage hat uns immer wieder beschäftigt und wir haben genau hingehört, wie Kinder selbst über sich sprechen. Da hieß es z.B. in einer zweiten Klasse:
„Wenn alle meine Teile zusammenpassen, dann geht's mir gut".
„Wenn ich etwas Aufregendes im Fernsehen anschaue, sagt mein Körper: geh weg, denn meine Beine zappeln; aber im Kopf denke ich: bleib da, ich will wissen, wie es weitergeht; ich bleibe meist sitzen, obwohl ich ganz viel Angst habe; manchmal ist mein Herz der Sieger; das weiß nämlich genau, was für mich gut ist."
„Ich denke manchmal in meinem Herzen, meistens in meinem Kopf."
„Mein Innen hat gesagt, ich soll mich versöhnen, obwohl ich eigentlich noch wütend gewesen bin."
„Mein Inneres sagt, was ich tun soll."
„Mit meinen Herzensaugen kann ich sehen, dass mein Bruder traurig ist, auch wenn er in seiner Ecke sitzt und wütend ist."
„Wenn mich meine Mama kuschelt, ist es überall in mir so gemütlich und schön."
„Bei Mathe geht es mir gar nicht, weder gut noch schlecht, denn da brauche ich sowieso nur meinen Kopf."
„Wenn ich etwas ausprobieren kann, fühle ich mich wichtig."
„Wenn ich erzähle, was ich erlebt habe, sehe ich es irgendwie vor mir."
„Wenn ich meinem Freund etwas erkläre, verstehe ich es selbst noch besser."
„Nachdenken und dazu malen ist schön."

Viele Kinder nehmen sich selbst derart differenziert wahr und benennen indirekt jene Persönlichkeitsbereiche, die für ihre Entwicklung wichtig sind: den Körperbereich, den Gefühlsbereich, den Verstandesbereich, den „Innenbereich". Dem Entschluss, den zuletzt genannten Bereich als „Innenbereich" zu benennen, sind viele Gespräche, Diskussionen und Reflexionen vorausgegangen. Nicht zuletzt sind es die Aussagen der Kinder selbst gewesen, die uns dazu veranlasst haben.

Zu jedem dieser Bereiche gehören Fähigkeiten, um deren Entwicklung es geht, will man lernen, Wirklichkeit vielseitig zu erforschen und dabei zu entdecken.

- Unter „Fähigkeiten des Körpers" verstehen wir z.B. den Gebrauch der Sinne, die Ausdrucksfähigkeit durch Sprache und Bewegung, den bewussten Einsatz der Körpersprache.
- Bei „Fähigkeiten des Gefühlsbereiches" meinen wir z.B. Fähigkeiten zur Gefühlswahrnehmung bei sich und anderen, den Umgang mit unterschiedlichen Emotionen.
- Zu den „Fähigkeiten des Verstandesbereiches" gehören für uns z.B. das lineare und das kombinatorische Denken, die Vorstellungsfähigkeit, die Verständnisfähigkeit.
- „Fähigkeiten des Inneren" zeigen sich z.B. im Wertbewusstsein für sich und andere, in Begegnungs- und Beziehungsfähigkeiten, im Verstehen individueller Bedingtheiten, in Gewissenswahrnehmungen, in den Fähigkeiten der Sinnerfassung und Sinndeutung erlebter Situationen.

Jeder der vier Bereiche beeinflusst die anderen und wird wiederum von diesen beeinflusst - ein Geschehen, das gleichzeitig aktiv wie passiv abläuft. Je ausgewogener die gleichrangige Entfaltung aller „Samen" ist, desto umfassender wird Lernen - menschliches wie schulisches - geschehen können.

Deshalb fühlen wir uns für die Entwicklung der „Samen" innerhalb der vier Individualbereiche mitverantwortlich und bemühen uns, sie in unserem Unterrichtskonzept gleichrangig einzubeziehen.

Die „Reaktionsautomatik" der vier Persönlichkeitsbereiche

Wie es sich immer wieder bei den Kindern und auch bei uns Erwachsenen zeigt, stellt die Verbindung der vier Bereiche oft ein Problem dar, das sich nicht unbedingt immer einfach lösen lässt.

Zunächst ein Beispiel:
Susanne hatte in der Pause Streit mit ihrer Freundin. Sie kommt geladen in das Klassenzimmer, setzt sich wütend auf ihren Stuhl und grollt vor sich hin. Am liebsten würde sie jetzt aufstehen, zu Petra hinübergehen und ihr all das ins Gesicht sagen, zu dem sie aufgrund des Pausenendes nicht gekommen ist. Sie fängt zu zappeln an, rutscht mit ihren Armen auf der Tischplatte hin und her und schaut immer wieder zu ihrer Freundin. Inzwischen wurde sie schon

zweimal von der Lehrerin ermahnt, was sie als gemein und ungerecht empfindet. Jetzt hat sie bereits zwei gegen sich und kann nicht tun, wonach ihr zumute ist. Außerdem soll sie aufpassen und „besser mitmachen" – die Lehrerin versteht wieder einmal gar nichts! Susanne fühlt sich ausgeliefert und verschließt sich. Der neue Buchstabe, der ihr da vorn präsentiert wird, der ist sowieso „baby" und außerdem ist Schule langweilig. Auch das Buchstabenpuzzle mit der Nachbarin kann sie in keine bessere Stimmung versetzen. Im Gegenteil, auch da gibt es Streit. Die nächsten zwei Stunden sind „gelaufen". In der folgenden Pause hätte Susanne zwar Gelegenheit, alles loszuwerden, was ihr vorher so sehr wichtig gewesen war, aber jetzt mag sie auch nicht mehr.
Und wie geht es den anderen Kindern in der Klasse? Wie geht es der Lehrerin? Sie hat sich auf die Buchstabeneinführung gefreut, denn aus Erfahrung weiß sie, dass die geplanten Arbeitsweisen die Kinder ansprechen werden. Was anfangs auch wie erwartet abläuft, endet, nachdem sie zuerst Susanne und dann auch andere Kinder immer wieder ermahnen muss, in einem persönlichen Frust und unangenehmen Kopfschmerzen. Denn da die Anzahl der Kinder zunimmt, die mit Susannes Verhalten in Resonanz gehen, wird der Unterricht für sie immer anstrengender. Ihre ewigen Ermahnungen, die zunehmend ungeduldiger, unpersönlicher und lauter ausfallen, tun ein Übriges um eine entspannte Lernatmosphäre zu verhindern.

Die geschilderte Streitsituation, von der wir Einzelheiten gar nicht wissen, hat bei Susanne, ihren Mitschülern und ihrer Lehrerin ein Bündel von Reaktionen ausgelöst.
Wenden wir uns Susannes Reaktionen genauer zu:

- Sie zappelt, bewegt ihre Arme, schaut in die Richtung ihres Interesses, möchte am liebsten aufstehen, etwas sagen. Ihr Gesichtsausdruck verändert sich, ebenso ihre Körperhaltung ... (Körperbereich).
- Sie ist verletzt, wütend, ... (aktivierende Gefühle). Sie fühlt sich unverstanden, eingeengt, ausgeliefert, traurig, unlustig, ungeliebt,... (hemmende Gefühle)
- Gedanken wie „Petra ist blöd", „Die Lehrerin ist gemein", „Ich will jetzt aufstehen, ich will ..." gehen Susanne durch den Kopf (bewusste Gedanken). Daneben „laufen" ganz automatisch unbewusste Gedanken, z.B. „Ich kann nicht tun (sagen), was ich will." „Keiner versteht mich." „Keiner mag mich." „Es hat alles keinen Sinn." „Lernen ist langweilig."
- Von ihrem „Inneren" kann sie in dieser Situation keine Hilfe erfahren. Ihr Selbstbewusstsein ist reduziert, ihre Sozialfähigkeit ist eingeengt und Lernen erscheint ihr momentan uninteressant und sinnlos.

Es wäre zu umfangreich und würde außerdem unsere Kompetenz sprengen, diesen Prozess weiter zu analysieren. Es geht uns vorrangig um die Feststellung, dass jede Situation, beabsichtigt oder unbeabsichtigt, in alle unsere Individualbereiche hineinwirkt und ihre Spuren hinterlässt, was wir im Allgemeinen als „Lernen" bezeichnen.
Susanne hat also „gelernt", dass

- keiner sie mag, und versteht, dass Lernen langweilig ist (Verstand);
- man sich in der Schule ungeliebt, traurig, verletzt, ausgeliefert fühlt (Gefühl);
- man seine Spannung durch Reden und Körpersprache zwar abbauen könnte, es in Wirklichkeit aber nicht darf und einem nur das Zappeln als Ausdrucksmöglichkeit bleibt (Körper);
- die Lernerei in der Schule mit ihr überhaupt nichts zu tun hat, mit ihr, wie es ihr geht, wie sie sich fühlt, mit dem, was sie jetzt bräuchte (Inneres).

Je öfter sich Situationen ereignen, in denen Reaktionsmuster neu aktiviert und somit bestätigt werden, desto intensiver werden sie „erlernt" und zeigen sich dann auch situationsunabhängig als erlernte „Grundstimmung". Das ist der Lehrerin bewusst, den Kinder allerdings noch nicht.
Wir stellen daher die Fragen:

- Was müsste Susanne lernen, um nicht in den Strudel dieser „Reaktionsautomatik" gezogen zu werden?
- Wie könnten wir ihr dabei helfen, mit der geschilderten Situation anders umzugehen, damit es allen an der Situation Beteiligten besser geht?

Gehen wir davon aus, Susanne könnte mit der geschilderten Situation anders umgehen. Unsere Geschichte ließe sich dann vielleicht so erzählen:
Susanne hatte in der Pause Streit mit ihrer Freundin. Sie kommt geladen ins Klassenzimmer, setzt sich wütend auf ihren Stuhl und grollt vor sich hin. Am liebsten würde sie jetzt aufstehen, zu Petra hinübergehen und ihr all das ins Gesicht sagen, zu dem sie aufgrund des Pausenendes nicht gekommen ist. Nun ist aber dazu im Moment keine Gelegenheit, denn die Lehrerin will weitermachen.

- Susanne macht das, was sie für solche Fälle miteinander ausgemacht haben: Sie steht auf, geht zum Lehrertisch, nimmt einen „Erinnerungszettel" aus dem entsprechenden Körbchen, erklärt der Lehrerin kurz ihr Problem und bittet sie, dieses auf den Zettel zu schreiben. Da steht dann darauf: Streit mit Petra – Wut. (Im Laufe des Schuljahres wird Susanne lernen, selbst ihren „Erinnerungszettel" zu verfassen).

- Die Lehrerin weiß nun Bescheid und wird Susanne später verlässlich daran erinnern, dass sie mit ihrer Freundin etwas klären möchte, was im Moment nicht möglich ist. Susanne fühlt sich verstanden und weiß, dass ihr Bedürfnis berechtigt ist, dass es erfüllt wird und dass es nur darum geht, den richtigen Zeitpunkt dafür zu wählen. Es ist die gleiche Erfahrung, die sie bereits als kleines Kind gemacht hat, als sie eine halbe Stunde vor dem Mittagessen unbedingt ein Stück Schokolade wollte.
- Sie lernt also jetzt ein annehmbares Lösungsverfahren von einer Situation auf eine andere zu übertragen. Auf diese Weise kann sie ihr Anliegen für den Moment zurückstellen. Dies gelingt mit Hilfe der Lehrerin und ist Vorraussetzung dafür, sich auf Nachfolgendes wieder einzulassen.
- Zu Beginn der folgenden Unterrichtsstunde könnte die Lehrerin Übungen zum Spannungsausgleich durchführen und damit Susanne und ihren Mitschülern helfen, sich dem anschließenden Lerngeschehen aufmerksam zuzuwenden.

Lehrerin:

> *„In der Pause bist du viel herumgehüpft und hast dich tüchtig bewegt. Die frische Luft hat dir gut getan und außerdem hast du allerhand erlebt. Jetzt sitzt du wieder auf deinem Stuhl. Wir spannen die Hände zu Fäusten..., unsere Faust wird ganz fest, ...und nun öffnen wir wieder unsere Hände.*
> *Jetzt spannen wir gleichzeitig mit unseren Fäusten unsere ganzen Arme an..., noch fester als zuvor... und lassen unsere Muskeln wieder weich und locker werden.*
> *Nun spüren wir unsere Füße in den Schuhen ..., bewegen unsere Zehen ... und fühlen, wie die Fußsohlen den Schuh berühren... Unsere Füße sind jetzt so lebendig, dass sie sich auch ganz fest anspannen können..., ebenso unsere Beine... und nun lösen wir die Spannung wieder.*
> *Als Letztes lassen wir unseren ganzen Körper fest werden, denken dabei auch an unser Gesicht ... und lassen mit einem gemütlichen Gähnen, Recken und Strecken wieder alles locker werden.*
> *Du schließt jetzt deine Augen, ... fühlst, wie dich dein Stuhl trägt ... und wie dein Rücken gerade ist ... Unsere Aufmerksamkeit ist jetzt ganz wach, ebenso unsere Neugierde, was uns als Nächstes erwartet. Dazu habe ich dir etwas an die Tafel gemalt. Öffne deine Augen und schau es dir an.*

- Die Lehrerin hat im Laufe der Zeit das Gespür entwickelt, welche Formulierungen die Kinder im jeweiligen Moment brauchen:

ob bestimmte Körperregionen (z.B. die Augen, die Hände...) oder der Körper in seiner Gesamtheit angesprochen werden sollen;
ob sie durch ihre Worte bestimmte Gefühle (z.B. Geborgenheit) aktivieren soll;
ob die Kinder sich mit einem bestimmten Gedanken beschäftigen sollen oder allgemein die Neugierde geweckt werden soll;
ob das für die Lernsituation wichtige „Es-hat-etwas-mit-mir-zu-tun" bereits gegenwärtig ist oder ob dieser Bezug erst hergestellt werden muss;
ob sie bei ihrem Vorgehen eine passende Musik einsetzt oder nicht.

Es geht darum, jene wahrnehmbaren atmosphärischen Informationen aufzugreifen und sie zu benennen. Die Kinder werden so auf die Begegnung mit dem aktuellen Lernvorhaben vorbereitet und ganzheitlich motiviert.
Die Lehrerin selbst kann durch diese Maßnahmen anders mit der Situation umgehen, Susanne besser verstehen und auf Störungen anders reagieren.
Was hat Susanne nun gelernt, um mit der geschilderten Situation anders umzugehen? Welche Hilfen hat sie dabei bekommen?

Als Antworten können für Susanne nun gelten:

1. Ich habe in jeder Situation Gedanken, Gefühle, Körperreaktionen, die sich nicht einfach abschalten lassen, nur weil der unmittelbare Anlass vorbei ist – das ist in Ordnung.
2. Ich kann meine Gedanken sagen, sie mir bewusst machen – das ist in Ordnung.
3. Ich kann meine Gefühle wahrnehmen und sie benennen – das ist in Ordnung.
4. Ich kann mithilfe meiner Lehrerin ein Geschehen noch genauer betrachten und es besser verstehen - das ist in Ordnung.
5. Ich muss das alles nicht sofort können, sondern ich darf mir dafür Zeit lassen – das ist in Ordnung.

Susanne hat also bestimmte Fähigkeiten aus ihren vier Individualbereichen so weit entfaltet, dass eine solche Situation keinen „Fall ins Loch" mehr auslöst. Sie hat die Erfahrung gemacht, dass durch das Beschreiben der Gefühle der „Eintopf" des „Mir geht es schlecht" in überschau- und bewältigbare „Einzelteile" zerlegt wird. Dadurch wird es viel einfacher, Situationen realitätsbezogen zu deuten. Es wird leichter, Hilfen anzunehmen und sich auf den Unterricht aufmerksam und konzentriert einzulassen, da das Bedürfnis nach ganzheitlichem Verstanden-Werden berücksichtigt wird. Denn Susanne hat, wie wir alle, das Bedürfnis in allen „Teilen" verstanden und angenommen zu werden.

So wie Susanne sich selbst im Zusammenhang mit dem Pausenereignis begegnet, so bekommt sie auch die Möglichkeit, sich selbst im Zusammenhang mit den Unterrichtsinhalten zu begegnen. Das gibt ihr Sicherheit und ein realistisches Selbst-Wert-Bewusstsein, das in der Schule Achtung erfährt. Jetzt ist sie auch in der Lage, den angebotenen Inhalten zu „begegnen" und sie nicht unberührt vorbeiziehen zu lassen. Dieses Lernen durch Begegnung entspricht dem natürlichen Bedürfnis, es ist ein bedürfnisorientiertes Lernen. Aus der Sicht des Kindes sieht unser Ansatz, der nicht neu ist, so aus:

> *Zuerst* muss ich mich in meinen Gefühlen ernst genommen, verstanden und geborgen fühlen (Gefühlsbereich), *dann* bin ich bereit, mich tatsächlich für etwas zu interessieren (Verstandesbereich), *sofern* der Lerninhalt etwas mit mir, mit meinem „ICH" zu tun hat (Innenbereich) und ich auf irgendeine Weise mit ihm *handelnd* umgehen kann (Körperbereich).

Lernen durch Begegnung

Welche Gefühle und Gedanken der Kinder brauchen wir, damit durch unseren Unterricht etwas „landet", etwas „rüber kommt", die Motivation anhält? Für unsere Themen benötigen wir Offenheit, Neugierde, Interesse, Lernfreude und die Bereitwilligkeit, sich mit etwas bereits Vertrautem oder Neuem bewusst auseinanderzusetzen. Dieser letzte Anspruch ist gar nicht so leicht zu erfüllen; das berühmte „Weiß ich sowieso", oder „Ich habe keine Lust" verhindert vielfach, die neuen Töne in dem bekannten Musikstück „Zähneputzen" oder „Wiese" ... wahrzunehmen und sie auszudrücken.
Hat eine positive emotionale Begegnung einmal stattgefunden, fällt es den Kindern leicht, das Thema als sinnvoll und wichtig auch für sie selbst anzuerkennen und sich „innerlich" davon erfassen zu lassen. Nach dieser inneren Akzeptanz der Lernsituation macht das Mitdenken und Mitmachen, das selbstständige Überlegen, Ausprobieren, sich Austauschen mit Freunden, Aufschreiben und Malen Freude. Die damit verbundenen „Verstandes- und Körperbegegnungen" lassen einen sichtbaren Lernzuwachs erkennen, der sich durch weitere Aktivitäten vertiefen lässt. Und wenn die Kinder eigene Lernfortschritte wahrnehmen, Fehler als Chancen zum Weiterlernen verstehen, dann wächst auch ihre Bereitschaft, Lernangebote als grundsätzlich positiv zu sehen.
Uns ist es daher wichtig, durch unterschiedliche Ausgangssituationen Lernanlässe zu schaffen und ihre Sinn- und Lebensbezüge transparent zu machen.

Erfassen von Zusammenhängen und handelnder Umgang sind Schwerpunkte beim Erschließen und Anwenden von Sachverhalten.

Die Sachbegegnungen vollziehen sich in einem sozialen Beziehungsfeld, in dem die Kinder lernen können, ihren Partnern mit Rücksicht und Achtung zu begegnen. Dieses soziale Lernen erweitert die Ich-Kompetenz, die sich innerhalb der Klassengemeinschaft natürlich entfalten kann. In Reflexionen mit unterschiedlichen Schwerpunkten lassen sich Weiterentwicklungen in jedem Persönlichkeitsbereich deutlich erkennen.

Der Sachunterricht und sein Ausgangspunkt für Gesprächs- und Lösungskreise

Kinder dieser Altersgruppe haben ein mehr oder minder ausgeprägtes Bedürfnis sich mitzuteilen. Vom aufregenden Familienfest bis hin zum alltäglichen Streit mit dem großen Bruder ist alles Erlebte wert, erzählt, berichtet, gedeutet und gewertet zu werden.

Dieser Erlebnishintergrund zeigt sich während des Unterrichts oft als ein „Nicht-zur-Sache-Sprechen", als ein „Vor-sich-hin-Träumen" etc. So fiel z.B. auf, dass ein Mädchen stets Angst hatte, seine eigene Meinung zu welchem Thema auch immer frei zu äußern. In einem Gesprächskreis zeigte sich, dass in der Familie durch das Äußern eigener Meinungen von Geschwistern, die sich in der Pubertät befanden, oft Streitigkeiten und beängstigende Spannungen auftraten. Das Mädchen assoziierte, dass es auch Streitigkeiten und Spannungen auslöst, wenn es sagt, was es denkt, und davor hatte es Angst. Das gemeinsame Erkennen dieses Zusammenhangs und ein Gespräch mit den Eltern konnte dem Kind helfen, seine Angst abzubauen und eigene Gedanken angstfrei auszusprechen.

Die guten Erfahrungen mit Gesprächskreisen zu aktuellen Problemsituationen haben uns dazu veranlasst, gezielte Themenkonfrontationen mit den Kindern anzugehen.

Den Ausgangspunkt für das Thema bildet das jeweilige Sachthema. So bietet es sich z.B. an, beim Thema „Auf der Straße Augen auf!" einen Gesprächskreis über „Rücksicht" zu halten.

In einem Morgenkreis zu Wochenbeginn geht es zuerst darum, was Rücksicht bedeutet, ob und wann ich sie bereits erlebt und welche guten Erfahrungen mit ihr gemacht wurden. Im Laufe des Schuljahres fertigen die Kinder ein kleines Büchlein an mit dem Titel „Meine guten Erfahrungen", in das persönliche Erlebnisse zu bestimmten Themen aufgezeichnet und aufgeschrieben werden. Während der Woche benützen wir den Begriff immer wieder, indem wir u.a. rücksichtsvolles Verhalten der Kinder durch Lob bestätigen.

Zum Wochenende hin, am besten am Freitag, machen wir uns bewusst, bei welchen Gelegenheiten es Probleme im Zusammenhang mit Rücksicht gegeben hat bzw. gibt. Einen Punkt, der für uns alle wichtig ist, versuchen wir im Rahmen eines Gesprächskreises zu „lösen", z.B. das Problem, dass jeder beim Verlassen des Klassenzimmers Erster sein möchte und daher rücksichtslos zur Tür rennt. Wir nennen diese Gesprächskreise deshalb „Lösungskreise".

Die Kinder lernen dadurch, dass es Lösungsmöglichkeiten gibt, dass diese zwar nicht immer in einer äußeren Veränderung der Lage bestehen, aber oft in einer neuen Sichtweise der Dinge; die Lösung besteht in manchen Fällen z.B. in dem „Sich-Lösen-von-der-eigenen-Vorstellung", in anderen in der Einsicht in das eigene Fehlverhalten und den Mut, dieses loszulassen.

Durch das Bedürfnis, genau verstanden zu werden, geben sich die Kinder große Mühe, sich möglichst präzise auszudrücken. Es fällt dabei auf, dass sie Wörter aus dem „passiven Wortschatz" sinngerecht benützen und es ihnen immer besser gelingt, ihre Anliegen verständlich darzulegen. In dieser Atmosphäre persönlicher Ehrlichkeit und Offenheit hören die anderen Kinder sehr aufmerksam und bereitwillig zu, bekommen mehr Verständnis für fremdes und eigenes Fehlverhalten und lernen dadurch, besonders auffällige Kinder besser zu akzeptieren und zu integrieren.

Sobald ein Gesprächskreis eine für das Sachthema vorbereitende Funktion besitzt, wird er vor- bzw. zwischengeschaltet. Selbstverständlich besteht auch die Möglichkeit, Gesprächskreise in einem lockeren Rhythmus durchzuführen. Zu selten stattfindende Kreise werden allerdings auch geringere Wirkung zeigen.

Lösungskreise richten sich nach dem individuellen Bedürfnis der Kinder bzw. danach, was sich uns als lösungsbedürftig zeigt. In unseren Unterrichtsvorschlägen sind sie nur exemplarisch vertreten.

Unterrichtsvorschläge und meditative Übungen

Einerseits beobachten wir, dass sich der Wortschatz und die Ausdrucksfähigkeit der Erstklässler im Vergleich zu früher stark verringert hat, dass aber andrerseits die Kinder bereitwilliger geworden sind, über ihre Wahrnehmungen zu sprechen. Geht man auf dieses Bedürfnis ein, entwickeln sich erstaunliche Dialoge in der Klassengemeinschaft. Diese in unserem Buch exemplarisch festzuhalten, war uns wichtig, denn sie zeigen, wie differenziert Kinder beobachten und empfinden, wenn man sie in ihrem „Kern" erreicht. Da sich diese Art der Gespräche im „geschlossenen Unterricht" nach unserer Erfahrung deutlicher zeigt als in offenen Unterrichtsformen, haben wir sie auch in diesem Kontext beschrieben.

Die Reihenfolge unserer Unterrichtsvorschläge basiert auf dem Prinzip des Lernens im Zusammenhang unter Einbeziehung möglichst vieler Perspektiven. Aus Gründen des Themenumfangs kann dies manchmal nur angedeutet werden.
Sollte man einzelne Themen umstellen und sich dennoch an den Stundenverlauf halten wollen, bedarf es wahrscheinlich einer entsprechenden Vorbereitung. Das gilt auch für das benützte Material und die Art der Hefteinträge.
Oft sind in den Unterrichtsablauf meditative Übungen integriert. Hierbei geht es nicht um das Erlernen einer bestimmten Technik, sondern um die Möglichkeit, einen inneren Zugang zu den Lernsituationen anzubahnen, das Lernerlebnis zu vertiefen und eventuell entstandene Lernblockaden abzubauen. Die Übungen sollen daher einerseits entspannen, andererseits der Konzentrationsförderung dienen.
Die geeignete Sitzhaltung ist aufrecht auf dem Stuhl, eventuell unterstützt durch ein kleines Fußbänkchen, das bei kleineren Kindern während des gesamten Unterrichts verwendet werden kann (siehe Kap. 2 „Mein Stuhl und ich"). Es ist darauf zu achten, dass beide Füße vollen Unterlagenkontakt haben und die Beine nicht überkreuzt werden. Der Kopf sollte etwas vorgebeugt sein, das Kinn kann leicht zur Brust gezogen werden, der Mund ist geschlossen. Durch einen nach hinten gebogenen Kopf verspannt sich der Nackenbereich und reduziert sich die Konzentrationsfähigkeit. Die Handflächen liegen locker auf den Oberschenkeln.
Diese meditativen Übungen dürfen nicht mit dem „Träumen" verwechselt werden. Das Träumen dient nicht der Konzentration, sondern ausschließlich dem Ausruhen und Abschalten. Dazu legen die Kinder einen Arm auf den Tisch, kuscheln ihren Kopf in die Ellenbogenbeuge, legen den anderen Arm um den ersten herum und halten den „Kuschelellenbogen" fest. Wir nennen diese Übung auch manchmal „Schlafübung" und die Kinder spüren instinktiv den Unterschied zwischen den beiden verschiedenen Körperhaltungen.

- Während der meditativen Phasen (Musik siehe Anhang) hat es sich bewährt, wenn die Lehrerin da, wo es nötig ist, leise und langsam umhergeht und durch ein beruhigendes Auflegen der Hand auf die Schulter zu einer Atmosphäre der Sicherheit und Geborgenheit beiträgt.
- Manchen Kindern gelingt es nur schwer, ihre Augen geschlossen zu halten. In diesem Falle bieten wir Stirnbänder an oder schlagen vor, einfach auf die ruhig liegenden Hände zu schauen. Meistens lösen sich dadurch die mit dem Augenschließen verbundenen Ängste. Sollte auch das nicht möglich sein, wartet das betroffene Kind ruhig ab, bis die Übung beendet ist - ohne zu stören.

- Nach *jeder* Übung *muss* ein gründliches Recken und Strecken erfolgen sowie ein bewusstes Bewegen der Bein-, Arm-, Gesichts- und Handmuskulatur. Das hilft mit, die nach innen gelenkte Wachheit und Aufmerksamkeit wieder nach außen zu bringen, damit das Denken und Lernen auf dieser Ebene weitergehen kann. Dieses bewusste Abschließen, ebenso wie der bewusste Übungsbeginn ist in den anfänglichen Unterrichtsvorschlägen genau, später etwas knapper beschrieben, da der grundsätzliche Vorgang stets der gleiche ist.

Aus Gründen der besseren Lesbarkeit und der Tatsache, dass überwiegend Frauen mit Unterricht und Erziehung in der Grundschule befasst sind, verwenden wir im folgenden nur noch die weibliche Form.

Nürnberg und Fürth, Frühjahr 2002

Angelika Meltzer
Edith Wittassek

2. Die Zeit vom Schulanfang bis Weihnachten

In dieser Zeit werden, nach unserer Erfahrung, die Weichen für ein wohltuendes Miteinander beim Lernen, Spielen und Erleben gestellt. Wichtige Verhaltensregeln werden nach und nach eingeübt, sodass den Kindern immer deutlicher bewusst wird, dass sie einmal Gelerntes, Abgesprochenes weiterhin brauchen und anwenden.
Dieses Erlernen von Lernvoraussetzungen stellt in den ersten Wochen bis Weihnachten den Schwerpunkt unserer unterrichtlichen Arbeit dar. Die Unterrichtseinheiten sind daher anfangs möglichst genau beschrieben.
Dem Sachunterricht kommt in dieser ersten Lernphase eine besondere Bedeutung zu, stellt er doch jenen Lernbereich dar, der für die Kinder viel Vertrautes bzw. leicht Erlernbares enthält. Buchstaben, Zahlen müssen erst „erobert" werden, aber ein Schulhaus, eine Wiese, eine Straße ist den Kindern ein Begriff. Dieses Wissen, das durch ganzheitliches Wahrnehmen erlebter Situationen geprägt ist, wird Ausgangspunkt für schulisches Lernen. In diesem Wissen liegen Chancen und Gefahren gleichermaßen, denn ein oberflächliches „Weiß ich schon!" verhindert manchmal tiefere Einsichten. Damit diese nicht zu kurz kommen, lernen die Kinder von Anfang an vielfältige Möglichkeiten der Informationsgewinnung und -verarbeitung kennen.

Jetzt bin ich ein Schulkind

Erster Schultag – Meine Schultüte

Material
Lehrerin: Kassettenrekorder, Musikkassette (siehe Anhang), eine gelbe große Schultüte, Wachsmalkreiden, Seil, vorbereitete DIN A4-Hefte unliniert, vorbereitetes Tafelbild (siehe S. 21), eine große gelbe Schultüte aus Plakatkarton zum Befestigen an der Klassenzimmertür
Kinder: Wachsmalkreiden

In die Schule kommen, das ist aufregend! Es kribbelt im Bauch, es kribbelt in den Händen und Füßen, der Kopf juckt … Die Tasche am Rücken ist irgendwie lästig, obwohl manche Kinder, wie sie später erzählen, sich damit gleich ein bisschen größer und gescheiter fühlen. Die Schultüte in der Hand ist ungewohnt und schwer. Dann der erste Schritt ins Klassenzimmer! Es wirkt fremd und groß, sieht aber mit seinen Pflanzen und Bildern recht einladend aus. Natürlich gibt es darin noch mehr zu sehen - aber das ist für die meisten Kinder jetzt nicht wichtig. Hauptsache, sie treffen ihre Freunde und fühlen sich nicht allein!

1.1 Endlich ist es so weit: Die Kinder sitzen im Klassenzimmer, in der „Klassensitzordnung" (Abb. 1). Manche haben Glück und einen Sitzplatz neben dem besten Freund oder der besten Freundin gefunden, so wie sie es sich gewünscht haben.

1.2 Zuerst begrüßt die Lehrerin die Kinder und stellt sich mit ihrem Namen vor. Sie heißt Frau M. und es geht ihr genauso wie den Kindern: Sie ist auch aufgeregt und freut sich, ihre neue Klasse kennen zu lernen.

1.3 Mutige Kinder erzählen, wie es ihnen geht, was für sie alles neu und ungewohnt ist; manche stellen Fragen, z.B. was das für ein Apparat ist, der da in der Ecke steht, warum es hier ein Waschbecken gibt etc.

2.1 Jetzt hat die Lehrerin endlich die Schultüten entdeckt, die ohnehin schon die ganze Zeit auf dem Tisch liegen. Manche Kinder wollen gleich darüber erzählen,

- von wem sie sie geschenkt bekommen haben;
- welches Bild oder Muster ihnen am besten darauf gefällt;
- ob die eigene Lieblingsfarbe auf der Schultüte zu sehen ist.

2.2 Danach spielen die Kinder ihr erstes gemeinsames Spiel. Bei leiser Musik schleichen sie durch das Klassenzimmer. Dabei müssen sie sich genau merken, wo ihr Sitzplatz ist. Plötzlich hört die Musik auf und alle setzen sich auf ihre Plätze.

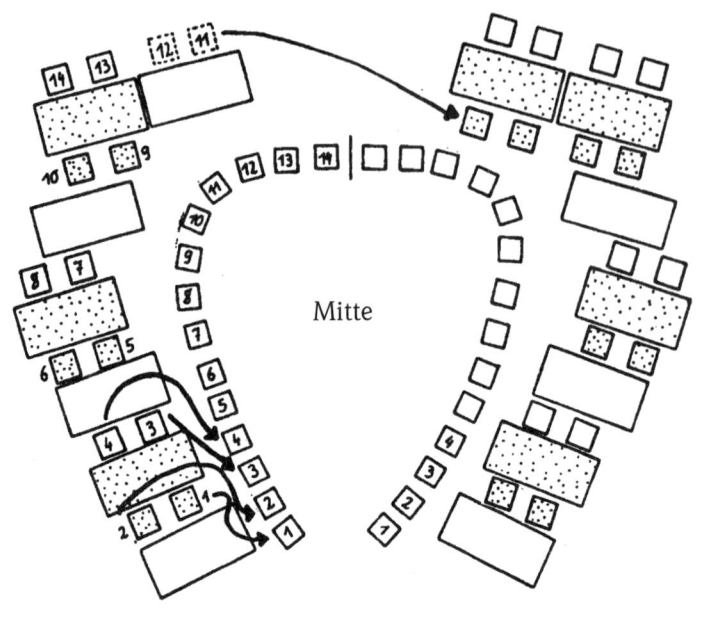

🔲	Diese Kinder drehen sich mit ihrem Stuhl um.
▨	Diese Tische werden bei Gruppenarbeit benützt.
☐	Diese Kinder bleiben unverändert sitzen.
▭	Diese Tische bleiben unbenützt.
1	Sitzkreis und Stehkreis

Abb. 1: Klassensitzordnung, Gruppensitzordnung

Das Spiel wird nun nochmals gespielt. Diesmal betrachten die Kinder beim Herumgehen die anderen Schultüten genau und bleiben, sobald die Musik verklungen ist, bei einer stehen, die ihnen gut gefällt. Frau M. spielt ebenfalls mit und stellt sich zu einer der Tüten, die von den Kindern nicht gewählt worden ist.

Kinder und Lehrerin erzählen nun abwechselnd, was ihnen an den jeweiligen Tüten gut gefällt. Während die Kinder bei der von ihnen ausgesuchten Tüte stehen, verändert die Lehrerin immer wieder ihre Position, so dass letztlich jede Tüte beachtet wird.

3.1 Jetzt sitzen die Kinder wieder auf ihren Plätzen. Aber nicht lange. Denn die Lehrerin holt nun ihre Schultüte hervor und legt sie in die Mitte des Klassenzimmers. Damit jeder sie genau betrachten kann, bilden die Kinder einen Stehkreis (siehe Abb. 1, S. 20).

3.2 Alle wollen zu dieser Tüte erzählen. Sie ist besonders groß und gelb. Außen sieht man Zahlen, Wörter und Noten, auch Bilder von Pflanzen und Tieren.
Sven hat es gleich gemerkt und ruft ganz aufgeregt: „Alles, was da drauf ist, werden wir lernen."

3.3 Endlich darf Miriam die Tüte aufmachen. Uwe greift mit der Hand hinein. Seine Hand soll herausfinden, was da drinnen ist. Das geht schnell: Wachsmalkreiden, ein Seil, große Hefte.

4.1 Jetzt wird es spannend, denn ein Kind nimmt die Hefte aus der Tüte heraus und schlägt die erste Seite auf. Ein „Hm?" ist zu hören und viele ratlose Gesichter sind zu sehen. Aber ein paar Schlaue merken sofort, dass das eine halbe Schultüte ist, die Frau M. mit Wachsmalkreiden ins Heft gemalt hat.

4.2 Nun wird auch klar, warum in der Lehrerinnentüte das Seil und die Wachsmalkreiden waren. Die Kinder sollen das Seil an der Außenseiten der Tüte entlang legen. Frau M. nimmt es genau - die untere Spitze muss wirklich spitz sein!

4.3 Sie holt ihre Tüte vorsichtig aus dem Seilbild und sucht in ihrer Klasse „Akrobaten", die auf dem Seil entlang balancieren.

4.4 Nachdem sich alle wieder hingesetzt haben, klappt die Lehrerin die Tafel auf und zeigt den Kindern viele solcher bunten, halben Schultüten. Natürlich wissen jetzt die meisten gleich, was sie tun sollen: nämlich die Schultüten fertig malen und schließen.

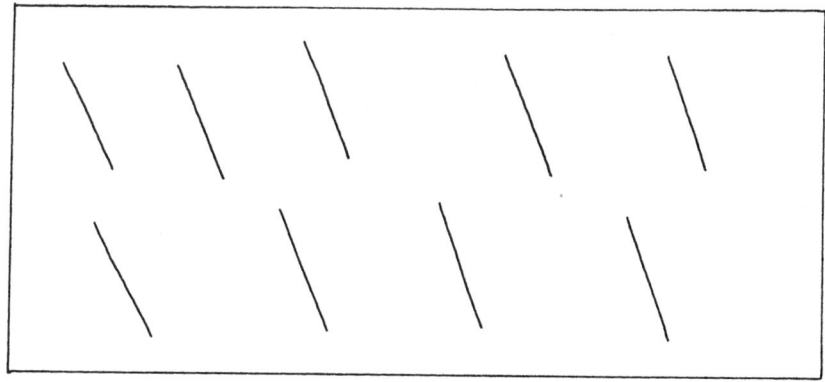

Abb. 2: Tafelbild

Damit das alles später mit den Wachsmalkreiden auf der ersten Heftseite besonders leicht geht, wird in der Luft geübt und einige Kinder probieren an der Tafel.

4.5 Dann winkt die Lehrerin den Kindern mit dem Zeigefinger ihrer Schreibhand zu, die Kinder winken zurück und „malen" anschließend mit dem Finger die äußere Form der Schultüte in ihre Hefte. Während sie herumgeht, schaut Frau M. ihnen genau zu. Jetzt malt jedes Kind mit seinen Wachsmalkreiden die Schultüte und gestaltet sie.
(Auf den vorbereiteten Heften steht der Name der Kinder und ihr Namenszeichen - siehe zweiter Schultag.)

5.1 Kinder, die mit ihrer ersten Arbeit in der Schule fertig sind, setzen sich in der „Mitte", d.h. in den freien Raum, der durch die Klassensitzordnung entstanden ist, auf den Boden und erzählen sich gegenseitig in „Flüstersprache", was ihnen heute besonders gut gefallen hat.

5.2 Schließlich nimmt jeder seine Stehkreisposition ein. Gemeinsam gehen alle der Frage nach, warum es für jeden Schulanfänger eine Schultüte gibt. Manche Kinder wissen darüber viel zu erzählen:

- Der erste Schultag ist etwas Besonderes. Damit man sich immer wieder an ihn erinnern kann, gibt es die Schultüte. Meistens werden die Kinder mit ihrer Schultüte fotografiert.
- In der Schultüte sind Süßigkeiten und kleine Geschenke, damit sich die Kinder auf die Schule freuen.
- In der Schultüte gibt es Dinge, die man in der Schule braucht.
- Die Schultüte gab es auch früher. Eltern und Großeltern besitzen meistens noch Fotos, die sie mit ihrer Schultüte zeigen.

6. Bevor der erste Schultag zu Ende ist, hängt Frau M. noch eine riesengroße gelbe Schultüte aus Karton an die Außenseite der Klassenzimmertür. So wird es morgen leicht sein, alleine die richtige Zimmertür zu finden, denn Mama oder Papa sollen ihr Schulkind nur bis zum Schultor begleiten.
Wie alle Kinder, kann sich auch Meltem die heutige Hausaufgabe gut merken: Sie soll um die Schultüte herum alles malen, was in ihrer eigenen ist.

Lernaspekte
Diese Art der Klassensitzordnung ist bewusst so gewählt. Die frontale Ausrichtung ermöglicht allen Kindern eine eindeutige Raumorientierung, so dass die Schreibrichtung für jeden weitgehend parallel zur Tafel verläuft.
Es gibt immer einige Kinder, die Probleme mit dem Transfer von der vertikalen zur horizontalen Ebene haben – und umgekehrt. Der Freiraum in der Mitte ermöglicht es, bei der Arbeit auf dem Boden vorgegebene Formen mit dem

ganzen Körper in der Horizontalen zu erfahren, sie in die vertikale Ebene der Tafel umzusetzen und diese Ebene wieder in die horizontale beim Malen und Zeichnen zu übertragen.

Der Freiraum in der Mitte bietet sich an für Bewegungsformen, Ausstellungstische und Bodenbilder, die fortlaufend ergänzt werden. Die möglichst runde, vorne zusammenlaufende Anordnung der Tische zentriert die Aufmerksamkeit der Kinder. Die hintere „Basis" vermittelt Zusammengehörigkeit.

Im Lauf der ersten Woche lernen die Kinder ein Lied, das den neuen Lebensabschnitt „Schulkind" thematisiert und ein Zusammenwachsen in die neue Gemeinschaft „1. Klasse" erleichtert.

Endlich ist die Zeit gekommen

Text und Melodie: Angelika Meltzer

1. Endlich ist die Zeit gekommen,
   die erste Klasse hat begonnen.

   Refr.:
   *Wir klatschen in die Hände und rufen laut: Hurra,
   auch uns're Freunde sind schon da.*

2. Wir lesen, schreiben, rechnen viel,
   haben Spaß bei Sport und Spiel. *Wir klatschen ...*

3. Wir malen, schneiden, kleben, falten,
   schöne Märchen wir gestalten. *Wir klatschen ...*

4. Viele Lieder woll'n wir singen,
   in den Pausen munter springen. *Wir klatschen ...*

5. Auf dem Schulweg: Augen auf!
   So gehn wir sicher gut nach Haus.
   *Wir achten auf die Ampeln und auf den Verkehr,
   schau'n rechts und links – das ist nicht schwer.*

Zweiter Schultag – Wir lernen uns und unser Schulhaus kennen

Material
Lehrerin: Metallophon, Korb, Tuch, Namensschilder aus weißem Zeichenkarton (Abb.3), Softball, Triangel, vorbereitetes Tafelbild, Kassettenrekorder, Musikkassette (siehe Anhang), Notizzettel
Kinder: Buntstifte, Sachhefte, Malblock

Am zweiten Schultag haben mithilfe der großen gelben Schultüte tatsächlich alle Kinder das Klassenzimmer alleine gefunden und auch bald ihre Sitzplätze. Nach dem Gong sitzen die Kinder erwartungsvoll auf ihren Plätzen, schauen Frau M. gespannt an und hören ihr aufmerksam zu. Sie wünscht sich, dass zu Unterrichtsbeginn jedes Kind sein Federmäppchen unaufgefordert in die Tischmitte legt. Ein aufgeklebter Farbpunkt gibt an, wo sich die Mäppchen der Sitznachbarn berühren dürfen. Auch zeigt sie den Kindern den Platz für ihre Schultaschen. Heute wird außerdem das große Heft von gestern gebraucht, das geschlossen unter das Federmäppchen gelegt werden soll. Das fällt den Kindern etwas schwer, denn jeder möchte seine Hausaufgabe sofort herzeigen. „Das kommt noch!", meint Frau M. Sie möchte, dass die Kinder von Anfang an „Warten", „Hören" und „Tun" lernen.

Die Kinder suchen nun zusammen mit ihren Sitznachbarn Begründungen für diesen ersten vorgegebenen Ordnungsrahmen, die sie anschließend den anderen mitteilen.

- Wenn alles bereit liegt, können wir gleich anfangen.
- Schon im Kindergarten mussten die Kinder oft „warten" und „hören", bevor sie etwas tun sollten. „Sonst kennt man sich nicht aus", weiß Daniela aus Erfahrung.

1. Frau M. freut sich, dass ihre Klasse vollzählig versammelt ist - aber irgend etwas stimmt nicht: Zu Uwes Nachbarn sagt sie Gerhard, zu Bettinas Freundin Sonja, obwohl die beiden ganz anders heißen. Anscheinend kennt sie die Namen der Kinder doch nicht so gut, wie es die Kinder erwartet haben. Und die Kinder selbst? Viele von ihnen haben sich gestern zum ersten Mal gesehen.
2. Deshalb lernen sie einander nun genauer kennen.
2.1 Dazu machen sie einen Sitzkreis. *„Wir beginnen vorne an der Tür- und Fensterseite gleichzeitig"*, erklärt Frau M. Immer, wenn die nächsten beiden Kinder ihren Stuhl leise in den Kreis stellen sollen, schlägt sie den höchsten und den tiefsten Ton auf dem Metallophon an, für jede Seite (Fenster-,Türseite) ein Schlag. Welche Seite als erste drankommt, haben die Kinder bald herausgefunden. Der höhere, hellere Ton gilt für die Fensterseite, der tiefere, dunklere für die Türseite. Schließlich ist es am Fens-

ter heller als an der Tür. So wie Alex achten auch alle anderen darauf, zum Vorgänger richtig aufzurücken. Das geht gut und ganz leise (siehe Abb. 1, S. 20).

2.2 Frau M. stellt jetzt einen großen abgedeckten Korb hin – da, wo gestern die Schultüte war. Manche gehen von ihrem Sitzplatz zur Mitte und fühlen durch das Tuch hindurch. Irgendwie eckig und weich, sagen sie. Sie haben viele Ideen, was es sein könnte. Frau M. muss nochmals daran erinnern, dass sie ja vorhatten, einander genauer kennen zu lernen. Da vermutet Tobias, es könnten „Blätter mit unseren Namen drauf" sein.

2.3 Und so ist es dann auch. Drei Kinder nehmen die Namensschilder heraus und legen sie rund um den Korb in einen großen Kreis (Abb. 3 + 4). Bei manchen Namen ist der erste Buchstaben blau, bei manchen rot geschrieben. Na klar, die roten für die Mädchen, die blauen für die Jungen.

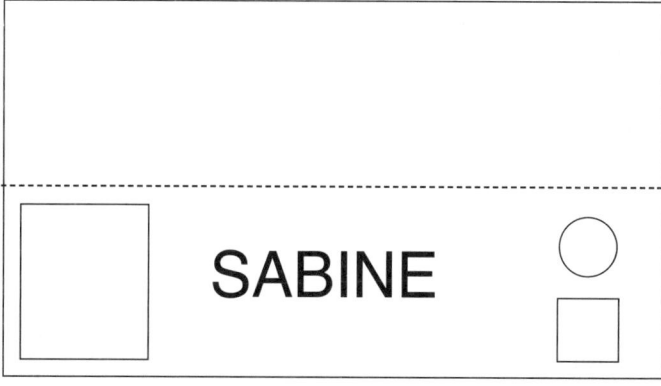

Abb. 3: Namensschild

Abb. 4: Bodenarbeit

2.4 Im Gespräch lernen die Kinder:
- Namen sind wichtig.
- Mein Name gehört zu mir.
- Ich muss die Namen der anderen wissen,
  - um sie ansprechen zu können;
  - wenn wir miteinander spielen;
  - wenn wir miteinander lernen;
  - um mich nicht allein zu fühlen.

2.5 Während einer ruhigen Musik gehen nun die Jungen im Kreis um die Namensblätter herum und schauen dabei, ob sie ihren Namen entdecken. Das schafft fast jeder. Bei Musikende nehmen sie sich ihr Blatt, sagen den anderen, wie sie heißen, und legen das Blatt unter ihren Stuhl. Als Nächstes kommen die Mädchen dran.

2.6 Jetzt holt Frau M. einen Softball. Sie steht auf, stellt sich vor Thomas, wirft den Ball zu ihm hin und sagt dabei: „Ich heiße Frau M. und wie heißt du?" Thomas fängt den Ball und macht weiter.

2.7 Danach nimmt jedes Kind sein Blatt und legt es auf seinen Kopf. Während die Musik spielt, schreiten die Kinder wie kleine Könige mit erhobenen Häuptern durch das Klassenzimmer. Dann legen sie ihr Namensblatt auf ihren Tisch, holen ihren Stuhl und setzen sich wieder in die Klassensitzordnung.

3.1 Auf dem Blatt steht zwar der eigene Name, aber es gibt ja viele Kinder, die genauso heißen. Von jedem Einzelnen erzählt dieses Namensblatt noch nichts. Frau M. zeigt an der Innentafel drei riesige „Sabineblätter" - jedes sieht etwas anders aus. Den leeren Kreis rechts oben hat die erste Sabine rot ausgemalt, die zweite gelb - wahrscheinlich ist das jeweils ihre Lieblingsfarbe. In dem viereckigen Kästchen rechts unten ist einmal ein Hund und einmal eine Katze – oder so etwas Ähnliches – zu sehen; wahrscheinlich sind das die Lieblingstiere der beiden, überlegt Joyce. Und links, in das große Kästchen hat jede ein Gesicht gemalt, wahrscheinlich das eigene, meint Daniela. Wie wohl die dritte Sabine ihr Blatt gestalten könnte? Die Kinder haben viele Vorschläge.

3.2 Alle Kinder gestalten jetzt mit ihren Buntstiften, analog den beiden „Sabineblättern". Damit jeder weiß, an welchem der drei Bilder er arbeiten soll, gibt es dazu eine „Lieblingsfarbemusik", eine „Lieblingstiermusik", und eine „Ichmusik". Auf diese Art sind alle fast gleichzeitig fertig, während des Malens sind sie ganz leise.

3.3 Jetzt sollen die Kinder ihren Kopf auf den Tisch legen und ihre Augen schließen - sie „schlafen". Nach dem Triangelzeichen von Frau M. sitzen sie wieder aufrecht. Was ist das denn? Aus dem Namensblatt von Uwe ist auf einmal ein Namensschild geworden. Uwe erklärt und zeigt den anderen, wie er es gemacht hat. Ganz einfach: Am gedruckten Strich entlang falten und aufstellen. Das kann jeder.

3.4 Jetzt brauchen die Kinder ihre Hefte. Zuerst schauen sie genau, ob auf ihrem Heft der gleiche Name steht, wie auf dem Namensschild. Danach wird es spannend. Während sie wieder „schlafen", schleicht Frau M. herum und „stiehlt" fünf Schilder. Sie stellt sie nach vorne auf ihren Tisch, sodass alle sie gut sehen können, nachdem sie auf Frau M.s Klatschen wieder „aufgewacht" sind. Die „bestohlenen" fünf Kinder holen mithilfe ihres Heftes ihr Schild zurück - dazu vergleichen sie genau und sagen ihren Namen noch einmal laut. Jetzt macht Meltem weiter und nimmt Schilder weg.

4. Die Kinder bilden nun einen Sitzkreis und stellen ihre Namensschilder so vor sich auf den Boden, dass sie von den anderen gesehen werden können. Neugierig werden die Schilder betrachtet. Die Kinder entdecken dabei Gemeinsamkeiten und Unterschiede:
   - die gleiche Lieblingsfarbe,
   - das gleiche Lieblingstier,
   - unterschiedliche Darstellungsweisen der Personen und Tiere

5. Endlich möchte Frau M. die Hausaufgabe sehen. Die Kinder schlagen ihr Heft auf und Frau M. geht herum. Sie bewundert die fertig gemalten Schultüten. Anschließend sammelt sie die Hefte ein und Janina weiß auch warum: Die Lehrerin möchte noch etwas darunterschreiben.

6. Jetzt ist Zeit für die Esspause. Die Kinder nehmen ihre Pausenbrote heraus und fangen zu essen an. Später werden sich die Kinder der ungeraden Tischreihen zu ihren hinteren Nachbarn umdrehen und in Vierergruppen essen; die beiden mittleren Tische bilden ebenfalls eine Gruppe. Dem entspricht zunächst auch die Arbeitsweise bei Gruppenarbeiten (Abb. 1). Noch später dürfen sie ihre Essensgruppen nach eigenen Wünschen bilden. Während des Essens können sie leise miteinander sprechen - wie die Erwachsenen im Restaurant. Herumspaziert wird dabei nicht, es soll ja eine gemütliche, ruhige Esspause werden, die „Springpause" im Schulhof gibt es erst später nach dem Pausengong. Dorthin werden keine Nahrungsmittel mitgenommen, weil man beim Laufen, Spielen und Springen nicht gleichzeitig essen kann.

7.1 Da das Klassenzimmer und der Weg dahin den Kindern schon bekannt ist, überlegen alle nun gemeinsam, was es im Schulhaus noch zu entdecken gibt und welche Fragen sie gerne beantwortet hätten. Frau M. notiert sich die Fragen der Kinder auf einem Notizzettel:

- Wie sehen die anderen Klassenzimmer aus?
- Welche Zimmer gibt es im Schulhaus noch?
- In welcher Klasse ist mein Freund Yannik?
- Wie sieht die Turnhalle aus?
- Wie heißen die anderen Lehrerinnen und Lehrer?

7.2 Vor dem Klassenzimmer stellen sich die Kinder zu zweit an. Gemeinsam unternehmen sie einen leisen Rundgang durch das Schulhaus. Sie besuchen die einzelnen Klassen, ebenso das Lehrerzimmer, die Räumlichkeiten des Rektorats und des Hausmeisters sowie die Turnhalle mit den Umkleideräumen und den Werkraum. Das Schulgebäude ist gut zu überschauen und mit dem Pausengong landen sie im Schulhof zur „Spring-Pause".

8.1 Nach dem Pausenende findet jedes Kind in den ersten Stock und zu seinem Klassenzimmer. Die Riesenschultüte hilft wieder dabei. Die Lehrerin liest den Kindern die notierten Fragen vor und die meisten lassen sich jetzt beantworten. Aber es entstehen neue Fragen, die Frau M. wieder aufschreibt:

- Was machen die Lehrer im Lehrerzimmer?
- Wozu braucht der Rektor das Rektorat?
- Was macht die Sekretärin?
- Was tut der Hausmeister?
- Was tut die Putzfrau?

8.2 Die Kinder bilden kleine Gruppen, die den Personen die gefundenen Fragen stellen sollen. Da sich die Kinder noch nicht alleine trauen, an die entsprechenden Türen zu klopfen, macht sich wieder die ganze Klasse auf den Weg, diesmal ohne sich in einer vorgegebenen Ordnung anzustellen, aber genauso leise wie vorher. Die Lehrerin hilft beim Anklopfen – ihre Fragen stellen die Kinder aus den Gruppen spontan.

8.3 Zurück im Klassenzimmer können die Fragen jetzt beantwortet werden. Außerdem werden die Wege zu den wichtigsten Räumen beschrieben, damit sie bei Bedarf wieder zu finden sind. Auch die persönlichen Empfindungen beim Stellen der Fragen werden angesprochen.

8.4 Auf seinen Malblock malt jedes Kind die Person, die es für besonders wichtig hält. Wer fertig ist, legt sein Bild in die Mitte und setzt sich in den Sitzkreis. Die Bilder werden vorgestellt und nach Möglichkeit begründet, warum die gemalte Person als besonders wichtig eingeschätzt wird.

9. Zusammenfassend kommen die Kinder zur Erkenntnis, wie sie Florian formuliert: „Alle sind wichtig, denn wenn einer fehlt, dann kann die Schule nicht richtig funktionieren."

Lernaspekte

Es ist von Anfang an wichtig, den Bezug zwischen verschiedenen Gestaltungs- und Wahrnehmungsebenen herzustellen. Hier soll das Erkennen angebahnt werden, dass gleiche Inhalte sich verschieden ausdrücken lassen und dennoch ihr Gehalt derselbe bleibt (z.B Metallophon - hell, dunkel). Je vielfältiger und dennoch übereinstimmend die benutzten Symbole für ein und dieselbe Erfahrung stehen, desto tiefer und umfassender prägt sie sich ein.

Für das allmähliche Hineinwachsen in die Klassengemeinschaft ist es wichtig, einerseits die individuelle Verschiedenheit aller Beteiligten wahrnehmen zu lernen und diese gelten zu lassen sowie andrerseits Gemeinsamkeiten festzustellen. Unter diesem Gesichtspunkt sollen die Kinder z.B. durch die Wahl ihrer Lieblingsfarbe etwas von ihrer Individualität zum Ausdruck bringen und sich ihrer eigenen Persönlichkeit bewusst werden, um allmählich ein Empfinden für die Individualität ihrer Mitschüler zu entwickeln. Durch die Entdeckung der gleichen Lieblingsfarbe oder des gleichen Lieblingstieres spüren die Kinder, dass sie Vorlieben mit anderen teilen können.

In dieser Einheit werden zum ersten Mal Begriffe wie „Lieblingsfarbemusik", „Lieblingstiermusik" oder „Ichmusik"„ benutzt ebenso wie das „Schlafen". Ihr wiederholtes Verwenden, auch unabhängig vom Sachunterricht, aktiviert das Erinnern an die damit verbundenen Tätigkeiten bzw. an gedankliche und emotionale Ausrichtungen, die für das aktuelle Lerngeschehen wichtig sind.

So unterlegt z.B. die „Ichmusik" auch selbstständiges Stillarbeiten, persönliches Überlegen, die Aufforderung zur individuellen Meinungsäußerung ebenso wie eigenverantwortliches Aufräumen, Herrichten etc. Bei ihrem Erklingen wissen die Kinder sofort, dass jeder einzelne ganz persönlich gefordert ist.

Die „Lieblingsfarbemusik" fordert z.B. auf, neu erlernte Buchstaben oder eigene Rechnungen mit dem Buntstift in der Lieblingsfarbe zu schreiben.

Immer wieder werden die Kinder erleben, dass sich engere und weitere Ordnungsrahmen abwechseln. So gehen sie zunächst in vorgegebenen Zweierreihen, später in lockerer Gruppenzusammensetzung durch das Schulhaus. Der Gang durch das Schulhaus soll nicht nur das Gebäude und seine darin tätigen Personen vertrauter machen, sondern auch die räumliche Orientierung der Kinder erweitern. Auch wenn die Lehrerin noch mithilft, Fragen an die einzelnen Personen zu stellen, ist dieser erste Kontakt für die Kinder wichtig, da er dazu beiträgt, die natürliche Hemmschwelle der persönlichen Kontaktaufnahme zu überwinden.

Die gemalten Bilder von den im Schulhaus tätigen Personen werden zu einer Collage zusammengeklebt. Die Lehrerin schreibt eine passende Überschrift dazu.

Mein Stuhl und ich

Material
Lehrerin: Kassettenrekorder, Musikkassette (siehe Anhang), in Plastikfolie eingepackte alte Telefonbücher als „Fußbänkchen" für die Kinder. Zur Auswahl sollten zwei unterschiedliche Höhen (ein bzw. zwei verpackte Telefonbücher) angeboten werden. Alternative: Fußbänkchen aus Abfallholz aus einer Schreinerei

Die erste Schulwoche geht ihrem Ende zu. Die meisten Kinder kennen einander mit Namen und Frau M. orientiert sich an den Namensschildern. Die angespannte Ruhe der ersten Tage ist vorbei, die Kinder werden etwas lockerer und damit auch unruhiger. Renate strampelt oft mit den Beinen unter ihrem Stuhl, denn sie sind noch zu kurz, um den Boden zu berühren. Alex, der vor ihr sitzt, liegt halb auf dem Tisch und schiebt seinen ganzen Oberkörper hin und her. Einige scharren mit den Schuhen auf dem Boden und andere lümmeln auf ihren Stühlen wie in einem Fernsehsessel. Ina, die schon einmal in der ersten Klasse war, sitzt ganz ruhig mit verschränkten Armen da.

1.1 Die Lehrerin hat ihren Stuhl vor die Tafel gestellt und sich hingesetzt. Die Kinder beobachten sie aufmerksam, wie sie ganz krumm dasitzt und ihren Kopf auf die Handflächen stützt. Ein paar Kinder machen es ihr nach. Danach streckt sich Frau M. und verschränkt die Hände hinter dem Kopf. Das machen ihr schon fast alle Kinder nach. Hinterher lässt sie ihre Hände hinter ihrem Rücken verschwinden. Das machen nun alle mit.

1.2 Jetzt steht Frau M. neben ihrem Stuhl und zeigt auf ihn. Sie zeigt nochmals auf ihn, diesmal von der anderen Seite. Sie wartet. Nur wenige melden sich: „Das ist ein Stuhl." „Den Stuhl brauchen wir zum Sitzen." Frau M. hilft ein wenig nach und dann wissen es alle, denn Christian erklärt schließlich:

2. „Heute lernen wir etwas über unseren Stuhl, und wie wir darauf gut sitzen können."

3.1 Die Lehrerin streicht nun mit der ganzen Handfläche sanft über die glatte Holzfläche, auf der sie vorher saß. Sie ermuntert die Kinder, das Gleiche zu tun. Dabei entdecken einige, dass das Holz stellenweise wärmer ist. Manche wissen sogar, dass dieser Teil des Stuhles „Sitzfläche" heißt.

3.2 Sie hat die Aufgabe

- das Gewicht zu tragen;
- Sicherheit zu geben;
- dem Po den benötigten Platz zu geben.

3.3 Nun erspüren die Kinder die Sitzfläche mit ihrem Po. „Ganz schön hart und glatt", bemerken manche. Einige kichern dabei. „Wenn du ganz wenig vor und zurück rutscht, kannst du sogar deine Knochen entdecken", meint Frau M. und macht es vor. Tatsächlich, das ist den meisten bisher noch gar nicht aufgefallen, obwohl sie nun schon seit einigen Tagen auf ihren Stühlen sitzen. Die beiden Knochen, die sehr deutlich zu spüren sind, heißen Sitzknochen. Mittlerweile tun sie sogar weh, stellen die Kinder fest. „Versuche dich so hinzusetzen, dass dich deine Sitzknochen stützen können und nicht weh tun", fordert die Lehrerin auf.
Die Kinder probieren ausgiebig. Schließlich stellen sie fest, dass die Sitzposition kurz vor den Sitzknochen am angenehmsten ist. „Sitzt man drauf, tut es weh; sitzt man dahinter, rutscht man leicht nach vorne", beschreibt Bettina ihr Sitzgefühl. Die Lehrerin geht von einem zum anderen und überprüft die Sitzpositionen der Kinder.

3.4 Nun strecken alle ihre Arme ganz hoch, so dass sich der Rücken mühelos mitstreckt. Während sich die Arme langsam wieder senken und die Hände auf den Knien (Oberschenkeln) landen, bleibt der Kopf in der Höhe. Damit die Kinder dieses bewusste Sitzen intensiver spüren können, schließen sie so gut es geht ihre Augen. Währenddessen hören sie auf die „Ichmusik" von vorgestern und auf Frau M.s Stimme:

> *Dein Stuhl und du seid jetzt vertraut geworden. Mit deinen Sitzknochen kannst du die Sitzfläche deutlich spüren. Das Holz ist hart und fest ... Dein Körper wärmt es. Die Sitzfläche trägt dich ... sicher und zuverlässig. Es ist ein gutes Gefühl, so sicher getragen zu werden. ... Du atmest erleichtert auf, ... dehnst dich und streckst dich, gähnst und öffnest deine Augen.*

4.1 Dann fordert Frau M. die Kinder auf, ihre Stühle noch genauer zu erforschen. Da gäbe es nämlich noch etwas sehr Wichtiges. Alle stehen auf und untersuchen ihre Stühle mit ihren Händen. Die Kinder denken zuerst an die Stuhlbeine. Janina entdeckt schließlich das krumme Stück Holz, an dem sich jeder so gerne anlehnt und Ingo weiß sogar, dass das die Rückenlehne ist. Frau M. ist begeistert.

4.2 Auch die Rückenlehne hat Aufgaben zu erfüllen:
- den Rücken zu stützen,
- den Rücken zu entlasten,
- Sicherheit zu geben.

4.3 „Setze dich jetzt so hin, dass du die Rückenlehne spürst." Für manche ist das gar nicht so einfach. Die Lehrerin geht an den Reihen vorbei und prüft, ob das alle richtig machen bzw. es überhaupt schaffen. Der kleine Paul erreicht die Rückenlehne nur, wenn seine Beine ganz in der Luft baumeln. „Dafür gibt es eine Lösung", meint Frau M. Sie holt zwei unterschiedlich hohe blaue Pakete hervor und verrät den Kindern, dass sie alte Telefonbücher in Plastikfolie eingepackt hat. Eines soll Paul als „Fußbänkchen" dienen. Nun fühlt sich Paul auf seinem Stuhl auch so sicher wie die anderen Kinder.

4.4 „Versuche nun, vor deinen Sitzknochen zu sitzen, genauso, wie du es gelernt hast, und dich gleichzeitig an die Rückenlehne anzulehnen", fordert Frau M. die Kinder auf. Die größeren unter ihnen schaffen das ganz locker. Die anderen müssen sich dabei noch etwas recken und strecken...

4.5 Auf dem eigenen Stuhl hat das jetzt ganz gut geklappt. Ob das auch auf anderen Stühlen funktioniert? Dazu wird jetzt ein Spiel gespielt, das die Kinder schon kennen. Während einer leisen Musik schleichen sie im Klassenzimmer herum, bei Musikstopp setzen sie sich auf einen beliebigen Stuhl. Das Spiel geht erst weiter, wenn alle richtig sitzen.

5.1 Als Nächstes überlegen die Kinder, wobei ihnen der Stuhl hilft. Da gibt es eine ganze Menge: beim Schreiben, Malen ...

5.2 Der Stuhl kann seine Aufgabe aber nur so lange erfüllen, so lange er gut und vorsichtig behandelt wird, denn ein wackeliger und ächzender Stuhl leistet nur schlechte Dienste. Deshalb heben und tragen die Kinder ihre Stühle stets vorsichtig. Sie stellen ihn in den Stuhlkreis und wieder zurück – leise und ohne anzustoßen. Das hat wunderbar geklappt! Als jeder wieder auf ihm sitzt, meint Christian, einen „neuen Freund" gewonnen zu haben.

6. In der abschließenden Gesprächsrunde, die im Sitzkreis stattfindet, äußern die Kinder ihre Erfahrungen. Einige haben sich gewundert, dass man in der Schule etwas über das Sitzen lernt. „Das ist wegen der Gesundheit, wegen des Rückens", erklärt Tobias seinen Mitschülern. Es wird allmählich klar: In der Schule ist alles wichtig.

Abb. 5: Fußbank

Lernaspekte

Da das körpergerechte Sitzen eine der wichtigsten Lernvoraussetzungen darstellt - sofern im Sitzen gelernt wird – sollte es immer wieder geübt werden. Mit der Zeit lernen die Kinder spüren, wann sie krumm und verspannt dasitzen und ob sie Bewegungsveränderungen oder – pausen benötigen. Eine sensible Körperwahrnehmung hilft mit, wach und konzentriert zu bleiben und durch lockernde Bewegungen Verkrampfungen zu lösen. Wenn es vom Unterrichtsablauf möglich ist, werden Sitzhaltungen eingenommen, die Bewegungsübungen ermöglichen, in die der Stuhl einbezogen wird.

- Das aufrechte Sitzen auf der Stuhlkante ohne anzulehnen stärkt die Muskulatur und kann im Sitzkreis leicht angewandt werden.
- Der „Cowboysitz", bei dem man der Stuhllehne zugewandt mit gespreizten Beinen sitzt und sich auf der Lehne abstützt, entlastet den Rücken und wird von den Kindern bei den verschiedensten Tätigkeiten gerne eingenommen.
- Beim „Schreibsitz" knien die Kinder vor ihrem Stuhl, sitzen auf den Fersen und benützen die Sitzfläche als Schreibunterlage.

- Der Schneidersitz auf dem Tisch, neben dem Tisch oder im Sitzkreis ist eine weitere Variante.
- Auch der „Stehsitz", bei dem man mit einem Bein vor dem Stuhl, mit dem anderen auf der Sitzfläche steht und sich mit den Armen auf dem abgewinkelten Knie aufstützt, entlastet den Rücken.

Je weniger die Kinder durch starre Sitzpositionen ermüden, desto leichter fällt es ihnen sich zu konzentrieren und mitzudenken.

Wir gehören zusammen

Material
Lehrerin: Korb, Namenszeichen der Kinder, zusätzlich drei Namenszeichen mit Namen, die nicht in der Klasse vorkommen; große gelbe Schultüte, die bereits an der Klassenzimmertür hängt; Tafelbild, Kassettenrekorder, Musikkassette (siehe Anhang), Kleber
Kinder: Stockmar Wachsblöcke in Kästchen sortiert (für jeweils zwei Kinder zehn Farben: je zwei Farbschattierungen von gelb, grün, blau, rot, braun; siehe 3.3); Scheren

Gestern haben die Kinder ihr Namenszeichen kennengelernt. Das Namenszeichen ist immer der erste Buchstabe des Vornamens und er hat die gleiche Farbe wie das Namensschild – z B. blau für die Jungen, rot für die Mädchen. (Bei gleichen Anfangsbuchstaben wird noch ein weiterer Buchstabe hinzugefügt.) Dieses Zeichen ist sehr praktisch, denn jedes Arbeitsblatt ist schnell damit beschriftet, ohne dass die Kinder, solange sie noch nicht alle Buchstaben schreiben gelernt haben, ungünstige Bewegungsabläufe einüben. Deshalb haben sie dieses eine Zeichen bereits richtig schreiben gelernt und jeder kann es.

1.1 Frau M. stellt wieder den Korb in die Mitte. Diesmal ist er offen und jeder kann sehen, dass die Namenszeichen, die die Kinder gestern auf Zeichenpapier mit Wachsmalkreiden geschrieben haben, darin sind. Die Kinder rätseln eine Weile, was heute mit ihnen geschehen soll. „Vielleicht den Kreis ausschneiden", überlegt Bettina. „Oder ein Spiel machen", erhofft sich Ingo.

1.2 Alle versammeln sich im Stehkreis. Drei Kinder legen die Zeichen im Kreis um den Korb. Anschließend holt sich jeder seines, stellt sich wieder hin und legt es vor seine Füße. Seltsam, da bleiben drei Karten übrig, obwohl kein Kind fehlt. Tobias kommt als Erster dahinter: „Sie gehören Kindern aus einer anderen Klasse, die sind nur aus Versehen in unseren Korb gelangt.

2.1 Hierher gehören nur unsere", denn:
- Wir gehören zusammen.
- Wir sind zusammen in einem Klassenzimmer.
- Wir lernen zusammen rechnen, schreiben...
- Wir spielen zusammen...
- Wir essen zusammen und unterhalten uns...
- Wir helfen zusammen.

Frau M. stellt den Korb mit den unpassenden Namenszeichen zur Seite.

2.2 „Es gibt noch andere Möglichkeiten zu zeigen, dass wir zusammengehören", überlegt Frau M.

3.1 Die Kinder bringen Vorschläge, die sie schon vom Kindergarten her kennen und die gleich ausprobiert werden.
Sie geben einander die Hände.
Sie singen ein gemeinsames Lied.
Sie tanzen gemeinsam nach einer lustigen Musik ...

3.2 Frau M. legt jetzt die Riesenschultüte in die Mitte, die sonst außen an der Klassenzimmertür hängt. Schnell finden die Kinder heraus, was sie tun sollen, nämlich die Namenszeichen auf die Schultüte legen – als Zeichen, dass sie zusammengehören. Sie probieren es aus, aber damit ist Frau M. noch nicht zufrieden und die Kinder ebenfalls nicht. Denn „Das sieht so langweilig aus!", stellt Uwe fest. Es stimmt, weiße Vierecke auf gelbem Untergrund sind wirklich langweilig!

3.3 Nachdem sich die Kinder wieder hingesetzt haben, zeigt Frau M. zwei große Namenszeichen aus Zeichenpapier an der Tafel. Das eine sieht so aus wie die der Kinder, das andere ist viel schöner, denn das Papier ist leicht grün „getönt". So hübsch sollen die Karten der Kinder auch werden. Frau M. erklärt, womit sie gemalt hat; es sind Wachsblöcke. Für jeden Tisch ist ein Kästchen mit zehn Farben vorgesehen. Die Kinder der Fensterreihe, die im äußeren Kreis sitzen, holen für sich und ihren Nachbarn aus dem „Fensterregal" ein Kästchen und stellen es auf ihren Tisch oben in die Mitte. Anschließend holen die Kinder der Türseite ihre Kästchen vom „Türregal" (siehe Abb.1, S. 20). So können später beide Kindergruppen ihre Blöcke oder anderes Material gleichzeitig holen, ohne dass ein störendes Durcheinander entsteht.

3.4 Jeder nimmt sich einen Farbblock aus dem Kästchen. Frau M. winkt mit ihrem Blöckchen den Kindern aus dem Handgelenk zu, die Kinder winken genauso zurück. Dabei kontrolliert die Lehrerin, ob jedes Kind seinen Block auch richtig hält (Pfötchengriff S. 36). In der Luft ziehen sie gerade Farbstreifen von links nach rechts, so wie Frau M. es an ihrem Bild an der Tafel vormacht.

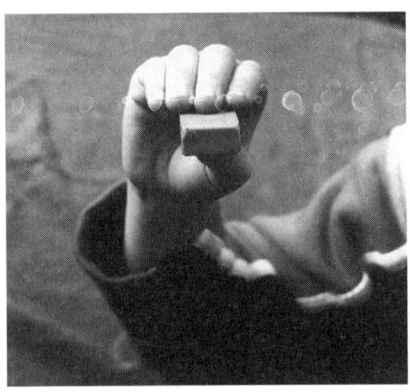
Abb. 6: Farbblock mit der schmalen Seite

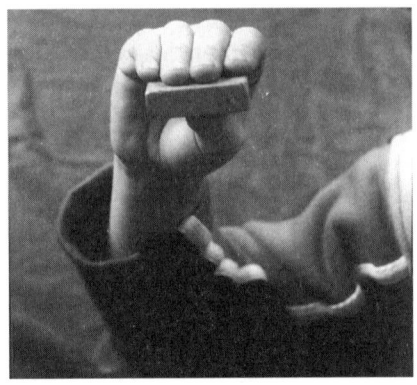
Abb. 6: Wenn die Kinder den Farbblock mit der breiten Seite verwenden, liegen alle Finger auf.

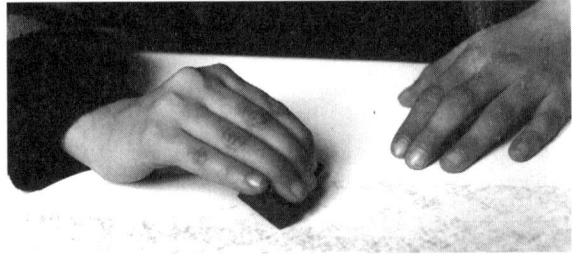
Abb. 6: Der Farbblock wird mit der ganzen Seite aufgesetzt.

Jetzt zieht die Lehrerin auf ihrem ungetönten Namenszeichen den ersten geraden Farbstreifen und die Kinder machen das Gleiche. Jeder achtet darauf, dass sein Blatt gerade vor ihm liegt, dass er langsam die Körpermittellinie beim Malen überkreuzt, dass er das Blöckchen in seiner ganzen Breite aufsetzt, nur ganz leicht über das Papier streicht und die Farbspur gerade und so breit wie das Blöckchen wird. Das ist gar nicht so einfach, aber die Kinder schaffen es. Auf diese Weise tönt jeder sein Namenszeichen fertig – Frau M. ebenfalls. Nun nehmen die Kinder eine zweite Farbe aus dem Kästchen und machen das Gleiche noch einmal. Da nur ganz zart getönt wird, passen alle Farben gut zueinander – und das Namenszeichen ist dennoch gut sichtbar. Während des „Tönens" hat die leise Musik von vorhin gespielt und mitgeholfen, aufmerksam und ruhig zu arbeiten.

3.5 Anschließend schneiden alle exakt an der Kreislinie ihre Namenszeichen aus. Da sie vorher genau an der linken Seite mit dem Tönen angefangen und bis zum Blattende weitergemalt haben, hat jetzt jeder einen durchgängig farbigen Namenskreis ohne weiße Lücken an den Rändern.

4. Wer fertig ausgeschnitten und seinen Papierabfall in den Papierkorb getan hat, platziert sein Namenszeichen auf die gelbe Schultüte und stellt sich in den Stehkreis. Manche Kinder begründen ihre Platzwahl, manche können nicht erklären, warum sie eine bestimmte Stelle für ihr Zeichen gewählt haben. Zufrieden schauen sie ihr erstes gemeinsames Werk an und gehen wieder zurück auf ihre Plätze.
5. Während die Kinder auf ihren Sitzplätzen ihre Pausenbrote verzehren, schauen sie Frau M. zu, wie sie die Namenskreise festklebt und die Riesentüte wieder außen an die Klassenzimmertür hängt.

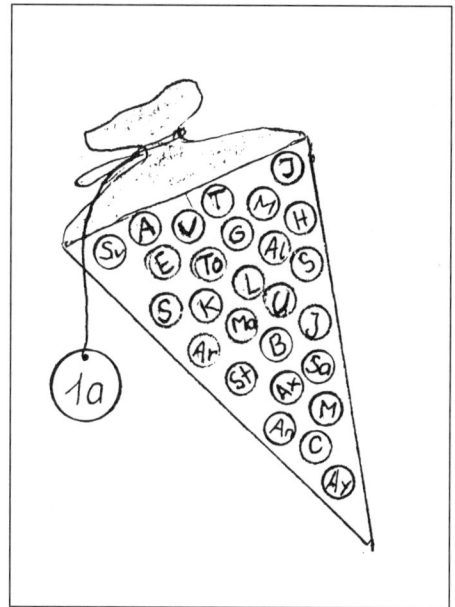

Abb. 7: Klassenzimmertür mit Schultüte

Lernaspekte
Dieses langsame, bewusste Überkreuzen der Körpermittellinie und das Versprachlichen der dabei wahrgenommenen Eindrücke und Empfindungen sollte immer wieder stattfinden und bei Kindern mit sensomotorischen Problemen besonders berücksichtigt werden.

Sollen soziale Bezüge nicht nur als unerfüllte Standardsätze formuliert werden, wie die Feststellung „Wir gehören zusammen" in 2.1, ist ein tieferes Durchdringen unerlässlich. Dazu werden Kriterien gesammelt, mit deren Hilfe die oben aufgestellte Behauptung auf ihre Realität überprüft wird. Nicht jedes der gefundenen Argumente wird für alle Kinder gleich bedeutsam sein; um so wichtiger ist es, eine umfangreiche Palette zu finden, um die Feststellung mit Leben zu erfüllen.

Mein Federmäppchen

Material
Lehrerin: Trommel, Tafelbild
Kinder: Federmäppchen, Hörkarten (Abb. 8. S. 39), Sachhefte

Den Kindern ist immer deutlicher anzumerken, dass es ihnen in der Schule gefällt. Mit jedem Tag kennen sie sich besser aus und die neue Umgebung wird immer vertrauter. Wenn sie allerdings ihre Schultaschen öffnen, fühlen sich diese noch sehr hart und schwer an und sie riechen auch noch so „neu". Das Wichtigste darin scheint das Federmäppchen zu sein, denn es vergeht kein Tag, an dem es nicht verwendet wird.

1.1 Diesmal beginnt Frau M. mit einer Geschichte.

> *Es ist noch gar nicht so lange her, und es muss ganz in unserer Nähe passiert sein, denn Petra ging auch in die 1. Klasse und hatte genau dieselben Schulsachen wie ihr. Sie war sehr stolz auf ihre große bunte Schultasche mit den farbigen großen und kleinen Heften und der Fibel. Aber am liebsten hatte sie ihr Federmäppchen. Jeden Abend legte sie es auf ihr Nachtkästchen, damit sie es vor dem Schlafengehen noch lange betrachten konnte.*
> *Eines Abends, als Petra ihr schönes Mäppchen anschaute, schien es, als würde das bunte Muster darauf sich bewegen und plötzlich hatte es ein richtiges Gesicht mit Augen, Ohren, Nase und Mund. Die Lippen öffneten sich und Petra war sehr erfreut, als ihr Federmäppchen sie ansprach. Sie war sicher, dass es auch so glücklich sei wie sie. Darum meinte sie zuerst, nicht richtig zu verstehen, denn was sie da hörte, klang sehr jämmerlich: „Ich armes, armes Mäppchen! Ach wüsstest du, wie ungeduldig alle Bleistifte und Buntstifte in mir sind! Das macht mir richtig Bauchweh. Ich meine fast, ich müsse platzen. Sogar der Radiergummi macht sich mal dick und mal lang und hat schon fast meinen Reißverschluss verletzt. Der grüne Buntstift weint, weil er bis jetzt zwar gezeichnet, aber noch nicht ausgemalt hat; der gelbe Stift ist schon ganz blass vor Wut, weil sein Nachbar, der orangefarbene Farbstift von dir schon dreimal herausgeholt wurde und sogar Blumen auf eine Schultüte malen durfte; der braune brummt den ganzen Tag vor Langeweile. Ein richtiger Jammerhaufen ist in mir versammelt. Wann wird das endlich anders?" Petra hatte vor Entsetzen fast das Atmen vergessen. Nun holte sie einmal tief Luft. Das hätte sie sich wirklich nicht vorstellen können, dass ihr liebes Federmäppchen solchen Kummer hatte.*

1.2 Hier hat Frau M. zu erzählen aufgehört. Betreten sitzen die Kinder auf ihren Stühlen und wissen gar nicht, was sie sagen sollen. Nur zögernd melden sich einige.

Es stimmt :
- Auch sie haben noch nicht alle Stifte ausprobiert.
- Auch sie haben nur mit einigen gezeichnet und noch nicht ausgemalt.
- Den Radiergummi haben sie noch nicht einmal herausgenommen.

2. Schnell wird klar, dass heute alle Stifte und die anderen Dinge aus dem Federmäppchen ausprobiert werden sollen.
3.1 Frau M. fordert die Kinder auf, ihre Federmäppchen zu öffnen. Sie sollen ihrem Nachbarn im Flüsterton erzählen, welches ihr Lieblingsstift ist und was ihnen an ihm so gut gefällt. Die Kinder des Außenkreises sind zuerst die Erzähler, die Innenkreiskinder die Hörer. Deshalb bekommen sie auch die „Hörkarte" (Abb. 8), die sie während des „Hörspiels" in der Hand halten.

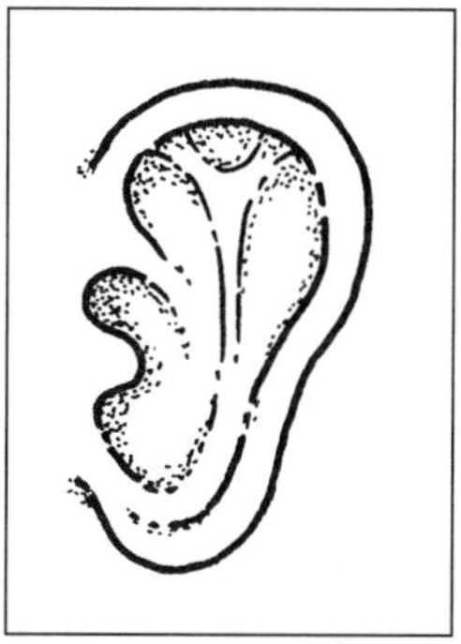

Abb. 8: „Hörkarte"

Sie hilft ihnen, wirklich hinzuhören und nicht dazwischen zu reden. Das Spiel beginnt mit einem akustischen Zeichen. Danach wird getauscht. Jetzt dürfen einige Kinder schildern, was für sie an den Mitteilungen ihres Nachbarn am eindrucksvollsten gewesen ist. Sabine sagt: „Daniela mag den dunkelgelben Stift am liebsten, weil er so leuchtet wie die Sonne." Für Ersin ist der dreieckige Bleistift der tollste, denn er sieht ganz anders aus als alle anderen.
3.2 Nun berichten die Kinder, welchen Stift sie schon benützt und wie sie ihn verwendet haben.
4.1 Petra aus der Geschichte hatte sich Ähnliches überlegt wie die Kinder, natürlich ganz alleine. Frau M. erzählt weiter:

> *Schnell zog sich Petra ihren Morgenmantel und die Söckchen an, holte ein weißes Blatt Papier und setzte sich damit an den Tisch. Als sie jetzt ihr Federmäppchen öffnete, schien es ihr, als würde sie einen Freudenschrei hören. Zuerst holte sie ihre beiden Bleistifte heraus. Mit dem einen zeichnete sie ein großes Viereck, das an den beiden unteren Ecken abgerundet war. Mit dem anderen zeichnete sie darunter einen wunderschönen langen Bleistift. Sogar die dunkelgraue Spitze hat sie ganz fein ausgemalt, indem sie ihren Stift flacher in der Hand hielt als beim Zeichnen. Sie war begeistert, und die Bleistifte waren es auch.*

4.2 Frau M. schlägt die Tafel mit Petras Bild auf. Das Viereck ist natürlich das Federmäppchen, das finden die Kinder sofort heraus. Mit dem Zeigefinger ihrer Schreibhand umfahren sie die Umrisse ihres eigenen Federmäppchens und beginnen dabei an seiner oberen (linken) „Fensterecke". Jetzt holt jeder sein Heft hervor, das die ganze Zeit an seinem Platz lag, und blättert zur nächsten Seite um. Gemeinsam wird überlegt, was zu tun ist, um das Federmäppchen in seiner wirklichen Größe in die Mitte der Heftseite zu malen, so wie es Petra gelungen ist. Daher versuchen sie, zuerst einmal mit der Hand
- die Blattmitte zu finden,
- die obere Mitte,
- die untere Mitte,
- den „Fensterrand" im Heft von oben nach unten,
- den „Türrand" von unten nach oben,
- die Blattaußenkante mit dem Finger nachzufahren.

Die Kinder wissen natürlich schon, was der „Fensterrand" ist: Es ist der Seitenrand im Heft, der zu den Klassenzimmerfenstern schaut, während der „Türrand" zur Klassenzimmertür schaut. Nur wenige Kinder benützen zur Orientierung die Begriffe „links" und „rechts".

4.3 Die Kinder zeichnen mit der Fingerspitze das Federmäppchen in die Mitte der Heftseite. Zunächst starten sie eigene Versuche, die sie den anderen beschreiben. Schließlich einigen sie sich auf ein gemeinsames Vorgehen. Am Fensterrand wird mit dem Zeichnen begonnen – dann geht es gerade weiter bis zum Türrand, dann hinunter bis zur unteren Randmitte, wieder zurück zum Fensterrand und hinauf zum Anfangspunkt. Kindern, die schon beim Fingerschreiben Probleme mit den Federmäppchenkurven gehabt haben, macht Frau M. beim Vorübergehen die Anfangskurve und die dritte Kurve ins Heft; manche bekommen, wenn sie wollen nur einen Hilfspunkt.

4.4 Das Gleiche machen sie mit dem Bleistift: Sie legen ihn mit der Spitze zum Fenster parallel zum oberen Heftrand vor sich hin und umfahren ihn mit dem Zeigefinger der Schreibhand – von der Spitze beginnend in Richtung Tür. Danach suchen sie die Bleistiftspitze mit dem Finger auf dem Blatt, nachdem sie festgestellt haben, dass sie zuerst ein kleines Dreieck zeichnen müssen. Das zeichnen sie als Nächstes fertig. Danach wird vom Fenster zur Tür der Bleistift fertig gezeichnet.

5.1 Jetzt soll die Spitze ausgemalt werden. Wie war das in der Geschichte? Beim Ausmalen wird die Hand flacher gehalten? Das probieren die Kinder gleich einmal aus. Dafür wählen sie einen Buntstift, den sie flach in die Hand nehmen. Zuerst winken sie damit Frau M. und sich gegenseitig zu. Winkend verlassen sie nun ihre Sitzplätze und gehen im Rhythmus zu Frau M.s Trommelschlägen durch das Klassenzimmer. Dabei achten sie darauf, dass sich Füße und Hände gleichzeitig bewegen.

5.2 Das Ausmalen der Spitze geht jetzt ganz leicht, ebenso das Ausmalen des Stiftes. Frau M. achtet auf eine günstige Handhaltung, damit die Hand nicht müde wird, wie sie sagt.

6.1 In den meisten Federmäppchen gibt es noch mehr Dinge. Zuerst zählen die Kinder sie alle auf. Dann nehmen sie jeweils einen Gegenstand heraus und setzen sich damit in den Stuhlkreis – bis auf ein Kind. Dieses stellt sich mit seinem Gegenstand in die Kreismitte und ruft z.B. „Buntstifte". Alle Kinder, die einen Buntstift in der Hand halten, tauschen daraufhin die Stühle. Das Kind aus der Mitte versucht, sich schnell auf einen frei gewordenen Stuhl zu setzen und so bleibt wieder ein Kind übrig und das Spiel geht von vorne los. Beim Wort „Federmäppchen" tauschen alle Kinder ihre Plätze.

6.2 Nach dem Spiel setzen sich alle in die Klassensitzordnung zurück, vermuten, wie die Geschichte weitergegangen sein könnte und hören das Ende an.

Petra blieb noch lange wach und hörte nicht eher auf, all ihre Federmäppchenschätze auszuprobieren, bis alle einmal benützt wurden. Dann fiel sie in einen tiefen, langen Schlaf. Als sie am nächsten Morgen von ihrer Mutter geweckt wurde, lag das Federmäppchen auf dem Nachttisch, so, wie sie es abends zuvor hingelegt hatte. Schnell lief sie zum Tisch - wo war das bemalte Blatt geblieben? Langsam wurde sich Petra sicher: sie hatte die ganze Geschichte nur ...

6.3 Geträumt! Ja natürlich! Die Kinder hingegen haben wirklich in ihre Hefte gezeichnet und gemalt. Als Hausaufgabe sollen sie auf ihr Federmäppchen

im Heft noch Muster zeichnen, entweder eigene oder solche, die auf ihren Mäppchen tatsächlich zu sehen sind. Rund um das Federmäppchen zeichnen sie die anderen Gegenstände aus dem Mäppchen und malen sie aus.
7. In der sich anschließenden kurzen Gesprächsrunde tauschen die Kinder ihre Erfahrungen aus. „Es ist irgendwie aufregend, auf ein blankes Blatt zu malen", findet Alex. Auch der Nachvollzug eines bestimmten Bewegungsablaufes war für einige Kinder anstrengend. Dennoch – jeder ist stolz auf sein Werk.

Lernaspekte
Die Übungen zur Raumorientierung werden zu Beginn eines Hefteintrages in unterschiedlichen Übungsformen immer wieder durchgeführt; z. B:

- Lege deinen Bleistift an den oberen Rand, unteren Rand ...
- Zeige deinem Nachbarn die Mitte auf seinem Blatt.
- Umfahre mit deinem Finger den Heftrand; beginne am oberen Fensterrand, fahre gerade zum Türrand ...
- Beginne am unteren Türrand ...
- Zeige mit deinem Daumen ... in die Mitte.
- Zeichne mit deinem vierten Finger der rechten Hand ein Dreick ..., beginne dabei oben in der Mitte.
- Suche mit deiner Nase die Mitte deines Blattes, mit deinem Ellenbogen, ...

Solche vorbereitenden Aufgaben zur Raumorientierung lenken zugleich den „Lernraum" des Sprechens und Hörens auf das kommende feinmotorische Tun. Anstelle der Hilfsbegriffe werden immer öfter „rechts" und „links" genannt.
Für solche Übungen halten wir unlinierte Hefte für günstiger. Wenn diese auch von allen Beteiligten eine intensive Aufmerksamkeit fordern, lohnt sich diese Mühe im Hinblick auf die gesamte Arbeitshaltung. Aus dem gleichen Grund setzen wir auch Arbeitsblätter nur da ein, wo andere Möglichkeiten keinen Vorzug bringen. Wir ziehen auch die Tafel dem Tageslichtprojektor vor, da sie die Aufmerksamkeit der Kinder zentriert und das Gemalte und Aufgeschriebene unmittelbarer erfahren lässt.
In dieser Stunde begegnen die Kinder der ersten Unterrichtsgeschichte im Sachunterricht. Durch die Personifizierung des Federmäppchens und seiner Utensilien ist eine unmittelbare Aufforderung zum bewussten Umgang mit dem Arbeitsmittel eingeleitet. Die geäußerten „Empfindungen" der Gegenstände sollen für die Notwendigkeit einer aufmerksamen Materialbenützung sensibilisieren. Ein beziehungsvolles „Schau in dein Federmäppchen, ob es

allen deinen Stiften gut geht." fördert die Bereitschaft zu einem pfleglichen Umgang mit dem Arbeitsmaterial. Erweiternd dazu heißt es auch: „Schau in deine Büchertasche, ob alles an seinem Platz ist." „Überprüfe deinen Arbeitsplatz, ob alles bereit liegt."
Auch bei den weiteren Geschichten stellt sich die Frage nach der benutzten Sprache und nach der Entscheidung zwischen Erzählen oder Vorlesen. Nach unserer Erfahrung erreichen wir die Kinder durch das Vorlesen auf einer anderen Aufmerksamkeitsebene als beim Erzählen. Selbst wenn nicht alle Formulierungen dem aktiven Sprachniveau der Kinder entsprechen und daher mehr intuitiv als intellektuell verstanden werden, wie das auch bei ausländischen Kindern mit begrenzten Deutschkenntnissen der Fall ist, wird das eigentliche Anliegen der Geschichte durch das Vorlesen deutlicher als durch Erzählen. Während anscheinend das konkrete Erzählen den Zugang zur konkreten Denkebene öffnet, wird durch das an einen Text gebundene Vorlesen der Zutritt zu einer übergeordneten Denkweise erschlossen, und dadurch eine andere Art des Verstehens in Gang gesetzt. Ähnliches haben wir beim Vorlesen von Märchen in der ursprünglichen Sprache ihrer Verfasser bei unseren eigenen Kindern feststellen können.

In unserem Klassenzimmer fühlen wir uns wohl

Material
Tisch mit Teppichfilz abgedeckt (Abb.9, S. 44); Märchenwolle, Steine, Äste; Setzleiste mit vorbereitenden Formübungen zu den erarbeiteten Druckschriftbuchstaben, mit Vogelsand gefüllte Panierschalen; Papierbälle, langes Seil; Fühlbrille, Fühlbuchstaben und -zahlen, geometrische Grundformen aus Plastik; Formenbilder; Regale für Hefte und Bücher; der jeweils vorgesehene Platz ist mit einem Symbolaufkleber gekennzeichnet; Stehordner mit Radiergummis, Scheren, Bleistiften, Buntstiften, Wachsmalkreiden, Kleber; Ablagen für Mal- und Schreibpapier in verschiedenen Formaten; Schreibfolien mit Folienstiften, Jahreszeitentisch, Ausstellungstisch, Computerecke

Seit dieser Woche gibt es sechs „Pünktchengruppen". Der Name hängt mit dem Leselehrgang zusammen. Ein gelbes Pünktchen, das die Erde und ihre Lebensordnungen kennen lernen möchte, trifft hier verschiedene andersfarbige Pünktchen. Jedes der Pünktchen interessiert sich für unterschiedliche Bereiche und möchte diese vorrangig kennen lernen. Ab und zu treffen sie sich und tauschen ihre Erfahrungen aus. So kommt z.B. das Rotpünktchen, das sich hauptsächlich für Zahlen und Rechengeschichten begeistern kann, dahinter, dass es auch im „Sprachland", das unser Gelbpünktchen erforschen will, Zahlen gibt; sie heißen dann ganz einfach Zahlwörter, und man kann sie sprechen und mit Buchstaben aufschreiben, während in der Rechenstadt die Zahlen in Ziffernschrift geschrieben werden.

In der Vorviertelstunde oder wann immer Zeit dazu ist, gestaltet die Gelbpünktchengruppe in der „Gestaltungsecke". Das ist ein an die Wand geschobener Schülertisch, der auf der Tischfläche und der anschließenden Wand mit einem durchgängigen Stück Teppichfilz bezogen ist. Unter dem Tisch stehen verschiedene Kartons mit Märchenwolle, Steinen und Ästen. Mit diesen Dingen gestalten die Kinder ein Bild zur laufenden Buchstabengeschichte oder zu geeigneten Themen des Sachunterrichtes und am Freitag erzählen sie dazu.

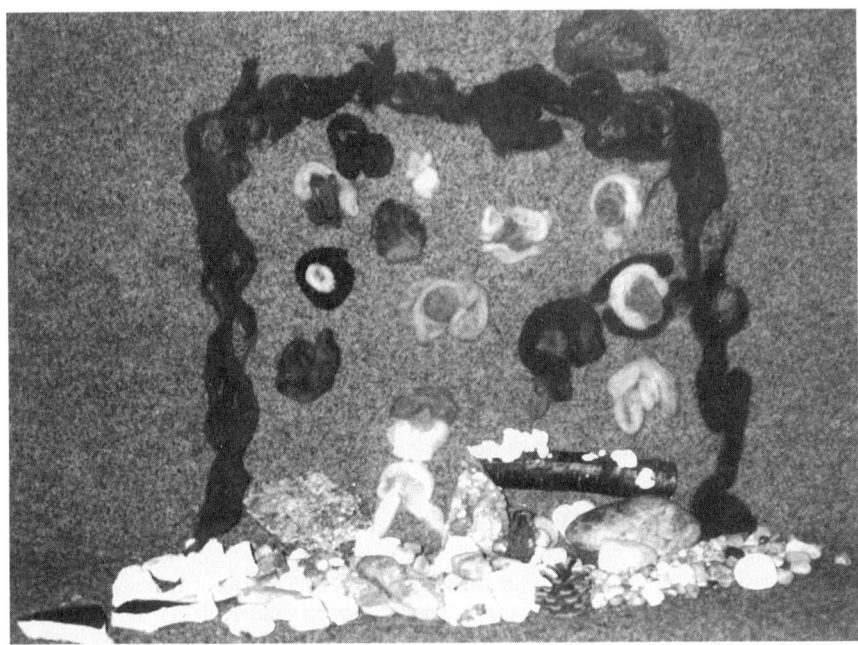

Abb. 9: Bild zur Buchstabengeschichte

In den niederen Fenster- und Türregalen befinden sich die Blöckchen und Sandkästchen für jeweils zwei Kinder. Eigentlich sind diese Kästchen Panierschalen, die man aneinander hängen oder einzeln benützen kann, so wie es die Blaupünktchengruppe im Moment tut. Frau M. hat ein bisschen Vogelsand hineingefüllt. Die Kinder schreiben abwechselnd mit jedem einzelnen Finger, was an der Setzleiste hängt. Das sind Wörter oder einzelne Buchstaben, je nachdem, wofür sich die Kinder entscheiden. In dieser Woche ist es der Märchenturm (Mm), der in verschiedenen Varianten zu sehen ist.

    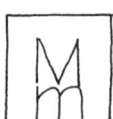 

Abb. 10: Märchenturm

Der Märchenturm steht auf einem Berg. Durch das eine der beiden Tore des Märchenturms betritt Gelbpünktchen das Märchenland, durch das andere verlässt es es wieder. Über den beiden Toren erheben sich zwei hohe, spitze Türme, die schon von weitem zu sehen sind. Manchmal wird auf den zwei Türmen sogar eine Fahne gehisst – aber nur zu besonderen Anlässen.

In einem weiteren niedrigen Regal liegen Papierbälle und ein langes Seil. Die Rotpünktchengruppe legt damit den Märchenturm und seine zwei Tore ganz groß in die Mitte und balanciert darauf. Die besonders Geschickten jonglieren dabei mit einem oder zwei Papierbällen – auch sie werden am Freitag bewundert werden.

Im vierten niederen Regal gibt es die „Fühlbrille". Sie hat zugeklebte Gläser und mit ihrer Hilfe ertasten die Kinder mit den Händen Gegenstände, Fühlbuchstaben und Fühlzahlen. Die Grünpünktchengruppe erspürt die „Edelsteinformen" und wird die anderen mit dem sicheren Herausfinden von großen Dreiecken, kleinen Vierecken etc. zum Ende der Woche in Erstaunen versetzen.

Die Orangepünktchengruppe zeichnet Bilder ab, die an der Stirnseite eines Schrankes hängen. Ihre Kunstwerke kann man bis Ende der nächsten Woche besichtigen, in einer eigenen Klassenausstellung.

Die Braunpünktchengruppe schreibt an den beiden Computern Wörter oder Buchstaben. Manche Kinder schreiben nach Vorlagen, andere verschriften mit Hilfe der eingeführten Anlauttabelle.

Auf jedem niedrigen Regal gibt es außerdem einen Stehordner mit Radiergummis, Scheren, Bleistiften, Buntstiften, Wachsmalkreiden, Kleber sowie Ablagen für Mal- und Schreibpapier in verschiedenen Formaten und Schreibfolien mit Folienstiften – das sind die „Büros". Beim Gestalten von Plakaten zu bestimmten Themen, bei Wörtersammlungen, beim Vorstellen von Arbeitsergebnissen und nicht zuletzt bei Vergesslichkeit können sich die Kinder hier bedienen.

In den hohen Regalen liegen die Hefte und Bücher, die im Moment nicht gebraucht werden. Am Regalbrett angeklebte Symbolschilder, die „Platzhalter" genannt werden, zeigen, an welchem Platz die Hefte und Bücher liegen sollen. So ist es ganz leicht, Ordnung zu halten.

An den Fenstern stehen Pflanzen und an der Fensterseite, gleich neben der Tafel, befindet sich der „Jahreszeitentisch". Jetzt ist er mit Herbstblumen geschmückt, mit Ähren, ersten abgefallenen Blättern und Herbstfrüchten. Wer etwas dazu beitragen möchte, kann das gerne tun und den anderen etwas über das „Woher" erzählen. Oft bringen die Kinder zu viel mit; das ist jedoch kein Problem. Da manche sich daheim auch eine Jahreszeitenecke eingerichtet haben, findet jedes Mitbringsel bereitwillige Abnehmer.

Auf dem Ausstellungstisch stellen die Kinder Dinge aus, die für sie wichtig sind. Das können Fotos sein, selbst gemalte Bilder, erste kleine Briefe an andere Kinder, eigene Basteleien, Sammelutensilien oder Lieblingsdinge. Meistens werden die Dinge im Rahmen des Morgenkreises vorgestellt und bieten Anlass zum Fragen und Erzählen.

Immer wieder probieren die Kinder in dieser Woche das leise Nebeneinander der fünf Pünktchengruppen aus. Von Tag zu Tag geht es reibungsloser und selbstständiger. In der nächsten Woche bekommt jede Gruppe eine andere Morgenstation zugeteilt.

Lernaspekte
Die Vorviertelstunde mit ihrem Betätigungsangebot ist eine Möglichkeit, die Kinder auf das Lerngeschehen des Tages vorzubereiten. Das selbstständige Anwenden, Üben und Gestalten des bereits Gelernten und seine Präsentation am Ende der Woche fördern eigenverantwortliches Tun und machen seinen Wert bewusst.

Die Pünktchengruppen sollten möglichst homogen zusammengesetzt sein, damit jeder seinen Beitrag leisten kann und nicht besonders aktive oder kreative Kinder die Führung übernehmen. Außerdem kann die Lehrerin soziale Kontakte zwischen Kindern, die bislang wenig miteinander zu tun hatten, auf diese Weise initiieren.

Der Jahreszeitentisch ist ein fächerübergreifendes Gestaltungselement. Sein Aussehen verändert sich der Jahreszeit entsprechend und die Kinder erleben an ihm Veränderungen innerhalb eines Jahresablaufs bewusst mit. Nur im Alltagssprachgebrauch ist er für sie ein Jahreszeitentisch, im Unterricht wird er zum Wald, zum Garten, zur Landschaft … Im Herbst haust unter seinem Blätterhaufen der kleine Igel Imo, mit dessen Hilfe die Kinder das I/i kennen lernen, auf seinen Ästen sitzt ein Uhu, der genau beobachtet und der ihnen das U/u „geschenkt" hat. Unter einem großen Stein haben die Bewohner der Rechenstadt zuerst ihre Edelsteine versteckt, von denen immer welche wegkommen, bevor sie für ihre Stadt eine Stadtmauer mit besonderen Verstecken errichtet haben. So begleitet der Jahreszeitentisch durch das ganze erste und zweite Schuljahr.

Durch die Dinge auf dem Ausstellungstisch kommen die Kinder schnell ins Gespräch über Persönliches und Sachliches. Auf diese Weise ergeben sich leicht Anknüpfungspunkte für Themen, die im Unterricht aufgegriffen werden können.

In der Pause erhole ich mich

Material
Lehrerin: Korb, Wortkarte „Pause", Steine, bunte Punkte und Schnüre, Mensch-ärgere-dich-nicht-Männchen, kleine bunte Holzkreise, Äste, verschieden lange Holzstäbe, Glocke, Kassettenrekorder, Musikkassette (siehe Anhang), Taschenlampe, Tafelbild
Kinder: Sachhefte, Wachsmalkreiden

Seit es die Pünktchengruppen gibt, kommen die meisten Kinder morgens besonders pünktlich in die Schule. Manchen fällt das Zusammensein mit anfangs unbekannten Kindern etwas schwerer als anderen, aber mithilfe der Lehrerin gelingen auch schwierige Integrationen. Den Kindern ist anzumerken, dass die Vorviertelstunde mit zum Schönsten gehört, was die Schule zu bieten hat. Vielen gefällt sie noch besser als die Pause, die entweder zu kurz oder langweilig ist.

1. Heute beginnt der Unterricht im Sitzkreis. Frau M. ist diesmal gar nicht gesprächig. Stumm geht sie mit ihrem Korb in die Mitte und zeigt den Kindern ein großes, langes Schild mit der Aufschrift „Pause", das sie auf den Boden legt. Ein Glück, dass Alex schon richtig lesen kann, sonst wüsste keiner, worum es geht. Dann verteilt die Lehrerin rund um das Schild alle möglichen Sachen: Steine, bunte Punkte und Schnüre, Mensch-ärgere-dich-nicht-Männchen, kleine bunte Holzkreise, Äste, verschieden lange Holzstäbe.

Alle überlegen und einige stellen Fragen:
- Sollen wir das alles in die Pause mitnehmen?
- Soll jeder etwas anderes in die Pause mitnehmen?
- Sollen wir etwas daraus basteln? - Aber dann passt das Pausenschild nicht!

Es ist nicht einfach, aber eines wird klar und Daniela verkündet:

2. „Heute lernen wir etwas über die Pause."

3.1 Frau M. ist noch immer nicht gesprächiger, dafür läutet sie mit einer Glocke, die sie an den Anfang des Pausenschildes stellt. Das ist einfach - die Glocke zeigt den Pausenbeginn an, deshalb steht sie auch zu Beginn des geschriebenen Wortes. Und dann? Nach dem Gong gehen die Kinder hinunter in den Pausenhof. Dazu verlassen sie ihr Klassenzimmer und gehen die Treppe abwärts. Frau M. zeigt auf die kurzen bunten Stäbchen. Uwe kommt dahinter: „Wir können damit unter die Glocke eine Treppe legen." Er lässt einige Mensch-ärgere-dich-nicht-Männlein laufen, die dann „unten" im „Schulhof" beisammen stehen bleiben. Auch Frau M.

nimmt zwei Männchen in die Hand, in jede eines, und führt ihre ebenfalls die Treppe hinunter.

Aber die beiden „laufen" so eng beieinander, dass eines schließlich auf der Treppe „hinfällt". Jetzt haben die Kinder begriffen:

- Die Pause beginnt mit dem Pausengong.
- Wir gehen ruhig und ohne einander zu berühren die Treppe hinunter, um unbeschadet den Schulhof zu erreichen. Wir achten dabei auf besonders langsame, besonders schnelle und gehbehinderte Kinder und Erwachsene.

Dieses Gehen ohne einander zu berühren wird gleich einmal ausprobiert. Die Kinder gehen auf das Glockenzeichen ihrer Lehrerin an den Außenseiten ihres Klassenzimmers entlang; da ist es auch ganz schön eng und auch hier gibt es besonders Schnelle. Ein weiteres Glockenzeichen beendet die Übung und schließlich landet jeder wieder auf seinem Stuhl im Kreis.

3.2 Inzwischen sind auch Frau M.s „Kinder" auf dem „Schulhof" gelandet, der auf dem Boden jedoch noch nicht sichtbar ist.

Michaela hat eine Idee: Mit den langen Stäben legt sie den „Schulhof" gerade unter dem Pausenschild. Sie wählt dafür die gelben aus, denn der Schulhof hat auch einen hellen Belag, meint sie. Außerdem nimmt sie einen Ast und legt ihn hin - das ist der Baum, der im Schulhof steht. Stefan nimmt bunte Punkte für die kleinen Blumenbeete, die er immer so gerne ansieht und rückt nun die „Kinder" in den „Schulhof". Denn schließlich wollen sie ja zusammen spielen. Dazu haben die Kinder eine Menge Vorschläge anzubieten: Fangen, Verstecken, „Schwarzer Mann", Hüpfspiele ... Frau M. stellt ihre „Kinder" ebenfalls dazu. Es wird überlegt, was die beiden vorhaben könnten:

- Sie wollen mitspielen.
- Sie wollen, dass die anderen mit ihnen spielen.
- Sie wollen auf dem gleichen Platz spielen, wie die anderen, denn sie waren vorher zuerst hier ...

3.3 Am besten wäre es, sie würden zu einer baldigen Lösung kommen, denn je länger die Kinder miteinander verhandeln, desto weniger Zeit haben sie für ihre Pausenspiele. Richtig: Frau M. hat bereits die Glocke vom Pausenschild weggenommen. Sie legt an die gleiche Stelle eine ausgeschnittene Glocke hin, läutet wieder mit ihrer Glocke und stellt sie an das Ende des Pausenschildes. Alle wissen es: Die Pause ist nun zu Ende. Das ging aber schnell, so ähnlich wie in Wirklichkeit. Kaum fängt man zu spielen an, muss man schon wieder aufhören. Auf dem Bodenbild stehen die „Kinder" noch immer herum und „spielen". Jetzt weiß Joyce, wie es weitergeht. Sie nimmt ein Männchen und führt es die Treppe aufwärts. Aber Frau M. ist noch nicht zufrieden. Joyce hat zwar richtig erfasst, dass die „Kinder" nun wieder die „Treppe" hinaufmüssen, aber wenn man das Pausenschild ansieht, stimmt es nicht, denn sie laufen wiederum zum Anfang zurück, zum „P".

Jetzt helfen alle. So wie Uwe zuerst die „Abwärtstreppe" gelegt hat, legt Ersin jetzt eine „Aufwärtstreppe" an das Ende des Pausenschildes, unterhalb des „e". Nun können auch die „Kinder" wieder hinaufsteigen und in ihre Klassenzimmer gehen, d.h. in Frau M.s Körbchen (Abb.11).

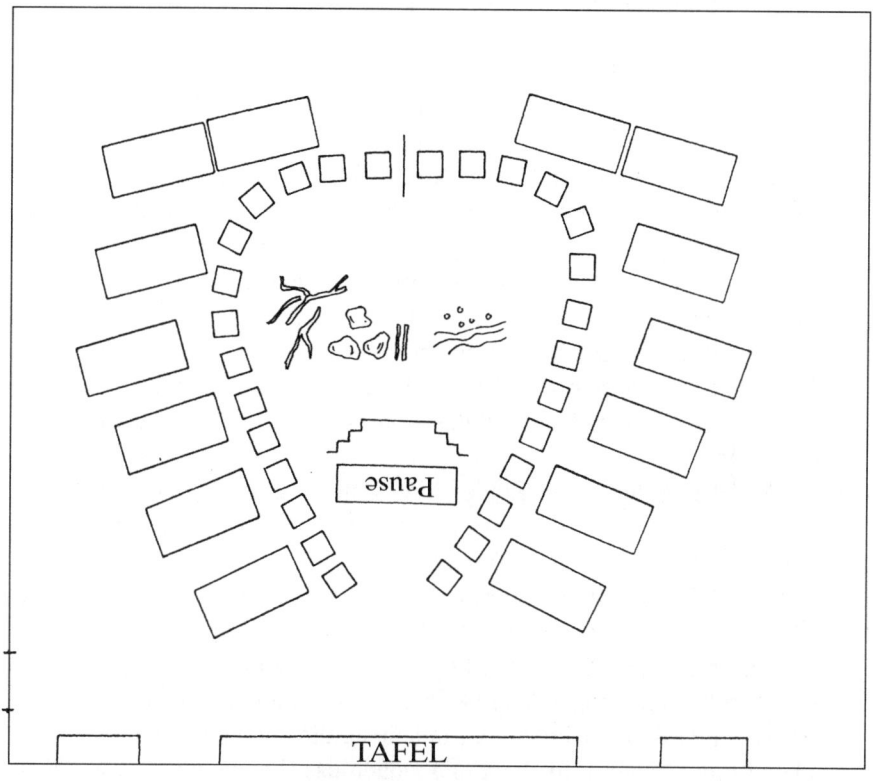

Abb. 11: Pausendarstellung

Auch die Schulkinder steigen an der Außenseite ihres Klassenzimmers „hinauf"; die „Treppen" sind ausnehmend hoch und deswegen heben sie ihre Knie besonders an. Die Schultern und der Rücken bleiben dabei locker und gerade, es laufen schließlich nur die Beine.

4. In der Klassensitzordnung beginnt Bettina mit der Wiederholung:
   - Die Pause beginnt mit dem Pausengong.
   - Zum Pausenbeginn gehen wir die Treppe hinunter, abwärts. Wir achten dabei auf …
   - Während der Pause suchen wir uns einen Platz, der für unser Spiel geeignet ist. Wir einigen uns rasch, da die Pausenzeit sehr kostbar und kurz ist, zu schade zum Streiten.
   - Der zweite Pausengong kündigt das Ende der Spielpause an und wir gehen geordnet in unser Klassenzimmer.

5.1 Damit es leichter gelingt, sich an die heutige Stunde zu erinnern, „diktieren" die Kinder ihrer Lehrerin, was sie an der Tafel malen soll.
Sie beginnt, wie auch am Boden begonnen wurde, mit der „Abwärtstreppe". Dabei einigen sich die Kinder auf drei Stufen, die von ihnen zuerst in die Luft, anschließend mit den Wachsmalkreiden ins Heft gemalt werden. Das Heft wird dazu im Querformat so hingelegt, dass die Seite mit dem äußeren Heftrand zum Kind liegt. Damit die Treppe nicht zu breit wird, legen die Kinder die „Nichtschreibhand" als Maß für die Breite der Treppe an den Anfang. Jetzt malen sie mit ihrer Lehrerin den Schulhof – gerade – bis eine Handbreite vor Blattende. Die „Aufwärtstreppe" gelingt nach dem gemeinsamen Luftmalen alleine.

5.2 Den Schulhofbereich, in dem er am liebsten spielt, zeichnet jeder für sich, ebenso sich selbst und seine Freunde. Mit den Buntstiften wird hinterher ausgemalt. Während des Malens ertönt leise die „Lieblingsfarbemusik".

6.1 Bei Musikende legen die Kinder ihre Stifte weg und schauen gespannt nach vorne, wo Frau M. etwas Interessantes macht: Ohne ein Wort zu sagen, zeigt sie ihnen eine Taschenlampe. Sie knipst sie an und aus und leuchtet damit im Zimmer herum. Jetzt hält sie sie zur Tafel, ausgeknipst, an die Abwärtstreppe – ganz ruhig. Die Kinder verfolgen mit ihren Augen jede ihrer Bewegungen. Auf einmal zeichnet sie mit ihr – angeknipst – einen großen Lichtbogen über den ganzen Schulhof, der bei der Aufwärtstreppe endet und verschwindet, indem sie die Lampe wieder ausknipst. Viele Kinder heben ihre Hand und wollen das Gleiche machen wie Frau M. und manche schaffen es auch, langsam einen großen, runden Lichtbogen zu ziehen; bei anderen wird er etwas wackelig und zackig.

6.2 Endlich darf auch wieder gesprochen werden, einige platzen förmlich von den ungesagten Ideen in ihren Köpfen:
   - Der Lichtbogen war die Pause, die Pausenzeit.

- Bevor die Pausenzeit angefangen hat, gab es sie nicht, es war dunkel.
- Als die Pausenzeit vorbei war, gab es sie wieder nicht, es war wiederum dunkel.

Die Pause hat also einen Anfang und ein Ende und dazwischen vergeht die Zeit, innerhalb der die Kinder etwas tun, nämlich spielen. Das ist eine schöne, „helle" Zeit für sie, die mit dem Gong endet.

6.3 Diese Zeit, die die Kinder gerade als Lichtbogen erlebt haben, versuchen sie nun in Bewegung umzusetzen. Dazu stellen sie sich seitlich von ihrem Stuhl. Frau M. ruft jeweils „Anfang", „Zeit", „Ende" und jeder findet mit seinem Körper passende Bewegungsformen. Einige Vorschläge werden gemeinsam ausprobiert. So z.B.:
Anfang: Aus der Hocke hochspringen.
Zeit: Wellenbewegungen mit beiden ausgestreckten Händen, vom Fenster zur Tür.
Ende: Ein hoher Sprung mit anschließendem Hinsetzen.
Danach geht Frau M. nochmals in die „Mitte" und nimmt eine der Schnüre in die Hand und macht mit ihr ebenfalls Wellenbewegungen. Das ist ebenfalls die „Zeit" und Ayla legt sie gebogen über das Pausenschild – ihr hat eben der Zeitlichtbogen am besten gefallen. Als Anfang wählt Florian einen Stein, denn bei jedem Pausenbeginn hat er einen Kloß im Magen – vor lauter Aufregung, was er und seine Freunde gleich spielen werden. Und für das Ende legt Sonja einen Stern aus den kleinen Stäben – weil es meistens doch sehr schön gewesen ist.

6.4 Nun gibt es ein Problem, denn die Kinder sollen einen Namen für diesen „Bogen" finden, und da können sie sich überhaupt nicht einigen. Manche meinen, sie könnten einfach „Zeitbogen" oder „Spielbogen" dazu sagen, auch „Pausenbogen" ist ein geeignetes Wort dafür. Schließlich sind sie sich einig, dass jeder Name richtig und passend ist.

7. Plötzlich meint Frau M., die Kinder sollten sich recken und strecken und anschließend „schlafen". Als sie wieder die Augen öffnen und zur Tafel schauen, hat sie den Zeitbogen mit Anfang und Ende oberhalb des Pausenbildes aufgemalt – das wird nun auch das letzte Bild vor der Pause, das jeder in sein Heft malt.

Lernaspekte

Das in dieser Einheit angebahnte Zeit- und Handlungsbewusstsein, bei dem es um das deutliche Wahrnehmen von Anfang und Ende eines zeitlich begrenzten Handlungsspielraumes geht, ist für die Entwicklung der Konzentrationsfähigkeit von besonderer Bedeutung. Nur wer sich bewusst auf eine Tätigkeit,

eine Situation einstellen kann, mobilisiert mit der klaren Wahrnehmung ihres Anfangs auch die dazu notwendigen Fähigkeiten, die zum aufmerksamen Durchhalten und gezielten Beenden erforderlich sind. Das schafft ein klares Erfolgserlebnis im Hinblick auf diese Situation und eine gute Basis für das folgende Lernen und die dafür notwendige Konzentration.
Die während der Pausen gewählten Spiele entsprechen nicht immer der zur Verfügung stehenden Zeit und wirken deshalb oft bei den Kindern als „Zweites Programm" neben dem eigentlichen „Lernprogramm" der Lehrerin weiter. Daher eignet sich gerade das Pausenthema, das Prinzip des vollendeten Handlungsablaufes bewusst zu machen und in einer den Kindern verständlichen und „erlebten" Grafik darzustellen.
Es hat sich z.B. als sinnvoll erwiesen, Kindern mit zu lange angelegten Pausenspielen ihren eigenen Zeitbogen im Vergleich zu einem vorgegebenen malen zu lassen.

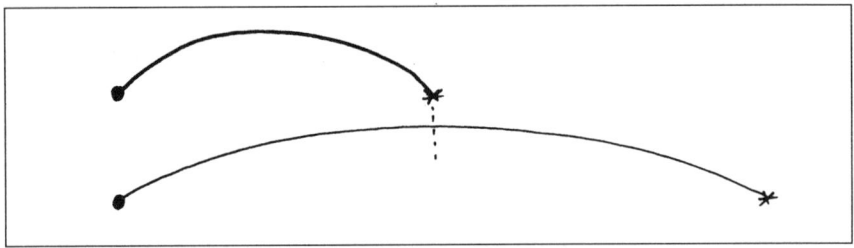

Abb. 12: Zeitbogen

Schnell wird dadurch deutlich, dass ihr Spiel oft noch vor dem eigentlichen Spielhöhepunkt abgebrochen werden musste und dadurch das Bedürfnis nach Fortsetzung auch durch den Pausengong nicht zu stoppen war. Nach dieser von den Kindern vollzogenen Erkenntnis, fällt es der Lehrerin nun leichter, durch die Anwendung von Übung 1 – in entsprechender Abwandlung – den Pausenablauf für alle zu beschließen und den Start für die kommende Stunde zu ermöglichen.
Der Zeit- bzw. Handlungsbogen bewährt sich auch bei selbstständigen Arbeiten in allen Unterrichtsbereichen, in der Aufsatzerziehung, bei Themen aus dem geschichtlichen Bereich, in dem die hier eingeführte Zeitschnur in erweiterter Form ebenfalls benützt werden kann.
Die beiden gemalten Treppen sind graphische Richtungs- und Formübungen und können auch für Kinder mit schreibmotorischen Auffälligkeiten in der Vorviertelstunde gesondert eingesetzt werden.
In dieser Einheit wird, wie schon einige Male, mit einem Bodenbild gearbeitet. Der Boden als Tätigkeits-, Spiel- und Gestaltungsfeld ist den Kindern durch Kindergarten und häusliche Spielgewohnheiten sehr vertraut und entspricht

offensichtlich einem natürlichen Bedürfnis. Neben einem umfangreichen Gestaltungsspektrum mit verschiedenen Materialien zentriert diese Arbeitsweise die Aufmerksamkeit, nicht zuletzt dadurch, dass die Kinder in einer ergonomisch günstigen Körperhaltung sitzen und - anders als beim Aufschauen zur Tafel - die Halswirbelsäule durch die leichte Vorwärtsneigung des Nackens entspannt ist. Vielleicht liegt darin auch die Ursache für die sichtbare Bereitschaft zum kreativen Mitmachen und die erstaunlich lange Ausdauer, die Kinder bei dieser Arbeitsweise an den Tag legen.

Das Thema „Pause" ist mit dieser Einheit nicht abgeschlossen. Das Pausenschild wird mit Hilfe einer kleinen Wäscheklammer, durch die eine Schnur gezogen ist, die ihrerseits mit einer Sicherheitsnadel am Vorhang befestigt ist, für alle sichtbar im Klassenzimmer aufgehängt. Das Schild hängt jetzt in einem kleinen Gymnastikreifen, der ebenfalls mit Schnur und Sicherheitsnadel am Vorhang aufgehängt ist. An dem Gymnastikreifen werden im Laufe der Zeit Symbolbilder mit Holzwäscheklammern angebracht, die einen bestimmten Schwerpunkt der thematischen Betrachtungsweise verdeutlichen, das Themenschild wird je nach der aktuellen Themensituation ausgetauscht.

Abb. 13: Themenschild

Beim Thema „Pause" ist für die Kinder am wichtigsten, dass sie mit anderen zusammen spielen können. An das Symbolbild für diesen sozialen Aspekt werden mit weiteren kleinen Wäscheklammern kleine Bilder angebracht, auf die

die Kinder ihre liebsten Pausenspiele aufmalen. Sie bieten Anregungen für jene, denen für die Pausenzeit nichts einfällt.

Der Klassenzimmervorhang als Präsentationsfläche erweitert das oft begrenzte Flächenangebot, das zur Verfügung steht.

Solange das Thema „Pause" im Mittelpunkt steht, werden vor und nach der Pause kurze Klassengespräche darüber geführt. Vor der Pause erzählen die Kinder über ihre geplanten Pausenspiele, suchen sich Spielpartner, wählen Spielmaterialien wie Softbälle, Hüpfgummis, Indiaka etc. aus und lassen sich von der Lehrerin Tipps geben, wenn ihnen nichts einfällt. Nach der Pause wird kurz über die Pausenerlebnisse berichtet, Verbesserungsvorschläge werden überlegt, Ideen ausgetauscht.

Der zeitliche Aufwand lohnt sich und hilft mit, die Pausenzeit bewusst zu gestalten.

Gesprächskreisanregungen

Die Themen der ersten drei Schulwochen sollten den Kindern den Weg in den neuen Lebensbereich Schule aufzeigen und erleichtern. Dabei wird viel Erwartetes eingetroffen sein, manche Illusion hat allerdings schnell der Wirklichkeit weichen müssen. Das Thema des zu Wochenbeginn stattfindenden Gesprächskreises könnte also lauten:

In der Schule – Vorstellung und Wirklichkeit

Material
ein Körbchen mit verschiedenfarbigen Papierkreisen mit ca. 6 cm Durchmesser, ein Körbchen mit durchsichtigen Folienkreisen mit ca. 6 cm Durchmesser; braune Decke als Unterlage, zwei Gymnastikreifen, Malblock

Verlauf
1. Das braune Erdtuch liegt in der Mitte des Sitzkreises.
   Wiederholung: Was wir schon über die Schule wissen.
2. Gesprächsschwerpunkt: Was ist in der Schule so, wie ich es mir vorgestellt habe, was ist anders?
3. Zwei Körbchen werden in die Mitte gestellt, zwei Reifen dazugelegt.
   Die Kinder äußern ihre Gedanken und legen einen passenden Gedankenpunkt in einen der Reifen.

   - Die bunten Gedankenpunkte entsprechen jenen Gedanken, die sich mittlerweile bestätigt haben. Sie werden in einem Reifen gesammelt.

- Die durchsichtigen Gedankenpunkte passen zu jenen Vorstellungen, die sich nicht bestätigt haben. Sie sind wie „Luftschlösser" und deshalb durchsichtig. Sie gehören in den anderen Sammelreifen.

Die Kinder erzählen z.B.: Ich habe mir vorgestellt, dass

- man in der Schule immer nur sitzen muss;
- es im Klassenzimmer eine Tafel gibt;
- wir immer nur malen;
- ich sofort alle Buchstaben lernen werde; ...

4.1 Die beiden Reifen werden betrachtet:
Hatten wir mehr Vorstellungen, die sich bestätigt haben, oder waren unsere „Luftschlösser" in der Überzahl (evtl. zählen)?

4.2 Mit den Gedankenpunkten, die sich bestätigt haben, kann das Klassenzimmer vorübergehend geschmückt werden.
Die anderen Gedankenpunkte kommen in das Körbchen zurück. Die Kinder wissen jetzt, dass sie mit dem Schulalltag nichts zu tun haben.

5.1 Zusammenfassend werden Aktivitäten, die zur Wirklichkeit der Schule gehören, mit Hilfe der Gedankenpunkte noch einmal genannt. Dazu gehören miteinander sprechen, einander zuhören, miteinander essen und tanzen, lesen, malen, singen, turnen, rechnen, in der Pause etwas spielen, etwas feiern, sogar Ausflüge machen.

5.2 Worauf sich die Kinder besonders freuen, malen sie jetzt auf ihrem Malblock. Kinder, die gleiche Inhalte malen, setzen sich dazu zusammen. Fast jeder findet einen oder mehrere Gleichgesinnte, nur Alex möchte alleine malen. Er freut sich besonders darauf, den anderen zuzuhören, denn was andere Kinder oder die Lehrerin erzählen, findet er besonders spannend.

Das Unterscheiden zwischen Vorstellung und Wirklichkeit hat neben vielen anderen auch einen sozialen Aspekt. Denn nicht alles, was einem anderen an Absichten unterstellt wird, entspricht tatsächlich seiner Intention. So lassen sich diese Gedankenpunkte gut zum Klären konkreter Differenzen einsetzen, vor allem im Zusammenhang mit dem bereits bekannten Handlungsbogen.

In dieser Einheit suchen sich die Kinder zum ersten Mal Arbeitspartner mit gleichen Interessensschwerpunkten. Wie zu erwarten sprechen die Kinder auch während des Malens und regen sich dadurch gegenseitig an. Dass dieses Arbeitsgespräch noch etwas laut abläuft, ist nur natürlich. Im Flüsterton zu sprechen, lernen die Kinder erst allmählich.

Auch wenn die Kinder erfahren haben, dass manche ihrer Gedankenpunkte der Wirklichkeit entsprechen, heißt das noch nicht, dass jedes Kind die Realität in vollem Umfang akzeptieren kann.

Das Thema des Lösungskreises am Wochenende könnte also lauten:

Mit welcher Schulwirklichkeit habe ich meine Schwierigkeiten?

Material
braunes Erdtuch, Körbchen mit verschiedenfarbigen Gedankenpunkten; Gesprächskreismaterial: Steine in unterschiedlicher Größe und aus unterschiedlicher Substanz, Stoffreste, Wollreste, Äste, Nägel, spitze Schere, Trinkglas, Kastanien, Eicheln, Ketten, Watte, Sandpapier, Kork, ... Kassettenrekorder, Musikkassette (siehe Anhang)

Allgemeines Verlaufsschema aufgezeigt am oben angeführten Lösungskreisthema
1. Ausgehend vom Thema und einer kurzen Wiederholung der wichtigsten Erkenntnispunkte wird das Körbchen mit den bunten Gedankenpunkten auf das braune Erdtuch in der Mitte des Sitzkreises gestellt.
2. Lösungsschwerpunkt: Nicht alles gefällt mir in der Schule.
   Vor dem Benennen der individuellen Probleme wird das Gesprächskreismaterial kurz vorgestellt. Ein möglichst großes Angebot an Gegenständen will den Kindern das Entdecken und Formulieren ihrer belastenden Gedanken und Gefühle erleichtern und ihnen Symbole für ihr Empfinden anbieten.
   So kann z.B. ein Kind beim Beschreiben seines Hausaufgabengefühls eine Kastanie unter ein umgestülptes Senfglas legen, oben darauf einen Stein postieren und erklären: „Ich bin immer wie eingesperrt, wenn ich vor meiner Hausaufgabe sitze, wie unter einer unsichtbaren Wand, so wie diese Kastanie unter dem Glas. Und auf meinen Kopf drückt etwas, so wie der Stein von oben." Während des Erzählens entsteht dabei ein Gegenstandsbild, ein Problembild.
   Gemeinsam werden nun Vorschläge zur Lösung, d.h. Lockerung dieser Situation angeboten. Ist ein Lösungsvorschlag akzeptabel, kann das betreffende Kind das entsprechende Problembildelement entfernen. Sollte keiner der Vorschläge akzeptabel sein, ist ein Einzelgespräch zwischen Kind und Lehrerin, vielleicht auch mit einem Elternteil erforderlich.
3.1 Die Kinder nennen eine für sie problematische mit dem Beginn des Schullebens entstandene Situation. Dabei

   - wählen sie einen farbigen Gedankenpunkt,
   - begründen ihre Wahl,
   - wählen einen Gegenstand, der ihr Empfinden verdeutlicht,
   - beschreiben ihre Gefühle anhand der Gegenstände.

Bei gleichen Gedanken wird zum bereits gelegten Gedankenpunkt nur mehr der neu gewählte Symbolgegegstand dazugelegt (Abb. 14).

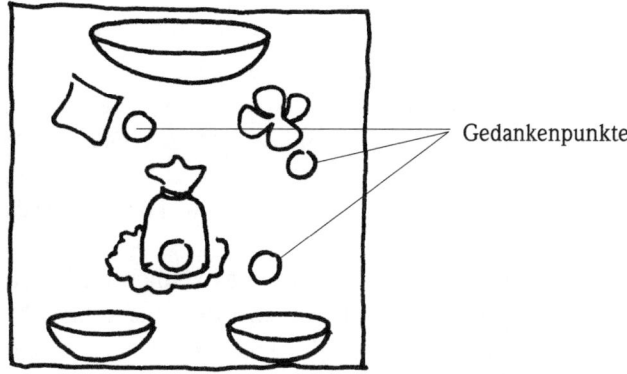

Gedankenpunkte

Abb: 14: Gesprächskreismaterial

3.2 Das am häufigsten dargestellte Problem wird durch Umrunden mit einer gut sichtbaren Wolle gekennzeichnet.
Nach der Wiederholung des Problems stellen die Kinder sich in einer kurzen meditativen Übung auf die Lösungsmöglichkeiten ein. Sie könnte bei dem oben gewählten Beispiel der Hausaufgabenbelastung so aussehen:

> *Du sitzt aufrecht, locker und entspannt auf deinem Stuhl, wie du es gelernt hast ... Du hörst der Musik zu, die dir hilft, jenen Ort in dir zu finden, an dem es dir ganz gut geht, wo deine Freude und deine Hilfsbereitschaft zu Hause sind ... Von dort aus fällt dir nun ein, wie du deinen Freunden bei dem Hausaufgabenproblem helfen könntest ... Vielleicht hast du eine Idee zu dem Platz, an dem die Kinder arbeiten ... oder eine zu dem Zeitpunkt, an dem die Hausaufgaben gemacht werden ... Vielleicht fällt dir etwas zu Volkans kleiner Schwester ein ...*
> *Du reckst dich jetzt..., streckst dich..., du bewegst deine Finger..., deine Zehen..., du gähnst und öffnest deine Augen und bist ganz wach.*

Während der meditativen Übung ist leise Musik zu hören (siehe Anhang).
3.3 Nun bieten die Kinder ihre Hilfen an und beim Nennen akzeptabler Vorschläge entfernen die betroffenen Kinder ihre Bildelemente. Da alle Kinder, auch die betroffenen, an der obigen Übung teilgenommen haben, sind sie selbst bei der Lösungsfindung beteiligt. Für sein eigenes Problem eine Idee zu haben stärkt das Selbstbewusstsein.

4. „Und wie geht es dir (euch) jetzt?" lautet die wichtige Abschlussfrage. Denn nur, wenn auch vom Gefühl her der Lösungsvorgang angenommen werden kann, hat dieses Verfahren seinen Sinn.
   Daher auch die meditative Übung; sonst verfallen die Kinder sehr schnell in die Gewohnheiten mancher Erwachsener, nicht erfüllte und nicht erfühlte Standardratschläge allein vom „Kopf" her zu geben, was das Gefühl der Unfähigkeit beim Hilfebedürftigen eher verstärkt als löst. „Herzensantworten" hingegen, so einfach und oft auch unbeholfen sie sein mögen, zeigen tieferes Verstehen und können tatsächliche Hilfe bringen.
5. In einem angemessenem Zeitraum – das können einige Tage oder eine Woche sein – werden die betroffenen Kinder nach tatsächlichen Veränderungen gefragt. Oft ist allein das Ansprechen und Aufzeigen der Situation und die Erfahrung, dass wir mit vielem nicht alleine dastehen, schon eine Hilfe.

Wir helfen einander

Material: Helferschildchen (siehe Abb. 15, S. 60)

Als Stefan heute in die Schule gekommen ist, hat er ein kleines, auf seinen Tisch geklebtes Bild vorgefunden (siehe S. 60). Er wusste gleich, was es bedeutet und hüpfte sofort zu Frau M. Er erklärte ihr, dass er ab jetzt den Lichtschalterdienst übernehmen wird. Das heißt, beim Benützen der Tafel das Tafellicht einzuschalten und bei Einsatz des Tageslichtprojektors das Tafellicht auszuschalten. Mit ihm hat auch Mirjam dieses Schildchen auf ihrem Platz vorgefunden. Die beiden entscheiden nun selbst, wie sie sich abwechseln wollen. Sie teilen Frau M. ihren Beschluss mit, die ihn aufschreibt, damit sie helfen kann, wenn die beiden durcheinander kommen.
In den letzten Wochen hat es sich immer deutlicher gezeigt, dass es allen Kindern gut geht, wenn sie sich gegenseitig helfen. Das fängt bei den „Blöckchenkindern" an, die die Blöckchen und die Sandkästchen bringen. Aber sie sind nicht die einzigen Helfer geblieben. Es gibt mittlerweile noch mehr Helferdienste.
Immer, wenn ein neuer Helferdienst eingerichtet wird, klebt Frau M. den betroffenen Kindern ein Helferschildchen auf den Tisch. Es gibt so viele Helferdienste, wie es Kinder gibt. Meistens entdecken sie selbst mit Hilfe des Bildes ihre Aufgaben. In der Vorviertelstunde unterhalten sie sich darüber mit Frau M. und stellen sich dann nach Unterrichtsbeginn den anderen Kindern als Helfer vor.

So lange ein Kind einen Dienst ausführt, klebt das Helferschildchen zur Erinnerung auf seinem Tisch. Mit einem Klebestreifen hält das gut und lange. Nach einiger Zeit und nach Absprache mit Frau M. wählt man einen Nachfolger für seinen Helferdienst. Sollte ein Kind für eine bestimmte Aufgabe nicht geeignet sein, weil es z.B. zu klein dafür ist, sucht es zusammen mit Frau M. einen Nachfolger.

Manchmal möchte ein Kind seine Aufgabe nicht abgeben oder nur seine besten Freunde zum Nachfolger erwählen; manchmal vergisst ein Kind seinen Dienst und muss immer wieder daran erinnert werden. In solchen Fällen schlägt Frau M. Lösungen vor, die zu der jeweiligen Situation passen. Dabei gibt es keine feste Regeln.

Im Laufe des Schuljahres ändert sich die Art der Verteilung der Helferdienste. Aus einem Körbchen ziehen die Kinder ihre Helferdienste. In eine Matrix, die die Namen der Kinder sowie die Helferdienste enthält, werden die geleisteten Dienste eingetragen. Zieht ein Kind zum zweiten Mal das gleiche Kärtchen, wählt es ein anderes.

In der Klasse gibt es folgende Helferdienste: (siehe S. 60)

Lernaspekte

Es geht bei diesen Helferdiensten nicht um eine Entlastung der Lehrerin, eher das Gegenteil ist der Fall, sondern um einen neuen Erfahrungsraum der Kinder. Gebraucht werden, helfen können, sich als Verantwortlicher für einen bestimmten Bereich vor die Klasse hin- und sich mit seiner Aufgabe vorstellen – all das bedeutet ein neuartiges soziales Erleben und für viele eine Stärkung ihres Selbstbewusstseins. Andrerseits wird das sich Absprechen, sich Einigen und schließlich das Abgeben bzw. Loslassen der Aufgabe und somit der „Position" für manche „Bestimmernaturen" zu einer Lektion im Hinblick auf ihre Gemeinschaftsfähigkeit und für das eigene Überwindungsvermögen.

Für die Lehrerin schwieriger, aber für die Kinder sinnvoller, ist es, *keinen* starren Wechselrhythmus einzuführen. Manche Kinder können sich schnell und mit Begeisterung in ihre Aufgabe einfinden, bei manchen dauert es eben länger; manche nehmen ihre neue Verantwortung sehr ernst, oft zu ernst, sodass kaum noch Gedanken an den alltäglichen Unterricht möglich sind; andere meinen, nach einmaliger Aufgabenerfüllung sei „der ganze Spuk" vorbei. Handhabt man den Wechsel nach dem individuellen Einsatzvermögen der Kinder, so birgt dieses Helfersystem gute erziehliche Chancen, die für das gesamte Klassenklima von Nutzen sein könnten. Ein kurzes Würdigen nach Beendigung eines Dienstes, bei der sowohl das Gelungene als auch das noch Mangelhafte offen und vorwurfslos zur Sprache kommen sollte, schärft bei den Kindern den Sinn für ein helfendes Miteinander und erhöht die Toleranz-

Schlüsseldienst Klassenzimmer (zwei Kinder)

Schlüsseldienst Turnhalle (zwei Kinder)

Milcheimer (zwei Kinder)

Milchgeld (zwei Kinder)
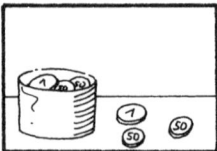

Heftausteiler (zwei Kinder)

Garderobehelfer (zwei Kinder)

Fensterbänke säubern und gestalten (zwei Kinder)
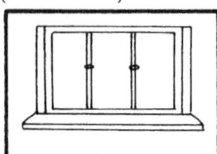

Blumenpflege (zwei Kinder)

Fußboden (zwei Kinder)

Malhelfer (zwei Kinder)

Tischfächer (zwei Kinder)
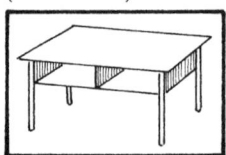

Tischfläche (zwei Kinder)
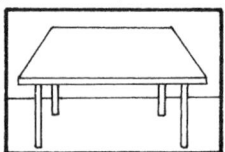

Computerecke (zwei Kinder)

Lichtschalter (ein Kind)
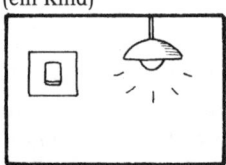

Blöckchen und Sandschalen (zwei Kinder)

Mülltrenndienst (zwei Kinder)
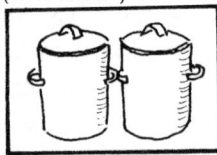

Tafeldienst (ein Kind)
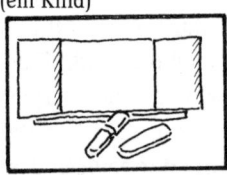

Abb. 15: Helferschildchen

schwelle bei sich und anderen. Oft befähigen eingestandene Mängel umfassender als ein reibungsloses Funktionieren.

Zu einem späteren Zeitpunkt, an dem die Helferdienste durch Ziehen festgelegt werden, haben sich die Kinder an die Verbindlichkeit ihrer Dienste bereits gewöhnt. Sollte aus pädagogischen Gründen das Eingreifen der Lehrerin doch erforderlich sein, bezieht sich dieses nur auf jene Kinder, die mit der Aufgabenstellung nicht zurechtkommen.

Der Redestab

Material
Grünes Baumwolltuch, vierkantiger Holzstab, Lichtspot, kleine Häuschen, Mensch-ärgere-dich-nicht-Männchen, eine kleine bunte Kugel, weiße und gelbe Märchenwolle, Holzmännchen, Stoffbündel, bunte Wollfäden, „Edelsteine", Steine, Zweige, Eicheln, Styroporkugeln und -eier, Messer, Klebepistole oder Schnellkleber

Ein besonders aufregendes und spannendes Erlebnis ist es für viele, wenn sich alle Kinder im Sitzkreis versammeln und ganz viel erzählen dürfen: am Montagmorgen, nach Geschichten, zu Bodenbildern ...

Die meisten Kinder können vom Kindergarten her schon so erzählen, dass sie auch wirklich jeder versteht. Einige sprechen allerdings sehr leise, und sie müssen immer wieder zu lauterem Sprechen aufgefordert werden. Andere nuscheln vor sich hin, so dass kaum jemand weiß, was sie sagen, und das Zuhören anstrengend und langweilig wird. Leider gibt es auch Kinder, die noch gar nicht herausgefunden haben, wie interessant und spannend das Zuhören sein kann. Stattdessen schwätzen sie und rutschen auf ihrem Stuhl unruhig hin- und her, dabei stören sie die anderen durch ihre Unaufmerksamkeit immer wieder.

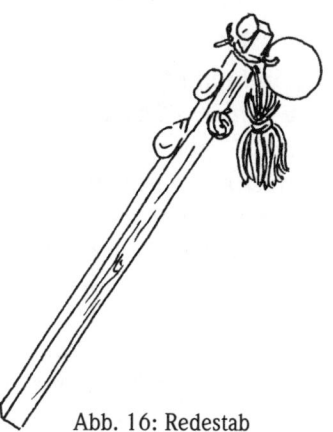

Abb. 16: Redestab

1. Nun sitzen die Kinder wieder im Kreis. In der Mitte liegt ein grünes Baumwolltuch. Frau M. legt einen vierkantigen Stab darauf und schaut fragend in die Runde. Dass es ein Stab, ein Holzstab ist, sieht ja jeder. Dass man damit seinen Freund anstupsen und ärgern kann, fällt den Kindern gerade auch noch ein. Aber sonst? Eines ist klar:
2. Heute werden sie das Geheimnis dieses Holzstabes erforschen.
3.1 Frau M. stellt einen kleinen Lichtspot, der auf ihrem Ablagetisch steht, so ein, dass er genau auf das Tuch trifft. Sie beginnt zu

erzählen, aber diesmal nicht nur mit Wörtern und Sätzen, sondern auch mit Gegenständen, die sie in ihrem Korb neben sich stehen hat.
Frau. M. beginnt: *„Unsere Geschichte führt uns lange, lange Zeit zurück."*
Sie legt mehrere kleine Häuschen in die Ecke des Tuches. Etwas abseits davon stellt sie viele kleine Mensch-ärgere-dich-nicht-Männchen auf und legt eine kleine bunte Kugel dazu.

Die Kinder vermuten:
- Die Geschichte spielt in einem Dorf.
- Da spielen Kinder mit einem Ball, etwas außerhalb des Dorfes.

Jeden Nachmittag trafen sich die Kinder am Rande des Dorfes auf der Wiese zum Spielen. Die größeren Kinder brachten ihre kleineren Geschwister mit, weil ihre Eltern auf den Feldern und in den Ställen noch bis zum Sonnenuntergang arbeiten mussten. Ihr könnt euch vorstellen, wie lebhaft und laut es auf der Spielwiese zuging – fast so wie auf eurem Pausenhof.
Manchmal waren sich die Kinder auch schnell einig, was sie spielen wollten. Aber sehr oft gab es ein Geschrei, weil alle gleichzeitig ihre Spielvorschläge äußern wollten. Keiner verstand den anderen, und die kleinsten Geschwister bekamen es mit der Angst zu tun und fingen sogar zu weinen an.

3.2 Nun holt Frau M. kleine weiße Märchenwollflöckchen und ein weiteres kleines Holzmännchen aus ihrem Korb und postiert beides in der Nähe der „Kinder".

- Ein Hirte weidet hier seine Schafe.

„So kann das nicht weitergehen!", sagte eines Tages Johann, der Hirte, der in der Nähe die Schafe weidete. „Ja, ja, ja, aber ich, nein ich, ja nein du …" ging das Durcheinandergeschrei wieder los. Johann, der Hirte, stützte sich nachdenklich auf seinen langen Hirtenstab, in den ein schönes Muster eingeschnitten war.
Er überlegte, wie er den Kindern helfen könnte.

Frau M. unterbricht ihre Erzählung und die Kinder denken nach.
- Der Hirte bestimmt, wer als Erster reden darf.
- Die Kinder kommen der Reihe nach dran.
- Nur ein Kind darf sprechen, während die anderen zuhören.

"So müsste es gehen!", rief er plötzlich laut und bat alle Kinder zu sich. Er hielt seinen Stab in der Hand und wartete geduldig, bis jedes Kind still wurde. Mit seiner lauten Hirtenstimme begann er zu sprechen: „Die Lösung eures Problems ist sehr einfach: Wer etwas Wichtiges sagen möchte, hält diesen Stab in der Hand." Er hob seinen schönen Hirtenstab hoch. „Er wird dann zum Redestab. Wenn jemand ausgeredet hat, reicht er ihn dem Nächsten. So kann jeder sehen, wer gerade spricht, und gut hinhören."

Johann, der Hirte, reichte seinen schön verzierten Stab einem Kind in seiner Nähe und dieses sagte nun seinen Vorschlag für diesen Nachmittag; nachdem es fertig gesprochen hatte, reichte es den Redestab weiter ... Nun verständigten sich die Kinder schon viel besser, aber einige sprachen immer noch zu leise und nicht so klar und deutlich, dass sie jedes Kind verstand. Schließlich wurden sie sich einig und spielten fröhlich den ganzen Nachmittag.

3.3 An diesem Nachmittag haben die Kinder vor allem Wettspiele gespielt (Bewegungsübung).

Sie liefen die Hügel um die Wette hinauf: Alle Kinder stehen auf und laufen auf ihrem Stehplatz.
Dem Ersten klatschten sie laut zu: Alle Kinder klatschen.
Anschließend hüpften sie mit geschlossenen Beinen um die Wette: Alle Kinder hüpfen mit geschlossenen Beinen auf ihrem Stehplatz.
Anschließend auf einem Bein ... auf dem anderen ...
Zuletzt bückten sie sich und sammelten ihre Abfälle auf, die sich während des Nachmittags angehäuft hatten, und steckten sie in ihre Beutel und Rucksäcke, um sie dann daheim wegzuwerfen: Alle Kinder sammeln ... stecken ein – das Gleiche mit der anderen Hand ...

3.4 Johann, der Hirte sah ihnen nachdenklich hinterher, als sie gegen Sonnenuntergang nach Hause gingen. Er war mit seiner Erfindung noch nicht ganz zufrieden.

Frau M. schaut die Kinder erwartungsvoll an.

- Die Kinder vergessen, dass sie der Reihe nach sprechen sollen.
- Der Hirte braucht seinen Stab selbst und kann ihn nicht ständig verleihen.
- Die Kinder ärgern sich gegenseitig mit dem Stab.

> Am nächsten Tag ...

Frau M. legt ein kleines Stoffbündel neben dem Holzstab auf das Tuch. Einige Kinder dürfen das Bündel anfassen.
- Der Hirte bringt den Kindern etwas in einem Tuch.
- Er bringt vielleicht Spielsachen.
- Er hat seinen Stab und seinen Essenssack vergessen.

> Am nächsten Tag legte er auf die Spielwiese ein kleines Stoffbündel und einen vierkantigen Stab.

Frau M. stellt die „Kinder" auf der Wiese um das Bündel herum auf.
- Die Kinder versammeln sich um das Bündel.
- Die Kinder wollen wissen, was in dem Bündel ist.
- Sie wollen wissen, was es für sie bedeutet.

> „Das sollt ihr nun selbst herausfinden!", sagte er und setzte sich in das Gras.

Allmählich begreifen es die Kinder:
- Der Hirte schenkt den Kindern einen Redestab.

Nun wird der Stab im Kreis herumgereicht. Die Kinder erspüren, wie er sich in der Hand anfühlt und betrachten ihn aus der Nähe. Einige erinnern sich, dass der Stab des Hirten schön verziert war. Ina hat eine zündende Idee: Im Bündel ist etwas, mit dem wir den Stab verzieren könnten. Frau M. lobt sie sehr. Ob das die Kinder auf der Spielwiese auch herausgefunden haben? ...

4.1 Tobias darf als Erster in das nur leicht verknotete Bündel hineingreifen und einen Gegenstand herausholen. Es ist ein gelber Wollfaden. Er legt ihn auf den Boden neben den Stab und ruft ein nächstes Kind auf. So erscheinen nach und nach ganz sonderbare Dinge: bunte Wollfäden, "Edelsteine" aus dem Schatz im Märchenturm, richtige Steine, Zweige, Eicheln, Styroporkugeln und -eier in verschiedenen Größen, Märchenwolle, bunte Kartonstreifen ...
Die Kinder können sich noch nicht vorstellen, wie diese Gegenstände mit dem Redestab zusammenhängen.

4.2 Frau M. erzählt weiter:

> *Auch die Kinder auf der Spielwiese saßen nun recht ratlos um die ausgebreiteten Gegenstände. Das laute Geschwätz ging wieder los und keiner wurde verstanden. Nun hob der Hirte einen flachen, ovalen sehr dunklen Stein hoch. (Frau M. tut das auch.) Die Kinder wurden wieder leiser und lauschten den Worten des Schäfers:*
> *„Dieser Stein lag viele tausende von Jahren ganz still und geduldig in einer tiefen Höhle und hat auch die leisesten Geräusche wahrgenommen. Ich lege ihn auf euren Redestab, damit er euch daran erinnert: Erst wenn alle vollkommen still sind, (so still wie der Stein in der Höhle), kann derjenige richtig verstanden werden, der etwas Wichtiges zu sagen hat." Johann legte den Stein auf den Stab.*

Mit einer Klebepistole klebt Frau M. das Steinchen an ein Ende des Stabes auf eine der vier Seiten (siehe S. 61).

> *Die Kinder auf der Spielwiese hatten nun viele gute Ideen, und nach und nach wurde es ein wunderschöner Redestab. Er half ihnen nicht nur still hinzuhören, sondern auch laut zu reden, die Wörter deutlich zu sprechen und ganze Sätze zu sagen. Wer den Stab in der Hand hielt, konnte seine ganze Aufmerksamkeit auf seine Gedanken lenken.*
> *Johann der Hirte aber ging bald mit seiner Schafherde zu neuen saftigen Weiden und ließ seine glücklichen Freunde zufrieden zurück.*

4.3 Jetzt sehen die Kinder die Gegenstände auf dem Boden mit anderen Augen. Petra meldet sich. Sie hebt eine Styroporkugel auf und sagt: „Das sieht wie eine Gedankenblase im ... Heft aus. Die weiße Kugel ist für die Gedanken, die wir vor dem Sprechen haben." Frau M. schneidet mit einem kleinen Messer eine Kerbe etwa 1 cm unter dem oberen Ende des Stabes, fädelt einen Wollfaden in eine lange Nadel, durchsticht die Kugel und bindet den Faden so in der Kerbe des Stabes fest, dass die Kugel noch etwas baumelt.

Uwe hebt nun alle bunten Wollfäden auf und meint: „Das sind wir alle, hier in dieser Klasse." Die Lehrerin bindet sie zu einer bunten Quaste zusammen und befestigt sie mit einem weißen Wollfaden an der Kerbe des Redestabes.

Ina holt einen länglichen hellblauen durchsichtigen Stein: „Dieser Stein erinnert mich an das Wasser. Er hilft uns, so fließend wie das Wasser zu sprechen." Frau M. klebt den Stein an.

Paul holt etwas von der gelben Märchenwolle und formt sie zu einem Knäuel: „Ein Gelbpünktchen muss auch an unseren Redestab. Es kommt aus dem Buchstabenland und hilft uns, die Laute richtig auszusprechen." Wie die Quaste wird auch die Märchenwolle am Stab befestigt.

Joyce wählt einen roten Stein aus, der an einer Seite spitz ist und an der anderen rund: „Dieser Stein sagt mir, dass ich laut sprechen muss." Frau M. klebt ihn an.

Der Redestab ist nun vollständig. Wenn ihnen noch etwas Wichtiges einfällt, können die Kinder ihn damit schmücken. So, wie er jetzt aussieht, gefällt er allen sehr gut.

5. Voller Stolz hält Tobias jetzt den fertigen Redestab in der Hand. Ganz laut und deutlich sagt er, was ihm dieser Stab erzählt.
   - Der Stab hilft mir beim Erzählen.
   - Der Stab zeigt mir, dass ich jetzt der Sprecher bin und alle anderen die Zuhörer.
   - Ich kann den Stab so drehen, dass ich das für mich Wichtigste anschauen kann, z.B. den blauen Stein, wenn ich mich an das fließende, klare Erzählen erinnern möchte.

Die anderen Kinder hören ihm still und gespannt zu. Dann reicht er den Stab dem, der sich in seiner Nähe meldet, weiter.

Sogar Sabine traut sich jetzt so laut zu reden, dass alle sie gut verstehen können. Den Gesichtern nach zu schließen, sind alle Kinder so glücklich wie die Dorfkinder auf der Spielwiese, und Frau M. freut sich wahrscheinlich so sehr wie Johann der Schäfer.

Lernaspekte

Der Redestab ist ein vielleicht ungewöhnliches Hilfsmittel, um den Kindern den Zugang zu einem freien, auf die Zuhörer bezogenes Sprechen zu ermöglichen. Mit dem Stab in den Händen hat der Redner eine besondere Position inne, unabhängig von seinem sonstigen Ansehen, das er innerhalb der Klassengemeinschaft genießt. Durch seine symbolhaften Verzierungen hilft der Stab seinem Benützer, sich da zu überwinden, wo individuelle Sprechschwierigkeiten, schwankende Konzentration oder Schüchternheit das Sprechen vor der Klasse zu einer unrühmlichen Erfahrung werden lassen. Ein unauffälliges Berühren, z.B. des roten Steines vonseiten der Lehrerin oder eines benachbarten Mitschülers, erinnert den Sprecher ohne ihn zu unterbrechen, diesen Bereich wieder verstärkt zu berücksichtigen.

Das Einführen des Redestabes und sein regelmäßiges, nicht unbedingt tägliches Benützen in allen Unterrichtsbereichen ist nicht an das erste Schuljahr gebunden. Es ist jedoch zu diesem Zeitpunkt insofern sinnvoll, als jetzt genügend Sprecherfahrungen vorhanden sind, sich aber noch nicht all zu viele „Unarten" eingeschlichen und verfestigt haben. Sein Einsatz sollte, wie gesagt, wohl dosiert erfolgen, da sonst das Besondere, das Wichtige, seine Symbolkraft verwässert wird. Je nach Bedarf und Erfindungsreichtum der Kinder, lässt sich der „Stabschmuck" ausweiten und so die Aktualität des Stabes und seiner Funktionen immer wieder neu beleben.

Sein Einsatz hat sich vor allem in Gesprächskreisen bewährt, in Lösungskreisen, beim Vorstellen von Arbeitsergebnissen, beim Äußern eigener Meinungen, aber auch bei Spielen, z. B. im Rechnen, wo ein Spielleiter erforderlich ist. Auch die Lehrerin kann sich seiner bedienen, die Kinder wissen dann recht schnell, dass nun etwas besonders Wichtiges kommt und zeigen gerne eine erhöhte Aufmerksamkeit.

Um die Freude am klaren, verständlichen Sprechen und das Vertrauen in die eigene diesbezügliche Fähigkeit aufrecht zu erhalten, wird der Redestab nach seiner Einführung je nach Wunsch der Kinder u.a. zur morgendlichen Tagesansage benützt.

Dazu stellt sich die Lehrerin zunächst mit dem Redestab in der Hand vor die Klasse und klopft mit dem unteren Teil mehrmals auf den Tisch.

Lehrerin: „Guten Morgen!"
Kinder: „Guten Morgen!"
Lehrerin: „Heute ist Dienstag."
Lehrerin: „Ich wünsche uns allen einen guten (…)Tag mit vielen fröhlichen (…) Stunden. Morgen wird Uwe den neuen Tag ansagen."

Abschließendes einmaliges Klopfen.

Nach Einführung der „Wochenuhr" (siehe S. 193) verändert sich die Tagesansage: Petra stellt sich mit dem Redestab in der Hand vor die Klasse und klopft mit dem unteren Teil je nach der Stellung des Tages innerhalb der Woche auf den Tisch. Heute klopft sie dreimal, denn es ist Dienstag.

Petra: „Guten Morgen!"
Kinder: „Guten Morgen!"
Petra: „Heute ist Dienstag, der dritte Tag der Woche."
Kinder: „Gestern war Montag, der zweite Tag der Woche."
Petra: „Morgen wird Mittwoch, der vierte Tag der Woche sein. Morgen wird Thomas den neuen Tag ansagen. Für heute wünsche ich uns … (eine schöne Pause, … eine spannende Hausaufgabe …, dass sich alle vertragen …, dass wir alle gut mitmachen können …). Als Morgenlied wünsche ich mir …

Abschließendes einmaliges Klopfen.

Auf diese Weise werden die Wochentage mit den Zeitbegriffen „heute", „gestern", „morgen" eingeübt und es wird ein Bezug zu ihnen angebahnt, sowie eine Kombination aus gelenktem und freiem Sprechen angeboten. Manche Kinder nützen diese Freiheit des Wünschens ausgiebigst, andere fühlen sich mit der einfachen vorgegebenen Formulierung sicherer. Beides hat seinen Stellenwert.

Nicht nur das deutliche, klare Sprechen und das aktive Zuhören bereitet manchen Kindern Schwierigkeiten, auch die gezielte, anhaltende Aufmerksamkeit ist für viele noch nicht selbstverständlich. Den meisten ist diese Fähigkeit, die sie besitzen und lenken können, noch nicht einmal bewusst. Der folgende Gesprächskreis kann dazu beitragen, diese den Kindern zu verdeutlichen.

Gesprächskreisanregungen:

Wie gut kann ich schon aufpassen?

Material
Tuch, große geometrische Grundformen: rotes Dreick, gelbes Dreieck, blaues Viereck, gelber Kreis, roter Kreis; Malblock, Wachsmalkreiden, Kassettenrekorder, Musikkassette (siehe Anhang)

Verlauf
1.1 Die Kinder sitzen in der Klassensitzordnung. In der Mitte liegen die vom Rechnen her bekannten geometrischen Grundformen unter einem Tuch versteckt. Die Kinder ertasten die Formen durch das Tuch hindurch und äußern Vermutungen.
1.2 Eine Form wird herausgenommen, kurz allen Kindern gezeigt und wieder darunter gelegt. Mit ihren Wachsmalkreiden sollen die Kinder die richtige Form in der richtigen Farbe auf ihren Malblock malen.
1.3 Alle Formen werden kurz aufgedeckt und wieder zugedeckt. Jeder soll so viele Formen malen, wie er sich gemerkt hat.
1.4 Die Formen werden in der Mitte großräumig verteilt und von der Lehrerin in einer bestimmten Reihenfolge abgeschritten. Die Kinder sollen hinterher die Anfangs- und Schlussform auf ihren Malblock malen.
1.5 Vermutungen über den Gesprächsschwerpunkt
2. Gesprächsschwerpunkt: Wie gut kann ich schon aufpassen?
3.1 Positive Erfahrungen zu der gerade eben erlebten Situation beschreiben, z.B.:

- Die erste Aufgabe war für mich leicht, dabei konnte ich gut aufpassen.
- Ich habe mir ganz viele Formen merken können und sie auch alle aufgemalt.

Positive Erfahrungen im Zusammenhang mit der Schule beschreiben, z.B.:
- Wenn wir einen neuen Buchstaben lernen, fällt mir das Aufpassen ganz leicht.
- Wenn Frau M. etwas zeigt ohne zu sprechen, dann kann ich ganz gut aufpassen.

Positive Erfahrungen im Zusammenhang mit daheim beschreiben, z.B.:
- Wenn ich mit meiner Mama zusammen den Geschirrspüler ausräume, kann ich gut aufpassen.
- Beim Spielen mit meinem großen Bruder kann ich schon so gut aufpassen, dass er mich nicht mehr beschummeln kann.

Positive Erfahrungen im Zusammenhang mit dem Schulweg beschreiben, z.B.:
- Morgens, bei der „Drückampel", passe ich ganz genau auf, dass ich nicht zu früh oder zu spät den Zebrastreifen betrete.
- Seit mich mein Papa nicht mehr in die Schule begleitet, passe ich genau auf, wenn ich über die Straße gehe.

3.2 Die Kinder sehen die in der Mitte offen aufgelegten Formen, die die Lehrerin anschließend mit einem Tuch zudeckt. Eine Form wird unsichtbar entfernt und das Tuch wieder weggenommen. Welche Form fehlt jetzt?
Kein Schülergespräch, nur kurzes Handheben: Wer denkt, dass er richtig aufgepasst hat und die Form benennen kann? Die Lehrerin zeigt zur Bestätigung der eigenen Einschätzung die weggenommene Form.
Die Kinder schließen ihre Augen und hören auf die leise Musik.

> *Du sitzt ruhig mit geschlossenen Augen ... Gerade eben hast du erlebt, wie gut du bereits aufpassen kannst ... Du spürst in deinen Kopf hinein, was er dir sagen möchte, weil es so gut geklappt hat ... Du spürst in deinen Bauch hinein, welches Gefühl er dir schickt, weil du gerade so tüchtig warst ... Du spürst in dein Herz hinein, wie es sich anfühlt ... weil du jetzt etwas Schönes erlebt hast. ... Du lässt dir auch von deinem Körper erzählen, wie es ihm jetzt geht ... Du reckst dich, jetzt, ..., streckst dich ..., du bewegst deine Finger..., deine Zehen ..., du gähnst und öffnest deine Augen und bist ganz wach.*

4. Die Kinder beschreiben ihre Erfahrungen, Empfindungen und formulieren die Gedanken, die ihnen dabei eingefallen sind.

Eine Fähigkeit an sich entdecken und die eigenen Reaktionen in diesem Zusammenhang bewusst wahrzunehmen, das ist ein Stück erlebter Wertzuwachs. Es bedeutet für den Betroffenen etwas anderes, als von außen her, von der Lehrerin oder den Eltern gelobt oder bestätigt zu werden. Ein solches Erleben hilft mit, Selbstwertgefühl aufzubauen, aus dem heraus es wiederum möglich ist, eigene Schwierigkeiten und Probleme einzugestehen.

Unter diesem Aspekt befassen wir uns in unserem Lösungskreis mit dem Thema:

Nicht immer kann ich gut aufpassen

Material
Gedankenpunkte, Gesprächskreismaterial, Kassettenrekorder, Musikkassette, mehrere leere Zeichenkartons in Postkartengröße (siehe Abb. 17)

Verlauf
1.1 Im Sitzkreis wiederholen die Kinder den Gesprächskreisinhalt.
1.2 Die Lehrerin lässt Musik laufen und schlägt dabei mehrmals das Triangel an. Die Kinder sollen die Anzahl der Triangelschläge angeben. Diese Anweisung wird aber erst nach dem Triangelspiel erteilt.
1.3 Die soeben gemachten Erfahrungen werden ausgetauscht.
2. Lösungsschwerpunkt: Ich habe nicht genau aufgepasst.
3.1 Die Kinder nennen Gründe, warum sie eben nicht aufgepasst haben, z.B.:

- Ich habe nicht genau gewusst, worauf ich achten muss. (1)
- Es war mir zu laut. (2)
- Mir ist bei der Musik etwas ganz anderes eingefallen. (3)
- Ich habe keine Lust gehabt, die Stunde fängt ja gerade erst an. (4)
- Das war zu schwer für mich. (5)
- Ich war schon ungeduldig, was danach kommt.

Währenddessen skizziert Frau M. mit Wachsmalkreiden den genannten Grund auf einem Zeichenkarton. Das betreffende Kind legt sein so entstandenes „Ursachenbild" in die Mitte und dazu einen Gedankenpunkt, dessen Farbwahl ebenfalls begründet wird.

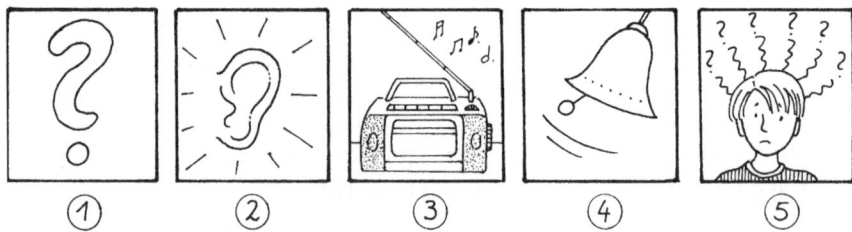

Abb. 17: Ursachenbilder

3.2 Die Kinder beschreiben ihre Empfindungen, wenn sie gerade nicht so gut aufpassen können, und legen passende Gegenstände aus der Materialkiste dazu.

3.3 Wer (angeblich) noch nie die Erfahrung gemacht hat, dass er schlecht aufpassen kann, setzt sich in die Mitte. Im gemeinsamen Gespräch wird diesen Kindern bewusst gemacht, dass auch sie diese Erfahrung schon durchlebt haben.

Sie wählen für ihre Beispiele ebenfalls einen Gedankenpunkt und Material und legen es in die Mitte .

4.1 Manchmal fällt es uns schwer, dieses „Nichtkönnen" zuzugeben. Die Kinder sagen z.B. : „Ich habe Angst,

- dass die anderen es merken;
- dass ich nicht so gut bin, wie ich gerne sein möchte;
- dass ich etwas nicht gut kann und möchte deshalb lieber etwas anderes machen."

4.2 Doch es ist ganz natürlich, dass man nicht immer gleich gut aufpassen kann. Die Kinder wiederholen die vorher genannten Gründe und beschreiben kurz ihre jetzigen Gefühle, nachdem sie wissen, dass es jedem Kind, jedem Menschen schon einmal so ergangen ist.

4.3 Das „Nicht-Zugeben-Können" macht das „Nicht-Können" noch schwieriger. Denn, dadurch

- bitte ich nicht um Hilfe;
- kann ich keine Hilfe bekommen;
- verstehe ich noch weniger, als ich im Moment eigentlich verstehen könnte.

5.1 Das „Zugeben-Können" ist oft die Voraussetzung für das „Können".

Wir sitzen aufrecht, locker und gelöst ... so, wie wir es gelernt haben ... Jeder von uns hat schon einmal erlebt, dass ihm das Aufpassen schwer gefallen ist ... So, wie wir heute darüber gesprochen haben, haben wir gemerkt, dass es uns hilft, wenn wir es zugeben können ... vor den anderen ... und auch vor mir selbst ... Denn nur dann kann ich Hilfe bekommen ... Ich lasse deshalb meine Angst, etwas nicht zu können oder Fehler zu machen, von mir weggehen ... Ich brauche sie nicht mehr, denn ich habe jetzt verstanden, dass sie mir nicht weiterhilft ... Stattdessen bin ich bereit, mir helfen zu lassen und die Hilfe anzunehmen ... Wir recken uns ...

5.2 Die Kinder beschreiben ihre jetzigen Gefühle, betrachten nochmals die Bildkarten in der Mitte und formulieren die Gedanken, die jetzt möglich sind. Dementsprechend werden auch die Gedankenpunkte ausgetauscht.

Kinder, die Schwierigkeiten beim Aufpassen haben, sollten von der Lehrerin immer wieder in einer „Aufpasssituation" positiv verstärkt und bestätigt werden. Auf diese Weise kann die Wahrnehmung der eigenen Fähigkeit und das Vertrauen in ihr Wachstum aktiviert und die Freude am Lernen auch da, wo es schwierig ist, geweckt werden.

Wie heißt unser Thema?

Material
Gymnastikreifen, Themenschild „Pause" (siehe S. 73), Symbolbilder (Abb. 18), leere Wortkarten

Am Ende der ersten Lernphase in der Schule versammeln sich die Kinder mit ihrer Lehrerin im Sitzkreis, um ihre bisher gesammelten Erfahrungen zu reflektieren. In der Mitte liegen die Symbolbilder, die beim Erinnern helfen.

- Wir kennen uns nun schon recht gut, haben neue Freundschaften geschlossen. Wir sprechen und spielen viel miteinander und lösen mit dem Nachbarn oder in der Gruppe Aufgaben (Symbolbild „Wir").
- Wir rechnen gemeinsam mit anderen oder alleine (Symbolbild „Rechnen").
- Wir lesen und schreiben (Symbolbild „Schreiben und lesen").
- Wir malen, tanzen, singen und basteln im Werkunterricht. In Sport bewegen wir uns bei Spielen aller Art (Symbolbild „Das kann ich").

„Wir" „Rechnen" „Schreiben und Lesen" „Das kann ich"

Abb. 18: Symbolbilder

Die Lehrerin legt nun das Themenschild „Pause" in die Mitte.

- Wir haben über die Pause gesprochen.

Aber nicht nur. Die Kinder haben etwas über ihren Stuhl gelernt, das Federmäppchen und andere Schulsachen, über das Schulhaus, den Redestab und wie jeder mithelfen kann, damit sich jedes Kind im Klassenzimmer wohl fühlt.

Einige wissen es bereits aus dem Kindergarten: Immer wieder gibt es ein neues Thema, worüber die Kinder etwas lernen. Gemeinsam wird nun überlegt, welche Themen dies in der Schule sein könnten. Die genannten Themen schreibt die Lehrerin auf die Wortkarten, z.B. :

- Pflanzen
- Tiere
- Winter
- Neue Spiele
- Feuerwehr

Frau M. verrät nicht, ob die Kinder über die gefundenen Themen in diesem Schuljahr etwas lernen werden. Das wird sich im Laufe des Schuljahres herausstellen. Auf alle Fälle sollen die Themenschilder aufgehoben und bei Bedarf hervorgeholt werden.

Denn damit jeder weiß, welches Thema „dran" ist, soll ab nun ein Themenschild in den Reifen am Vorhang befestigt werden. Außen herum kommen die kleinen Bilder, die anzeigen, was man mit einem Thema alles anfangen kann. Z.B. beim Thema Pause:

- Wir haben über die Pause gesprochen – Bild „Sprechen und Schreiben";
- Wir haben etwas über die Pause aufgemalt – Bild „Das kann ich.";
- Wir haben miteinander in der Pause gespielt - Bild "Wir";
- Wir haben ausgerechnet, wie viele Kinder immer zusammen gespielt haben – Bild „Rechnen"

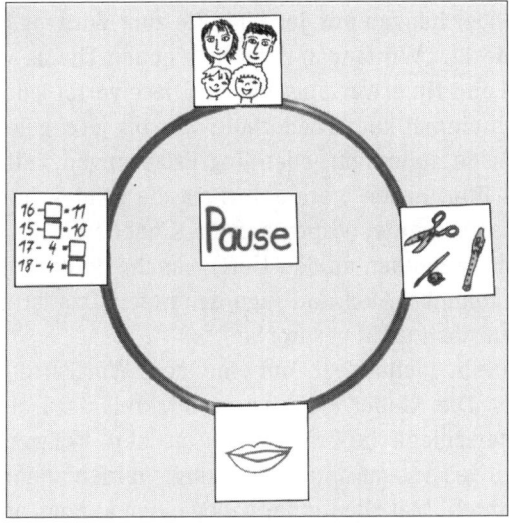

Abb. 19: Themenkreis

Lernaspekte

Eines der Ziele des Sachunterrichtes ist, den Kindern zu einer zunehmend differenzierten Sichtweise ihrer Lebenswirklichkeit zu verhelfen. Wenn Kinder wissen, um welchen Bereich dieser Lebenswirklichkeit es geht, fällt es ihnen leichter, ihre Vorerfahrungen einzubringen. Sie fühlen sich von Anfang an kompetent und lassen sich gerne darauf ein, bereits vorhandenes mit neuem Wissen zu verknüpfen.

Das Themenschild kann sowohl in die Thematik einführen als auch zur Wiederholung verschiedener Themenbereiche anregen – je nachdem, welcher Erfahrungs- und Erlebnisweg gewählt wird.

Die Symbolbilder zu den Lernbereichen machen den Kindern bewusst, welche Möglichkeiten es gibt, mit einem Thema umzugehen und sie geben Anregungen, wenn eigene Vorgehensweisen von den Kindern geplant und durchgeführt werden sollen.

Als Schulkind unterwegs

Zu Fuß unterwegs

Material

Themenkreis, Symbolbilder (Abb.18, siehe S. 72), leere Wortkarte, Sachhefte, Arbeitsblatt (siehe S. 77)

Der Themenkreis ist heute, am Montag, leer. Kein Themenschild ist zu sehen und die Symbolbilder hängen mit der Bildseite zum Vorhang gewandt. Leonie hat es gleich entdeckt. „Wir fangen mit einem neuen Thema an", stellt sie fest und schaut ihre Lehrerin erwartungsvoll an. Diese verrät jedoch nichts. Stattdessen wird noch einmal kurz wiederholt, was bis jetzt gelernt wurde. „Als Schulkind machst du außerdem jeden Tag Erfahrungen, mit denen wir uns noch nicht beschäftigt haben", ermuntert sie die Kinder zu eigenen Überlegungen. Was das sein könnte, besprechen die Kinder zunächst mit ihren Nachbarn. Die Hortkinder denken an den Hort, manche an die Mittagsbetreuung, aber schließlich kommen Alex und Ingo dahinter: „Das ist unser Schulweg, darüber haben wir noch nicht gesprochen."

Die Lehrerin schreibt „Schulweg" auf eine leere Wortkarte und hängt sie in den Themenkreis. Die Kinder erzählen im Sitzkreis dazu und merken bald, dass sie sehr unterschiedliche Erfahrungen machen. Während einige immer zu Fuß gehen, teilweise sogar ohne Begleitung, werden andere mit dem Auto in die Schule gefahren. Manche Kinder haben einen kurzen, andere einen weiten Schulweg. „Meiner ist ganz gefährlich, denn ich muss über die Hauptstraße", berichtet Christian. Sabine beschwert sich, dass es auf ihrem Schulweg weder eine Ampel noch einen Zebrastreifen gibt. „Ich muss genau aufpassen und manchmal lange warten, bis ich über die Straße kann", stellt sie abschließend fest.

Nun, mit dem „Aufpassen" haben die Kinder ja bereits in den beiden Gesprächskreisen bewusste Erfahrung sammeln können. Diese Fähigkeit soll nun auf der Straße erprobt werden.

Die unmittelbaren Wege rund um die Schule werden von den meisten Kindern benutzt. Deshalb geht Frau M. mit den Kindern diese Wege sorgfältig ab. Zunächst werden Fahrbahn und Gehweg auf den Straßen rund um die Schule angesehen, die unterschiedlichen Randsteine betrachtet, die Autos, die zum Teil auf ihnen parken, und es wird das richtige Verhalten auf dem Gehweg gezeigt. An verschiedenen Stellen wird das richtige Überqueren der Straße geübt. Formulierungen aus dem Kindergarten und bereits eingeübte Verhaltensweisen sind dabei hilfreich. Fast immer ergibt sich die Möglichkeit, anstelle einer gefährlichen Überquerungsstelle eine sichere zu finden, auch wenn dadurch der individuelle Schulweg etwas länger wird.

Am Mittwoch geht Frau M. mit der Klasse zu einer Verkehrsampel. Auf dem Weg dahin sollte sich jeder an das, was er am Montag gelernt hat, erinnern und mit seinem Nachbarn darüber sprechen. Bei der Ampel angekommen, wird diese von den Kindern genau betrachtet. Natürlich kennt jeder die Ampelfarben und weiß auch, was sie bedeuten. Diese Bedeutungen sollen nun von den Kindern in verschiedenen Varianten formuliert werden, z.B. bei Rot: Achtung – stopp! Bleib stehen! Beine bewegungslos! ... Die gefundenen Formulierungen haben die Kinder gemeinsam wiederholt und sich passende Bewegungen dazu ausgedacht. An diesem Tag überqueren alle Kinder mehrmals auf dem Zebrastreifen die Fahrbahn. Dabei schauen sie – trotz Ampel - immer wieder zuerst nach links – und dann in der Mitte der Straße nach rechts. Jeder sollte sich genau merken, was er dabei gesehen hat und nach erfolgreicher Straßenüberquerung seinem Nachbarn darüber berichten.

Am Freitag sind die Kinder wieder mit ihrer Lehrerin unterwegs. Obwohl Frau M. diesmal einen anderen Weg zu einer anderen Ampel wählt, bleibt sie mit den Kindern immer wieder stehen, um mit ihnen kurz zu wiederholen, was sie sich über die Straße ... und Ampel gemerkt haben. An Ort und Stelle wird die Straße überquert und dabei sorgfältig die Fahrbahn beobachtet. Hinterher berichten sie über die Farben und Größen der Autos und anderer Fahrzeuge an den Haltelinien – so bleibt die Aufmerksamkeit über lange Zeit erhalten.

Zuletzt malen die Kinder in ihr Heft, was für sie wichtig ist. Ina malt eine Ampel und einen Zebrastreifen, denn beides benützt sie auf ihrem Schulweg. Thomas malt sich selbst auf dem Gehweg und auf der Fahrbahn viele Autos. Er hat es einfach, er braucht keine Straße zu überqueren. Ayla malt das Auto, mit dem sie täglich zur Schule gefahren wird, und wie sie selbst zum Gehsteig hin aussteigt. „Das ist am sichersten", erklärt sie bei der Vorstellrunde der gemalten Bilder.

Außerdem erhält jedes Kind ein Arbeitsblatt, auf dem alle Personen ausgemalt werden, die sich richtig auf der Straße verhalten, sowie die Ampelfarben, die der Verkehrssituation entsprechen (siehe S. 77). Personen die sich falsch verhalten, sollen durchgestrichen werden.

Kleidung für den sicheren Schulweg

Material
Lehrerin: Tafelbild, Kassettenrekorder, Geräuschkassette (siehe Anhang), Tuch, Taschenlampe, Reflektoren für Kleidung, Farbkreise
Kinder: Jacken, Mäntel und Mützen, Sachheft, Arbeitsblatt

Heute früh ist es in diesem Jahr zum ersten Mal dunkel gewesen. Wie die Kinder berichten, sahen Straßen, Häuser und Menschen fast alle grau aus, an Farben kann sich kein Kind erinnern. Ersin hat Tobias in seiner dunkelblauen Jacke erst erkannt, als er unmittelbar neben ihm ging. Das Stück zur Schule sind sie recht schweigsam nebeneinander hergelaufen, sie waren nicht in der Stimmung, sich zu unterhalten. Erst unter der Straßenlampe kurz vor dem Schulhaus ist die Welt wieder bunter geworden und die beiden waren richtig froh, dass es im Schulhaus warm und hell ist.

1.1 Morgenlied und Begrüßung sind heute sehr kurz. Frau M. scheint es eilig zu haben. Sie geht zur Garderobe und sucht sich ein paar Jacken, Mäntel und Mützen aus und bringt sie ins Klassenzimmer. Was hat sie nur vor? Die Kinder, die ihre Kleidungsstücke erkannt haben, ziehen sie an und stellen sich in einer Reihe vor der Tafel auf. Keiner weiß, was dieses geheimnisvolle Verhalten soll. Die ganze Klasse ist gespannt und neugierig.

1.2 Frau M. nimmt sich einen Stuhl und stellt ihn nach hinten, genau in die Mitte des Klassenzimmers. Die Kinder, die noch an ihren Plätzen sitzen, setzen sich mit ihren Stühlen nach hinten. Nun schaltet Frau M. das Licht aus und lässt auch noch die Rollläden herunter. Es ist im Zimmer fast so dunkel wie heute früh auf dem Schulweg. Aus dem Kassettenrekorder sind Straßengeräusche zu hören. Es ertönen nun Geräusche von Autos, Motorrädern, Fahrradklingeln… Den Kindern sind diese Laute wohl bekannt und sie können sie richtig benennen.

1.3 Alle Kinder wissen es:

- Das Klassenzimmer hat sich in eine Straße am Morgen verwandelt.
- Die Kinder vor der Tafel befinden sich auf der Straße.

Die Kinder versuchen nun genau zu beschreiben, was diese Kinder auf der Straße anhaben. In die Beschreibungsversuche mischen sich auch Proteste:

- Sie haben Jacken, Hosen und Mützen an.
- Man kann sie kaum erkennen, da es so dunkel ist.
- Auf der Straße ist das gefährlich, wenn man nicht gesehen wird.
- Die Autofahrer müssen uns sehen können.
- Wir können im Dunkeln nichts sehen.
- Wir können im Dunkeln fast keine Farben erkennen.

Bleibt herauszufinden, worum es heute gehen wird. Die Kinder machen Vorschläge. Einer gefällt ihrer Lehrerin gut:

2. Wie muss ich mich anziehen, damit ich im Dunkeln gesehen werde?
   Frau M. schreibt die Frage an die Tafel. Das kann auch keiner lesen.
3.1 „Wir brauchen Licht", schlägt Bettina vor, „denn auf der Straße sind alle darauf angewiesen, dass sie etwas sehen."
3.2 Jetzt hält Frau M. einen unter einem Tuch versteckten Gegenstand hoch. Die Kinder kommen gleich dahinter:

- Es wird eine Leuchte, eine Taschenlampe sein, damit wir etwas sehen können.
- Ein Auto hat so etwas Ähnliches, nämlich einen Scheinwerfer.

Nun wird „Autofahren im Dunkeln" gespielt. Die Kinder vor der Tafel sind die „Fußgänger," die einzeln auf die andere „Straßenseite", d. h. von der Fenster- zur Türseite gehen, während die Kinder, die auf den Stühlen saßen, die „Autofahrer" spielen, die ausgehend von der hinteren Mitte in Richtung Tafel und wieder „zurückfahren". Frau M. spielt auch mit, sie ist der „Scheinwerfer", damit die „Autofahrer" und die „Fußgänger" etwas sehen können und leuchtet von ihrem hinteren Stuhl nach vorne.
Die „Autofahrer" stellen fest, dass sie einige „Fußgänger" in der Dunkelheit kaum gesehen haben. Solche mit hellen Mänteln oder Jacken sind besser zu erkennen. Helle Farben sieht man im Dunklen. Das schreibt Frau M. auch an die Tafel.

3.3 Natürlich wollen auch die „Fußgänger" einmal ans „Steuer" und so holen die „Autofahrer" ebenfalls ihre Jacken und Mäntel. Diesmal soll immer ein „Heller" und ein „Dunkler" von der gleichen Farbe nebeneinander über die Straße gehen, während die „Autofahrer" aufmerksam hin- und herfahren und Frau M. wieder der „Scheinwerfer" ist. Die Kinder haben dabei etwas beobachtet:

- Es gibt von der gleichen Farbe einen hellen und einen dunklen Farbton.
- Manchmal gibt es verschieden helle und verschieden dunkle Farbtöne von ein und derselben Farbe.

3.4 Der letzten Feststellung gehen sie noch genauer nach. Zuvor setzen sich die Kinder mit ihren Jacken in die Klassensitzordnung und Frau M. schaltet das Licht an. Auf dem Boden des Klassenzimmers verteilt sie Farbkreise, die sie der Reihe nach mit ihrer Taschenlampe anstrahlt. Jeder, der eine Jacke in der Farbe des bestrahlten Farbkreises hat, stellt sich rund um den Farbkreis. Ist die Farbgruppe komplett, hält eines der Kinder den Farbkreis hoch, damit alle sehen, ob die Farben innerhalb der Gruppe auch tatsächlich übereinstimmen. Das ist gar nicht so einfach. Ingos Jacke ist so dunkelblau, dass man meinen könnte, sie sei schwarz. Als Frau M. mit der Taschenlampe direkt darauf leuchtet, ist ein dunkles Blau gut zu erkennen. Überhaupt, die blaue Gruppe ist die größte und für viele Kinder ist es eine neue Entdeckung, dass es so viele verschiedene blaue Farbtöne gibt.

3.5 Manche Kinder können sich nicht entschließen, ob sie eher zur blauen oder besser zur grünen Gruppe gehören. Sie haben Recht, denn ihre Jacke hat eine gemischte Farbe, so stellen sie sich zwischen zwei Kreise.
Manche Farbkreise werden gar nicht benutzt, da kein Kind in der Klasse ein entsprechendes Kleidungsstück anhat.

3.6 Dann gibt es Kinder, die auf ihren Plätzen sitzen geblieben sind, da sie bunte Jacken anhaben. Sie stellen sich jetzt zusammen in die Mitte. Als Frau M. sie beleuchtet, stellen die anderen fest, dass sie sehr gut zu sehen sind, denn innerhalb der gemusterten Jacken gibt es immer auch helle Farben.

3.7 Die einzelnen Gruppen überlegen nun, wie sich Kinder mit dunklen Jacken dennoch sichtbar machen könnten. „Vielleicht kannst du eine helle Mütze aufsetzen oder ein helles buntes Tuch umbinden", rät Paul seinem Freund Sven, der von Kopf bis Fuß dunkelblau angezogen ist. Frau M. hat für ihn – und für alle anderen dunkel gekleideten Kinder Reflektorenstreifen, die die Betroffenen an ihrer Kleidung befestigen. Als sie nun nochmals das Klassenzimmer verdunkelt, leuchten diese Streifen ganz besonders – und jedes Kind der Klasse ist gut zu sehen. „Die leuchten sogar bei Nebel", weiß Sebastian, denn er wohnt am Fluss und hat im Herbst schon oft Nebel erlebt.

4.1 Frau M. befestigt die benutzten sowie die unbenutzten Farbkreise an der Tafel, während die Kinder sich ausziehen und ihre Plätze einnehmen. Anschließend verteilt Frau M. zusätzliche Farbpunkte, die rund um die Farbkreise gehängt werden. Da die Tafel ebenfalls dunkel ist, ist nochmals ganz deutlich zu sehen, was bereits an den Jacken zu beobachten gewesen ist:

- Jede Farbe gibt es in Hell und in Dunkel.
- Die hellste Farbe ist ein helles Gelb.
- Nur helle Farben sieht man im Dunkeln.
- Helle, leuchtende Farben sieht man im Dunkeln besonders gut.

4.2 Jetzt gibt es ein Arbeitsblatt (siehe S. 81), das Frau M. schon zurechtgeschnitten hat, damit die Kinder es gut einkleben können.

Diesmal schreiben sie den Text mit einem roten Buntstift nach. Die drei zusammengehörenden Farbkreise werden richtig ausgemalt (z.B. blau, hellblau, dunkelblau) und das abgebildete Schulkind mit hellen, gut sichtbaren Farben, angemalt.

Wer mit seiner Arbeit fertig ist, setzt sich in den Sitzkreis. Zunächst im Flüsterton, später, als alle im Kreis sitzen, in der üblichen Lautstärke, sprechen die Kinder über ihre heutigen Erfahrungen. „Für mich ist es manchmal schwer, die Farben zu unterscheiden, besonders die dunklen", gibt Florian zu. Und Leonie fand das Ausmalen der Farbkreise besonders spannend, „denn auf dem schwarzen Papier hat mein Gelb wirklich ganz toll geleuchtet."

Lernaspekte

Es wird Zeit, die Bedeutung eines Hefteintrages unter einem neuen Gesichtspunkt zu sehen. Deshalb beginnen wir, die Überschrift und den Merktext nachzuschreiben. Das gibt beiden mehr Tragweite und bahnt die Wichtigkeit des Geschriebenen an. Dass Buchstaben leichter unter Einhaltung bestimmter Bewegungsabläufe geschrieben werden, ist den Kindern mittlerweile bekannt. Deshalb enthält das Arbeitsblatt die auch sonst angegebenen Anfangspunkte für den Schriftzug der einzelnen Buchstaben, damit bekannte Buchstaben gefestigt und bislang unbekannte ebenfalls richtig geschrieben werden können.

Hat ein Kind nur einen Buntstift einer bestimmten Farbe, so bemalt es die drei Kreise mit unterschiedlicher Druckstärke – oder es leiht sich die entsprechenden Stifte. Gegenseitiges Helfen ist hier erwünscht.

Farben im Straßenverkehr

Material
Lehrerin: Schreibblock, Stift

Die Farben sind Frau M. anscheinend sehr wichtig. Immer wieder macht sie die Kinder auf Farben aufmerksam, meistens gleich morgens, bevor der „richtige" Unterricht beginnt. Da fällt ihr ein Pullover von Myriam auf, da ein Sweatshirt von Sven ... Immer wieder sollen die Kinder die genauen Farbtöne, die sie erkennen können, beschreiben. Nicht immer sind sie sich dabei einig. Wo manch einer nur Grün sieht, entdecken andere verschiedene Blau- und Rottöne und gerade die Uneinigkeit ist spannend. Das ist ganz natürlich, erklärt Frau M. in solchen Fällen. Jeder hat ein anderes Farbempfinden und beschreibt Farben, die er sieht, unterschiedlich.
Gleich morgens verlässt die Lehrerin mit den Kindern das Schulhaus. Draußen ist es noch dunkel, die Straßenbeleuchtung ist allerdings schon ausgeschaltet. Diesmal geht es nicht zu einer Ampel, sondern zu einem etwas höher gelegenen Beobachtungsplatz innerhalb des Stadtteils, von dem aus es viel zu sehen gibt.
Zuerst stellen sich die Kinder so auf, dass sie den Fußgängerüberweg gut im Blick haben. Sie beobachten vorbeifahrende Autos und Fußgänger, die die Straße überqueren. Es ist fast genauso wie im Klassenzimmer. Manche Leute lassen sich nur als dunkelgraue Schatten erkennen, zumindest in der Ferne. Erst wenn sie in der Nähe sind, können die Kinder genau sehen, was sie überhaupt anhaben und welche Farbe ihre Kleidung hat. Leute mit heller Kleidung kann man selbst dann beschreiben, wenn sie noch auf der gegenüberliegenden Seite des Fußgängerübergangs warten.
Dabei fällt den Kindern auf, dass sie in der Ferne, sobald es dunkel ist, nicht nur Farben ungenau erfassen, sondern auch Formen. Um das genauer zu erforschen, suchen sie sich nun eine andere Stelle innerhalb ihres Beobachtungsplatzes. Von hier aus können sie eine gerade verlaufende Straße von ihrem höchsten Punkt aus betrachten. Sie „verfolgen" zuerst einige Autos, d.h. nur ihr hinteres Nummernschild, mit ihren Blicken. Es dauert gar nicht lange, und schon heben die ersten Kinder die Hand als Zeichen dafür, dass sie das Schild nicht mehr lesen können. Überrascht stellen sie fest, dass nicht jeder gleich weit sehen kann.
Nun beschreiben sie von ihrem Beobachtungsplatz aus das Vordach eines Geschäftes, das weit weg liegt und gerade noch zu sehen ist. Dabei interessieren die Farben und die Formen. Frau M. schreibt die Angaben auf einem Block mit. Anschließend wandert die Klasse die Straße abwärts, unmittelbar

vor das Vordach und die Kinder vergleichen die Wirklichkeit mit dem, was sie vorher zu sehen gemeint haben. Ihr Erstaunen ist groß!

- Viele Formen und Farben, die weiter weg sind, waren nicht oder nur undeutlich zu sehen.
- Einige Farben waren viel dunkler zu sehen, als sie in Wirklichkeit sind.
- Manches war einfach „schwarz", was in Wirklichkeit dunkelblau oder dunkelbraun ist, da die Entfernung und die Dunkelheit zu groß waren.

Jetzt geht es den „Berg" wieder aufwärts, aber nur ein Stück. Frau M. hat noch eine letzte Entdeckung für ihr Klasse bereit. Die Kinder stellen sich so, dass sie nun den Autofahrern entgegenschauen. Sie sollen die Farbe der Autos beschreiben, die rund um das Scheinwerferglas zu sehen ist. Bei Autos, die bereits ihr Licht abgeschaltet haben, ist das nicht schwer. Bei den Autos, die ihr Licht noch eingeschaltet haben, lässt sich die Farbe allerdings nicht erkennen. Auch wenn sie langsam vorbeifahren, sieht man nur ein fast weißes Licht, das so stark blendet, dass einige Kinder bald wegschauen müssen, weil es für ihre Augen sehr unangenehm ist. Die letzte Erkenntnis vor dem Heimweg:

- Wenn das Licht in meine Augen scheint und mich blendet, kann ich gar keine Farben erkennen.

Lernaspekte
Unsere Schulkinder sind zum Zeitpunkt des Schuleintritts bereits mit den wichtigsten Fußgängerregeln durch Elternhaus und Kindergarten vertraut. Manche fühlen sich bereits so sicher, dass sie diese Regeln zwar anwenden, aber oft ohne die erforderliche Aufmerksamkeit. Diese Beobachtungsstunde, in der es um die Veränderung der Farb- und Formwahrnehmung durch veränderte Licht- und Entfernungsverhältnisse geht, soll wieder zum genauen Schauen, überlegten Deuten und Erfassen akuter Gefahrensituationen ermuntern. In den nächsten Tagen sollten die Kinder immer wieder Gelegenheit haben, über selbstständige Beobachtungen zu berichten und sich vor allem ihre Fehleinschätzungen einzugestehen - zu ihrer eigenen Sicherheit.

Gesprächskreisanregungen

Es ist für die Kinder nicht immer einfach, die möglichen Reaktionen der verschiedenen Verkehrsteilnehmer realistisch einzuschätzen. Sie erfassen noch nicht die tatsächlichen Möglichkeiten einzelner Teilnehmer und erwarten von den anderen jene Aufmerksamkeit, die sie selbst schützt. Sie können sich nicht vorstellen, dass der Lastwagenfahrer von seinem Fahrersitz aus einen anderen Straßenausschnitt sieht als der PKW-Fahrer oder der Fahrradfahrer. Der nachfolgende Gesprächskreis soll dazu beitragen, eigene Erfahrungen mit „Unterschieden" bewusst zu machen und die daraus resultierende Notwendigkeit der Rücksichtnahme akzeptieren zu lernen.

Unterschiede

Bei diesem Gesprächskreis wird das Büchlein „Meine guten Erfahrungen" eingeführt (siehe Seite S. 15). Es besteht aus unlinierten Blättern und einem Deckblatt. Es lässt sich leicht aus farbigem Kopierpapier mit Heftklammern selbst herstellen. Wem dies zu aufwendig ist, kann unlinierte DIN-A5-Hefte kaufen und sie halbieren. Das Deckblatt wird hier zur Gestaltung allerdings nochmals überklebt.

Material
Malblätter ca. 15 cm x 10 cm, Wachsmalkreiden, Klavier oder ein anderes Musikinstrument, Winterbekleidung, Gedankenpunkte, Erfahrungsbüchlein

Verlauf
1. Heute ist ein kalter, sonniger Tag. In der ersten Stunde spielen die Kinder ein lustiges Spiel. Während Frau M. fünf verschiedene Akkorde in regelmäßigem Tempo auf dem Klavier spielt und die Kinder mitklatschen, tun Christian, Petra, Ersin und Ayla immer das Gleiche.

- Sie bekleiden sich jeweils mit einer Jacke, einem Schal, anderen Stiefeln und einer Mütze.
- Sie steigen auf ihren Stuhl, vom Stuhl auf ihren Tisch und anschließend legen sie den gleichen Weg in umgekehrter Reihenfolge zurück.
- Sie räumen ihre Büchertasche aus, legen alles auf ihren Tisch und packen danach wieder ein.

Dabei gibt es viel zu lachen. Während einer mit seiner Tätigkeit gerade erst anfängt, ist ein anderer fertig. Christian hat Probleme mit seinem Reißverschluss – Ersin zieht seinen einfach hoch. Ayla schlüpft in ihre Stiefel einfach hinein – Petra kommt nur mit Mühen in ihren hinein. Die Kinder stellen fest:
- Wir sind unterschiedlich schnell.
- Wir sind unterschiedlich geschickt.
- Wir sind unterschiedlich beweglich.

Dieses „unterschiedlich" ist bei dem vergangenen Spiel die wichtigste Entdeckung gewesen. Es stimmt:

2. Wir sind unterschiedlich - in vielen Dingen.
3.1 In Vierergruppen suchen die Kinder nach weiteren Unterschieden, die sie aneinander entdecken. Dabei stehen sie auf, um die Körpergrößen zu vergleichen, legen die Hände aneinander, um die Größen der Handflächen zu überprüfen. In einer Gruppe ziehen die Kinder sogar ihre Schuhe aus um die Größe und Breite ihrer Füße genauer zu betrachten. In einer Gruppe springen die Kinder so hoch sie können, in einer anderen wird beim Hüpfen auf einem Bein gezählt, wie lange es jeder am Stück schafft. Auf kleinen Malblättern malen die Kinder alles, was ihnen zu „Unterschieden" einfällt.
3.2 Im Sitzkreis stellen sie die Bilder vor und erläutern die vorausgehenden Vorgehensweisen.
4.1 Nicht immer haben die Kinder die Unterschiede, die sie erlebten, als angenehm empfunden. Sie beschreiben ihre Erfahrungen und stellen fest, dass sie sich in ihrer Unterschiedlichkeit gar nicht wohlfühlen, wenn sie zu langsam, zu ungeschickt, zu unbeweglich waren. Zum Schluss liegen eine Menge schwarzer Gedankenpunkte bei den Bildern.
4.2 Manchmal war es aber jedoch anders. Die Unterschiedlichkeit hat Hilfe gebracht, Anteilnahme, manchmal sogar einen neuen Freund, wie es Ersin erlebt hat, der von Alex getröstet wurde, weil er nur dreimal auf einem Bein hüpfen konnte ohne sich abstützen zu müssen. Es gibt also auch gute Erfahrungen, wie die hellen Gedankenpunkte zeigen.
5. „Die guten Erfahrungen werden wir ab heute sammeln", meint Frau M. und zeigt ein kleines buntes Heftchen. Es bekommt den Namen „Meine guten Erfahrungen", kurz „Erfahrungsbüchlein" genannt.
6.1 Heute schreiben die Kinder auf die Umschlagseite diese Überschrift, die Frau M. an der Tafel vorschreibt.
6.2 Auf der nächsten Seite schreiben sie gemeinsam „mit Unterschieden" und malen rund herum jene Situationen, in denen sie mit Unterschieden gute Erfahrungen gemacht haben.
7. Wer nicht fertig wird, malt zu Hause seine Erfahrungsbilder zu Ende und gestaltet das Deckblatt mit Buntstiften, wie es ihm gefällt.

Wir beobachten Partner auf der Straße

Material
Arbeitsblatt (siehe S. 77), Heft, Tageslichtprojektor, Folie

Unterschiede vielfältiger Art gibt es auch bei den Verkehrsteilnehmern. Wie sie sich auswirken, wird heute beobachtet werden.
Gleich nach der ersten Pause ziehen sich die Kinder an und verlassen mit Frau M. das Schulgelände. Bis zur Hauptstraße ist es nicht weit und an der Ecke bei der Ampel bleiben sie stehen. Die Lehrerin hat einen Platz ausgesucht, an dem die Kinder ungefährdet und ungestört stehen und viel sehen können. Es werden zwei Halbkreise gebildet, so versteht jeder, was Frau M. sagt.
Als Erstes dürfen die Kinder einfach „spazieren schauen". Sabine bleibt mit ihren Augen an dem kleinen Spielzeuggeschäft hängen und würde am liebsten hineingehen. Es liegt auf der anderen Seite der Straße, und seine Schaufenster werden immer wieder von den größeren und kleineren Autos verdeckt, die an der Ampel stehen bleiben. Die Frau mit dem kleinen Dackel, die jetzt an der Klasse vorbeigeht, ist ebenfalls für alle sehr interessant und wie sich später im Klassenzimmer bei einem Gespräch über das „Spazierenschauen" herausstellt, hat zu diesem Zeitpunkt keiner auf die Straße und die Fahrzeuge geachtet.
Nun sollen Fahrzeuge beobachtet werden. Frau M. gibt an, nach welchen die Kinder Ausschau halten sollen, und es wird gezählt, wie viele sie von der genannten Sorte entdecken. Bei den Personenautos haben sie in kürzester Zeit zwanzig und mehr gezählt, bei den Lastautos sind es nur neun. Zwei Busse waren unterwegs und vier Fahrräder. Ein Motorradfahrer schlängelt sich durch wartende Autos hindurch und muss stark bremsen, als zwei Jugendliche mehrere Meter vor dem Zebrastreifen die Fahrbahn überqueren. „Auch Erwachsene machen Fehler" ist Mirjams Kommentar zu dieser Situation. Für alle ist deutlich, dass man sich auf Erwachsene nicht unbedingt verlassen kann und stattdessen selbst aufmerksam sein muss.
Als Nächstes beobachten die Kinder die Fahrzeuge, nachdem sie bei Grün von der Ampel losgefahren sind. Wichtig dabei ist, welches der Fahrzeuge als Erstes - später als Letztes - an der ersten Querstraße vorbeikommt. Meistens sind es die mittelgroßen Personenwagen, die „gewinnen", es sei denn, sie biegen in die Querstraße ein; dann „fallen sie zurück", wie Thomas bemerkt. Alte klapprige Lastautos, Fahrräder oder der rote Abschleppwagen waren die langsamsten Fahrzeuge.
Nun geht es darum, wie die verschiedenen Fahrzeuge um die Kurve fahren. Dazu wechselt Frau M. mit ihrer Klasse den Standort. Was sie beobachten, ist für manche Kinder so lustig, dass sie mit ihrem Körper die „Fahrzeugbewe-

gungen" nachmachen. Der kleine grüne Wagen flitzt nur so um die Kurve, während der alte Mercedes den ganzen Verkehr aufhält. Der Bus braucht fast die andere Straßenseite, damit er um die Ecke kommt, und hinter dem Laster mit Anhänger entsteht ein richtiger Stau.

Hier wird besonders deutlich:

- Fahrzeuge sind unterschiedlich schnell,
- Fahrzeuge sind unterschiedlich beweglich,
- Fahrzeuge sind unterschiedlich „geschickt".

Eine Gruppe von Verkehrsteilnehmern haben die Kinder allerdings noch nicht beobachtet: die Fußgänger. Auch hier entdecken sie Unterschiede. Während die einen richtig drängeln, um über den Zebrastreifen zu kommen, promenieren die anderen geradezu über die Straße. Kleine Kinder, die von ihren Müttern besonders fest gehalten werden, machen es wie die Kinder zu Beginn: Sie „schauen spazieren" anstatt aufmerksam über die Straße zu gehen. Am langsamsten sind die alten Leute, die nur mühsam, manchmal auf einen Stock gestützt, über die Straße kommen.

Nächster Beobachtungspunkt ist neben der Bushaltestelle.

Wieder im Klassenzimmer, werden nochmals Erfahrungen ausgetauscht. So unterschiedlich die einzelnen Fahrzeuge auch sein mögen, sie müssen auf der Straße „zusammenarbeiten", d.h. die Besonderheiten jedes einzelnen Verkehrsteilnehmers beachten, damit jeder sicher vorwärts kommt. Es ist so ähnlich, wie wenn die Kinder Partnerarbeit machen – deshalb werden die Verkehrsteilnehmer auch „Partner auf der Straße" genannt.

Was mein Partner tut, das ist für mich nicht gleichgültig, denn es hat auch eine Auswirkung auf mich und was ich tue, hat eine Auswirkung auf ihn. Aus Gründen der Sicherheit sollte jeder Bescheid wissen, wie dieses Wechselspiel auf der Straße funktioniert. Wer die Partner auf der Straße genau und aufmerksam beobachtet, trägt zur eigenen Sicherheit und der der anderen bei.

Die Kinder brauchen nun noch einmal das Arbeitsblatt „Ich bin zu Fuß unterwegs." Diesmal werden alle Verkehrsteilnehmer eingekreist, auf deren Verhalten besonders zu achten ist. Die Kinder begründen ihre Wahl dem Nachbarn.

Auf der Straße Augen auf!

Material
langes Seil, rote Papierpfeile, Klebestreifen, Plakat (siehe S. 91), Hefte, Klavier (oder ein anderes Instrument)

Heute gehen die Kinder mit ihrer Lehrerin noch einmal zur Hauptstraße. Diesmal hat Frau M. eine Beobachtungsstelle an einem Zebrastreifen ausgesucht, von der aus man die Fahrzeuge und die Verkehrsteilnehmer von vorne anschauen kann, wenn sie abbiegen. Damit jeder gut sehen kann, stehen die Kinder an der Straßenecke wieder in zwei Halbkreisen beieinander. Der Bürgersteig ist hier ziemlich schmal. So halten sie sich alle an einem einzigen langen Seil fest, dessen beide Enden Frau M. in der Hand hält.
Diesmal sollen die Kinder auf die Gesichter der Leute, ihre Kopf- und Handbewegungen achten. Manche Autofahrer schauen immer nur geradeaus oder riskieren einen kleinen Blick seitwärts. Manche drehen ihren Kopf nach hinten, bevor sie abbiegen. Sie passen genau auf, ob nicht Fußgänger über die Straße gehen. Einige winken den Kindern, dass sie weiter gehen sollen. Und die Fußgänger? Nicht jeder schaut selbst, sondern geht einfach mit, wenn die anderen über den Zebrastreifen gehen. Wie die Kinder bereits wissen, kann das gefährlich werden. Am bewegungsfreudigsten sind die Radfahrer. Sie geben Handzeichen, wenn sie abbiegen wollen und ihr Kopf dreht sich immer wieder auf die Seite und nach hinten, vor allem wenn sie die Fahrspur wechseln müssen.
Nachdem jeder genug gesehen hat, gehen die Kinder zurück in ihr Klassenzimmer. Sie tauschen Beobachtungen aus und stellen dabei fest, dass viele Autos ganz schön rasen. Dazu passt das kleine Lied, das Frau M. jetzt vorsingt und das alle gleich mitsingen können (siehe S. 92):

> In unsrer Stadt da gibt es Straßen,
> auf denen viele Autos rasen.
> Tü tü tü tü tü tü tü tü tü tü tü tü tü tü tü tü
> (Melodie ab Takt 5).

Natürlich gibt es nicht nur rasende Verkehrsteilnehmer, die sich wenig um andere kümmern, sondern auch aufmerksame, die dennoch rasch sind. Die Körperbewegungen dieser aufmerksamen Autofahrer, Radfahrer und Fußgänger werden nun von den Kindern gemeinsam gemacht. Dabei wird aufgepasst, wie sich das, was zu sehen ist, verändert.

Zuerst schauen die Kinder nach vorne, merken sich genau, was sie hier sehen. Dann drehen sie ihren Kopf langsam nach rechts. Sie beobachten, wie sich das „Bild", das sie sehen, verändert und schließlich, da der Kopf an seinem äußersten Drehpunkt angelangt ist, zusätzlich durch die Augenbewegungen ein kleines bisschen erweitert werden kann.

Neben der Veränderung des „Bildes" bemerken die Kinder auch, dass sie ihren Hals auf einmal ganz anders spüren als sonst, es ist fast ein bisschen anstrengend und vielen ist es unangenehm, die nach hinten gedrehte Kopfstellung ein kleines Weilchen beizubehalten.

Nachdem die gleiche Übung auch nach links gemacht worden ist, versuchen die Kinder das, was sie gesehen haben, so genau zu beschreiben, dass sie die jeweiligen Begrenzungen der „Bilder" angeben können, die Frau M. mit roten Papierpfeilen und Klebestreifen an der Wand befestigt.

Von der geraden Ausgangsposition ist die aufgeklappte Tafel und ein Stückchen Wand zu beiden Seiten sichtbar. Hier kommen die ersten beiden Pfeile hin. Die Kinder kontrollieren ihre Erinnerung, indem sie die Übung noch einmal wiederholen.

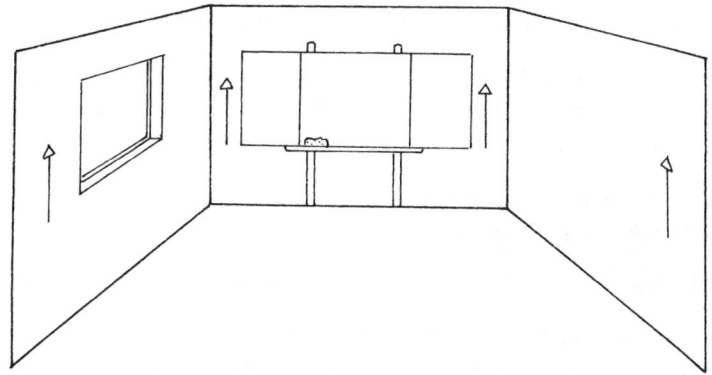

Abb. 20: Darstellung der „Sichtbegrenzung"

Dann geben sie die Begrenzungspunkte des zweiten „Bildes" an, das ab dem zweiten Pfeil zu sehen ist. Nicht alle Kinder stimmen in ihren Beobachtungsangaben überein, und so einigen sie sich auf eine ungefähre Begrenzungslinie. Das dritte „Bild" ist das kleinste. Der rechte äußere Rand ist bei den meisten Kindern rund und unscharf. Hier kommt der dritte Pfeil hin. In der gleichen Art bringen sie die Pfeile bei der Linksdrehung des Kopfes an.

Eines steht fest:

- Wenn ich nach vorne schaue, sehe ich etwas anderes, als wenn ich zur Seite schaue.
- Wenn ich nach hinten schaue, sehe ich das, was mein Rücken „sehen" kann.
- Wenn ich zur Seite schaue, sehe ich das, was meine Schulter „sehen" kann.
- Als Verkehrsteilnehmer brauche ich zu meiner Sicherheit und zu der der anderen diese drei verschiedenen Sichtweisen.

Zwei dieser drei Sichtweisen haben im Straßenverkehr noch eine besondere Bedeutung, die für alle wichtig ist. Die eine davon nennt man Vorsicht, die andere Rücksicht:

- Durch die **Vor-sicht**, das **aufmerksame Nach-vorne-Sehen**, sehe ich auf der Straße alles genau, was vor mir ist. Erst wenn ich so genau hinschaue, weiß ich, was ich tun muss, um sicher und ohne Schaden über die Straße zu kommen.
- **Vorsicht** bedeutet aber auch genau aufzupassen, um Gefahren rechtzeitig erkennen zu können und sich davor überlegt zu schützen.

Für beide Wortbedeutungen nennen die Kinder Beispiele.
Außerdem wiederholen sie das kleine Lied (siehe S. 92), das sie vorher mit Frau M. gesungen haben. Anstelle des „Tü tü tü" singen sie diesmal allerdings:

Drum halt ich meine Augen auf,
mit Vorsicht ich auf dem Schulweg lauf.

So wie die Vorsicht für alle ganz wichtig ist, ist es auch die Rücksicht.

- Die **Rück-sicht**, das **„Rückensehen"**, das „Rückenbild" ist für die Sicherheit aller besonders wichtig, denn nicht immer reicht es aus, nur das zu sehen, was vor mir ist. Dieses „Zurück-sehen" müssen alle Verkehrsteilnehmer ganz bewusst tun, denn unser Kopf ist normalerweise nach vorne ausgerichtet.
- **Rücksicht** bedeutet aber auch, nicht nur an meine Sicherheit und mein Vorwärtskommen zu denken, sondern auch die Möglichkeiten der anderen Verkehrsteilnehmer zu bemerken und in meinem Verhalten darauf einzugehen.

Auch dafür finden sich passende Beispiele (Rollschuhe, Inline-Skates, Fahrrad...).

Wiederum wird das Lied wiederholt und dazu eine zweite Strophe gesungen:

Auch wenn wir mit dem Fahrrad fahren,
mit Rücksicht gibt es kaum Gefahren.
Drum halt ich ...

Mit Vorsicht und Rücksicht sind die Kinder auf der Straße sicher - aber natürlich nur, wenn sie wirklich erst dann über die Straße gehen, wenn kein Auto kommt. Das haben sie bereits in einer Stunde bei einem Verkehrspolizisten gelernt, mit dem sie das Überqueren der Fahrbahn an einer ungesicherten Stelle geübt haben. Während die Beobachtungen und Erkenntnisse noch einmal zusammengefasst werden, lässt Frau M. vor den Augen den Kinder ein Plakat entstehen, das im Klassenzimmer angebracht wird. Denn Vorsicht und Rücksicht werden nicht nur auf der Straße benötigt.

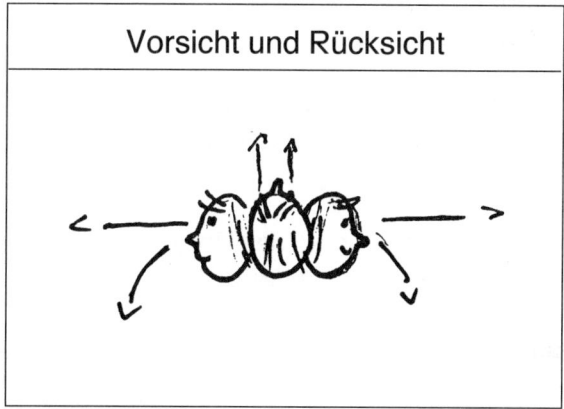

Abb. 21: Plakat „Vorsicht und Rücksicht"

Dazu passt die dritte Strophe des Verkehrsliedes:

Und erst wenn alle Autos stehen,
kann ich zur andern Seite gehen.
Drum halt ich ...

Das Plakatbild wird jetzt ins Heft gemalt, in dem der „Überschriftenstrich" bereits von der Lehrerin gezeichnet wurde.
Wer fertig ist, singt mit der Lehrerin nochmals das Verkehrslied, diesmal mit Bewegungen, die den Kindern dazu einfallen.

Auf der Straße Augen auf!   T. und M.: Angelika Meltzer

In unsrer Stadt da gibt es Straßen, auf denen
viele Autos rasen. Drum halt ich meine Augen
auf, mit Vorsicht ich auf dem Schulweg lauf.

1. In unsrer Stadt da gibt es Straßen,
   auf denen viele Autos rasen.

   Refr.: Drum halt ich meine Augen auf,
          mit Vorsicht ich auf dem Schulweg lauf.

2. Auch wenn wir mit dem Fahrrad (den Rollschuhn, Inlinern ...) fahren,
   mit Rücksicht gibt es kaum Gefahren.

   Refr.: Drum ...

3. Und erst wenn alle Autos stehen,
   kann ich zur andern Seite gehen.

   Refr.: Drum ...

Gesprächskreisanregungen

Dem gründlichen Durchdringen des Begriffs „Rücksicht" im Verkehr folgt eine alltagsbezogene Erweiterung. Gerade das „Rücken–schauen", das eben nicht automatisch, sondern nur bewusst geschieht, setzt die Bereitschaft für ein sensibles Wahrnehmen der unmittelbaren Umgebung voraus. Was auf der Straße überlebensnotwendig ist, erweist sich im Zusammenleben als Quelle eines friedlichen, vertrauensvollen Miteinanders, in dem Probleme und Konflikte nicht zu Verhärtungen, sondern zu gegenseitigem Verständnis führen können.
Es geht zunächst darum, die erwiesene Rücksicht als solche wahrzunehmen, sich der eigenen Rücksichtsfähigkeit bewusst zu werden, sie anzuwenden und die für alle Beteiligten daraus resultierende angenehme Atmosphäre spüren zu lernen. Dazu verhilft der Gesprächskreis:

Gute Erfahrungen mit Rücksicht

Material
Stuhl, Triangel, Verkleidungskiste, Stock, Büchertaschen, Plakat (siehe S. 91), Gedankenpunkte, Fragezeichenpunkte, Stuhl, Erfahrungsbüchlein, Verkleidungskiste, Büchertaschen, Klavier etc.

Verlauf
1.1 Die Kinder sitzen in der Klassensitzordnung. Frau M. hat einen Stuhl in die Mitte gestellt, auf den Paul sich setzt. Im Spiel befindet er sich im Bus. Während Paul sitzen bleibt und auf Frau M.s Zeichen zum Umdrehen wartet, sucht sich Ute rasch aus der Verkleidungskiste einige Dinge heraus, die sie als alte Frau kenntlich machen. Sie nimmt einen Stock in die Hand und stellt sich in einiger Entfernung hinter Pauls Stuhl. Sobald das Triangelsignal ertönt, dreht sich Paul um und Ute geht mühsam mit ihrem Stock einige Schritte in seine Richtung. Paul soll das tun, was er für die jetzige Situation angemessen findet. Paul kichert zuerst, dann steht er auf und bietet der „alten Frau" seinen Platz an.
Beide stellen fest, dass sie sich danach wohl fühlen. Ute, weil Paul ihr Problem verstanden hat, Paul, weil es ihm leicht gefallen ist, das Richtige zu tun.
Die Kinder beschreiben, was sie gesehen haben:
- Paul sitzt im Bus.
- Eine gehbehinderte alte Frau steigt zu.
- Paul hat zurückgeschaut und sie entdeckt.
- Er nimmt Rücksicht auf ihre Behinderung und bietet ihr seinen Platz an.

1.2 Gemeinsam überlegen die Kinder, ob sie etwas Ähnliches im Bus, in der Straßenbahn oder U-Bahn schon einmal erlebt haben. Ihnen fallen viele Beispiele ein, die sie jetzt nachspielen.

Sofort verwandelt sich das Klassenzimmer in einen Bus, indem zwei Zweierstuhlreihen gebildet werden, die durch einen Durchgang voneinander getrennt sind. In diesem „Bus" haben allerdings nur zwölf Kinder Platz. Viele Kinder nehmen ihre Büchertaschen auf den Rücken und stellen sich an die Klassenzimmertür, d.h. an die „Bushaltestelle". Andere Kinder nehmen etwas aus der Verkleidungskiste, das sie als Erwachsene oder Jugendliche kennzeichnet.

Die nächsten Triangelschläge zeigen an, dass der leere „Bus" bei der „Haltestelle" hält. Hier stehen nun achtundzwanzig Kinder, die alle gleichzeitig „einsteigen" wollen. (Der „Einstieg" ist durch zwei Tische gekennzeichnet.) Zunächst geht es zu wie im „richtigen Leben." Alle drängeln – aber der „Busfahrer", jetzt Frau M., schließt den Bus und „fährt leer" davon. Kurze Unterhaltung unter den Kindern. Als es zum nächsten Mal klingelt – inzwischen ist Inge der „Busfahrer" – steigen die Kinder nacheinander ein und nur wenige können sich nicht für einen Sitzplatz entscheiden. Trotz der vollen Sitzplätze steigen noch einige Kinder ein, die sich einen guten Stehplatz mit „Haltegriffen" (Stuhllehne) suchen. Joyce nimmt schlauerweise auch ihre Büchertasche ab und stellt sie zwischen ihre Beine. Einige andere machen es ihr nach. Auf diese Weise ist es auch für die Stehenden bequem.

Thomas, der neue Busfahrer, klingelt. An dieser Station steigen Kinder und Erwachsene aus – beinahe entsteht ein erneutes Gedränge, wenn der „Busfahrer" nicht zur Ordnung ermahnt hätte.

1.3 Eine kurze Zwischenbilanz wird gezogen:

- Jeder wollte der Erste sein.
- Jeder hat nur an sich gedacht.
- Warten fällt schwer.
- Einige haben sich an den Stühlen, an den Tischen, bei anderen Kindern leicht gestoßen.
- Kleine Streitigkeiten kamen kurz auf.

Niemand hat mehr an Vorsicht oder Rücksicht gedacht. „Ich hab es einfach vergessen", gibt Alex zu.

1.4 Bevor weiter gespielt wird, betrachten die Kinder nochmals ihr Plakat. Sie bewegen den Kopf und üben das bewusste Schauen. Bei dieser Spielrunde sind Vorsicht und Rücksicht schon deutlich zu spüren.

Im Sitzkreis wird darüber gesprochen und die Erfahrungen der beiden Spielrunden werden verglichen. Matthias bringt es auf den Punkt:

2. „Es geht viel besser, wenn wir aufeinander Rücksicht nehmen."

3.1 Ob das nur im Bus gilt? Frau M. stellt eine Aufgabe, die die Kinder mit Rücksicht lösen sollen.

- Zwei Nachbarn sitzen an einem Tisch. Jeder soll alle Bücher und Hefte, die er in seiner Büchertasche hat, auf dem Tisch ausbreiten.

Während die Kinder das tun, entdecken sie bald, wie sie Rücksicht nehmen können:

- Ich kann nicht den ganzen Tisch für mich alleine haben.
- Ich nehme darauf Rücksicht, dass meinem Nachbar eine Hälfte des Tisches „gehört".
- Ich versuche, mit meiner Hälfte auszukommen.
- Wir sprechen miteinander, wenn es Probleme mit den großen Heften oder Simons Riesenfedermäppchen gibt.

3.2 Als Nächstes stellt Frau M. die Aufgabe, sich in einer Zweierreihe aufzustellen – ebenfalls mit Rücksicht. Das ist gar nicht so einfach, denn automatisch wollen mehrere die Ersten sein und Rücksicht scheint vergessen zu sein. Frau M. hält sich diesmal ganz aus der Situation.

Es dauert nicht lange, da einigen sich die Kinder, denken an die Anstellregeln und lösen die Aufgabe zur allgemeinen Zufriedenheit. Im Gespräch werden die Erfahrungen zusammengefasst:

- Ohne Regeln gibt es leicht Ärger und es geschehen Unachtsamkeiten, die keiner wirklich will. Deshalb hilft es, aufmerksam auf die anderen Kinder zu achten.
- Ich nehme darauf Rücksicht, wenn ein Platz bereits belegt ist, indem ich mir einen anderen suche - ohne zu drängeln.
- Ich stelle mich auf, wie es sich ergibt, auch wenn mein Nachbar nicht mein bester Freund ist.

3.3 Jetzt sollen die Kinder in ihrer Aufstellung einmal im Klassenzimmer eine äußere Runde gehen, um sich dann in der Mitte im Stehkreis aufzustellen. Frau M. spielt währenddessen die Melodie eines bekannten Bewegungsliedes am Klavier. Das Gehen sollte wieder mit Rücksicht geschehen.

Das erweist sich als schwierig, denn durch die Tische ist der Platz zum Vorbeigehen manchmal recht eng; wer rücksichtsvoll sein will, lässt seinen Nachbarn vor. Das fällt aber nicht immer leicht. Meltem und Michaela brauchen eine Weile, bis sie sich darauf einstellen können.

3.4 Im Stehkreis nehmen die Kinder die für ihr Bewegungslied bekannten Positionen ein. Nachdem sie es einmal miteinander nur gesungen haben, singen sie es zum zweiten Mal mit Bewegungen. Auch jetzt wiederholen sie nicht mit Frau M., worauf sie achten sollen, und so merken sie bald selbst, bei welchen Bewegungen sie aufeinander Rücksicht nehmen müssen, damit das Spiellied allen Freude macht.
4.1 Anschließend sprechen sie im Sitzkreis über ihre Erfahrungen:
- Es ist rücksichtsvoll, den anderen da, wo es nötig ist, vorzulassen, anstelle sich als Erster hindurchzudrängen.
- Wer hinter langsam laufenden Kindern geht, nimmt auf ihr Tempo Rücksicht und drängelt nicht.
- Wer zu langsam läuft, nimmt zu wenig Rücksicht auf das allgemeine Lauftempo.
- Bei meinen Bewegungen achte ich darauf, dass ich nicht in den Bereich meines Nachbarn komme und ihn dadurch in seinen Bewegungen behindere.
- Beim Tanzen stelle ich mich auf meinen Tanzpartner ein.

Die Kinder stellen fest, dass man sich manchmal absprechen muss, um zu vernünftigen Lösungen zu kommen. Sich absprechen ist auch eine Form der Rücksicht.

4.2 Obwohl es nicht immer ganz einfach ist, rücksichtsvoll zu sein, haben die Kinder aneinander die grundsätzliche Bereitschaft jedes Einzelnen zur Rücksichtnahme gespürt. Deshalb liegen in der Mitte ganz viele helle Gedankenpunkte, die heute zu Gefühlspunkten geworden sind. Die Kinder haben sie hingelegt, nachdem sie über ihre Erfahrungen berichtet haben. Diese Bereitschaft hat dazu verholfen, dass sie sich schließlich auch dann gut verständigt haben, wenn anfänglich Deutungsfehler passiert sind. Solche Situationen haben sie durch Fragezeichenpunkte gekennzeichnet. Dieses Verstehen trotz des Nichtverstehens hat ein Gefühl der Freundlichkeit, der Geborgenheit, der Zusammengehörigkeit entstehen lassen, bei dem es nicht auf perfektes Agieren und Reagieren ankommt, sondern auf das Anerkennen der grundsätzlichen Bedürftigkeit, der eigenen und der des anderen.
4.3 Natürlich hat jeder nicht nur gute Erfahrungen mit Rücksicht gemacht. Die Kinder berichten von Erlebnissen in der Schule, beim Einkaufen, in der Familien, bei Freunden ... Nicht alle sind für sie gleich bedeutungsvoll gewesen, vieles haben sie sogar als ganz selbstverständlich angesehen.
5. Deswegen werden sie in den kommenden Tagen etwas genauer aufpassen, wann ihnen Rücksicht erwiesen wird, und wann sie sich selbst rück-

sichtsvoll verhalten. Sie malen einige dieser Erlebnisse in ihr Erfahrungsbüchlein, in das sie nun mit Frau M. die Überschrift „mit Rücksicht" eintragen.

Die kommenden Tage nach diesem Gesprächskreis sind für die Kinder wichtig. In wenigen morgendlichen Plauderminuten lassen sich die alltäglichen Erfahrungen leicht in Erinnerung rufen, so dass die Aufmerksamkeit für Rücksicht erhalten bleibt. Manchmal sind die Kinder selbst ganz erstaunt, wie viele solcher positiven Augenblicke tatsächlich stattfinden und welchen aktiven Beitrag sie leisten können. Der Blick für fehlende Rücksichtnahme wird ebenfalls geschärft und ihr Ausbleiben als Mangel, als ungenutzte Situation empfunden.

Verkehrszeichen helfen uns

Material
Situationsbilder (siehe S. 98), Verkehrszeichen (Abb. 22, S. 99), Kassettenrekorder, leere Kassette, Verkehrsschilderlied (siehe S. 101), Arbeitsblatt Verkehrsschilder mit Ausschneidebogen (siehe S. 102 f.)

Heute früh liegen auf den Gruppentischen Bilder, die die Kinder, sobald sie in die Schule kommen, anschauen (siehe S. 98).

Im Sitzkreis werden die Bilder zunächst vorgestellt, in die Mitte gelegt und anschließend wird ausführlich über sie gesprochen. Die Kinder erinnern sich dabei an ähnliche Situationen und berichten über eigene Erfahrungen. Da auf jedem Bild ein Platzhalter für das passende Verkehrsschild zu sehen ist, wird versucht, diese Schilder aus dem Gedächtnis zu beschreiben. Beim Zebrastreifen geht das ganz leicht, bei den anderen herrscht oft Uneinigkeit.
Die Lehrerin legt deshalb Verkehrsschilder in die Mitte, die jetzt zugeordnet werden (siehe S. 99).

Nicht alle Verkehrszeichen passen, sie werden aber dennoch besprochen. Die meisten Kinder erinnern sich, wo sie diese in der Umgebung der Schule schon gesehen haben.
Jedes der Schilder hat eine besondere Bedeutung. In Dreiergruppen, die sich möglichst in großen Abständen im Klassenzimmer zusammensetzen, versuchen die Kinder diese Bedeutung als Rätsel für ein Schild zu formulieren. Die Formulierungssuche verläuft im Flüsterton, denn es soll vorerst den anderen nichts verraten werden. Gruppen, die eine passende Formulierung gefunden haben, teilen diese der Lehrerin mit und sprechen sie anschließend auf Kassette.

Situationsbilder zu den Verkehrszeichen

Abb. 22: Verkehrszeichen

Jetzt versammeln sich wieder alle im Sitzkreis. Die Tonbandaufnahmen werden der Reihe nach vorgespielt, die „Bedeutungsrätsel" von den Kindern gelöst, das passende Verkehrsschild und das entsprechende Situationsbild zusammenlegt.

So ist auf dem Tonband zu hören:
- Hier sollen die Fußgänger über die Straße gehen (Zebrastreifen).
- Auf diesem Weg laufen Fußgänger und fahren Radfahrer (Gemeinsamer Rad- und Gehweg).
- Dieser Weg ist nur für Leute, die zu Fuß gehen (Weg nur für Fußgänger).
- Hier kannst du mit deinem Fahrrad fahren, aber nicht laufen (Weg nur für Radfahrer).
- Irgendetwas ist hier gefährlich, du musst schauen und aufpassen (Vorsicht! Gefahrenstelle).
- Dem Radfahrer gehört der halbe Weg, der andere dem Fußgänger (Getrennter Rad- und Gehweg).
- Das grüne Männchen ist das Gehmännchen, das rote ist das Stehmännchen (Fußgängerampel).
- In dieser Straße dürfen wir auch auf der Fahrbahn spielen. Aber ein bisschen aufpassen muss man trotzdem (Spielstraße).
- Auf die Ampel müssen alle achten. Nur wer Grün hat, darf gehen oder fahren (Verkehrsampel).

Die Kinder stellen sich nun in den Kreis und halten ein Verkehrszeichen oder ein Situationsbild in der Hand. Frau M. stimmt das Verkehrsschilderlied (siehe S. 101) an. Den Refrain singen alle gemeinsam. Der Text der einzelnen Strophen wird zunächst nur angehört und dazu werden die passenden Schilder hochgehalten. Danach tauschen die Kinder ihre Schilder. Es dauert nicht lange, bis die meisten Kinder den Text mitsingen können.
Auf dem Arbeitsblatt (S. 102) sollen sie die Verkehrszeichen (Ausschneidebogen, S. 103) den Situationen richtig zuordnen und ausmalen.

Lernaspekte
Zum Abschluss der Thematik wird wiederholt. Das Thema „Schulweg" hängt noch immer im Themenkreis und die Symbolbilder der Lernbereiche werden passend zu den Wiederholungsaspekten gehängt und ergänzt.

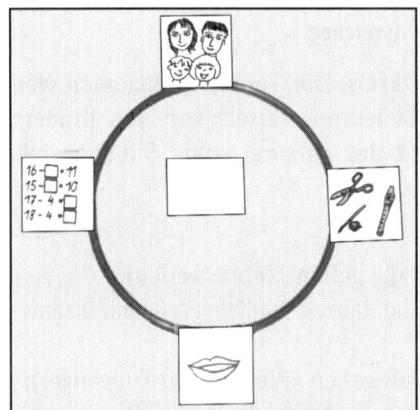

Abb. 23: In unserer Umgebung

- Für unser Thema sind wir oft auf den Straßen rund um die Schule unterwegs gewesen. – Bild: „In unserer Umgebung"
- Wir haben gelernt, wie man die Straße überquert, auf die Verkehrszeichen achtet und wie alle im Straßenverkehr aufeinander Rücksicht nehmen müssen, damit es jedem gut geht. – Bild „Wir"
- Wir haben über unseren Schulweg gesprochen, über die Verkehrszeichen und wichtige Dinge aufgemalt oder aufgeschrieben. – „Sprechen und Schreiben"
- Wir haben zwei Lieder gelernt und uns dazu bewegt, damit wir uns leichter an das Aufpassen auf der Straße und die Verkehrszeichen erinnern können. – „Das kann ich"
- Wir haben Autos gezählt und ausgerechnet, wie viele Leute in den Bus ein- und aussteigen. – „Rechnen"

Verkehrsschilderlied

Verkehrszeichen helfen uns

Melodie: Vogelhochzeit
Text: Angelika Meltzer

Refrain:
Schau das Schild hier an, das dir helfen kann,
im Verkehr denk stets daran.

1. Die Mutter mit dem Kind sagt dir:
   Nur Fußgänger, die gehen hier.

2. Das Fahrrad auf dem blauen Kreis
   den Radweg zeigt, wie jeder weiß.

3. Ein weißer Strich den Gehweg teilt:
   Pass auf, wenn rechts (links) ein Fahrrad eilt!

4. Auf diesem Weg gib stets gut acht:
   Für Räder ist er auch gedacht!

5. Willst du die Straße überquern,
   musst du zum Zebrastreifen gehn!

6. Wo dieses Dreieck ist zu sehn,
   besonders aufmerksam wir gehn.

Verkehrszeichen helfen uns

Ausschneidebogen zum Arbeitsblatt

© Oldenbourg Schulbuchverlag GmbH, München / Prögel Praxis 240, Ganzheitlicher Sachunterricht im 1. Schj.

Leben in der Familie

Bei meiner Familie

Material
Lehrerin: Tafelbild, Kassettentext Herr Wunderlich (siehe 1.2), Schälchen mit Wortbildkarten (siehe S. 105), Familienlied (siehe S. 107), Zeichenbilder (siehe S. 106), Tafelmagnete, Verkleidungskiste
Kinder: Heft, Buntstifte, Blöckchen, Wachsmalkreiden, Zeichenblatt DIN A 6

Diese Woche sind die Kinder Herrn Wunderlich, einer neuen Lerngestalt, begegnet. Er wohnt alleine in einem kleinen Haus mit Garten am Rande der Stadt und fühlt sich hier sehr wohl. Er hat auch einen Enkel, der Willi heißt. Mit Herrn Wunderlichs Hilfe haben die Kinder das W/w kennengelernt.

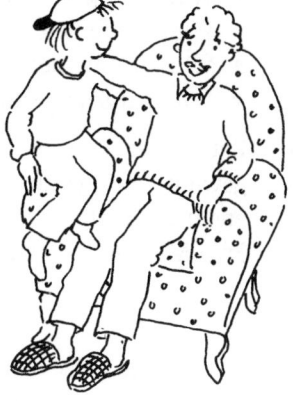

1.1 Frau M. schlägt heute wortlos die Tafel auf und sofort erkennen die Kinder ihren neuen Freund wieder: Es ist Herr Wunderlich, der mit seinem Enkel Willi in seinem Wohnzimmer sitzt. Eifrig wird überlegt, was die beiden vorhaben könnten. Vielleicht zum Einkaufen gehen – oder vielleicht ein Spiel spielen?

1.2 Da schaltet Frau M. den Kassettenrekorder ein.

> *Herr W:* *Also der Reihe nach, Willi. So kann ich nicht verstehen, was passiert ist. Was ist geschehen, nachdem dich Tante Getrud am Freitag vom Bahnhof abgeholt hat?*
> *Willi:* *Zuerst war es ganz schön und aufregend. Mit dem Auto sind wir zu Tante Gertruds Wohnung gefahren. Dort hat sie mir mein Zimmer gezeigt, in dem ich übernachten sollte. Wir haben Kuchen gegessen und Limonade getrunken, bevor wir zusammen in den Tiergarten gefahren sind. Da hat es mir gut gefallen, Opa, die Löwen ...*
> *Herr W:* *Das hast du mir ja schon erzählt. Weiter, Willi ...*
> *Willi:* *Nach dem Abendessen bin ich bald ins Bett gegangen. Zuerst habe ich mich im Zimmer etwas umgesehen und dann bin ich müde geworden. Ich konnte jedoch nicht einschlafen, denn ich war auf einmal so traurig und habe mich alleine gefühlt. Und schon kullerten mir die Tränen herunter und ich fing laut zu schluchzen an.*
> *Herr W:* *Weißt du auch, warum du so traurig warst?*
> *Willi:* *Anfangs nicht, später schon ...*

Gespannt haben die Kinder zugehört. Sie können Willi gut verstehen – ihnen ist es auch schon einmal so ähnlich ergangen. In einer kurzen „Murmelrunde" tauschen sie erste Gedanken zu der Hörszene aus.

1.3 Aber ob sie auch wissen, warum Willi so traurig war? Ina kann es gut erklären:

- Willi hat Heimweh bekommen, denn er hat Mama und Papa vermisst.
- Willi hat seine Familie vermisst.
- Willi möchte bei seiner Familie sein.
- Willi hat Sehnsucht nach seiner Familie.

2. Bei seiner Familie zu sein, das hat sich jedes Kind schon einmal gewünscht. Was die Kinder damit genau meinen, werden sie heute einander erzählen.
   Frau M. schreibt jetzt an die Tafel:

   > Bei meiner Familie

3.1 Willi wollte bei seiner Mama und bei seinem Papa sein. Bei wem wollen die Kinder sein, wenn sie sich nach ihrer Familie sehnen?

Zunächst wird in Vierergruppen darüber erzählt, wer zur eigenen Familie gehört. Die Kinder erinnern sich dabei auch an Situationen, in denen sie ihre Familie, oder einzelne Familienmitglieder vermisst haben. Im Sitzkreis berichten sie davon:
Ich habe meine Familie vermisst,

- wenn ich traurig war;
- am ersten Schultag, als die Eltern das Klassenzimmer verlassen haben;
- als ich einmal ins Krankenhaus kam ...

3.2 Wie sich herausstellt, meinen die Kinder, obwohl sie immer von ihrer Familie sprechen, oft ganz verschiedene Leute. Bei „Familie" denken manche an:

- ich, Mama, Papa, und meine Geschwister;
- ich und Mama;
- ich, mein Bruder und Papa;
- ich, meine Mama und meine Oma ...

3.3 Jeder spricht von Familie, aber nicht alle meinen die gleichen Personen. Frau M. hat mehrere Schälchen mit kleineren Wortbildkarten aufgestellt. In einem Körbchen gibt es „Mamakärtchen", in einem anderen „Papakärtchen" ... Jeder darf nun aus den Körbchen seine Familie „herausholen" und vor sich auf den Boden hinlegen. Damit es dabei kein Durcheinander gibt, holen immer sieben Kinder gleichzeitig ihre „Familienmitglieder". Natürlich gibt es auch „Ichkärtchen". Aus allen Kärtchen legen die Kinder ein „Familienmuster" und ordnen die Wortkarten vor sich auf dem Boden so, wie es ihnen gefällt. Manche ordnen alle Familienmitglieder in einem Kreis an. Bei anderen liegt in der Mitte des Kreises ein „Ichkärtchen" oder ein „Mamakärtchen"... Einige Kinder legen eine Familienreihe, die z.B. mit dem Papa beginnt. Andere legen ihre Kärtchen sternförmig auf. Bei wenigen sind die Kärtchen recht „durcheinander", aber Frau M. lässt alles gelten.

Abb. 24: Wortbildkarten zur Familie

Nachdem jeder seine Familie aufgelegt hat, stimmt Frau M. ein kurzes Lied an, das die Kinder nach einmaligem Anhören und Nachsprechen gleich mitsingen (siehe S. 107).

Ja, ich hab eine liebe Familie, bin nicht allein.
Ja, ich hab eine liebe Familie, will dankbar sein.

Jetzt stellen die Kinder ihre aufgelegten Familien vor und erläutern, warum sie ihre Kärtchen so angeordnet haben, wie sie vor ihnen liegen. Tobias hat seine Familie in Kreisform gelegt, mit seiner kleinen Schwester als Mittelpunkt. „Weil sich alles um sie dreht", wie er meint. Volkan legt eine Reihe mit Papa an der Spitze, sich und seinen Geschwistern in der Mitte und seiner Mama als Abschluss. „Mein Papa und meine Mama beschützen uns", erklärt er dazu.

3.4 Diese Familie, so wie sie ist, ist für die Kinder wichtig. Deshalb wird sie in manchen Situationen arg vermisst – diese Erfahrungen haben alle Kinder. Als Nächstes ist zu überlegen, warum man seine Familie vermisst, sobald man längere Zeit alleine fort ist. Die Kinder tragen zusammen:

- Bei meiner Familie fühle ich mich zu Hause, d.h. nicht allein. (Zeichenbild 1)
- Meine Familie hilft mir: wenn ich krank, traurig ... bin, wenn ich etwas noch nicht alleine kann. (Zeichenbild 2)
- Ich habe meine Familie lieb und sie mich auch. (Zeichenbild 3)
- Meine Familie passt auf mich auf und beschützt mich. (Zeichenbild 4)

Immer, nachdem die Kinder etwas herausgefunden und genau beschrieben haben, singt Frau M. die passende Liedstrophe vor, die dann alle gemeinsam nachsingen. Außerdem legt sie das entsprechende „Zeichenbild" in die Mitte – als Erinnerungshilfe.

Abb. 25: Zeichenbilder

Ich hab eine liebe Familie Text und Melodie: Angelika Meltzer

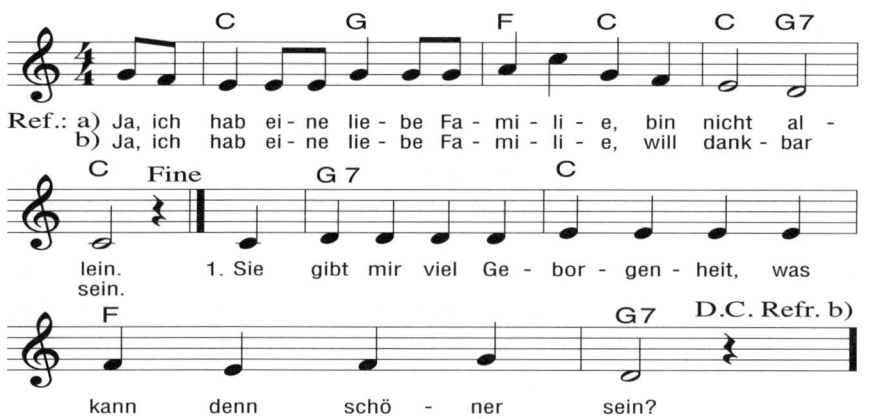

Ref.: a) Ja, ich hab ei - ne lie - be Fa - mi - li - e, bin nicht al - lein.
b) Ja, ich hab ei - ne lie - be Fa - mi - li - e, will dank - bar sein.

1. Sie gibt mir viel Ge - bor - gen - heit, was kann denn schö - ner sein?

Refr: a) Ja, ich hab eine liebe Familie, bin nicht allein.
     b) Ja, ich hab eine liebe Familie, will dankbar sein.

1. Sie gibt mir viel Geborgenheit,
   was kann denn schöner sein?

2. Wenn ich mal krank und traurig bin,
   lässt sie mich nicht allein.

3. Sie hat mich lieb, passt auf mich auf,
   ich bin ja doch noch klein.

4. Bei Tag und Nacht, gibt sie stets acht,
   dass heil und froh ich sei.

5. Ein jeder hilft, dort wo er kann,
   auch ich, obwohl noch klein.

Zuerst wird Refrain a) gesungen,
dann ein Vers und zuletzt Refrain b).

3.5 Bei der Wiederholung stellen die Kinder fest, dass wirklich alles, was sie genannt haben, für sie wichtig ist. Deshalb befestigt Frau M. alle „Zeichenbilder" an der Tafel. Außerdem schreibt sie die Wörter dazu, die die Kinder ihr „diktieren". Jetzt erhält jedes Kind einen Magnetpunkt. Dieser Punkt soll zu jenem Zeichenbild gesetzt werden, das für das Kind das wichtigste ist, weil eine besondere Erfahrung damit verbunden ist.

Anschließend setzen sich die Kinder mit ihren Familienkärtchen an ihre Tische und malen auf einem kleinen Blatt Zeichenpapier mit Buntstiften jene Situation, an die sie sich eben erinnert haben.

3.6 Bis jetzt haben die Kinder immer von „meiner Familie" gesprochen und damit jene Personen gemeint, mit denen sie zusammenleben. Natürlich wissen sie, dass zu einer Familie auch Tanten, Onkel, Cousins und Cousinen gehören. Deshalb wird jetzt ein Familienspiel gespielt. Ein Kind, es ist als Erste Renate, wählt aus den Kindern der Klasse ihre Familie, ihre Wunschfamilie. Matthias darf den „Papa" spielen - er holt sich dafür aus der Verkleidungskiste einen Hut heraus und setzt ihn auf. Myriam wird als Mama gewählt und hängt sich deshalb ein langes Tuch um. Renate wählt außerdem drei Geschwister aus und eine Oma. „Oma muss sein!", erklärt sie – sie lebt in Wirklichkeit alleine bei ihrer Oma, sie ist gewissermaßen ihre Familie. Die restlichen Kinder gehören zur „weiteren" Familie und dürfen ihre Rollen selbst wählen. Manche möchten Tanten und Onkel sein, andere Cousins und Cousinen. Renate stellt sich in die Mitte und bestimmt, wo sich ihre „engeren" Familienmitglieder hinstellen sollen. Die „weiteren" Familienmitglieder verteilen sich nach Belieben im Klassenzimmer.

Nun hat Renate eine große Familie, deren Mittelpunkt sie selbst ist. Alle Familienmitglieder zusammen sollen etwas Gemeinsames tun, das sie bestimmen darf. Sie entscheidet sich für Klatschkonzert, das sie lebhaft „dirigiert".

Anschließend wählt Tobias seine Wunschfamilie. Zum Unterschied zu Renate wünscht er sich außer Mama und Papa nur einen Bruder. Oma und Opa sollen lieber zu der „weiteren" Familie gehören.

4. Nach diesem Spiel sitzen die Kinder wieder in der Klassensitzordnung und schlagen ihre Hefte auf. Zuerst schreiben sie wie immer die Überschrift oberhalb des vorbereiteten Striches von der Tafel ab. Dann führen sie das gelbe Blöckchen mit der Längsseite zweimal untereinander von links nach rechts über die Heftseite, sodass ein gleichmäßig breiter gelber Streifen entsteht, der Hintergrund für die Zeichenbilder. Anschließend falten sie die Heftseite zweimal der Länge nach. Frau M. zeichnet dazu weiße unterbrochene Linien in ihr Tafelbild ein. Nun sind die vier Mal-

felder als Hintergrund gut zu erkennen. Mit Wachsmalkreiden werden die „Zeichenbilder" von der Tafel abgemalt.

Der Satz, zu dem jeder vorher sein kleines Erlebnisbild gemalt hat, wird jetzt an den unteren Blattrand geschrieben und das Erlebnisbild darüber geklebt. Zuletzt verteilen die Kinder ihre Familienkärtchen auf dem übrigen Platz und kleben sie fest.

Wer nicht fertig wird, malt daheim weiter.

Lernaspekte

Das Thema „Familie" führt in einen sehr persönlichen Bereich der Kinder. Vorstellungen, Wünsche, unerfüllte Bedürfnisse sind genau so mit ihm verbunden wie das erlernte Vertrauen, dass Familie nur so sein kann, wie sie bei „uns" daheim ist, und dass es „gut" ist, so wie es ist.

Bei dem Familienspiel wird keineswegs immer die klassische Familienstruktur gewählt. Oft lassen die Kinder Familienmitglieder, mit denen belastende Erfahrungen verbunden sind, auch „unter den Tisch" fallen und ersetzen sie durch andere, die die Wunschbedürfnisse der Kinder besser erfüllen. Brüder und Schwestern, zu denen konfliktvolle Beziehungen bestehen, sind ebenfalls schnell gestrichen, auch ein Vater, vor dem man Angst hat. Mütter sind allerdings in den meisten Fällen unverzichtbar.

Dieses Spiel gibt Aufschluss über die positive oder negative Integration innerhalb der Familie und durch behutsame Gespräche ist es möglich, bei den Kindern ein gewisses Maß an Verständnis für die familiäre Situation anzubahnen. Es sollte daher in den nächsten Wochen öfter gespielt werden und im Anschluss in liebevollen Einzelgesprächen aufgearbeitet werden, sofern es nötig ist.

Nicht immer gestatten sich Kinder diese spielerische Umstrukturierung ihrer Familiensituation, vor allem innerhalb des engsten Familienkreises. Manchmal wird ein Ausgleich für häusliche Lasten in einem weiteren Personenkreis gesucht.

Häufig nehmen Freunde und Freundinnen der Kinder oder der Elternteile eine besondere Stellung innerhalb einer Familie ein. Der Freund einer alleinerziehenden Mutter, der mit all seinen Kräften eine Vaterrolle übernimmt und der dadurch für ein Kind zum Papa geworden ist, darf es auch vom Sprachgebrauch her in der Schule sein. Dem kindlichen Bezugsempfinden muss hier gegenüber der normierten Begriffsbedeutung der Vorrang gegeben werden – so bleibt das Thema „Familie" eine lebendige, erfahrbare Wirklichkeit.

Im Anschluss an diese Stunde können Familienfotos für den Ausstellungstisch mitgebracht werden. Die Kinder nehmen sich ein Blatt von einem Zettelstapel, der ebenfalls auf dem Ausstellungstisch liegt, und schreiben „Familie..."

darauf. Wer mag, kann die Namen und Stellung der einzelnen Personen aufschreiben. Da gibt es einen „Bruder Samuel" und eine „Schwester Iris" und einen „Hund Uff". Die mitgebrachten Fotos regen zum Beschreiben individueller Familiensituationen an, zum Vergleichen familiärer Gepflogenheiten und zu dem Wunsch, sich gegenseitig zu besuchen.
Dennoch bringen nicht alle Kinder Fotos mit und nicht alle gewähren Einblicke in den familiären Alltag, obwohl sie sich selbst für die familiären Gepflogenheiten der anderen interessieren. Diese Zurückhaltung wird respektiert.

Jeder ist wichtig

Material
Lehrerin: Puzzleteile (siehe S. 111), Bildkarten (siehe unten), Wortkarten weiß, Familienmitglieder, mehrmals kopiert (siehe S. 111), Wortkarten farbig (siehe S. 111), Folie, Tageslichtprojektor, Tafelbild, Kreisschablone
Kinder: Heft, Arbeitsblatt (siehe S. 115)

Heute früh, als die ersten Kinder ins Klassenzimmer kommen, ist Frau M. gerade dabei, große bunte Blätter in der Mitte auszulegen. Bald versammelt sich eine kleine Kinderschar um sie herum und unterhält sich darüber, was das sein könnte. Die Blätter liegen durcheinander und haben die Form von Puzzleteilen. Alex probiert gleich aus, ob irgend etwas zusammenpasst und fügt schließlich vier zusammen (siehe S. 111).
Dann gongt es und Frau M. ruft die Kinder in den Sitzkreis.

Abb. 26: Bildkarten

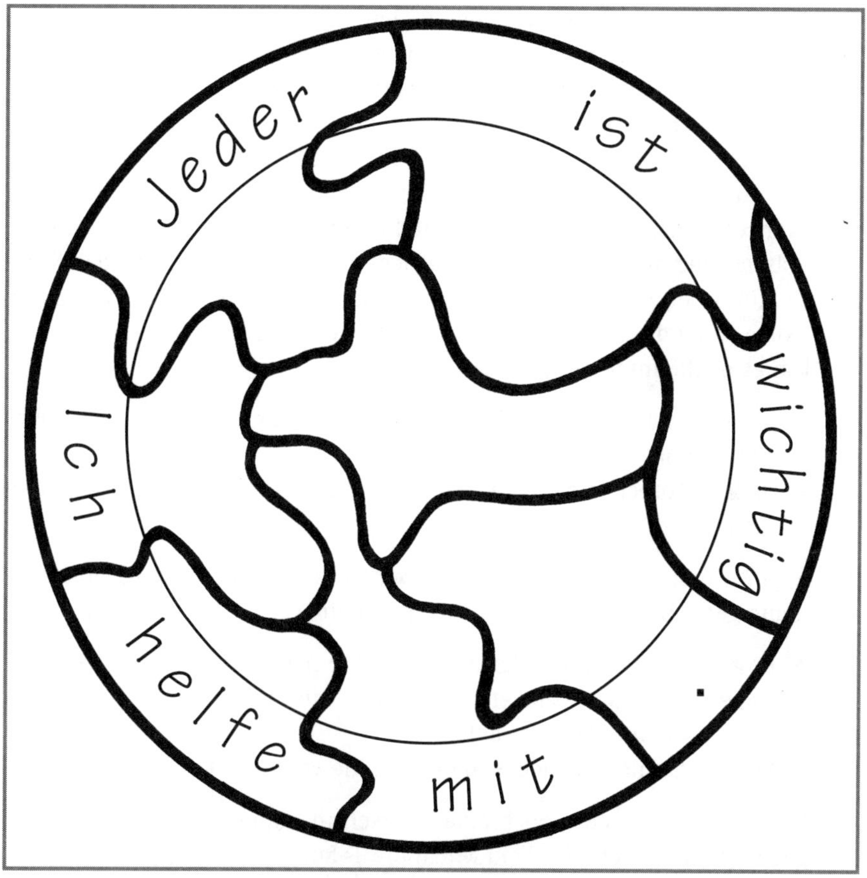

Abb. 27: Puzzle

Mama	Papa	ich	Oma	Opa	Bruder	Schwester

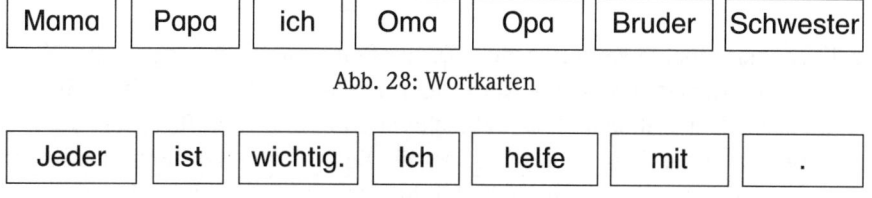

Abb. 28: Wortkarten

Jeder	ist	wichtig.	Ich	helfe	mit	.

Abb. 29: Wortkarten farbig

1.1 Erwartungsvoll schauen sie die vielen Puzzleteile in der Mitte an, aber Frau M. verrät noch nichts. Das Puzzle wird zusammengelegt. Die Kinder erzählen, was ihnen dazu einfällt: Ein Puzzle – ein Spiel – bunt ...
Jetzt verteilt die Lehrerin die acht Bilder an jeweils drei bis vier Kinder (Abb. 26). Auf einem ist ein Küchenherd mit einem Topf zu sehen, auf

dem anderen ein Bügelbrett und auf dem dritten ein Staubsauger. Eifrige Gespräche sind zu hören, weniger über die gezeigten Gegenstände, als über den Zusammenhang zwischen Gegenständen und Puzzle.

1.2 Bettina meldet sich als Erste und weiß, dass auf den Bildern das zu sehen ist, was ihre Mama für ihre Arbeit in der Familie braucht. Die Bilder werden auf die Puzzleteile gelegt und die Tätigkeiten beschrieben. Daniel kann es genau erklären: Sie kocht für uns, sie kümmert sich um die Wäsche und sie macht sauber. Zufrieden reicht Frau M. ihm das Körbchen mit den weißen Wortkarten und Daniel legt dreimal die Wortkarte „Mama" auf die Puzzleteile (Abb.27 und 28, S. 111).

Um es noch einmal für alle klar zu stellen:

- Auf dem Puzzle liegen Bilder, die zeigen, was es in der Familie alles zu tun gibt.
- In dem Körbchen sind die „Familienmitglieder", die diese Tätigkeiten tun.

2. Frau M. möchte wissen, ob jemand schon herausfinden kann, worum es heute geht. Die Kinder sagen, was ihnen einfällt:

- Es geht um das, was jeder in der Familie macht.
- Es geht um das, was jeder in der Familie tun muss.
- Es geht darum, dass alle helfen.
- Es geht darum, dass jeder in der Familie wichtig ist.

Jetzt sollen die Kinder noch eine Überschrift finden. Bald haben sie sich geeinigt und so schreibt Frau M. an die Tafel:

> Jeder ist wichtig.

3.1 Thomas möchte weitermachen. Zur großen Einkaufstüte legt er die Wortkarte „Mama", weil seine Mutter den Einkauf für ihn und seinen Bruder macht. Der Geldbeutel ist wahrscheinlich ein Zeichen für „Geld verdienen" und das Bett ist das Zeichen für Betten beziehen, Betten machen usw. Aus dem Familienmitgliederkörbchen holt er einmal „Mama" und einmal „Papa", letzterer wird zum Geldbeutel gelegt.

Auf diese Weise belegen die Kinder alle Bilder mit jenen Wortkärtchen, die ihrer Familiensituation entsprechen.

3.2 Als sie damit fertig sind, bleiben allerdings viele Familienmitgliederkarten übrig. Einige meinen zuerst, Frau M. hätte aus Versehen so viele in den Korb gelegt. Leonie weiß es besser. Sie holt sich noch einmal eine „Mamakarte" heraus und legt sie zum Geldbeutel. „Meine Mama arbeitet auch und verdient ebenfalls Geld", erklärt sie dazu. Uwe hat es daraufhin eilig, zur Einkaufstüte „Papa" und „ich" dazuzulegen, denn: „Bei uns geht jeder einkaufen."

3.3 Zum Schluss sind die meisten Puzzleteile und ihre dazugehörigen Tätigkeiten von mehreren Familienmitgliedern belegt und die Kinder denken darüber nach, warum das so ist.

- Mama hat nicht immer Zeit, einkaufen zu gehen. Deshalb helfen wir alle.
- Meine Mama wäscht und bügelt alleine, aber beim Zusammenlegen der Handtücher helfen ich und meine Schwester oft mit.
- Die Getränke holt immer Papa aus dem Supermarkt, denn die schweren Kisten sind für Mama und uns zu schwer.

Zu dem, was die Kinder hingelegt haben, passt die letzte Strophe des Familienliedes, das nun im Stehen mit Bewegungen gemeinsam gesungen wird.

4.1 Anschließend wird über das Puzzle im Zusammenhang mit der Überschrift noch einmal gründlich nachgedacht. Es dauert nicht lange und die ersten haben es herausgefunden:

- Bei vielen Tätigkeiten werden mehrere Familienmitglieder gebraucht.
- Jeder hat viele Aufgaben.
- Jede Tätigkeit in der Familie ist notwendig, denn alle brauchen Essen, frische Kleidung, Sauberkeit für ihre Gesundheit, Geld zum Einkaufen.
- Ich selbst kann schon viel zu Hause tun.
- Jeder wird gebraucht, damit es uns allen gut geht.
- Jeder ist wichtig.
- Ich kann mithelfen.

Wieder teilt die Lehrerin Wortkarten aus, diesmal farbige. Die Kinder bilden damit die beiden Sätze, die sie in den Puzzlerand legen (siehe S. 111).

4.2 Nicht in jeder Familie können die Familienmitglieder einander in dieser Form helfen. Mias Vater z.B. hat keine Arbeit. Deshalb kümmert er sich um den Haushalt und Mias Mama verdient alleine das Geld. Mia legt daher die „Familienmitglieder" so hin, wie es für ihre Familie passt. Auch Paul, der wochentags bei seinen Großeltern lebt, darf die Personen nach seiner Familiensituation umlegen. Eines ist allerdings interessant:

- Die Familienmitglieder kann man zwar austauschen, die Tätigkeiten jedoch nicht. Sie gelten für alle Familien.

4.3 Frau M. ist der Meinung, dass es einen bestimmten Grund gibt, warum heute ausgerechnet ein Puzzle in der Mitte liegt. Renate findet es einfach schön. Für Uwe ist es eine feine Abwechslung. Aber das reicht Frau M. noch nicht. Langsam erkennen die Kinder:

- Bei einem Puzzle muss alles zusammenpassen, sonst ist es nicht vollständig, d.h. es fehlt etwas.
- Auch in einer Familie müssen all die Dinge gemacht werden, die hier zu sehen sind – sonst fehlt etwas und es geht allen nicht gut.
- Deshalb helfen alle einander, damit jedes „Tätigkeitspuzzleteil" besetzt ist und das „Familienpuzzle" vollständig wird.

5. Frau M. hat ein Arbeitsblatt vorbereitet, das sie jetzt als Folie auf dem Tageslichtprojektor zeigt und mit den Kindern bespricht. Es sieht, bis auf die fehlenden Wörter am Kreisrand, so aus wie das Puzzle auf dem Fußboden. Die Überschrift, die bereits an der Tafel steht, wird von der Tafel abgeschrieben. Den Familienmitgliedern sind Kreise zugeordnet, die mit unterschiedlichen Farben ausgemalt werden. Übernimmt eine Person eine Aufgabe, wird ein Personenkreis mit der entsprechenden Farbe ausgemalt. Sollten zu wenig Kreise gedruckt sein, malt Frau M. mit ihrer Kreisschablone noch welche dazu. Die Kreise, die zu viel sind, übermalen die Kinder mit der gleichen Farbe wie das Puzzleteil (siehe S. 115).

Lernaspekte
Für Kinder ist es zunächst selbstverständlich, dass das Leben in ihrer Familie so funktioniert, wie es funktioniert. Gewinnen sie Einblicke in die Alltagsgewohnheiten ihrer Freunde, die anders sind und die ihnen gut gefallen, werden neue Bedürfnisse geweckt. Einige Äußerungen drücken eine Unzufriedenheit mit der eigenen Situation aus, z. B.: „Christian wird immer mit dem Auto in die Schule gefahren, ich muss immer laufen.", „Mirjam hat es gut, die kann nach der Schule gleich nach Hause gehen.", „Sven darf in den Hort, ich muss heim, das ist langweilig."
Noch verstehen viele Kinder nicht, dass die eigene Familiensituation auch den eigenen familiären Möglichkeiten entspricht, und dass es, bei aller Problematik, immer Dinge gibt, über die zu freuen, über die dankbar zu sein, es sich lohnt. Denn durch die Wertschätzung dessen, was an Liebe, Fürsorge und Anteilnahme zum eigenen Leben gehört, können Alltäglichkeiten mit mehr Freude und Vertrauen bewusster erlebt und anstehende Probleme in einem anderen Licht gesehen werden.
Der folgende Gesprächskreis will ein Bewusstsein für Wertschätzung, für Dankbarkeit anbahnen, das sich zunächst auf Menschen des familiären Umfeldes bezieht, sich schließlich auf jenen Personenkreis erweitern kann, der zum eigenen Leben dazugehört.

Hefteintrag + Arbeitsblatt

Jeder ist wichtig

○ Mama ○ Papa ○ Schwester ○ Bruder
○ Oma   ○ Opa   ○ ich   ○ _____

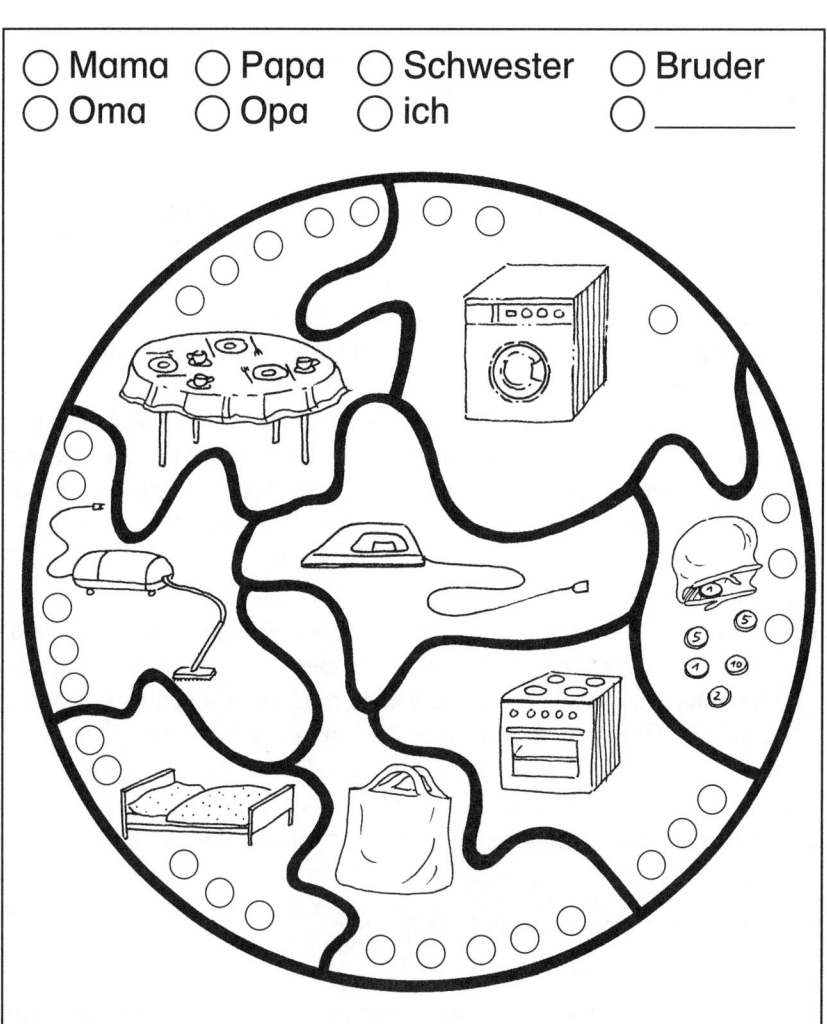

○ Ich helfe mit.

Gesprächskreisanregungen

Kann ich dankbar sein?

Material

Körbchen mit achtundzwanzig zusammengefalteten kleinen Zetteln, ca. 10 mal 7cm, rote, blaue und gelbe dicke Wolle, ungefaltete „Dankezettel", Wortkarten weiß, Familienmitglieder (siehe S. 111), Musikinstrument, Dankelied (siehe S. 118), Kassettenrekorder, Musikkassette (siehe Anhang), Zeichenblock

Verlauf

1.1 Während die Kinder in der Klassensitzordnung sitzen, geht Frau M. herum und jeder nimmt sich aus ihrem Körbchen einen kleinen zusammengefalteten Zettel heraus. Noch soll er nicht aufgefaltet werden, die Kinder überlegen zuerst, was darauf stehen könnte. Vielleicht Losnummern oder ein buntes Wort, das mit anderen bunten Wörtern zusammen einen Satz ergibt?

1.2 Erst in der Gruppensitzordnung dürfen sie ihre Zettel leise auffalten, lesen und sich in der Gruppe beraten. Die Kinder sind erstaunt, dass bei allen das Gleiche daraufsteht, nämlich: Danke für ... Langsam fällt ihnen auch etwas ein, was man anstelle der Pünktchen aufschreiben oder aufmalen könnte. Eines ist klar; heute geht es ums

2. Danken.

3.1 Gruppenweise werden vier verschiedene Beispiele gewählt, die sie in das Kästchen hineinmalen oder hineinschreiben. Manchmal wird Frau M.s Hilfe benötigt, denn nicht alles, was den Kindern einfällt, ist leicht zu malen. Zuletzt gehen sie mit ihren Zetteln in den Sitzkreis.

3.2 Jeder erzählt kurz über sein „Dankebeispiel" und legt anschließend den Zettel in die Mitte, sodass ein großer Zettelkreis entsteht.

3.3 Manche „Dankebeispiele" sind sich recht ähnlich. Da gibt es

- Danke für das neue Fahrrad.
- Danke für mein neues Federmäppchen.
- Danke für den kuscheligen Teddy.

Die Kinder dachten dabei immer an Sachen, die sie geschenkt bekommen haben. Frau M. hat rote Wolle mitgebracht und für jeden „Sach-Danke-Zettel" wird ein Stück roter Wolle abgeschnitten und auf den Zettel gelegt. Die Kinder überlegen auch, zu wem sie für all diese Dinge „Danke" sagen könnten. Sind es Familienmitglieder, werden die entsprechenden Wortkarten dazugelegt (siehe S. 111), sind es andere Personen, wird ihr Name vorher auf einen leeren „Dankezettel" geschrieben.

Schließlich stimmt die Lehrerin den Refrain eines kleinen Liedes an, den alle gleich mitsingen (siehe S. 118).

Danke, ich sage danke dir!
Danke, ich sage danke dir!

3.4 Jetzt entdecken die Kinder noch andere „Dankebeispiele".
- Danke für das gute Pausenbrot.
- Danke für mein schönes Kinderzimmer.
- Danke für meine schönen Spielsachen.
- Danke für die neuen Schuhe ...

Diesmal haben sich die Kinder für all jenes bedankt, was sie zum Leben brauchen: etwas zu essen, ein Dach über dem Kopf, etwas zum Anziehen und etwas zum Spielen. Jetzt, da sie darüber nachdenken, merken sie, dass auch die Kleidung dazugehört und Myriam malt noch rasch ein entsprechendes Dankezettelchen, während Matthias blaue Wolle für die „Brauch-Dankezettel" abschneidet und Petra sie entsprechend verteilt. Auch jetzt wird überlegt, an wen das „Danke" zu richten ist. Nach dem Dazulegen der Personenzettel werden wieder die beiden „Dankezeilen" gesungen.

3.5 Einige Zettel haben noch immer keine Wollkringel. Da steht:
- Danke für mein kleines Brüderchen.
- Danke für meine Freundin.
- Danke für meine Oma.

Wie man sieht, kann man auch für Menschen dankbar sein, die einem besonders wichtig sind und die man sehr lieb hat. Ayla schneidet für sie gelbe Wollstücke ab und Paul legt sie auf. Dabei merken die Kinder, dass noch Menschen fehlen, die ihnen besonders wichtig sind. Deshalb schreiben sie Zettel für Mama, Papa, Geschwister, Freunde. Es ist nicht ganz einfach herauszufinden, wem gegenüber man jetzt dankbar sein kann. Manche möchten sich bei Gott bedanken, manche bei ihrer Mama oder ihren Eltern, Meltem beim „Glück", manche bei den betreffenden Menschen selbst, für deren Dasein sie dankbar und froh sind. Frau M. lässt alles gelten und so werden sowohl Personenzettel als auch Symbolbilder, die von einigen Kindern jetzt gemalt werden, dazugelegt. Schließlich werden wieder die beiden „Dankezeilen" gesungen.

4.1 Die bunten Zettelkreise laden dazu ein, um sie herumzutanzen. Deshalb singen die Kinder mit Frau M. das Lied nun zu Ende, zum Refrain tanzt und klatscht jeder, wie es ihm gefällt.

Danke

Text und Melodie: Angelika Meltzer

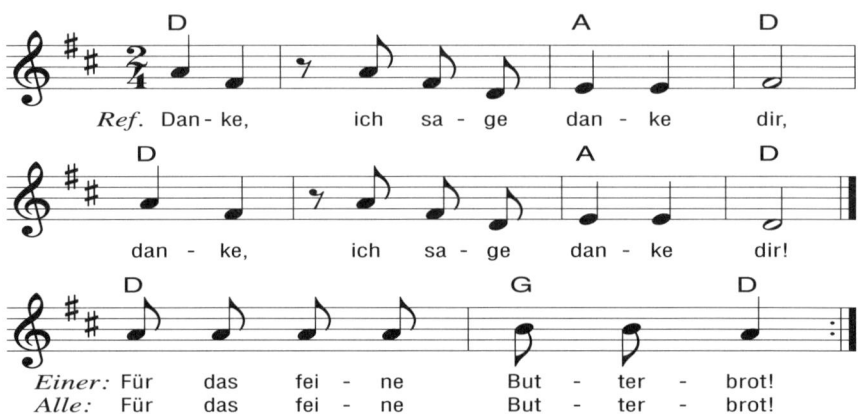

Ref. Dan - ke, ich sa - ge dan - ke dir,
dan - ke, ich sa - ge dan - ke dir!
Einer: Für das fei - ne But - ter - brot!
Alle: Für das fei - ne But - ter - brot!

Refr.: Danke, ich sage danke dir: (... euch, hier, jetzt, Gott, ...)

 1. ... Für das feine Butterbrot!

2. ... Für den weichen Teddybär!

3. ... Für das Fahrrad, das schnell fährt!

 4. ... Für den Fußball bunt und rund!

5. ... Für Geschwister groß und klein!

6. ... Für Vater und für Mutter mein!

7. ... Für Oma und für Großpapa!

8. ... Für die vielen Freunde hier!

Refr.: Danke ...

(Der Text kann nach Belieben fortgesetzt werden.)

4.2 Noch einmal wird der Zettelkreis betrachtet. Es ist schon erstaunlich, wie viel Verschiedenes es gibt, wofür die Kinder dankbar sind. Ebenso erstaunlich ist es, dass es vorwiegend Personen aus dem engeren oder weiteren Familienkreis sind, denen gegenüber die Kinder Dankbarkeit empfinden.

Während leise Musik zu hören ist, schließen die Kinder ihre Augen und hören auf die Worte ihrer Lehrerin:

> *Du hast vieles entdeckt, wofür du dankbar bist ... Du hast es aufgemalt oder aufgeschrieben ... Du hast darüber nachgedacht, wem gegenüber du dankbar bist ... Wenn du an die Menschen denkst, die dir dabei eingefallen sind, fällt dir vielleicht noch mehr ein, wofür du ihnen dankbar bist oder dankbar sein kannst... vielleicht denkst du jetzt an ein besonderes Ereignis... und vielleicht kannst du diese Dankbarkeit in dir spüren ... sie sogar in deinem Körper fühlen ... gegenüber deiner Mama, ... deinem Papa... , gegenüber einem anderen Familienmitglied ..., gegenüber einem anderen Menschen ..., oder einfach so. Freu dich darüber, wenn du diese Dankbarkeit empfinden kannst ... vielleicht spürst du dabei auch Geborgenheit oder Vertrauen ... Beides kann dir Mut machen und dir sagen, dass es Menschen gibt, die dich mögen, die dich lieb haben ..., ein besonders wichtiger Grund, dankbar zu sein ... Und wenn du im Moment keine Dankbarkeit empfinden kannst, so weißt du dennoch, dass es Menschen gibt, die dich beschützen, die dich lieb haben und die es gut mit dir meinen ...*

Die Kinder öffnen ihre Augen, recken und strecken sich. Viele Kinder haben jetzt das Bedürfnis, über ihre eben gemachten Erfahrungen zu sprechen. Diejenigen, die Dankbarkeit empfunden haben, beschreiben sie als „schönes", „gutes" Gefühl. Wer dieses Gefühl nicht erlebt hat, der fühlt sich dennoch wohl und geborgen. „Man kann es nicht immer fühlen", erklärt Florian, „aber man weiß es."

5. Was den Kindern sonst noch dazu einfällt, malen sie jetzt auf ihrem Zeichenblock mit Stiften ihrer Wahl. Die meisten malen Bilder von jenen Menschen, für die sie jetzt Dankbarkeit empfunden haben, einige Gegenstände, die ihnen wichtig sind. Fast auf allen Bildern ist auch eine Sonne zu sehen.

Lernaspekte

Gefühle zu aktivieren, durch die das Geborgensein in der eigenen Familien-Lebenssituation spürbar wird, ist nicht immer einfach. Manche Kinder haben einen sehr spontanen Zugang zu ihnen, bei anderen gibt es Überlagerungen durch andere Gefühle, die diesen Zugang verhindern. Einigen Kindern ist auch ein „Nicht-fühlen-Können" anzumerken, das sich nicht nur auf Dankbarkeitsempfindungen bezieht. Im Einzelgespräch lassen sich manchmal Ursachen erahnen, die dazu geführt haben könnten. Vereinzelt kann es diesen Kindern helfen, wenn es ihnen gelingt, sich nicht ausschließlich mit ihren Gefühlen oder „Nichtgefühlen" zu identifizieren. Katharina, die zu diesem Zeitpunkt oft nur freudlos, aber dafür umso mürrischer den Schulalltag über sich ergehen ließ, weinte einmal spontan los und fragte: „Aber ich bin doch nicht nur mein „Nichtgefühl", ich bin doch mehr, oder?" Sie hatte es – unbewusst oder bewusst – erfasst.

Unsere Aufgabe kann nicht darin bestehen, problematische Erlebnisse mit den Kindern aufzuarbeiten, sondern ihnen zu helfen, Zuwendung und Wohlwollen anzunehmen, um Freude am gemeinsamen Tun in der neuen Gemeinschaft Klasse und Schule zu erleben und positive Kontakte zu pflegen.

Das Thema Dankbarkeit wird uns in der nächsten Zeit noch ein Stück begleiten, bezogen auf das Zusammenleben in der Klasse. So lässt Frau M. am Ende eines Schultags, da alle sich im Sitzkreis versammeln, den Redestab der Reihe nach herumgehen und wer mag, kann einem anderen ein Danke sagen. Frau M. beginnt damit selbst, indem sie sagt: *„Ich danke euch allen, dass ihr heute so aufmerksam wart und so gut mitgemacht habt."* Während der Redestab weitergereicht wird und die Kinder sich äußern, begleitet sie eine schöne, besinnliche Musik und vielen fällt dadurch das Sprechen leichter.

- Danke Uwe, dass du mir deine Schere leihst, wenn ich meine vergessen habe.
- Danke, dass du mit mir heute dein Pausenbrot geteilt hast.
- Danke, dass du heute mit mir in der Pause so schön gespielt hast.
- Danke, dass du mir beim Lesen manchmal hilfst.
- Danke, dass du mich neben den Paul gesetzt hast.

Nach der „Danksage-Runde" bleiben die Kinder noch ein kleines Weilchen ruhig sitzen und spüren in sich hinein, wie es ihnen geht. Erstaunt stellen sie fest: Am Anfang hat vielen der Bauch gekribbelt und sie waren unsicher, sich vor allen laut zu bedanken. Aber jeder, der sich dann getraut hat, ist jetzt froh darüber und es ist den Kindern anzuspüren, dass es ihnen gut geht.

Am Ende dieser Woche sollen die Kinder in ihr Erfahrungsbüchlein malen: Wann war jemand mir gegenüber dankbar: in der Schule, daheim, bei Freunden? Damit diese Beobachtungen nicht vergessen werden, hat Frau M. einen Stapel Zettel vorbereitet, auf die sie die Erlebnisse malen oder – mit ihrer Hilfe – schreiben können.

Meine Lebensgeschichte

Material
Lehrerin: sieben „Jahrestüten" (große durchsichtige Mülltüten, 20 l, nach Möglichkeit mit Griff), auf denen kleine Schilder mit der Aufschrift 1 Jahr, 2 Jahre,...7 Jahre kleben; daneben sind entsprechende Geburtstagskerzen abgebildet: 1 Jahr – eine Kerze, 2 Jahre – zwei Kerzen; eine große Tasche (Sport-, Reisetasche), in der sich Sammeltüten (je nach Anzahl der Gruppen) mit unsortierten Fotos und Erinnerungsstücken aus den ersten sechs Lebensjahren befinden, leere Wortkarten, lange Schnur, Schere, Gedankenpunkte, Ichbild (siehe S. 124)
Kinder: Sachhefte, Blöckchen

Die Kinder haben über ihre Familie erzählt, über ihre Beziehungen zu engeren und weiteren Familienmitgliedern und darüber, wie der Alltag in der eigenen Familie bewältigt wird. Sie haben sich bewusst gemacht, dass sie Zuwendung in ganz unterschiedlicher Form erleben, für die sie bestimmten Personen gegenüber Gefühle der Dankbarkeit empfinden.
Über sich selbst, über ihre persönliche Lebensgeschichte in der Familie, haben sie noch wenig erzählt. „Das ist auch schwer, ich kann mich nur an den Kindergarten erinnern", gibt Stefan zu bedenken und die meisten stimmen ihm zu.
Deshalb lädt die Lehrerin Stefans Mutter ein – mit Stefans Einverständnis.

„In dieser Tasche ist Stefans Lebensgeschichte, die ich euch erzählen möchte." Mit diesen Worten stellt Stefans Mutter eine große Tasche in die Mitte, bevor sie die Kinder auffordert, sich mit ihr in den Sitzkreis zu setzen. Unter ihren Stuhl legt sie einen kleinen Stapel durchsichtiger Mülltüten, „Jahrestüten", wie sie sie nennt, und dann beginnt sie zu erzählen. Sie erzählt der Reihe nach, angefangen bei Stefans Geburt bis zum heutigen Tag. Immer, wenn sie von einem neuen Lebensjahr berichtet, legt sie eine „Jahrestüte" in die Mitte, eine neben die andere. Da auf jeder Tüte ein Schild klebt, wissen die Kinder immer genau, um welches Lebensjahr es gerade geht.
Sie berichtet von Stefans Geburt, von der Freude seiner Eltern und Großeltern, dass Stefan ein gesundes, kräftiges Baby war, von kurzen Nächten in der Zeit, da Baby Stefan oft gefüttert werden musste, von den ersten Zähnen und dem ersten Schnupfen. Sie erzählt von Stefans ersten Krabbelversuchen, als er ein dreiviertel Jahr alt war, den ersten Gehversuchen drei Monate später und den anfänglichen Spielgewohnheiten mit seiner größeren Schwester. Sie schildert kleine Begebenheiten, an die sie sich erinnern kann und Stefans große Augen, als er zum ersten Mal den beleuchteten Weihnachtsbaum im Wohnzimmer sah. Von Geburtstagen und anderen Familienfeiern berichtet Stefans

Mutter, von Omas Krankenhausaufenthalt und Stefans Freude, als sie wieder zu Hause war. Als Stefan drei Jahre alt war, kam er in den Kindergarten und als er vier wurde, zog die Familie in eine größere Wohnung mit einem eigenen Kinderzimmer für Stefan.

Ab jetzt erzählen sie und Stefan abwechselnd, denn ab dieser Zeit hat Stefan selbst viele Erinnerungen. Manche teilt er mit anderen Kindern, die mit ihm im selben Kindergarten waren.

Aus seiner Hosentasche holt Stefan nun einen Schnuller, den er am Finger baumeln lässt. Die Kinder kichern und einige wissen gleich, dass er in die Jahrestüte für das erste Lebensjahr gehört. Sie wissen auch, was weiter zu tun ist: Der Inhalt der sieben Sammelbeutel soll in der Gruppe den „Jahrestüten" richtig zugeordnet werden.

Eifrig machen sich die Kinder ans Werk. Über manches wird in den Gruppen heftig diskutiert, aber mit Stefans Hilfe und der seiner Mutter gelingt das richtige Zuordnen. Sechs Jahrestüten sind voll geworden, in der siebten ist allerdings nur ein Foto vom ersten Schultag. Als die Gruppen ihre „Jahrestüten" vorstellen, wird auch klar, warum das so ist: Stefan hat sein siebtes Lebensjahr erst kurz vor dem ersten Schultag begonnen und seither hat es keine besonderen Ereignisse gegeben. „Aber das wird sich bald ändern, denn bei mir wackelt der erste Zahn und der kommt dann auch in die Tüte", freut sich Stefan.

Zuletzt stellen die Gruppen den Inhalt ihrer „Jahrestüten" vor. Dabei wird deutlich, wie sich Stefan von Jahr zu Jahr verändert hat:

- Er ist von Jahr zu Jahr größer geworden;
- jedes neue Kleidungsstück, das eingekauft wird, muss etwas größer sein als das vorherige;
- er hat schon vieles gelernt, was er jetzt gut kann, z.B. laufen, springen, malen, Rad fahren, alleine essen;
- vieles wird er noch besser lernen, z.B. rechnen, schreiben, sich Geschichten ausdenken.

Stefan ist nicht der Einzige, der diese Veränderungen hinter sich hat, es ist allen Kindern in der Klasse genauso ergangen. Was den Kindern dazu einfällt, erzählen sie einander. Die Gegenstände in den „Jahrestüten" wecken viele Erinnerungen, die ausgetauscht werden.

Da liegen die „Jahrestüten", eine neben der anderen. Die Kinder denken darüber nach, ob die Tüten mit ihrem Inhalt, so wie sie dort liegen, wirklich ein sichtbares Zeichen für Stefans bisherige Lebensgeschichte darstellen. „Es fehlt die Verbindung", meint Ina schließlich und Matthias erklärt: „In Wirklichkeit beginnt nach dem Geburtstag gleich das nächste Jahr, da ist nichts dazwischen."

Einige Kinder fädeln die Jahrestüten deshalb auf eine lange Schnur; jetzt lässt sich der Zusammenhang leichter erkennen. Es fällt auf, dass die Schnur viel länger ist, als es für die sieben Tüten erforderlich wäre, und sie wissen auch warum. „Bevor ich geboren wurde, gab es ja schon eine Zeit mit vielen Jahren, und die Zeit geht weiter mit neuen vielen Jahren", erklärt Stefan. Es ist nicht schwer, Begriffe für diesen Vorgang und diese besondere Schnur zu finden, und so schreibt die Lehrerin auf die Wortkarten:

früher	jetzt	später	Zeitschnur

Mit diesen drei Begriffen wird jetzt ein Spiel gespielt, für das die Lehrerin zunächst ein kleines Stück von der Zeitschnur abschneidet und es Stefans Mutter gibt. Die Kinder stehen im Kreis und schließen die Augen. Stefans Mutter spaziert als Spielleiterin hinter den Kindern vorbei, während sie einen der vier Begriffe nennt und dann laut bis drei zählt. Jetzt legt sie Janina das Stückchen Zeitschnur vor die Füße und das Mädchen nennt so viele Wörter, wie ihr zu dem vorgegebenen Begriff einfällt. Anschließend ruft sie noch andere Kinder auf, die weitere Assoziationswörter nennen. Für jedes passende Wort, wird ein Gedankenpunkt aufgelegt. Ist der Zusammenhang zwischen Begriff und genanntem Wort nicht eindeutig, wird eine kurze Erklärung abgegeben. Nach zehn Gedankenpunkten beginnt ein neues Spiel, in dem Janina Spielleiterin ist.

Die unterschiedlichsten Begriffsassoziationen werden genannt:

Früher: Geburt, Kindergarten, Schnuller, Baby, Gitterbett, erster Schultag, Schultüte, Uroma, Rassel, Dino, Ritter, Kutsche ...

Jetzt: Schule, Lesen, Rechnen, Schreiben, Malen, Singen, Freunde, Schreibtisch, Pause, Herbst, Jahreszeitentisch, Büchertasche ...

Später: zweite Klasse, Fahrradprüfung, Motorrad, Auto, Papa, Mama, Beruf, Weihnachten, Ostern, Ferien, Füller ...

Zeitschnur: früher, jetzt, später, Jahre, Jahreszeiten, Wochen, gestern, morgen, heute, wachsen, älter werden, größer werden ...

Die Lehrerin zeigt den Kindern nun ein Bild. Die Kinder wissen gleich, dass es sie selbst als Schulkind darstellt. Es wird „Ichbild" genannt und wird zur siebten Tüte an die Zeitschnur gehängt. Auch die Begriffe „früher", „jetzt", „später" werden an der Schnur befestigt. „Das Ichbild gehört immer zu ‚jetzt'", erklärt Alex, „denn was jetzt ist, wissen wir am besten. Was früher war, ist schon vorbei und was später sein wird, wissen wir noch nicht genau."

Die Lehrerin hängt die Zeitschnur mit den „Jahrestüten" im Klassenzimmer auf. In den nächsten Tagen bringen auch andere Kinder Erinnerungsstücke mit, an Hand derer sie ihre bisherige Lebensgeschichte in ihrer Familie vorstellen. Bald sind die „Jahrestüten" randvoll.

Die Zeitschnur wird auch mit der Schmalseite der Blöckchen ins Heft gemalt, ebenso so viele „Jahrestüten", mit persönlichen Erinnerungen, wie es für jeden passt. Dazu schreiben die Kinder die Überschrift „Meine Lebensgeschichte".

Abb. 30: Ichbild

Miteinander feiern

Es gehört zu den frohen, unbelasteten Stunden in der Schule, wenn miteinander gefeiert wird. Wie dankbar sind die Kinder über eine einfache Geburtstagsfeier mit Geburtstagskerze, Geburtstagsliedern und – wünschen und einem leckeren Geburtstagsimbiss, denn es muss nicht immer Kuchen sein. Sie freuen sich über Buchstaben- und Zahlenfeste, Rechen- und Lesefeste, über die „besondere Pause", zu der jeder etwas für ein gemeinsames Büfett mitbringt, nachdem vorher ein Motto ausgemacht wurde, wie „Brotbüfett", „Obstbüfett" oder „Herbstbüfett".

Zu den Höhepunkten zählen allerdings Ereignisse wie der Laternenzug anlässlich des St. Martinsfestes oder die Weihnachtsfeier. Bereits die Zeit der Vorbereitung dieser Feste gehört zu den nachhaltigen Erlebnissen der Kinder.

Wir erinnern uns an St. Martin

Material
Lehrerin: Zeitschnur mit Wortkarten „früher", „jetzt", „später" und Ichbild, abgedecktes Bild von St. Martin, Erdtuch, Korb mit Gestaltungsmaterial (graue Steine, Holzmännchen, braune und rote Märchenwolle), Kassettenrekorder, Geräuschkassette (siehe Anhang), achtundzwanzig gekühlte geringwertige Münzen, achtundzwanzig Stoffstücke, evtl. großes Kopftuch zum Umhängen, Tischdecke
Kinder: Sachheft, Wachsblöcke, Arbeitsblätter (siehe S. 129)

Das morgendliche Aufstehen wird für die Kinder immer beschwerlicher. Schon lange werden sie nicht mehr von freundlichen Sonnenstrahlen geweckt, sondern vom Wecker und der eingeschalteten Nachttischlampe. Außerdem ist es schon so kalt draußen, dass viele Kinder oft mit ganz kalten Füßen in die Schule kommen. Zum Glück wartet ein mollig warmes Klassenzimmer auf sie.

1.1 Heute ist das anders. Anscheinend ist die ganze Nacht das Fenster im Klassenzimmer offen gewesen, denn es ist hier ungemütlich kalt. Nach dem Morgenlied setzen sich die Kinder in den Sitzkreis, während die Lehrerin zur Zeitschnur geht, an der noch immer die „Jahrestüten" hängen. Die Bedeutung der Wortkarten wird wiederholt, ebenso die des Ichbildes.

1.2 Jetzt hängt Frau M. ein abgedecktes Bild an die Schnur, sie hängt es zum Früherschild. „Das ist vielleicht ein Bild von Stefans Oma", vermutet Daniela. „Oder ein Bild von einem Dino", wünscht sich Ingo. Mirjam deckt das Bild auf und alle Kinder erkennen St. Martin auf seinem Pferd. Es stimmt, St. Martin hat vor langer Zeit wirklich gelebt, er gehört in eine frühere Zeit. Dennoch denken viele Menschen jedes Jahr an ihn.

2. Heute erinnern wir uns an St. Martin, denn es dauert nicht mehr lange bis zum Martinstag, an dem sich alle ersten Klassen an einem Laternenzug beteiligen.

3.1 Die Kinder überlegen nochmals:

- Das Bild von St. Martin hängt deshalb so weit weg von dem Jetztschild, weil es schon lange her ist, als er gelebt hat.
- Da St. Martin ein besonderer Mann war, haben die Menschen immer wieder an ihn gedacht und deshalb wissen wir auch heute etwas von ihm.

3.2 Frau M. stellt einen großen Korb in die Mitte auf das Erdtuch und sagt: „Hier drin ist die St. Martinsgeschichte!"
Neugierig schauen die Kinder in den Korb hinein. Eigentlich müssten sie alles selbst herausfinden können, denn im Kindergarten haben sie schon oft über den St. Martin etwas gehört.
Matthias entdeckt als erster die grauen Steine. Er legt damit ein großes Tor und beschreibt es als Stadttor, vor dem der Bettler saß, als Martin vorbeikommt. Joyce holt ein Holzmännchen heraus, stellt es neben das Tor und erklärt es für den Bettler. Ute nimmt braune und rote Märchenwolle und ein weiteres Holzmännchen aus dem Korb und erzählt, dass St. Martin auf seinem Pferd (braune Märchenwolle) bei dem Stadttor vorbeikommt. Er hat einen roten Mantel (rote Märchenwolle) an, einen roten Soldatenmantel, als er den Bettler am Tor sitzen sieht.

Nun weiß jeder, dass

- Martin zuerst ein Soldat war;
- ihm der Bettler leid getan hat, weil es ihm so kalt war;
- er deshalb sein Schwert genommen und seinen roten Mantel in zwei Teile geteilt hat.

3.3 „Wie es dem Bettler damals ergangen ist, wie er sich gefühlt hat, das kannst du nun miterleben", sagt Frau M. und stellt den Kassettenrekorder an. Die Kinder schließen ihre Augen, halten eine Hand auf wie der Bettler und hören auf die Geräusche, die nun immer lauter werden. Da hört man Räder rattern, Pferde auf dem Pflaster aufschlagen und der Wind pfeift um die Ecke. Den meisten wird, wie sie später erzählen, richtig kalt, besonders als jemand etwas Kaltes in ihre Hand legt. Der Wind wird immer stärker und ungemütlicher und erinnert sehr an die kalten Füße von heute früh und viele meinen, tatsächlich einen kalten, feuchten Luftzug zu spüren - bis ihnen auf einmal etwas Weiches auf den Kopf und um die Schultern gelegt wird. Jetzt weht es noch immer, so spüren es die Kinder jedenfalls, aber es macht ihnen nicht mehr so viel aus.

Nun öffnen sie ihre Augen und schauen sich um. Sie haben sich also nicht getäuscht, das Fenster ist schon wieder offen, die Klassenzimmertür ebenfalls und es zieht tatsächlich ganz schön durch. In ihrer Hand liegt eine kalte Münze, die zwar mittlerweile warm geworden ist, sie aber irgendwie doch stört. Auf dem Kopf und um die Schultern liegt ein warmes Tuch, das den Zug etwas abhält und in das sich einige am liebsten noch mehr hineinkuscheln möchten.

Nachdem Frau M. nun die Fenster wieder geschlossen hat, erzählen die Kinder, wie es ihnen gerade ergangen ist. Fast jedem ist kalt gewesen und keiner hat sich so richtig wohl gefühlt, bis er etwas zum Zudecken bekommen hat. Als sie sich gegenseitig anschauen, müssen sie lachen, weil sie mit ihren unterschiedlichen Tüchern recht lustig aussehen.

4.1 Frau M. zeigt nun wieder auf das Bodenbild. Natürlich! „Es ist uns fast so gegangen wie dem Bettler, der vor seinem Stadttor saß", erkennt Ina. Jetzt können die Kinder verstehen, was das für ein Ereignis, für eine Freude für den Bettler gewesen ist, als St. Martin ihm seinen halben Mantel umgelegt hat, so wie Frau M. ihnen das Tuch eben. Die Münze hat sie nicht erwärmen können, das Tuch sehr wohl. Die Kinder verknoten es, damit es besser hält.

4.2 Sie legen nun alle ihre Münzen neben dem Bettler im Bodenbild und überlegen, was sie alles davon kaufen könnten. Frau M. hilft etwas, aber mehr als einige Süßigkeiten oder ein paar Brötchen gibt es dafür nicht.

Ob der Bettler von damals sich von seinem Erbettelten einen warmen Mantel hätte kaufen können? Die Kinder merken schon:

- Manchmal hilft nur, wenn wir etwas teilen.
- Teilen bringt Freude.

4.3 Die Kinder stehen auf und verteilen sich rund um das Bodenbild. „Ich weiß, was der Bettler als Erstes getan hat, nachdem er sich bei St. Martin bedankt hat", sagt Frau M. und hüpft vor Freude in die Luft. Alle machen gleich mit. „Du weißt bestimmt, was er dann gemacht hat!", sagt Frau M. und schaut erwartungsvoll in die Klasse. Petra meldet sich. „Er sammelt sein Geld ein, das er sich vorher erbettelt hat." Sie bückt sich und sammelt pantomimisch - alle machen das Gleiche. Immer mehr Kinder melden sich, und wenn ihnen die Ideen ausgehen, hilft Frau M. weiter.

- Der Bettler klatscht in die Hände und dreht sich herum.
- Der Bettler steigt den Berg hinauf, denn dort oben, in einer alten Holzhütte, übernachtet er.

5. Nachdem die Kinder ihre Tücher abgelegt haben, setzen sie sich wieder hin. Frau M. deutet auf das St.-Martin-Bild. „Du weißt jetzt, warum wir uns noch immer so gerne an den St. Martin erinnern", stellt Frau M. fest. Und sie hat recht.

- St. Martin hat mit dem Bettler seinen Mantel geteilt.
- St. Martin hat geholfen und anderen eine Freude gemacht.
- St. Martin war freigiebig und hat gerne geteilt.

„Du weißt auch, wie wir uns an den St. Martin erinnern", meint Frau M. Auch das wissen sie:

- Wir denken an ihn, wenn wir eine Martinslaterne basteln.
- Die leuchtende Laterne bringt Licht in die Dunkelheit, sowie St. Martin Licht und Freude in das Leben des Bettlers gebracht hat.
- Deshalb bekommen manche Kinder an seinem Geburtstag etwas geschenkt, um ebenfalls Freude zu erfahren.
- Wir singen Martinslieder.

Letzteres wird nun in die Tat umgesetzt. Die Kinder bringen Liedvorschläge und singen gemeinsam ein vom Kindergarten her bekanntes Martinslied.

6.1 Jetzt wird das Heft für ein St. Martins Erinnerungsblatt vorbereitet. Die Kinder legen es quer vor sich hin und falten von unten nach oben ihre Heftseite zweimal. An der oberen Faltlinie entlang malen sie mit der

Schmalseite eines Blöckchens die Zeitschnur. Darüber wird mit Buntstiften am rechten Blattrand das Ichbild gemalt, am linken ein Bild von St. Martin.

6.2 Unmittelbar darunter wird das Erinnerungsblatt eingeklebt (siehe S. 129). Tobias, der mittlerweile schon fast alles lesen kann, liest die Überschrift vor und was sonst noch auf dem Blatt steht. Denn da ist nicht nur die Martinsgeschichte; um das Bild herum sind andere „Teilgeschichten" zu sehen und dazwischen leere Felder. Zu den „Teilgeschichten" erzählen die Kinder, in die leeren Felder malen sie eigene „Teilgeschichten".

An diesem Tag erleben alle Kinder noch eine wirkliche „Teilgeschichte". Vor der Esspause, in der sie sich in Gruppen gesetzt haben, schiebt Frau M. die übrigen Tische zusammen und breitet eine Tischdecke darüber. Jeder legt nun sein Pausenbrot auf den Tisch, und Frau M. schneidet viele kleine Häppchen daraus. Gruppenweise treten sie nun an den „St. Martinstisch" heran und nehmen sich jeweils zwei Häppchen. Nachdem alle Kinder einmal an der Reihe waren, geht es bei der ersten Gruppe wieder los. Zum Schluss ist alles aufgegessen, und jeder ist satt.

Lernaspekte
Die St. Martinslegende hat verschiedene Aspekte. Sie wird sowohl im Religionsunterricht wie auch im Klassenunterricht der anderen Schuljahre behandelt. Es empfiehlt sich daher, für das erste Schuljahr einen Schwerpunkt zu wählen, der auch Auswirkungen für den Alltag unserer Schulkinder haben kann. Der Aspekt des Teilens eignet sich dafür gut, kommen die Kinder doch immer wieder in die Situation, etwas teilen zu sollen - sowohl daheim als auch in der Schule. Der „Martinstisch" als erlebte Möglichkeit des Teilens verringert für manche auch die heimliche Angst, beim Teilen zu kurz zu kommen. So kann etwas von der Freude und der Gemeinschaft, die beim Teilen entstehen kann, vermittelt werden.
Es hat sich bewährt, für besondere gemeinsame Mahlzeiten ein sogenanntes „Festgeschirr" anzuschaffen. Meistens sind die Eltern diesbezüglich sehr aufgeschlossen und geben ihren Kindern das Erforderliche gerne mit.
Die Zeitschnur verdeutlicht den geschichtlichen Aspekt der Martinslegende. Das in dieser Stunde benützte „Ichbild" kennen die Kinder seit dem Zeitpunkt, da sie mit der selbstständigen Einzelarbeit vertraut sind. Es soll in erster Linie an die eigene Identität mit ihren Fähigkeiten und der daraus entstehenden Verantwortung erinnern, bevor es zur eigentlichen Einzelarbeit aufruft. Es wird manchmal als optische Erinnerungshilfe an die Tafel geheftet und bedeutet somit:

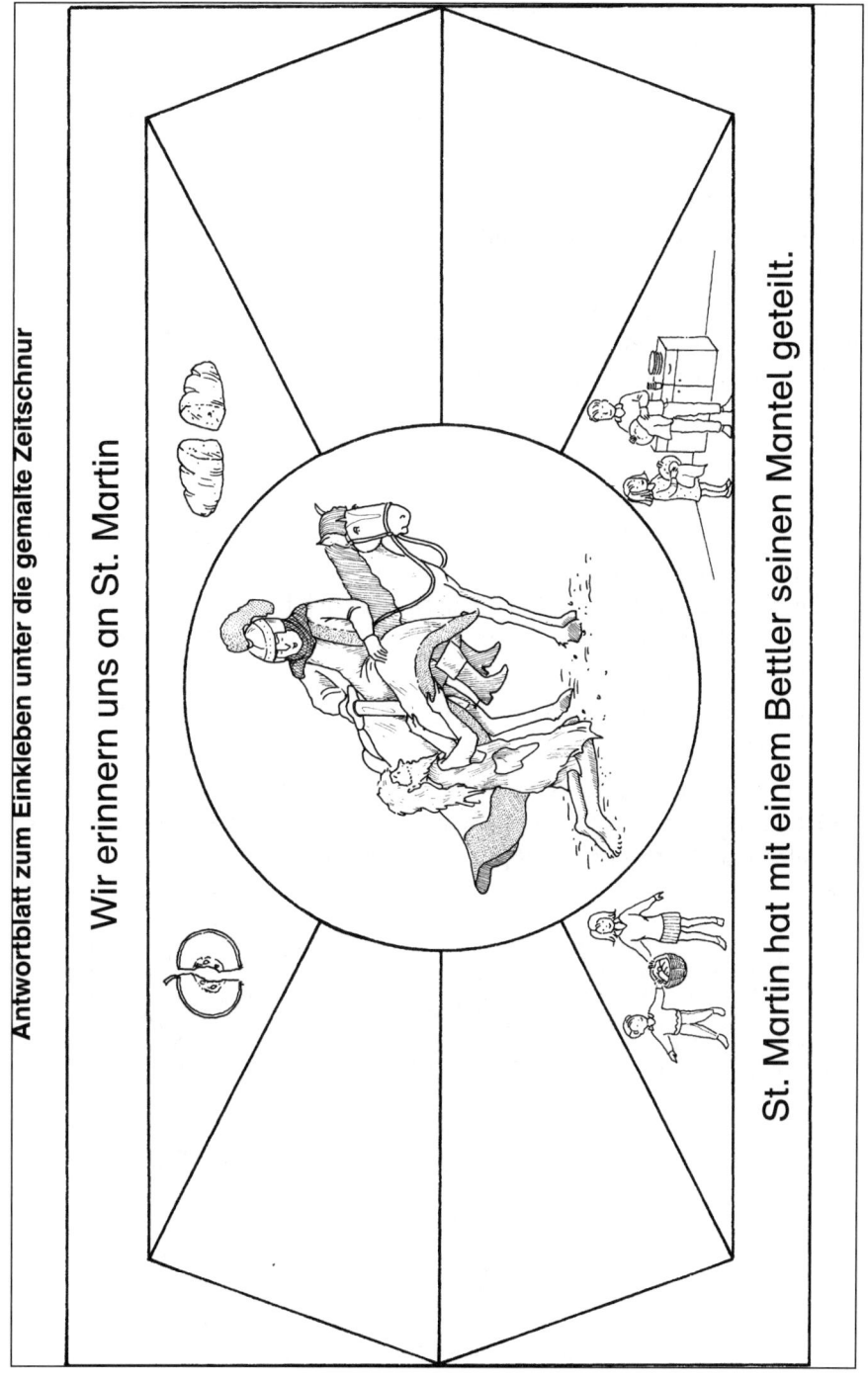

- Ich bin ein aufmerksames Schulkind.
- Ich habe schon viel gelernt und kann vieles schon ganz selbstständig.
- Ich arbeite (spiele, lese, rechne...) jetzt ganz alleine.
- Ich spreche über meine Gedanken, meine Gefühle, die mir jetzt einfallen.

Ergänzend dazu gibt es auch ein „Ich-und-du-Bild", das bei Partnerarbeit gezeigt wird. Es bedeutet:

- Ich bin ein aufmerksames Schulkind.
- Ich schaue dich an, wenn ich mit dir spreche.
- Ich spreche so, dass du mich verstehen kannst.
- Ich höre richtig hin, was du mir sagst.
- Ich frage nach, wenn ich dich nicht verstanden habe.

Schließlich gibt es für die Gruppenarbeit auch ein „Wir-Bild". Dabei denken wir daran:

- Ich bin ein aufmerksames Schulkind.
- Jetzt mache ich mit den anderen aufmerksamen Kindern etwas gemeinsam.
- Ich trage dazu bei, dass unser Vorhaben gelingt.
- Ich höre die Vorschläge an und entscheide mich für den, der am besten zu unserem Vorhaben passt - auch wenn er nicht von meinem Freund oder meiner Freundin kommt.
- Ich spreche ... so leise, dass ich die anderen Gruppen bei ihrer Tätigkeit nicht störe.

Diese drei Bilder werden nach und nach eingeführt. Es empfiehlt sich, je nach Situation den einen oder anderen Schwerpunkt gesondert durch Beispiele zu vertiefen und die bereits geläufigen zu wiederholen.

Abb. 31: Ich-und-Du-Bild, Wir-Bild

Gesprächskreisanregungen

Die Kinder machen in dieser Woche konkrete Erfahrungen mit dem Teilen am „St.-Martin-Tisch". Dabei sprechen sie anschließend darüber und über die dabei wahrgenommenen Empfindungen. Deshalb erübrigt sich ein gesonderter Gesprächskreis mit gleichem Inhalt. Wichtig hingegen ist es, der Frage nachzugehen:

Wann möchte ich nicht teilen?

Das soll im folgenden Lösungskreis geschehen.

Material
Das folgende Material sollte jeweils zweifach vorhanden sein:
eine Tafel Schokolade, ein Rippchen Schokolade, ein kleines Glas Saft, eine Flasche Saft, ein Stück trockenes Brot, drei Mohrenköpfe, zwei Klebebildchen unterschiedlicher Größe, drei Tierpostkarten, vier Freundschaftsbändchen, zwei verschiedene Halbedelsteine gleicher Größe, zwei verschieden große Halbedelsteine gleicher Sorte, ein brauner und ein bunter Bleistift, von zwei verschiedenen geringwertigen Münzen je fünf Stück, zehn Murmeln
Papierstreifen, Orff-Instrumentarium, ein Malkasten, ein Zeichenblatt DIN A3, Kassettenrekorder, Musikkassette (siehe Anhang).

Verlauf
1.1 Die Kinder, die nebeneinander in der Klassensitzordnung sitzen, erhalten verschiedene Gegenstände (siehe Material), Nachbarn unterschiedliches Material. Alle Kinder bekommen die ausgeteilten Gegenstände geschenkt. Sie sollen sich darüber äußern, wie sie sich nach dem Beschenkt-Werden fühlen. Auch die Empfindungen, die sich beim Anblick des Nachbargeschenks regen, sind wichtig.

- Wie fühle ich mich jetzt? (froh, aufgeregt ... neidisch, traurig ...)
- Was für Gedanken fallen mir dazu ein? (Das ist schön; das gefällt mir ..., das ist gemein; ich möchte auch so etwas ...)
- Was würde ich am liebsten tun? (gleich damit spielen, die Limonade austrinken, ... dem Nachbarn das Stofftier wegnehmen, ...)

1.2 Nun erfahren die Kinder, dass sie ihre Geschenke mit dem Nachbarn teilen sollen. Der „Besitzer" darf entscheiden, wie das Teilen vor sich geht.
1.3 Nach dem Teilen, wird wie bei 1.1 die Reaktion auf das Teilen angesprochen. Die Kinder kommen bald dahinter:

2. Manchmal möchte ich nicht teilen.
3.1 Die Kinder wiederholen einige der genannten Begründungen, warum sie nicht teilen wollen, und die Lehrerin schreibt eine davon auf einen oder mehrere Papierstreifen, z.B.: Ich will alles für mich behalten.
Der Papierstreifen liegt in der Mitte des Sitzkreises.
Die Kinder versuchen nun

- Körperhaltungen zu finden, die zu diesem Satz passen.
- Körperbewegungen zu finden, die zu diesem Satz passen.

Sie berichten, wie sie sich bei diesen Haltungen und Bewegungen fühlen.
3.2 Die Kinder stellen diesen Satz mit Musikinstrumenten dar und beschreiben, welchen Teil des Satzes das jeweilige Kind am deutlichsten ausgedrückt hat. Das kann z.B. das „Ich will" sein, das „Behalten", oder Gefühle, die damit verbunden sind.
3.3 Sie suchen nun nach Farben und Formen, die zu dem Satz passen. Immer ein Kind malt mit einem dicken Pinsel auf ein Zeichenblatt auf dem Boden und erklärt, was es damit ausdrücken will.
4.1 Jetzt schließen alle die Augen, sitzen so, wie sie es gelernt haben, und hören der Musik und Frau M.s Stimme zu:

> *Wir haben nun lange darüber nachgedacht, warum wir nicht teilen wollen. In dir ist das Gefühl, das du dabei gespürt hast, noch ganz lebendig ... Ich nenne dir nun einige Gefühle und du merkst, ob es die sind, die du im Moment spürst ... Da gibt es die Freude ..., die Zufriedenheit ..., die Dankbarkeit ... Geborgenheit ..., das Vertrauen ... Solltest du von all dem nichts merken, dann könntest du dich jetzt entscheiden, deine anderen Gefühle von dir weggehen zu lassen, im Vertrauen darauf, dass du das, was dir gut tut, von ganz alleine wieder spüren kannst ... die Freude, ... die Zufriedenheit ... die Geborgenheit, ... die Dankbarkeit ... Denke nochmals an den Satz von vorhin. Du merkst nun, ob er dich jetzt noch immer so durcheinanderbringen kann, oder ob er dir jetzt eher gleichgültig ist ... Einige haben vielleicht die Erfahrung gemacht, dass das Behaltenwollen sie nicht froher, glücklicher macht, dass sogar trotz des Geschenks mehr Ärger als Freude da war ... Dann kann es sein, dass es dir das nächste Mal leichter fällt, etwas zu teilen und du dich gemeinsam mit deinem Nachbarn darüber freuen kannst ... Wir recken uns ...*

4.2 Die Kinder beschreiben die Veränderung in ihren Empfindungen und drücken sie, sofern sie es möchten, mit Instrumenten oder dem Körper aus. Sie stellen fest:

- Die Freude war stärker als die Traurigkeit.
- Teilen ist schöner als behalten wollen.

5.1 Gemeinsam suchen sie einen Satz, der ihrer jetzigen Erfahrung entspricht, z. B.: Ich teile gern; es macht mir Freude zu teilen.
5.2 In der Klassensitzordnung wird das Teilen von vorhin wiederholt und über die jetzigen Gedanken dabei gesprochen.

Es ist in diesem Fall nicht sinnvoll, die Gefühlsbegriffe der Freude etc. zu beschreiben und sie dadurch zu zerreden. Die in jedem Kind vorhandene Beziehung zu diesen Gefühlsqualitäten und ihr bewusstes Wahrnehmen ist entscheidend und nicht, ob vom Verstand jeder Begriff genau durchdrungen wird. Auch Kinder mit geringeren Deutschkenntnissen können die Wende spüren und das abschließende Teilen unter veränderten Empfindungen durchführen. Und nur darauf kommt es an!

Sollte es einem Kind nicht möglich sein, einen aufgeschlosseneren Bezug zum Teilen zu finden, so ist, wie bei den vorhergehenden Lösungskreisen erwähnt, diesem Kind besondere Beachtung zu schenken. Vielleicht besteht die Möglichkeit, akzeptable Teilerlebnisse zu schaffen, wodurch sich das Teilen in kleinen Schritten erfolgreich üben lässt.

Vor dem nächsten Thema wird eine Entlastungswoche eingeschoben. Erfahrungsgemäß gibt es in jedem Lernbereich Themen, für die man mehr Zeit braucht als ursprünglich geplant. Oder man möchte das eine oder andere vertiefen, es zu einem Lernprojekt erweitern, etc.

Oder es werden in einer Wiederholungswoche wichtige bisherige Lerninhalte der Fächer wiederholt.

Zum Wochenende könnte ein kleines Klassenfest unter dem Motto „Wir erinnern uns" stattfinden.

Bei uns hat sich viel verändert

Material
sieben gebrauchte Adventskalender, Überlegungsbild (siehe S. 136)

Keiner kann genau sagen, wann es angefangen hat, aber seit einiger Zeit sieht es in der Stadt anders aus als sonst. Plötzlich stehen Tannenbäume da, und manche von ihnen sind sogar beleuchtet. In den Schaufenstern glitzert und funkelt es, selbst beim Metzger, an dem Sven auf seinem Schulweg täglich vorbei kommt. „Das hängt mit Weihnachten zusammen", wissen alle Kinder, denn in dieser Woche ist der erste Adventssonntag.
Heute ist der 28. November und Frau M. macht mit ihrer Klasse einen Spaziergang, um die Veränderungen im Stadtteil genauer anzusehen. Zuerst werden die Fenster der großen Wohnhäuser betrachtet. Einige sind unverändert, manche sind mit elektrischen Lichterketten geschmückt oder mit Lichtbögen. In den Schaufenstern der Läden entdecken die Kinder Lichterschmuck, glänzende Kugeln, funkelnde Sterne, Adventskalender und manchmal auch einen geschmückten Weihnachtsbaum. Dazwischen stehen rote Nikolausstiefel oder kleine dicke Weihnachtsmänner und hier und da eine Weihnachtspyramide aus Holz. Im Schuhgeschäft auf der Hauptstraße ist sogar eine Weihnachtskrippe aufgebaut. Auf einigen Plätzen sieht man beleuchtete Tannenbäume. Auch manche Hauswände oder die Eingänge der Kaufhäuser glänzen im Lichterschmuck. Interessant sind auch die Blumenläden; Adventskränze mit einfachen vier Kerzen oder mit allem möglichen Glitzerzeug sind hier zu entdecken, aber auch kahle Zweige, die geschmückt sind wie ein Weihnachtsbaum.

Im Klassenzimmer erzählen die Kinder von ihren Beobachtungen. Sie sind sich einig, dass alles an Weihnachten erinnert, obwohl, wie einige bereits wissen, die Zeit, die jetzt angefangen hat, „Adventszeit" heißt. Sie bereitet auf das Weihnachtsfest vor, an dem die Geburt Jesu gefeiert wird. Sie ist eine Zeit des Wartens, der Erwartung, aber auch eine Zeit der Vorbereitung.
Erst wenn diese Zeit der Vorbereitung, des Advents, vorbei ist, kommt die Weihnachtszeit. Mit zwei Zeitbögen lässt sich das auf einen Blick erkennen. Man kann auch „Zeit der Ankunft" sagen – das bedeutet Adventszeit.
Es muss also jemand ganz Besonderer „ankommen" oder angekommen sein, wenn sich die Menschen darauf vierundzwanzig Tage lang vorbereiten. Die Ankunft des Kindes Jesu auf der Erde wird fast überall auf der Welt gefeiert. Um seine Besonderheit richtig begreifen und würdigen zu können, gibt es jedes Jahr den Advent, der helfen kann, dieses Besondere immer besser zu verstehen – schrittweise.

Manchmal ist es anscheinend schwierig, den Weg vom Ziel zu unterscheiden, die Festvorbereitung vom eigentlichen Fest. Obwohl beides zusammenhängt, ist es nicht dasselbe. Deshalb überlegen die Kinder, welche Dinge, die sie gesehen haben, mit dem Advent zu tun haben und welche direkt mit dem Weihnachtsfest.

Zum Advent passen die Adventskränze mit den vier einfachen Kerzen. Die Sterne gehören bereits zu Weihnachten, denn es sind ja „Weihnachtssterne", die an den Stern erinnern sollen, der die Hirten zur Krippe geführt hat - so wie es in der Weihnachtsgeschichte erzählt wird. Der Nikolausstiefel passt ebenfalls in den Advent, denn das Nikolausfest fällt in diese Zeit. Zusätzlich gibt es noch die Adventskalender, die den Kindern so gut gefallen; sie gehören schon ihrem Namen nach in die Adventszeit.

Während der Adventskranz an die vier Adventssonntage erinnert, begleitet der Adventskalender die Kinder vom 1. bis zum 24. Dezember und macht deutlich, wie mit jedem Tag das Weihnachtsfest, die Feier des Geburtstages Jesu, einen Tag näher rückt.

Den Kindern ist vieles eingefallen, das sie den beiden Zeiträumen richtig zugeordnet haben. Dabei wurde festgestellt, dass es auch Dinge gibt, die nur hübsch, aber ohne Bedeutung sind, wie z.B. riesengroße Schleifen an einigen Blumenkästen. „Schnickschnack" nennt es Joyce und Daniela spricht sogar von „Dekoration".

Und wenn es das alles nicht gäbe? Vielleicht fiele den Menschen dann erst am 24. Dezember ein, dass Weihnachten ist und keiner hätte sich darauf vorbereitet. Es gäbe kein festliches Essen, denn die Leute würden wie immer einkaufen; es gäbe keine Geschenke, denn keiner hätte an sie gedacht. Man ginge auch nicht in die Kirche, denn wer geht schon am Mittwoch dorthin. Man würde mit der Zeit vergessen, dass an diesem Tag der Geburtstag Jesu gefeiert wird und warum er gefeiert wird, das wüssten nur mehr wenige.

Die Menschen *brauchen* also zur Vorbereitung auf das Weihnachtsfest Zeichen, die jedes Jahr auf das Fest hinführen. Diese Zeichen zusammen nennt man *Brauchtum,* Adventsbrauchtum. Dazu gehören in unserer Gegend

- der Adventskalender und
- der Adventskranz.

In anderen Ländern kann das anders sein.

Die Kinder setzen sich in die Gruppensitzordnung und Frau M. gibt jeder Gruppe einen benützten Adventskalender, d.h. einen mit bereits geöffneten Türchen. Die Kinder haben nun die Aufgabe festzustellen, welche Bildchen

- sie auf die Bedeutung der Ankunft Jesu, die wir zu Weihnachten feiern, vorbereiten;
- mit der eigenen Vorbereitung auf Weihnachten zu tun haben.

Dazu hängt Frau M. ein Überlegungsbild an die Tafel, das die Kinder die ganze Adventszeit über begleiten wird und das bei jedem Fensterchen des Klassenadventskalenders an das Wesentliche von Weihnachten erinnern hilft.

Abb. 32: Überlegungsbild

Nach der Gruppenarbeit tragen die Kinder ihre Entdeckungen zusammen. Sie machen unter das Überlegungsbild an der Tafel jeweils einen Strich, wenn sie ein dazu passendes Zeichen gefunden haben. Viele Striche sind allerdings nicht zusammengekommen, denn auch in den Adventskalendern gibt es genügend „Schnickschnack".
Die Nikolausbildchen bekommen einen Strich, ebenso die vier Bilder mit den Adventskerzen. Aber beides ist nicht in jedem Adventskalender zu finden. Dafür gibt es einen Ball, eine Puppe, sogar einen kleinen Eimer! Bei den Tannenzweigen und den Sternen sind sich die Kinder nicht einig, ob sie sie gelten lassen sollen. Vielleicht „stimmen" sie ohnehin, nur ihre Bedeutung ist noch unbekannt. Und so entschließen sie sich zusammen mit ihrer Lehrerin, selbst einen Adventskalender zu basteln.

Advent feiern

Bedingt durch die Jahreszeit, das adventliche Brauchtum und seine vielschichtigen Hintergründe birgt die Zeit bis zu den Weihnachtsferien einen Symbolreichtum in sich wie kaum ein anderer Abschnitt des Jahres. Das allgemeine Symbolverständnis und der Umgang mit Symbolen sind für die Kinder zu diesem Zeitpunkt im Schuljahr zu einem Element des schulischen Alltags geworden. Deshalb kann der nachstehende Adventskalender dazu anregen, zu alltäglich Erfahrbarem bildhafte Deutungsmöglichkeiten zu suchen.
Wir haben versucht, die Bilddarstellungen des Adventskalenders zu einem zusammenhängenden Ganzen zu verbinden, damit die Kinder die einzelnen Symbolelemente in einer nachhaltigen Lebendigkeit erfahren können. Auf diese Weise wird auch das Zeitunabhängige, das Personenunabhängige des Weihnachtsfestes und seiner Vorbereitungszeit deutlich, wodurch sich konfessionell anders orientierte Kinder ebenfalls einbezogen und ernst genommen fühlen.
Nicht immer wird es möglich sein, den Kalenderweg in seinem gesamten Umfang, sowohl von der Zeit als auch von der Intensität her, lückenlos zu durchwandern. Jeder setze die Schwerpunkte, die für ihn und seine Klasse wichtig sind. Manche der folgenden Gedanken eignen sich mitunter eher für den Religionsunterricht oder für einen Erfahrungsaustausch erlebter Situationen und dabei wahrgenommener Gefühle und Gedanken. Selbstverständlich können Sie Symbolelemente und Symboldeutungen, mit denen Sie nicht übereinstimmen oder die Ihnen für die eigene Klasse als ungeeignet erscheinen, durch andere ersetzen.
Die Erzählung, die den Kalenderweg begleitet, berichtet über Maria und Josef, über die Art, wie sie miteinander umgehen, über ihre Fähigkeit, dem Alltäglichen zu begegnen anstatt es zu konsumieren; sie beschreibt Eindrücke auf dem Weg nach Bethlehem und Ereignisse im Zusammenhang mit der Geburt des Kindes Jesus.
Es ist eine einfache Geschichte, die einen Zugang zu den Personen, ihrer Wahrnehmungsweise, zu ihrer lebensbejahenden Grundeinstellung unvermeidbaren Ereignissen gegenüber, schaffen soll. Zugleich soll der Bogen, der sich von Josef, Maria und dem Baby Jesus bis zum späteren Jesus von Nazareth spannt, eine Ahnung von der Wichtigkeit und Bedeutsamkeit jedes einzelnen Kindes und Menschen vermitteln.
Intuitiv erfassen die Kinder dabei auch ihre persönliche Einmaligkeit, bekommen eine Ahnung für ihren eigenen Wert, was uns als Voraussetzung für ein gesundes Selbstbewusstsein besonders wichtig ist.

Unser Adventskalender

Material

28 Adventsfensterschablonen aus Tonpapier (siehe S. 139), 24 Fensterbilder zum Hinterkleben der Fensterrahmen (Abb. 34, siehe S. 140 f.), mehrere gleichartige Schuhkartons und ein Erdtuch zur Gestaltung einer Sichtstufe auf dem Fensterbrett (Abb. 33, siehe unten)

Heute basteln die Kinder die Fenster zu ihrem Adventskalender aus Tonpapier. Vierundzwanzig einzelne kleine Fenster werden gefaltet und ausgeschnitten. Man kann vorerst durch sie hindurchschauen, weil die „Scheiben", die Bilder, noch fehlen. Erst im Laufe der kommenden Adventstage wird Frau M. die Tagesbilder heimlich hinterkleben und ein Teelicht dahinter stellen. Vorläufig hat sie Schuhkartons auf eines der Fensterbretter gelegt, ein Erdtuch darüber befestigt, so dass später alle Fenster in zwei Reihen darauf Platz haben (siehe Foto, Abb. 33). Um diesen „Adventstisch" versammeln sich die Kinder in zwei Stuhlhalbkreisen.

Außerdem hat Frau M. einen „Rollladen" gebastelt, der zu Beginn der Adventsfeier als Sichtschutz vor das Tagesfenster gehängt wird, damit das Bild noch nicht gleich zu sehen ist. Sollten mehrere Fenster an einem Tag geöffnet werden, sind mehrere „Rollläden" erforderlich.

Jeden Tag stellt Frau M. ein neues Fenster auf das Fensterbrett, so dass der Kalender von Tag zu Tag „wächst". Am Freitag und am Montag kommen immer zwei Bilder dazu, und am letzten Tag vor den Weihnachtsferien die restlichen Bilder bis zum 24. Dezember. Passende Adventslieder werden in die tägliche Adventsfeier einbezogen.

Abb. 33: Adventstisch mit Kalender

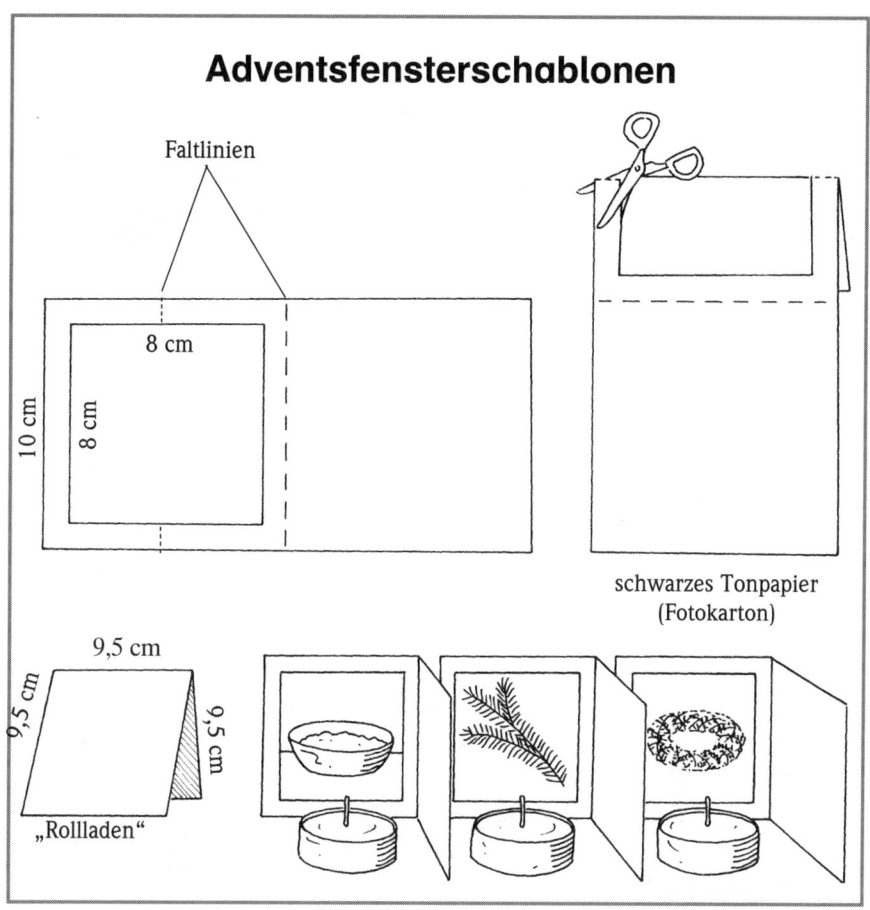

1. Dezember – Erde

Material
Adventstisch, zwei Holzschalen mit dunkelbrauner Erde, Fensterbild „Erde" mit Teelicht, Überlegungsbild (S. 136), Musikkassette (siehe Anhang), Kassettenrekorder

Die Kinder sitzen im adventlichen Halbkreis und Frau M. stellt zwei Holzschälchen mit Erde auf das Erdtuch. Die Erde ist fast so braun wie das Tuch, eigentlich sieht sie langweilig und leblos aus. Die Kinder sprechen darüber, was sie alles über die Erde wissen. Es ist eine ganze Menge.
Mit geschlossenen Augen hören sie nun auf die Musik, die aus dem Kassettenrekorder erklingt und die auf Frau M.s Erzählung einstimmt.

Abb. 34: Fensterbilder

Abb. 34: Fensterbilder

„Was macht denn dein Bäumchen?", fragt Josef. „Es geht ihm gut, schau nur her – wer hätte das gedacht!", antwortet Maria. Ja, wer hätte es wirklich gedacht, dass Maria mit ihren Apfelkernen, die sie im letzten Jahr einfach in die Erde gesteckt hat, so viel Glück haben sollte. Eine ganze Zeit lang hat es so ausgesehen, als ob die dunkle Erde und die kleinen Apfelkerne stumm bleiben würden. Schließlich aber ist ein kleiner grüner Spross zu sehen gewesen, aus dem sich ganz, ganz langsam ein kleines Bäumchen entwickelt hat. „Du kannst der Erde vertrauen", hat Maria immer wieder gesagt, wenn Josef sie wegen ihrer Fürsorge für das kleine Fleckchen Erde, auf dem nichts zu sehen war, geneckt hat. „Du kannst der Erde vertrauen, denn sie hat von Gott die Kraft bekommen, in ihrer Dunkelheit all das wachsen zu lassen, was Menschen und Tiere zum Leben brauchen", hat sie gesagt. „Du meinst, sie gibt den Samen, die in ihr wachsen, Nahrung, Geborgenheit und Schutz, so wie eine Mutter ihrem Kind Nahrung, Geborgenheit und Schutz gibt?", überlegt Josef. „So ist es, genau so", hat Maria ihm geantwortet und dabei vorsichtig die Erde um das kleine Bäumchen gelockert.

Es stimmt. Wer die beiden Erdschalen anschaut, kann gar nicht glauben, dass die Erde den Blumen, Sträuchern und Bäumen so viel schenken kann, dass sie wachsen können. Die Kinder geben die Schalen herum, jeder darf daran riechen und die Erde anfassen. Dabei entdecken sie ihren würzigen Duft und dass sie sich fein und etwas feucht anfühlt.

Jetzt fällt es den meisten schon leichter sich vorzustellen, dass in dieser Erde Kraft steckt. Diese Kraft beweist jedes Jahr, dass man ihr vertrauen kann, denn jedes Jahr wächst das, was die Menschen und Tiere zum Leben brauchen und noch einiges mehr. Christian nennt sie „Mutter Erde für alles, was lebt".

So kann die Erde zum Zeichen des Vertrauens für die Menschen werden, denn auch die Kinder haben Vertrauen zu ihrer Mama. Bettina darf nun zum ersten Mal den Rollladen wegnehmen und Frau M. entzündet das erste Licht. Durch den Lichtschein, der das Bild von hinten beleuchtet, sieht die Erde viel lebendiger aus und ihre Kraft ist nun noch leichter vorzustellen. Es ist das Licht des Vertrauens, das da entgegenleuchtet.

Alle stellen sich jetzt in der Mitte auf. Während die Musik von vorhin zu hören ist, versuchen sie nach ihr zu tanzen. Es soll ein Tanz des Vertrauens werden und jeder macht Bewegungen, die nach seiner Meinung dazu passen.

Anschließend setzen sich die Kinder in die Klassensitzordnung. Während Frau M. das Überlegungsbild (siehe S. 136) an die Tafel hängt, überlegen die Kinder:

Was hat das Licht des Vertrauens mit der Ankunft Jesu zu tun?
- Die Menschen, für die die Geburt des kleinen Jesu etwas Besonderes gewesen ist, haben diesem Empfinden vertraut.
- Jeder Mensch kann vertrauen, dass jemand für ihn da ist, der ihm Geborgenheit und Liebe schenken kann.

Trotz des ungemütlichen Stalls, in dem der kleine Jesus geboren wurde, ist er weder krank geworden noch verhungert. Das Vertrauen und die Fürsorge seiner Eltern haben ihm geholfen.
So öffnet das erste Adventsfenster das Licht des Vertrauens.

Das erste Adventsfenster bleibt auf dem Adventstisch geöffnet stehen, eine der Holzschalen mit Erde ebenso. Wer mag, kann an der Erde riechen, sie anfassen und sich an den heutigen Tag erinnern.

2. Dezember – Tannenzweige

Material
Adventstisch, mehrere Tannenzweige, Fensterbild „Tannenzweige" mit Teelicht, Überlegungsbild (S. 136)

Das zweite Adventsfenster steht noch verschlossen neben dem ersten bereits geöffneten auf dem Adventstisch. Davor liegen einige Tannenzweige. Die Kinder erinnern sich an den gestrigen Tag, an das erste Fenster, das Fenster des Vertrauens, an Marias kleines Bäumchen.

> *Maria kümmert sich regelmäßig um ihr kleines Bäumchen. Das ist auch notwendig, denn das Wetter ist manchmal sehr launisch. So bekommt das Bäumchen nicht immer das, was es braucht.*
> *„Schau nur, wie lebendig seine kleinen grünen Blätter sind", sagt sie zu Josef, der die zarte, kleine Baumspitze gerade an einem dicken Pflock befestigt, damit der stürmische Herbstwind sie nicht abbrechen kann.*
> *„Freu dich nur daran, so lange sie noch da sind. Der Winter rückt näher", sagt er zu seiner Frau. Richtig. Das schöne lebendige Grün verschwindet im Winter für eine Zeit lang, aber jeder weiß, dass es im Frühling wieder sichtbar wird. „Ich weiß", entgegnet Maria. „Aber dennoch bleibt das Bäumchen lebendig - auch wenn es eine Weile keine grünen Blätter hat."*
> *„So wie die Menschen immer wieder fröhlich werden können, auch wenn sie manchmal traurig sind", fügt Josef hinzu.*

Bei uns kann man im Winter ebenfalls keine Bäume mit grünen Blättern sehen. Aber auch wir und alle Menschen, die vor uns gelebt haben, wissen, dass nach dem Winter wieder alles grün wird und dass das Leben in den Pflanzen wieder sichtbar wird. Darauf können wir aus Erfahrung vertrauen.

Deshalb liegen jetzt diese Tannenzweige auf dem Tisch. Sie sind das sichtbare Zeichen dafür, dass unser Vertrauen in die unaufhörliche Kraft des Lebens berechtigt ist, obwohl die kahlen Bäume im Schulhof zur Zeit nicht an das Leben erinnern können. Wir wissen aber, dass auch sie lebendig sind - so deutlich sehen und riechen, wie an diesen Tannenzweigen, können wir ihre Lebendigkeit allerdings nicht.
Während die Kinder die Zweige herumgehen lassen, fassen sie das grüne „Zweigleben" aufmerksam an und riechen daran. Die spitzen Nadeln stechen sogar, wenn sie nicht aufpassen.

Was hat Josef noch gesagt? Mit den Laubbäumen im Winter ist es so ähnlich, wie wenn die Menschen traurig sind. Dann können sie sich auch gar nicht vorstellen, dass sie sich jemals wieder fröhlich fühlen. Dazu fällt mehreren Kindern ein persönliches Erlebnis ein. Oder jemand hat einen Schnupfen, dann riecht und schmeckt er auch nichts. Aber er weiß: Das bleibt nicht für immer so. Auch das kennen die meisten.

Thomas öffnet das zweite Fenster und Frau M. stellt ein brennendes Teelicht dahinter. Der Tannenzweig auf dem Bild schimmert durch das Kerzenlicht freundlich und geheimnisvoll und versichert uns: Das Leben geht immer weiter.

Während Frau M. das Überlegungsbild an die Tafel hängt, denken die Kinder darüber nach:
Was hat die Tatsache, dass das Leben immer weitergeht, mit der Ankunft Jesu zu tun?

- Die Menschen der damaligen Zeit waren mit ihrem Leben unzufrieden und wünschten sich mehr Freiheit.
- Deshalb warteten sie auf jemanden, der ihnen hilft, diesen Wunsch zu verwirklichen.
- Jesus sollte diese Aufgabe erfüllen, indem er ihnen zeigte, wie sie Freude und Zufriedenheit in ihrem Leben finden konnten, um sich frei zu fühlen.
- Er half vielen, von Angst, Unzufriedenheit und Herzlosigkeit frei zu werden.
- Er wusste, dass die Menschen erst dann mit ihrem Leben gut zurechtkommen können, wenn sie auch in schwierigen Zeiten darauf vertrauen können, dass das Leben immer weitergeht.

3. Dezember – Adventskranz

Material
Adventstisch, ungeschmückter Adventskranz, Triangel, Fensterbild „Adventskranz" mit Teelicht, Überlegungsbild (S. 136)

Heute bleiben die Kinder in der Klassensitzordnung sitzen. Auf dem Adventstisch stehen drei Adventsfenster nebeneinander, zwei offene und ein geschlossenes. Außerdem liegen die Schale mit Erde, ein Tannenzweig und ein ungeschmückter Adventskranz auf dem Tisch. Die Kinder erinnern sich an die Bedeutungen der ersten beiden Fenster, bilden zwei Stehhalbkreise um den Adventstisch und betrachten den Adventskranz genau. Er besteht aus vielen Tannenzweigen, die durch dünnen Draht miteinander verbunden sind.

Ob auch die Kinder so einen Adventskranz darstellen können? Nach verschiedenen Vorschlägen stellen sie sich im Kreis auf und versuchen es, indem sie sich überkreuzt die Hände geben. Das ist schwierig, denn sie müssen plötzlich noch mehr auf ihre Nachbarn achten, sonst stimmt der „Kranz" nicht mehr. Nun bewegen sie sich auf Frau M.s Triangelzeichen gemeinsam gegen den Uhrzeigersinn. Auch das erfordert viel Aufmerksamkeit, damit der „Kranz" nicht unterbrochen wird und rund bleibt.

Wieder in der Klassensitzordnung wird überlegt, was der Kranz zu sagen hat. Gestern war es nur ein Zweig, der etwas vom Leben gezeigt hat, heute sind es viele. Die vielen Zweige bilden erst dann einen Kranz, wenn man sie mit Draht verbindet. Dadurch erhält er seine runde Form, auf die man sogar etwas stecken kann.

Bei dem „Kinderkranz" ist es ähnlich gewesen. Jedes Kind musste sich an den Nachbarn festhalten, ein bisschen strecken und auf die anderen Kinder achten. Der „Draht" ist die Bereitwilligkeit zum Mitmachen und die Aufmerksamkeit. Sonst hätte nichts Gemeinsames entstehen können.

Das dritte Fenster wird geöffnet. Ein ungeschmückter Kranz ist zu sehen, der daran erinnert, dass es unter den Menschen Gemeinschaft gibt. Auch die Kinder der Klasse fühlen sich zusammen mit Frau M. als Gemeinschaft und miteinander so verbunden wie die Zweige am Kranz.

Das Überlegungsbild an der Tafel stellt wieder die Frage:
Was hat der Kranz aus Tannenzweigen mit der Ankunft Jesu zu tun?
- Gestern haben die Kinder herausgefunden, dass das Leben immer weitergeht. Dabei ist es für die Menschen schöner, wenn sie zusammen eine Gemeinschaft bilden, in der es jedem gut gehen soll.
- Dazu müssen sie sich gegenseitig helfen und einander annehmen, so wie sie sind.

- Bei der Geburt Jesu haben sich ebenfalls einige Menschen zu einer Gemeinschaft zusammengefunden und Maria und Josef wenigstens einen Stall zum Übernachten zur Verfügung gestellt.

4. Dezember – Sonne

Material
Adventstisch mit den Gegenständen und Fenstern der letzten Tage, Fensterbild „Sonne" mit Teelicht, Sonnenbild, Überlegungsbild (S. 136)

Alle versammeln sich wie gewohnt um den Adventstisch und erzählen, was sie noch vom Fenster des Vertrauens wissen, vom Leben, das immer weitergeht, von der Gemeinschaft und wie sie für alle schön sein kann.
Dann hören sie zu, was Frau M. erzählt.

> *Eines Morgens, als Maria ins Freie tritt, strahlt die Sonne kräftiger vom Himmel als sonst. Wie schön, dass es heute so warm ist", freut sie sich und mit neuem Schwung und viel Freude beginnt sie ihre Arbeit. Als Josef heimkommt, sieht er sogleich, dass es seiner Frau heute sehr gut geht. „Wenn ich dich anschaue, sehe ich direkt in die Sonne", begrüßt er sie. „So fühle ich mich auch, froh und voller Lebenskraft", strahlt Maria und erzählt ihm von ihrem kleinen Erlebnis heute früh.*

Sabine öffnet das vierte Fenster. Es zeigt eine Sonne, die vor der Kerze besonders hell leuchtet. Aufmerksam und ohne zu sprechen schauen die Kinder das Bild eine Weile an. Erst danach darf erzählt werden.
Vielen geht es wie Maria. Der Anblick der kleinen hellen Sonne macht sie froh. Sie wissen, die Sonne bringt Wärme, sie hilft mit, dass die Pflanzen wachsen, dass die Menschen gesund bleiben. Wenn sie scheint, macht alles mehr Freude, fühlt man sich wohler. Wenn sie allerdings zu kräftig vom Himmel herunterbrennt, verstecken sich viele am liebsten vor ihr und suchen den Schatten.
Frau M. heftet Sven eine kleine ausgeschnittene Sonne an die Brust. Ja, es gibt auch so etwas wie eine Sonne in jedem Menschen. Wenn sie scheint, dann geht es uns gut, dann sind wir freundlich, können andere trösten, ihnen helfen, dann fällt uns vieles leichter als sonst. Diese innere Sonne kann gar nicht lange und oft genug scheinen - für uns und andere.
Die Kinder suchen einen Namen für das vierte Fenster, sie nennen es Fenster der Wärme und der Freude.

Frau M. zeigt auf das Überlegungsbild. Die Frage kennen die Kinder nun schon:
Was haben die Wärme und die Freude mit der Ankunft Jesu zu tun?

- So wie damals warten die Menschen auch heute immer wieder auf mehr Freude und Wärme in ihrem Leben. Jesus hat in den Menschen beides geweckt, weil er sie gemocht und verstanden hat.

5. Dezember – Quelle

Material
Adventstisch mit den Gegenständen und Fenstern der letzten Tage, Fensterbild „Quelle" mit Teelicht, Quellebild (analog dem Fensterbild), Kassettenrekorder, Musikkassette (siehe Anhang)

Begonnen wird wie gestern. Beim Wiederholen der einzelnen Zeichen wollen immer mehr Kinder erzählen und freuen sich, dass sie die Bedeutung der Zeichen immer besser verstehen können, je öfter darüber gesprochen wird.
Aus dem Kassettenrekorder ist heute deutliches Wassergeplätscher zu hören. Dabei überlegen die Kinder, woher es stammen könnte: aus einem Bach, Fluss, Wasserhahn …?

Mit ihrem großen Krug auf den Schultern geht Maria die Dorfstraße entlang. „Lange wirst du nicht mehr Wasser holen können!", spricht eine Nachbarin sie an, die ebenfalls mit ihrem Krug unterwegs ist. „Das schwere Tragen ist nichts für eine werdende Mutter", fügt sie lachend hinzu und erzählt die neuesten Geschichten von ihren Kindern. So vergeht die Zeit schnell bis zur Quelle, an der die beiden Frauen frisches, sauberes Wasser holen, bevor sie wieder den Heimweg antreten.
Josef ist bereits zu Hause und erwartet seine Frau. Ohne sie schmeckt das Essen nur halb so gut und es knurrt ihm bereits der Magen. „Na endlich", ruft er ihr entgegen und nimmt ihr den Krug ab. Er schaut hinein, schnuppert etwas an dem Wasser, kostet davon und schüttelt dann seinen Kopf. „Maria, das Brunnenwasser hätte es auch getan. Der Weg zur Quelle ist doch viel zu weit für dich. Sei doch vernünftig!", bittet er. „Natürlich kann man auch das Brunnenwasser trinken", erwidert Maria. „Aber wie du ja auch festgestellt hast, man merkt den Unterschied. Es ist wie mit den Worten und Taten, die aus dem Herzen kommen, und denen, die aus dem „Kopf" kommen. Jeder spürt den Unterschied." Mit diesen Worten gibt sie ihm einen Kuss und Josef schenkt für beide die Becher voll mit frischem Quellwasser…

Daniel öffnet das heutige Fenster und zu sehen ist eine Quelle, die zum Teil mit Steinen abgedeckt ist. Aus ihr sprudelt klares, sauberes Wasser, das kühlend und erfrischend ist, wenn man so wie Myriam im Urlaub seine Arme darunter hält oder aus ihr trinkt, indem man aus den Händen einen Trinkbecher formt. Die Steine können das Wasser zwar etwas „bremsen", sie können aber nicht sein Fließen stoppen. Nachdem das Teelicht hinter das Bild gestellt wird, fängt das Wasser fast zu fließen an.

Frau M. heftet Ina ein etwas größeres Quellebild an die Brust, nachdem sie es vorher vor ihre Stirn und vor ihren Mund gehalten hat. Das erinnert an Marias Worte. Gibt es auch so etwas wie eine Quelle in den Menschen? Manchmal sprudeln die Wörter auch aus ihnen heraus, indem sie erzählen und erzählen und gar nicht aufhören können. Da gibt es gute, freundliche Worte, die einen selbst und andere glücklich machen. Den Kindern fallen viele Beispiele ein: Wenn sie etwas Lustiges erzählen, jemanden trösten, jemandem helfen, sich über etwas freuen, jemandem etwas Liebes sagen. Da gibt es aber auch die unfreundlichen Worte, wenn man „sauer" ist, wenn man keine Lust hat, wenn man streitet. Die Kinder haben auch solche Erfahrungen gemacht.

„Und woher kommen die Wörter, die man spricht?", fragt Frau M. Eine schwierige Frage hat sie da gestellt, aber erstaunlicherweise dauert es nicht lange, bis die Kinder etwas vom „Denken", von „Gedanken" erzählen. „Wenn ich mir denke, der ist nicht mehr mein Freund, dann kann ich ihm nicht sagen, dass ich mit ihm spielen will", meint Christian.

So gibt es offenbar verschiedene Quellen, „die Quelle der freundlichen und die Quelle der unfreundlichen Wörter" nennt sie Sonja und Tobias spricht von der „Quelle der freundlichen und unfreundlichen Gedanken".

Quellen sind also etwas Wichtiges; die Wasserquellen ebenso wie die „Wörterquellen" und die „Gedankenquellen". Sie bestimmen, was aus ihnen „herauskommt".

Die Kinder sind sich einig: Das ist das Fenster der Quelle.

Frau M. deutet auf das Überlegungsbild.

Was hat das Fenster der Quelle mit der Ankunft Jesu zu tun?

- Jesus, der die Menschen mochte, hatte viele freundliche Worte für sie gefunden, um sie zu ermuntern und sich viele gute Gedanken gemacht, wie er ihnen helfen kann.
- Er hat den Menschen Mut gemacht, aus ihren Herzen zu denken und zu handeln.

6. Dezember – Heiliger Nikolaus

Material
Adventstisch mit den Gegenständen und Fenstern der letzten Tage, Fensterbild „Hl. Nikolaus" mit Teelicht, Redestab, 28 Mandarinen

Wer kennt nicht die Geschichte vom Hl. Nikolaus? In der Klasse weiß darüber jeder Bescheid. So wollen alle Kinder auf einmal erzählen, als Frau M. das sechste Fenster geöffnet und es beleuchtet hat. Mit Hilfe des Redestabes tragen sie schließlich geordnet ihr Wissen zusammen.

Jetzt zündet Frau M. alle Kerzen der letzten Tage an. Wie passt das alles zusammen?

- 1. Dezember – Vertrauen (Erde)
  Nikolaus hat viel Vertrauen gehabt. Er hat auf Gott vertraut und darauf, dass er den Menschen helfen kann - so wie sie es gerade brauchen.
- 2. Dezember – Leben (Tannenzweig)
  Nikolaus hat oft gerade den Menschen geholfen, die Angst hatten, dass ihr Leben nicht mehr richtig weitergehen kann. Er hat ihnen geschenkt, was sie zum Leben brauchen.
- 3. Dezember – Gemeinschaft (Kranz)
  Nikolaus hat sich um die Gemeinschaft der Menschen gekümmert, die ihm als Bischof anvertraut waren.
- 4. Dezember – Die innere Sonne (Sonne)
  Die Menschen haben seine Freundlichkeit und seine Anteilnahme gespürt.
- 5. Dezember – Wörter – Gedankenquelle (Quelle)
  Nikolaus hat sich um die Menschen Gedanken gemacht und für sie stets freundliche Worte gefunden, seine Freundlichkeit kam von Herzen.

Nikolaus war also ein besonderer Mann. Es ist gut, dass sich die Menschen an ihn erinnern. Es ist gut, dass die Kinder jedes Jahr an ihn denken, sich von seinen „Vertretern" beschenken lassen und sich über seine Freigiebigkeit gemeinsam freuen.

An seinem Ehrentag gibt es heute von Frau M. für alle Kinder Mandarinen, die sie jedem Kind mit einem freundlichen Wort überreicht.

Das Überlegungsbild wird heute nicht gebraucht, denn die Kinder wissen auch so, was der Hl. Nikolaus mit der Ankunft Jesu zu tun hat:

- Er hat versucht, so zu leben, wie Jesus gelebt hat.

7. Dezember – Ich zünde eine Kerze an

Material
Adventstisch mit den Gegenständen und Fenstern der letzten Tage, Fensterbild „Kerze", eine große Kerze, 28 Teelichter, 14 Streichholzschachteln, Kerzenbild (analog dem Fensterbild)

Heute wird im Sitzkreis begonnen, obwohl auf jedem Platz ein Teelicht bereitsteht. Frau M. verdunkelt das Klassenzimmer. Die Kinder bleiben sitzen, ohne etwas zu sagen. Je länger das dauert, desto unruhiger werden sie. Keinem geht es richtig gut.
Nun stellt Frau M. eine große Kerze in die Mitte und zündet sie an. Ein Aufschnaufen ist zu hören, die Kinder werden wieder still, schauen eine Weile in die helle Flamme und finden es einfach schön. „Das Kerzenlicht kann dir etwas schenken", meint die Lehrerin. Fast allen Kindern fällt dazu etwas ein. Sie erzählen von Wärme, von Gemütlichkeit, vom Licht, von der Bewegung, die man sieht, wenn man ganz gut aufpasst und die Flamme beobachtet. Von den Farben der Flamme, die man gar nicht so leicht beschreiben kann, denn sie gehen ineinander über.
Und vorher?
Die Dunkelheit war langweilig, auch ein bisschen unheimlich und es war schwierig, in ihr ruhig sitzen zu bleiben. Aber das Licht einer einzigen Kerze genügte, dass es allen gleich viel besser ging, es hat beruhigt und Geborgenheit geschenkt.
Während Inge die Klassenzimmerbeleuchtung einschaltet, stellen die Kinder ihre Stühle wieder auf ihre Plätze zurück. Dann versammeln sie sich im Stehkreis um Frau M. und den Adventstisch. Jeder soll heute lernen, wie man eine Kerze richtig anzündet und bald haben die Kinder herausgefunden, worauf es ankommt.

- *Ein* Streichholz aus der Streichholzschachtel herausnehmen.
- Das Streichholz fast am Ende gut festhalten.
- Das Streichholzköpfchen an der Reibefläche der Streichholzschachtel vom Körper *weg* streichen.
- Das entzündete Streichholz mit der Flamme nach oben halten. So brennt es nur ganz langsam ab.
- Das brennende Streichholz an den Docht halten.
- Das Streichholz ausblasen - und dabei nicht die Kerze erwischen!

Nachdem einige Kinder das richtige Anzünden gezeigt haben, probieren es alle in der Klassensitzordnung an den bereitgestellten Teelichtern einmal aus.

Wer Angst hat, dem hilft Frau M., wer zu viel Angst hat, schaut einfach nur zu. Zum Schluss brennen alle Teelichter und Frau M. kann die Deckenbeleuchtung wieder ausmachen.

Myriam zündet die Kerze für das Adventsfenster an. Auf dem Bild ist ebenfalls eine Kerze zu sehen. Als Frau M. ein kleines Kerzenbild Ayla an die Brust heftet, wissen die Kinder gleich, was gemeint ist.

Es geht bei dem Adventsbild um die „innere Kerze", so ähnlich wie bei der Sonne. Es ist schön für einen selbst und andere, wenn sie „brennt", denn in der Dunkelheit fühlt sich niemand wohl.

Bei den Menschen wird es dunkel, wenn sie traurig sind, wenn sie streiten, sich nicht versöhnen wollen oder können, keine Lust zu etwas haben, nicht lieb sein können, obwohl wir es gerne wollen ... Die Kinder geben dem heutigen Adventslicht den Namen Licht der Liebe.

Was hat die Geburt Jesu mit dem Licht der Liebe zu tun?

- So, wie Jesus gedacht und gehandelt hat, war er für viele Menschen wie ein Licht der Liebe, das ihnen Mut gemacht hat. Und dieses Licht der Liebe hat sich in der Nacht, in der der kleine Jesus geboren ist, den Menschen seiner Umgebung zum ersten Mal gezeigt. Deswegen nennen wir sie auch „Weihnacht", eine der Liebe zu den Menschen geweihte, auserwählte Nacht.

8. Dezember – Päckchen

Material
Adventstisch mit den Gegenständen und Fenstern der letzten Tage, Fensterbild „Päckchen" mit Teelicht, ein in Weihnachtspapier eingepacktes kleines Päckchen, in dem sich die drei bis dahin benützten „Herzensbilder" (Sonne, Quelle, Kerze) befinden

Sofort haben die Kinder das kleine Päckchen entdeckt, das auf dem Adventstisch steht. Jeder kennt solche Päckchen, das Papier außen herum verrät bereits, dass es ein Weihnachtspäckchen ist. Weihnachtspäckchen sind besondere Päckchen. Sie werden meist schon lange vor dem Fest eingekauft, zumindest sprechen die Erwachsenen darüber, dass sie noch Weihnachtsgeschenke „besorgen" müssen. Schwer bepackt und meistens erschöpft kommen sie „aus der Stadt" und dann – sieht und hört man von den ganzen Einkäufen nichts mehr, bis zum Hl. Abend.

Josef ist ganz aufgeregt. Mit seinem Esel ist er einige Tage unterwegs gewesen und hat bei dieser Gelegenheit schöne silberne Armreifen für Maria gekauft. Er hat sie in ein kleines Holzkästchen gelegt und wartet nun schon eine Weile auf Marias Heimkehr von einem Verwandtenbesuch, um ihr sein Geschenk zu überreichen. Endlich sieht er sie kommen und läuft ihr ein Stück entgegen. Nach der Begrüßung muss er erst einmal von seiner Reise berichten und Maria von den Ereignissen daheim. „Ich hab dir auch etwas mitgebracht", sagt er schließlich und übergibt ihr das Kästchen. Maria hält es eine Weile in ihren Händen, ohne es zu öffnen. Sie schaut sich sein geschnitztes Muster an und befühlt es genau. „Was immer da drinnen ist, es ist ein Stück sichtbare Liebe", sagt sie ganz leise und Josef nickt dazu. „Nun mach schon endlich auf, ich will sehen, ob es dir gefällt", bettelt er ungeduldig. Vorsichtig hebt Maria den Deckel ab. Ihr Gesicht strahlt, als sie die glänzenden Armreifen sieht. „Ich hab's ja gesagt, es ist ein Stück sichtbare Liebe!", wiederholt sie ihre Gedanken und drückt Josef dankbar an sich.

Ein Geschenk – als sichtbares Zeichen, dass uns jemand mag –, das wünscht sich jeder. Dieses Zeichen ist das eigentliche Geschenk an einem Geschenk – zum Unterschied zu der einfachen Tatsache, dass man etwas bekommen hat, weil eben alle etwas bekommen. Aus irgendeinem Grund spürt der, der aufmerksam ist, genau den Unterschied.

Für viele Menschen ist Weihnachten das Fest der Geschenke. Wie passt das mit der Tatsache zusammen, dass Weihnachten das Geburtsfest Jesu ist?

Bettina darf nun das Päckchen öffnen. Fast enttäuscht stellen die Kinder fest, dass sie diese drei „Herzensbilder", die darin liegen, bereits kennen. Das sollen Geschenke sein?

Vielleicht doch. Denn nur mit Freude (Sonne), mit freundlichen Gedanken (Quelle) und mit Liebe (Kerze) kann jeder für einen anderen ein Geschenk finden, das zeigen kann, dass man ihn mag. Wer sich freuen kann, wer seine guten Gedanken in Liebe „tun" kann, dem geht es gut, der fühlt sich selbst reich und beschenkt, obwohl er eigentlich für die anderen etwas tut. Und wenn alles wieder einmal düster ist, ist es ein Geschenk, dass man immer wieder zu diesen „Dreien" zurückfindet. Denn selbst kann kein Mensch diese „Drei" „machen" oder gar erzwingen. Das haben die Kinder bereits selbst erfahren. Und in vielen Geschenken, die sie bekommen, sind diese „Drei" mit eingepackt, auch wenn sie sie nicht direkt sehen können. Denn so sollte es sein:

- Wer ein Geschenk macht, tut es aus Liebe;
- er lässt sich etwas Passendes einfallen;
- er macht dem anderen Freude.

Was hat ein Geschenk mit der Geburt Jesu zu tun?

- Für die Menschen von damals war das Baby Jesus auch ein Geschenk. Aus ihm sollte später ein Mensch werden, der durch seine vielen guten Worte, Gedanken, durch seine Freude am Leben und sein liebevolles Verhalten zu den Menschen bis heute bedeutsam geblieben ist.

So ist Weihnachten doch ein Fest der Geschenke und die Kerze, die Thomas nun anzündet, nachdem das achte Fenster geöffnet ist, beleuchtet das kleine Geschenkbild. Die Kinder geben diesem Adventslicht den Namen Licht der Geschenke.

9. Dezember – Plätzchen

Material
Adventstisch mit den Gegenständen und Fenstern der letzten Tage, Fensterbild „Plätzchen" mit Teelicht, Weihnachtsplätzchen

Die Kinder sitzen in zwei Sitzhalbkreisen um den Adventstisch herum. Frau M. hat einen Plätzchenteller mit Weihnachtsplätzchen mitgebracht und jeder bekommt eines. Da gibt es Vanillekipferl, Kokosschäumchen, Zimtsterne und kleine Monde. Die Kinder berichten von ihren eigenen Backerlebnissen und wie sie beim Plätzchenbacken mitgeholfen haben.
Ersin öffnet das neunte Fenster und Ute zündet die Kerze an. Auch auf dem Adventsbild sind Plätzchen. Warum eigentlich kein Kuchen?

- Kuchen gibt es das ganze Jahr. Deshalb brauchen wir zu Weihnachten etwas anderes (Brauch - tum).
- Weihnachtsplätzchen erinnern in ihrer Form an die Weihnachtsgeschichte, z.B. an den Weihnachtsstern.
- Weihnachtsplätzchen kann man schon lange vor Weihnachten backen und sie bis zum Fest aufheben – sofern nicht allzu oft vorher gekostet wird.

Das heutige Licht nennen die Kinder die kleine Weihnachtsfreude.
Hat sie etwas mit der Ankunft Jesu zu tun?

- Wer sich freut und ein Fest vorbereitet, der weiß auch um den Anlass des Festes. So wird die Vorbereitung schon zu einem Fest vor dem Fest und schenkt „Vorfreude". Das Backen und Ausprobieren – man kann auch sagen „Naschen" – der „kleinen Weihnachtsfreude" gehört dazu.

10. Dezember – Glocke

Material
Adventstisch mit den Gegenständen und Fenstern der letzten Tage, Fensterbild „Glocke" mit Teelicht, Glocke

Die Kinder versammeln sich wie gestern um den Adventstisch. Sie schließen ihre Augen und sitzen einfach still da. Ab und zu ist das leise Quietschen eines Stuhles zu hören oder etwas Ähnliches. Da plötzlich klingelt es in die Stille hinein. Automatisch öffnen die meisten ihre Augen und schauen auf Frau M. Ist sie das gewesen? Warum hat es gerade geklingelt? Was kommt jetzt? Erwartungsvoll warten die Kinder ein Weilchen - dann werden sie unruhig. Denn anstelle eines besonderen Ereignisses passiert gar nichts.

Stattdessen sprechen die Kinder über ihr kleines „komisches" Erlebnis, wie Stefan es nennt.

- Das Geklingel hat sie „wach" werden lassen.
- Manche Kinder haben sich sogar ein wenig erschreckt.
- Sie haben geschaut, woher das Läuten kam.
- Sie denken, dass Frau M. mit einer Glocke kam.
- Sie waren gespannt, was jetzt kommt.
- Es muss einen Grund für das Klingeln gegeben haben.
- Ein Klingelzeichen kündigt immer etwas an, z.B. die Pause.

Nun zeigt Frau M. den Kindern ihre Glocke. Es ist ein kleines Weihnachtsglöckchen, das sie nun noch einmal ertönen lässt. Dann öffnet Joyce das heutige Adventsfenster, Sebastian zündet ein Teelicht dahinter an und alle schauen auf das beleuchtete Bild eines Weihnachtsglöckchens.

Was die Kinder vorher überlegt haben, passt auch auf das Weihnachtsglöckchen.

- Es will wach machen für ein besonderes Ereignis.
- Es will aufmerksam machen auf die bevorstehende Geburt Jesu.
- Es will etwas Besonderes ankündigen.
- Es kündigt etwas Frohes, etwas Schönes an, deshalb klingt es so hell.
- Es kündigt etwas Kleines, etwas Zartes an, deshalb klingelt es so leise.

Das heutige Fenster wird das „Glöckchenfenster" genannt. Es erübrigt sich unsere tägliche Frage, was hat …

11. Dezember – Weg

Material
Adventstisch mit den Gegenständen und Fenstern der letzten Tage, Fensterbild „Weg"
mit Teelicht, Wegmodell, Wegbild, Wortkarten

Begonnen wird heute in der Klassensitzordnung. Frau M. scheint etwas nervös zu sein. Sie geht unentwegt hin und her. Vom Lehrertisch zum Adventstisch, von diesem zur Klassenzimmertür, von hier wieder zum Adventstisch und so fort. Als sie endlich stehen bleibt, fällt den Kindern nicht viel ein.

- Sie ist hin und her gelaufen.
- Manchmal ein und denselben Weg mehrere Male.

> *Seit mehreren Tagen sind Maria und Josef unterwegs. So eine dumme Geschichte. Ausgerechnet jetzt, da das Baby bald kommen soll, müssen die beiden die beschwerliche Reise nach Bethlehem antreten, um sich dort persönlich zu melden. „Volkszählung" nennt der Kaiser das, und jeder muss dafür an seinen Geburtsort reisen.*
> *Obwohl Maria und Josef schon die Hälfte des Weges nach Bethlehem hinter sich gebracht haben, kommt es ihnen manchmal so vor, als kämen sie kaum weiter. An manchen Wegabschnitten kommen sie mit ihrem Esel recht flott vorwärts, da, wo die Straßen glatt und fest sind. Bei den steinigen Wegstrecken geht es dafür umso langsamer, vor allem, wenn es dazu noch bergauf geht. Schweigsam und gar nicht so fröhlich wie sonst sind Maria und Josef unterwegs. Ihr Ziel Bethlehem liegt noch in weiter Ferne.*

Alle versammeln sich im Stehkreis um den Adventstisch. Auf ihm liegt ein kleines Wegmodell. Es besteht aus einem längeren in Kurven geschnittenen Kartonstück, auf dem verschiedene Arten von Steinen und Sand zu sehen sind. So sind Wege eben. Manchmal schön glatt geteert, manchmal sandig und staubig, manchmal bestehen sie aus zusammengetretener Erde und ein anderes Mal wieder aus größeren Steinen. Vielleicht sah der Weg, den Maria und Josef zurücklegen mussten, so aus. Oder so ähnlich.
Volkan öffnet nun das elfte Adventsfenster und Christina zündet die Kerze an. Auf dem beleuchteten Bild ist ebenfalls ein kurzes Wegstück zu erkennen. Es ist ein Stückchen vom Weg zur Krippe, vom Weg in die Hl. Nacht. Fast die Hälfte des Weges ist heute am 11. Dezember erreicht – die Kinder haben es durch Zählen herausgefunden. Die andere liegt noch vor ihnen. Die Advents-

zeit dauert auch für sie manchmal lange und die Tage schleichen nur so dahin. Es geht ihnen wie Maria und Josef, nur nicht ganz so beschwerlich wie jenen. Noch einmal wird das Wegmodell angeschaut. Wie ist die Adventszeit bisher für die Kinder gewesen?
Das „Warten" ist für viele recht hart. Deshalb legen sie dieses Wortkärtchen auf den steinigen Wegteil.
Die Vorbereitungen wie Plätzchen backen und Geschenke ausdenken ist schön und aufregend gewesen. Das Wortkärtchen „Vorbereiten" kommt deswegen auf das glatte Wegstück.
Mehr gibt es im Moment nicht zu tun. Wie der Weg aussieht, der noch kommen wird, wissen die Kinder noch nicht, sie können es nur vermuten.

Das heutige Fenster bekommt den Namen Weg zur Krippe:

- Für Maria und Josef ist es ein langer Weg zur Krippe und für den kleinen Jesus im Bauch seiner Mama ebenfalls. Für die Menschen, die sich heute an diese Ereignisse erinnern, dauert er nicht mehr allzu lange und er ist auch nicht sehr beschwerlich, eher aufregend schön. Denn für sie ist die Geburt Jesu eben ein Gedenk -, ein Erinnerungsfest und so erleben sie es anders als die Menschen, die dabei gewesen sind.

12. Dezember – Engel

Material
Adventstisch mit den Gegenständen und Fenstern der letzten Tage, Fensterbild „Engel" mit Teelicht

In gewohnter Weise findet sich die Klasse um den Adventstisch ein. Nachdem Katharina die heutige Adventskerze angezündet hat, die noch vor dem geschlossenen Fenster steht, überlegen die Kinder, was heute auf dem Bild zu sehen sein könnte.
Frau M. hilft mit, indem sie auf das Wegmodell deutet, das noch auf dem Tisch liegt. Die Kinder wiederholen kurz, was sie gestern darüber herausgefunden haben. Sie erzählen von dem Wegstück mit den spitzen, harten Steinen, auf dem das Laufen und Vorwärtskommen schwer fällt. Das „Warten" haben sie damit verglichen.

Die Nacht war kalt. „In einer Höhle sollten wir nicht mehr übernachten", brummt Josef am frühen Morgen. „Ich habe vor lauter Kälte und Angst vor Tieren und Wegelagerern fast kein Auge zugemacht." „Ich habe wunderbar geschlafen", erzählt Maria. „Anfangs ist es mir wie dir ergangen. Dann muss ich wohl eingeschlafen sein, denn ich habe von einem freundlichen, beruhigenden Engel geträumt, der meine ganze Angst hinweggenommen hat. Ich fühle mich gestärkt und voll Zuversicht, was die kommenden Tage und die Geburt des Kindes betrifft. Jetzt werden der Weg und das Warten bestimmt einfacher!" „Dein Traum hätte mir auch gut getan", lächelt Josef. Gemeinsam holen sie ihre Essensvorräte hervor, die sie für ein kleines Frühstück brauchen.

Matthias öffnet nun das Fenster, nachdem die Adventskerze auf den richtigen Platz gestellt ist. Es zeigt einen Engel, einen hellen, freundlichen Weihnachtsengel. Manchen Kindern ist es schon einmal so wie Maria gegangen. Sie haben auch von Engeln geträumt und es als schön empfunden. Der Weihnachtsengel erinnert daran, dass die Menschen nicht vergeblich auf Weihnachten warten und sich nicht vergeblich vorbereiten.

Vor das Fenster legt Sebastian nun auch die „Herzensbilder". Denn der Engel kann die Menschen daran erinnern, dass ihr Wunsch nach Liebe, Freude und Verwirklichung der guten Gedanken lebendig bleibt und sie auf diesem „Herzensweg" weitergehen, auf dem sich dieser Wunsch erfüllen wird.

Das heutige Fenster bekommt den Namen Weihnachtsengel.
Auch er hat mit der Geburt des kleinen Jesus zu tun.

- Er hat Maria Vertrauen geschenkt, dass ihr Kind gesund geboren wird.
- Er hat später den Hirten geholfen, das Besondere dieses kleinen Kindes zu erahnen.
- Er hat sich mit den Menschen gefreut, dass für sie nun eine andere Zeit des Miteinanderlebens anbrechen kann, wenn sie die Botschaft der gegenseitigen Liebe, der Freude und des Einander-Vergebens annehmen können.

13. Dezember – Das Geheimnis der Apfelkerne

Material
Adventstisch mit den Gegenständen und Fenstern der letzten Tage, Fensterbild „Apfelkerne", Holzschale mit Apfelkernen, Abdecktuch, Erdtuch, Apfelbaum (siehe S. 159)

Alle sitzen im Sitzkreis und Frau M. hält etwas Abgedecktes auf ihrem Schoß. Als die Kinder die Augen schließen, hören sie auf einmal ein Geräusch; zuerst ganz leise, dann immer lauter werdend und schließlich wieder leise. Das anschließende Beschreiben ihrer Wahrnehmung fällt ihnen schwer; es klang wie eine Rassel oder ein Kratzen, vielleicht wie ein Reiben. Was das Geräusch erzeugt hat, muss aus vielen kleinen harten Teilen bestanden haben.

> *„Wie wird es unserem Bäumchen gehen?", überlegt Maria eines Tages, als sie an einer Reihe von Obstgärten vorbeikommen. „Wenn alles gut geht, wird er ein ganzes Stück gewachsen sein, sobald wir wieder daheim sind. Wer weiß, vielleicht hat er sogar ein neues Zweiglein bekommen", entgegnet Josef. „Es ist schon ein kleines Wunder, wenn man überlegt, dass aus einem unscheinbaren Kern in einigen Jahren ein richtiges Bäumchen gewachsen ist."*

Nun lässt sich das Geräuschrätsel leicht lösen. In einer hohen Holzschale sind viele kleine Kerne, Apfelkerne zu sehen. Florian lässt nun die Apfelkerne in ihrer Schale tanzen, wie Frau M. vorher. Dazu muss er die Schale immer in einer Richtung im Kreis bewegen. Renate probiert nun eine andere Geräuschart aus. Dazu lässt sie die Kerne in der Schale hin und her rutschen.
Die Kinder beobachten, wodurch das Geräusch zustande kommt. Die Apfelkerne haben harte Schalen, die sich an der „Holzschüssel" reiben. Dass die Schale hart ist, das wissen sie auch vom Daraufbeissen - auch wenn sie nicht steinhart ist, wie bei einem Kirschkern, meint Ute.
Was ist eigentlich ein Apfelkern? Was ist in ihm? Es ist ein Samen, aus dem einmal ein Apfelbaum mit Äpfeln werden kann. Das ist das Geheimnis des Apfelkerns.
Sven legt *einen* der Apfelkerne auf das Erdtuch. Daneben stellt Frau M. die Erdschale vom Adventstisch. Sogleich ist die Beteiligung groß:

- Wenn man den Apfelkern in die Erde legt, kann ein Apfelbaum daraus wachsen. Neben den Kern legt Michael daher das Bild eines Apfelbaumes. Es ist, wie Josef gesagt hat: Aus diesem winzigen Apfelkern kann ein großer Apfelbaum wachsen. Alles, was zu einem Apfelbaum gehört, ist dort auf

unsichtbare Weise versteckt. Selbst wenn man den Kern öffnen würde, könnte man nichts entdecken, das nur im Entferntesten an einen Apfelbaum erinnert. Das ist ein großes Geheimnis. Man kann nur beobachten, was passiert, wenn der Samen in die Erde eingepflanzt wird. Das werden die Kinder zu einem späteren Zeitpunkt auch tun. Heute wissen sie schon, was in dem kleinen Kern, in dem Samen, angelegt sein muss, damit eines Tages daraus ein Apfelbaum entstehen kann:
- Wurzeln, Stamm, Äste, Blätter, Blüten, Äpfel.

Wenn die Teile genannt werden, werden sie auf dem Apfelbaumbild, das dazugelegt wird, gezeigt.

Frau M. lässt nun wieder die Kerne ihren Tanz in der Holzschale vorführen, diesen geheimnisvollen Tanz rund um den verborgenen Apfelbaum. Die Kinder machen diese runden Bewegungen zuerst mit den Armen, dann mit ihrem Oberkörper, mit den Knien und schließlich mit ihrem ganzen Körper nach.
Über eines haben sie sich noch keine Gedanken gemacht: Warum ist die Schale des Apfelkerns so hart? Das ist so: Der Samen wird durch die Schale geschützt. Erst wenn der Kern in der Erde ist, beginnt der Samen im Inneren des Kerns zu wachsen. So viel Kraft hat das Innere, wenn es an der Zeit ist.
Als Frau M. ein letztes Mal die Apfelkerne in der Schale schnell und langsam, laut und leise tanzen lässt, sitzen sie mit geschlossenen Augen auf ihren Stühlen.

> *Die Apfelkerne tanzen in der Holzschüssel ... Die Kerne, die Samen des Apfelbaumes, haben eine harte Schale. Deshalb hörst du das Geräusch, das sie beim Tanzen verursachen ... Das Innere, das einstweilen noch „schläft", wird dabei mitbewegt ... Geduldig wartet es darauf, dass es eines Tages, wenn der Kern in die Erde eingepflanzt wird, zu einem großen Baum heranwachsen kann ... mit vielen Äpfeln, in denen wieder neue Apfelkerne sind.*

Jetzt stellen sie sich in den zwei Stehhalbkreisen um den Adventstisch auf. Ayla öffnet heute das Fenster auf und Alex zündet eine Kerze an. Auch auf dem Adventsbild sind Apfelkerne zu sehen. Während Frau M. die „Herzensbilder" davor legt, wissen die Kinder, worum es geht.

- Die Liebe, die Freude und unsere guten Gedanken sind auch manchmal eingeschlossen.
- Sie sind genauso in den Menschen geschützt, denn niemand kann sie ihnen wegnehmen.
- Sie wollen wachsen und das kann jeder spüren.

„Wir können unsere ‚Herzensbilder' auch ‚Herzenssamen' nennen", meint Christian. So soll daher auch das heutige Fenster heißen.

Was es mit der Geburt Jesu zu tun hat, wissen die Kinder:

- Jesus hatte diese „Herzenssamen" in sich, genauso wie wir sie haben. Wahrscheinlich hat er mehr von ihnen gewusst als wir. So ist es ihm auch leichter gefallen, sie „wachsen" zu lassen und nach ihrer Weisheit zu leben.

14. Dezember – Apfel

Material
Adventstisch mit den Gegenständen und Fenstern der letzten Tage, Fensterbild „Apfel" mit Teelicht, einige Äpfel zum Kosten für die Kinder

Begonnen wird im Stehhalbreis um den Adventstisch. Die Kinder erinnern sich an das gestrige Fenster und wiederholen, was sie über die Apfelkerne, die Samen des Apfels, gelernt haben.
Wieder einmal vermuten sie, welches Bild heute auf sie wartet. Nach der Erinnerung an das gestrige Adventsbild fällt es nicht schwer, an einen Apfel zu denken, vielleicht einen solchen, wie man ihn auf dem Weihnachtsmarkt kau-

fen kann. Sebastian hat es fast getroffen; nachdem er das Adventsfenster geöffnet hat, ist ein schöner großer Apfel auf dem Bild zu sehen. Joyce zündet die Kerze an und stellt sie an ihren Platz. Jetzt sieht der Apfel gleich noch lebendiger aus, richtig zum Anbeißen.

Das ist also das Ziel, das in jedem Apfelkern verborgen ist: gute, gesunde Äpfel hervorzubringen, Früchte, die für die Menschen und Tiere wachsen. Darauf kommt es an.

Frau M. stellt einen Korb mit Äpfeln auf den Tisch.

Die Äpfel, die es auf dem Weihnachtsmarkt gibt, sowie jene, mit denen manche Leute ihren Weihnachtsbaum schmücken, erinnern daran, dass auch jedes Menschenleben Früchte bringen kann, weil in jedem Menschen viele gute Samen angelegt sind.

Und wieder legt Frau M. die „Herzenssamen" vor das Fenster.

Die Kinder begreifen schnell: Wenn die Herzenssamen der Menschen schon etwas gewachsen und sichtbar sind wie diese Äpfel im Korb, kann es allen gut gehen. „Dann ist es ja ganz normal, dass man zu anderen freundlich sein kann oder sich wieder verträgt. Dann ist ein „Herzensapfel" einfach wieder ein Stück gewachsen", erläutert Mirjam ihre Gedanken. Die Kinder bringen noch andere Beispiele für „Herzensäpfel": Wenn man

- mithelfen kann, obwohl man absolut keine Lust hat;
- sich nach einem Streit die Hand gibt und „Entschuldigung" sagen kann;
- seinen Ärger nicht an anderen auslässt;
- nicht gleich schimpft, wenn einem etwas nicht passt;
- geduldig ist, auch wenn es schwer fällt;
- jemanden tröstet, der nicht sein Freund ist;
- jemandem eine Freude machen will ...

Das sind doch richtige „Herzensäpfelchen" - oder? So soll auch das heutige Fenster heißen: Herzensäpfel.

Auch sie haben mit der Geburt Jesu zu tun.

- Sie müssen für manche Menschen bereits nach Jesu Geburt spürbar gewesen sein, sonst wären sie in seiner Gegenwart nicht so froh gewesen.
- Bei Jesus sind sie anscheinend schneller gewachsen als bei den anderen Menschen, sonst hätte er nicht so viel für die Kranken, Traurigen ... tun können, als er erwachsen war.

15. Dezember – Weihnachtsbaum

Material
Adventstisch mit den Gegenständen und Fenstern der letzten Tage, Fensterbild „Weihnachtsbaum" mit Teelicht

Heute darf Florian die Kerze anzünden und hinter das fünfzehnte Fenster stellen. Nachdem es geöffnet ist, zeigt es einen schönen Weihnachtsbaum mit glänzenden roten Äpfeln daran.
Es hat mit dem zu tun, was sie gestern gelernt haben, wissen die Kinder. Vielleicht sind diese vielen roten schönen Äpfel ein Zeichen dafür, dass es viele sichtbare „Herzensäpfel" gibt - noch viel mehr als gestern genannt wurden. Sie alle halten das Leben lebendig, tragen dazu bei, dass das Leben weitergeht, auch wenn es Probleme gibt. So finden die Kinder noch viele Beispiele, die das bewusst machen, denn auch für sie gibt es immer wieder Probleme und sie brauchen Hilfen verschiedener Art. Es wird immer deutlicher: wenn Menschen sich vertragen, sich gegenseitig helfen, einander verzeihen, einander trösten, freundlich sind, ... fängt so ein kleiner roter Herzensapfel an zu leuchten und Freude zu verbreiten; so, wie es zu Weihnachten sein soll, wofür das kleine Jesuskind geboren wurde ...
Das heutige Fenster heißt einfach Weihnachtsbaum.

- Als der kleine Jesus erwachsen war, war er auch wie dieser Weihnachtsbaum: voll mit vielen sicht- und spürbaren Herzensäpfelchen. Er half den Armen und Kranken, war zu den Menschen freundlich und tröstete sie in ihrer Not.

16. Dezember – Tor

Material
Adventstisch mit den Gegenständen und Fenstern der letzten Tage, Fensterbild „Tor" mit Teelicht, Tafelbild (siehe S. 164) , aufklappbares Torbild (siehe S. 164)

Während die Kinder in der Klassensitzordnung sitzen, geht Frau M. zur Tafel und malt mit weißer Kreide eine Mauer mit einer Maueröffnung in ihrer Mitte (Abb. 35, links), die oben leicht gerundet ist. Dahinter entsteht eine Wiese und in der Ferne einige Hügel. Rechts scheint ein Haus oder eine Hütte zu stehen, man kann es nicht genau sehen, denn die Mauer versperrt die Sicht.

> *Das war ein Tag! So viel Wind und Staub wie an diesem sind Maria und Josef auf ihrem langen Weg nach Bethlehem bis jetzt noch nicht begegnet. Dazu die vielen Kurven und das ewige Bergauf und Bergab. Endlich, im Licht der untergehenden Sonne, ist in nicht allzu weiter Ferne eine*

Stadt zu sehen. „Wenn wir durch dieses Tor hindurchgegangen sind, dann haben wir es für heute geschafft", erklärt Josef seiner Frau. Und wirklich. Nach einer kurzen Wegstrecke kommen sie in eine hübsche, kleine Stadt mit freundlichen Menschen. Die sehen den beiden Reisenden sogleich ihre Müdigkeit an und bieten ihnen ein Quartier für die Nacht an. Wer hätte das gedacht? „Wir sind bei guten Menschen hier!", freut sich Maria. „Sie haben ihr Herz für die anderen offen, selbst wenn es Fremde sind, so wie wir." Beruhigt und zufrieden schlafen Maria und Josef tief und fest bis zum nächsten Morgen.

Maria und Josef sind in Sicherheit. Dass es ihnen in dieser Nacht so gut gehen wird, haben sie vorher nicht gewusst.

Viele Kinder haben ein solches offenes Mauertor schon einmal gesehen oder sind sogar durch eines hindurchgegangen. Die meisten finden es spannend, denn solange man davor steht, sieht man nur einen kleinen Ausschnitt von dem, was sich dahinter verbirgt. Wie es rechts und links davon weitergeht, kann man nur vermuten. Erst wenn man hindurchgeht, kann man es auch wirklich sehen.

Andrerseits kann man durch das Tor schon einen Teil einer Landschaft oder eines Raumes ... sehen, der in Wirklichkeit viel größer ist. Man sieht bereits einen Teil der ganzen Wirklichkeit.

Die Kinder schließen nun ihre Augen und legen sich „schlafen". In der Zwischenzeit hören sie leise Kratzgeräusche, die beim Malen an der Tafel entstehen. Tatsächlich, als sie wieder hochschauen, ist der Durchgang mit einer braunen Tür verschlossen (Abb. 35, rechts). Frau M. hat sie einfach über die Landschaft gemalt.

Wie schade, ist bei vielen der erste Gedanke. Jetzt ist eine Tür vor dem Durchgang und das einfache Hin- und Hergehen, das Hineinschauen ist nicht mehr möglich. Irgendwie macht das traurig.

Die Kinder sind um den Adventstisch versammelt. Thomas entzündet die heutige Kerze und Ute öffnet das Fenster. Auf dem Bild ist ein Tor zu sehen mit leicht geöffneten Türflügeln. Dahinter ist es hell, durch das hindurchschimmernde Kerzenlicht noch heller.

Vor das Fenster legt Frau M. die Herzensbilder (Sonne, Quelle, Kerze) und darüber ein Tor, wie es auf dem Adventskalender zu sehen ist, nur noch ungeöffnet (Abb. 36, S. 164). Als Ayla die beiden Türflügel aufmacht, wissen alle:

- Auch die Herzenssamen der Liebe, der Freude, der guten Gedanken sind manchmal wie hinter einem Tor verschlossen. Leider sind sie dann für niemanden sichtbar.

- Sie können meist nicht von außen geöffnet werden, sondern nur von innen, so wie auch das Stadttor nicht von außen geöffnet werden kann, wenn es von innen her verschlossen ist.
- Weihnachten erinnert daran, dass die Menschen nur mit geöffneten Herzenstüren ihren Herzenssamen die Chance geben zu wachsen und sich zu zeigen. Deshalb singen sie auch das alte Lied „Macht hoch die Tür, die Tor macht weit...." weil sie wissen, dass sie die Geburt Jesu nur mit einer geöffneten Herzenstür begreifen können.

Das heutige Fenster erhält den Namen Herzenstür.

 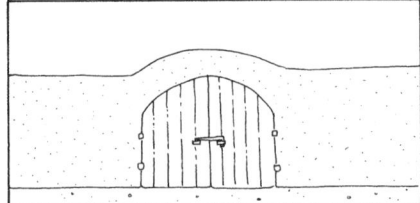

Abb. 35: Tafelbild

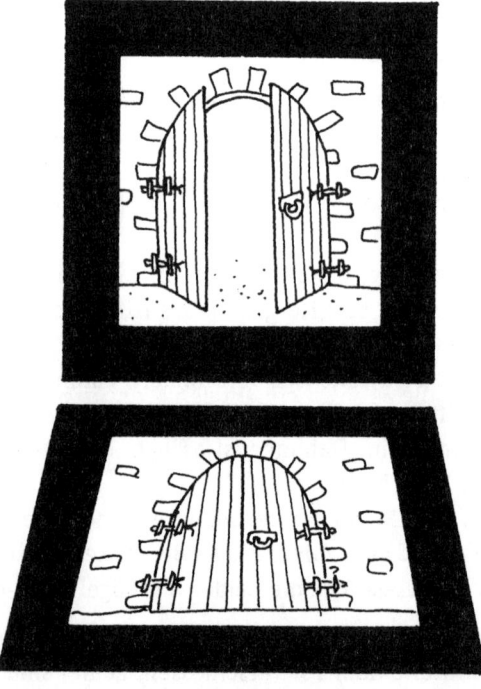

Abb. 36: Herzenstür

17. Dezember – Mond

Material
Adventstisch mit den Gegenständen und Fenstern der letzten Tage, Kassettenrekorder, Musikkassette (siehe Anhang), Fensterbild „Mond" mit Teelicht, Problembilder (siehe S. 166)

Alle sitzen im Halbkreis um den Adventstisch, die Zimmerlampe ist ausgeschaltet und Frau M. erzählt, während die Kinder ihre Augen geschlossen halten und im Hintergrund leise Musik zu hören ist:

> *Draußen ist es dunkel, stockdunkel ... Wäre nicht der Mond am Himmel zu sehen, den von ganz weit weg die Sonne anleuchtet, könnte man nicht einmal den Boden unter den Füßen erkennen ... Kein Mensch ist bei dieser Finsternis freiwillig unterwegs und die, die es sein müssen, kommen nur langsam voran; vor allem außerhalb der Dörfer und Städte ... Wie gut, dass es wenigstens durch den Mond etwas Licht gibt! ...*

Frau M. hat aufgehört zu erzählen und jeder lauscht noch ein bisschen der Musik, bevor auch sie immer leiser und leiser wird und schließlich nicht mehr zu hören ist.
Obwohl die Geschichte ganz kurz und eigentlich noch gar keine richtige Geschichte gewesen ist, haben die Kinder viel erlebt und wollen darüber sprechen. Sie erzählen von einer tief dunklen Nacht, von Waldwegen, manch einer auch von ganz schlechten Wegen mit vielen harten Steinen. Bettina ist gar nicht weitergegangen, hat sie erzählt, sondern hat sich an etwas Hartes, einen Baumstamm gelehnt, und beschlossen, hier auf den Morgen zu warten.
Und der Mond? Er leuchtete nicht bei allen gleich hell, wie sich herausstellt, so wie er nicht bei allen Kindern gleich aussah. Aber er rief bei den meisten die Sehnsucht nach der Sonne hervor, von der ja in Wirklichkeit das „Mondlicht" stammt. Würde die Sonne nicht auf den Mond scheinen, würde er auch nicht leuchten. Dem Mond fehlt das eigene Licht.
Sebastian kümmert sich um die heutige Kerze und Ina darf das Fenster öffnen. Die Kinder haben richtig vermutet, auf dem Bild ist ein dunkler Himmel mit einem dünnen Mond zu sehen, der auch hier von der Kerze beleuchtet wird. Frau M. legt das Herzensbild der Sonne davor. Dazu fällt zunächst niemandem etwas ein. Doch sie legt kleine Problembilder (Abb. 37) dazu, die sie den Kindern vorher so entgegenhält, dass jeder sie genau sehen kann. Darauf ist ein Kind zu sehen, das gestolpert ist, ein Junge, der weint, eine Oma, die krank im Bett liegt. Jetzt ist es einfach. Die Kinder sprechen zu dem, was sie sehen:

„Tobias ist hingefallen und hat sein Knie verletzt. Er hat Schmerzen und muss deshalb weinen."…

Bald ist klar: Den Leuten auf dem Bild fehlt etwas, ähnlich wie dem Mond. Durch den Kummer, den sie momentan empfinden, sind sie wie der Mond darauf angewiesen, von außen Licht zu bekommen, damit ihr eigenes Licht wieder heller strahlen kann und sie wieder Vertrauen und Lebensfreude empfinden können. Wenn die anderen ihre Herzenssonne scheinen lassen und ihnen durch Trösten, Besuchen, … helfen, dann kann sich ihr Kummer aufhellen und die Freude vielleicht sogar wiederkehren. Dann kann sich ihr „Monddasein" wieder in ein „Sonnendasein" verwandeln. Myriam schlägt vor, das Fenster „Geheimnis des Mondes" zu nennen.

- Jesus hat bestimmt etwas vom Geheimnis des Mondes gewusst.

Abb. 37: Problembilder

18. Dezember – Maria und Josef

Material
Adventstisch mit den Gegenständen und Fenstern der letzten Tage, Kassettenrekorder, Musikkassette (siehe Anhang), Fensterbild „Maria und Josef" mit Teelicht

Begonnen wird wie gestern. Die bereits bekannte Musik, die im Hintergrund zu hören ist, begleitet Frau M.s Erzählung.

> *Auch in dieser Nacht ist es dunkel und ganz schön frisch. Außer dem schwachen Mondlicht ist kein Lichtschein auf dem Weg in Richtung Bethlehem zu sehen. Wie gut, bereits eine Herberge, ein Dach über dem Kopf gefunden zu haben. „Wie weit ist es noch?", fragt Maria, für die die Reise auf dem Esel mit jedem Tag beschwerlicher wird, denn sie erwartet ja ein Baby. Josef, ihr Mann, kann ihr keine genaue Antwort geben. „Vielleicht vier Tage, vielleicht fünf; je nachdem, wie schnell wir vorwärts kommen." Müde legen sie sich nieder und schlafen bald ein. Und am nächsten Morgen geht es ganz früh wieder weiter in Richtung Bethlehem.*

Ganz still ist es im Zimmer. Außer der leisen Musik ist nichts zu hören. Erst als auch sie verklungen ist, recken und strecken sich die Kinder und öffnen ihre Augen.

Frau M. hat währenddessen die heutige Kerze angezündet und das Fenster geöffnet. Zu sehen ist, was die Kinder soeben beim Anhören der kurzen Geschichte erlebt haben: Maria sitzt auf dem Esel und Josef geht daneben her. Sie sind weiter unterwegs nach Bethlehem.
Natürlich haben die Kinder noch mehr erlebt, und darüber dürfen sie jetzt auch erzählen. Es ist nicht schön, im Dunkeln zu reisen und jeden Abend woanders zu übernachten. Für manche von ihnen ist es auch in der Herberge dunkel und ungemütlich gewesen und sie haben sich richtig erleichtert gefühlt, als die Reise der beiden weiter gegangen ist.

Das heutige Fenster heißt einfach Maria und Josef.
Ab heute muss nicht mehr gefragt werden, was das Bild mit der Ankunft Jesu zu tun hat.

19. Dezember – Weihnachtsstern

Material
Adventstisch mit den Gegenständen und Fenstern der letzten Tage, Fensterbild „Weihnachtsstern" mit Teelicht, dunkelblaues glänzendes samtiges Tuch, Strohstern, Kassettenrekorder, Musikkassette (siehe Anhang)

In der Mitte des Sitzkreises liegt ein dunkelblaues Tuch - sonst ist nichts zu erkennen. Es erinnert an Verschiedenes: Den einen an einen tiefen See, den anderen an eine dunkle Wolke. Viele denken an die dunkle Nacht.
Während Stefan die heutige Kerze anzündet und sie vor das gestrige Fenster stellt, überlegen die Kinder, was Maria und Josef mit dem dunkelblauen Tuch zu tun haben.

- Sie sind bis zum Abend weiter geritten.
- Sie haben wieder in einer Herberge übernachtet.
- Sie sind vom Regen überrascht worden.

Christina greift jetzt unter das Tuch. Leider findet sie nichts, was den anderen weiter geholfen hätte und so probiert es Volkan noch einmal - ohne Erfolg. Alex, der als Nächster drankommt, holt schließlich ganz vorsichtig einen Strohstern hervor und legt ihn auf das Tuch.
„Ein Stern leuchtet in der dunklen Nacht und hellt sie auf", meint Miriam.

Mit geschlossenen Augen hören die Kinder nun auf die Musik und auf Frau M.s Stimme.

> *Drei Tage und drei Nächte sind Maria und Josef in der Zwischenzeit unterwegs gewesen. Auch heute, am Ende des vierten Tages, brauchen sie eine Herberge zum Übernachten. Sie haben Glück und in der ersten, bei der sie angeklopft haben, gibt es einen Platz für sie. Bevor sie sich schlafen legen, schauen sie noch einmal in die dunkle Nacht hinaus. Da! Ein Stern funkelt hoch über ihnen und leuchtet am Himmel. Sein Strahlen ist besonders hell und klar und sein Licht von einer freundlichen Wärme. „Bald wird das Kind da sein", meint Maria zu Josef. „Und bald werden wir in Bethlehem ankommen", erwidert Josef.*

Beides klingt in den Kindern nach, die Musik sowie die Geschichte. Keine Frage, wem sie heute begegnet sind, dem Weihnachtsstern. Zwar wird von ihm in der Weihnachtsgeschichte erst später berichtet, nämlich als die Weisen aus dem Morgenland das Jesuskind besucht haben, aber seither ist er untrennbar mit der Weihnachtsgeschichte verbunden. Ist er sichtbar, ist Weihnachten nicht mehr weit.
Das heutige Fenster hat den Namen „Weihnachtsstern".

20. Dezember – Hirte

Material
Adventstisch mit den Gegenständen und Fenstern der letzten Tage, Fensterbild „Hirte" mit Teelicht, Flöte, Flötenmelodie (siehe S. 169)

Die Kinder sitzen um den Adventstisch und schauen Renate zu, wie sie die Kerze anzündet und Erkan, wie er das Fenster öffnet. Vor das Bild eines Hirten mit einigen Schafen legt Frau M. den Strohstern von gestern.
Dazu fällt allen etwas ein und ein jeder möchte drankommen.
Denn die Kinder wissen, dass auch Hirten auf einem Feld das neugeborene Jesuskind besucht haben. Sicher haben auch sie den Weihnachtsstern gesehen, denn Sterne sind bekanntlich von fast überall zu sehen - sofern der Himmel klar ist.
Während die Kinder auf das kleine beleuchtete Bild und den davor liegenden Stern schauen, erzählt Frau M.:

Den Stern, den Maria und Josef gesehen haben, hat auf einer Schafweide in der Nähe von Bethlehem auch ein Hirte gesehen. Nach den vergangenen langen dunklen Nächten war das Licht am Himmel eine richtige Wohltat und seine Helligkeit ließ den Hirten richtig froh werden. „Die nächsten Nächte werden bestimmt ebenfalls so hell werden", freut sich der Hirte, denn dadurch ist seine Aufgabe einfacher, die Schafe auch in der Nacht vor wilden Tieren zu schützen. Und so beschließt er, am nächsten Tag mit seiner Herde eine andere Weide vor Bethlehem aufzusuchen, eine viel größere, die für viele Herden Platz bietet. Hier ist es dann auch für den Hirten nicht so einsam, denn er trifft ganz bestimmt andere Hirten, die ebenfalls ihre Tiere hierher geführt haben. In der Vorfreude auf die kommenden geselligen Tage nimmt er seine Flöte zur Hand und spielt darauf.

Während Frau M. nun auf ihrer Flöte die kleine Hirtenmelodie vorspielt, sehen alle in Gedanken den Hirten bei seinen Schafen sitzen und sich auf die nächsten Tage freuen. Das Hirtenfenster ist ein freundliches, ein frohes Fenster.

Hirtenmelodie   Angelika Meltzer

21. Dezember – Stall von Bethlehem

Material
Adventstisch mit den Gegenständen und Fenstern der letzten Tage, Fensterbild „Stall von Bethlehem" mit Teelicht

Nachdem sich die Kinder im Adventssitzkreis versammelt und sich die Geschichte, die Frau M. in den letzen Tagen erzählt hat, wieder ins Gedächtnis gerufen haben, hören sie weiter zu.

> *In Bethlehem geht es ausgesprochen hektisch zu. Auf Anordnung des Kaisers haben viele Menschen die Reise hierher angetreten, um sich zählen zu lassen. Kaum einer, der nicht wenigstens einmal übernachten muss, denn die Leute kommen von weit her.*
> *Die Gastwirte in Bethlehem sind sehr zufrieden. So viele Gäste in so kurzer Zeit hat es noch nie gegeben. Sie sind ganz schön erfinderisch im Unterbringen ihrer Übernachtungsgäste. Reicht der Platz in der Herberge nicht aus, dann gibt es am Stadtrand noch leerstehende Schuppen, halb volle Getreidespeicher und zur Not auch Ställe, in denen noch ein Plätzchen frei ist. Und die Gäste sind dankbar - dankbar für jedes Dach über dem Kopf. Schließlich ist es oft nur für eine Nacht.*

Wortlos deutet Frau M. Daniela, das heutige Fenster aufzumachen, während Uwe die Kerze anzündet. Ein bisschen traurig, was die Kinder da zu sehen bekommen. Es ist ein leerer, armseliger Stall, der auf einer Weide steht. In einer Ecke liegt frisches Stroh, das der Bauer für seine Tiere hergerichtet hat. Die Tiere selbst sind nicht zu sehen, wahrscheinlich sind sie tagsüber auf der Weide.
Die Kinder ahnen es schon. Maria und Josef werden ausgerechnet an diesen Stall geraten und Maria wird das Baby hier zur Welt bringen.
Das Fenster heißt ganz einfach ein Stall von Bethlehem.

22./23./24. Dezember – Tiere im Stall – Weihnachtskrippe – Jesus in der Krippe

Material
Lehrerin: Adventstisch mit den Gegenständen und Fenstern der letzten Tage, Fensterbilder „Tiere im Stall", „Weihnachtskrippe", „Jesus in der Krippe"
Kinder: Buntstifte, 28 Weihnachtskrippen, (siehe S. 174)

Heute ist ein besonderer Tag, der letzte Schultag vor den ersten Weihnachtsferien. Das Klassenzimmer ist mittlerweile festlich geschmückt, denn die ganze Adventszeit hindurch haben die Kinder in der Vorviertelstunde gebastelt und gemalt.
An den Fenstern und Wänden gibt es viele Weihnachtssterne, Engel schmücken das Klassenzimmer und in der Jahreszeitenecke hängt an den kahlen Zweigen selbst hergestellter Weihnachtsschmuck. Immer wieder bringen die Kinder Kerzen mit und schmücken damit die Fensterbretter.

Nachdem die Kinder ihre Tische im hinteren Teil des Klassenzimmers zu einer einzigen großen Tafel zusammengerückt und sie mit Zweigen, Kerzen und mitgebrachten Weihnachtsplätzchen geschmückt haben, setzen sie sich wie gewohnt in den Adventssitzkreis. Nach einem gemeinsam gesungenen Weihnachtslied erzählt Frau M:

> *Es ist Abend geworden. Der Bauer, dessen Stall wir bereits kennen, treibt seine Tiere von der Weide zurück in den Stall. Manche finden schon alleine ihren Weg, andere würden lieber noch draußen bleiben. Freundlich klopft er ihnen auf den Rücken, und zum Schluss hat jedes Tier seinen Platz gefunden.*
> *Als der Bauer seinen Stall verlässt, um sich in das Wohngebäude zu begeben, ist es bereits dämmrig. „Schon wieder dieser helle Stern am Himmel, genau wie in den letzten Tagen", überlegt er und betritt seine Stube. Hungrig isst er die warme Suppe, die ihm seine Frau hinstellt.*

Eifrig wird vermutet, was im nächsten Fenster sein mag. Vielleicht der Bauer, sein Haus oder die Tiere?
Ina öffnet das Fenster, während Petra die Kerze anzündet. Da stehen sie, die Tiere des Bauern, in ihrem Stall und warten auf den nächsten Tag. Das Fenster bekommt den Namen „Tiere im Stall".
Wieder wird ein Weihnachtslied gesungen und anschließend überlegt, wie die Erzählung weitergehen könnte. Endlich erzählt Frau M. weiter.

> *Kaum ist er satt, da fällt ihm ein, dass er vergessen hat, die Futterkrippe zu reparieren. „Wenn wieder Regen kommt, brauche ich sie für die Tiere", erklärt er seiner Frau, nimmt eine Laterne mit und geht nochmals in den Stall. Schnell hat er das abgebrochene Holzbein erneuert und eilt ungeduldig ins Haus. Nun ist es aber wirklich Zeit für ein erholsames Abendstündchen. Draußen ist es schon dunkel. „Kann es sein, dass der Stern über meinem Stall heute noch heller leuchtet?", fragt er sich und betritt dann sein Haus.*

Frau M. unterbricht ihre Geschichte. Sie reicht Erkan die Streichhölzer und nickt Leonie zu, das nächste Fenster zu öffnen. Wie erwartet ist die frisch reparierte Futterkrippe zu sehen. Manche Kinder haben im Wald schon eine Futterkrippe gesehen. Je nachdem, für welche Tiere sie gedacht ist, gibt es sie in verschiedenen Größen. Die Krippe aus der Geschichte ist als Weihnachtskrippe bekannt, in die Maria den kleinen Jesus hineinlegen wird.

Deshalb heißt dieses Fenster „Weihnachtskrippe".

Thomas stellt fest, dass in der Krippe weder Stroh noch Heu ist. Daher stehen die Kinder auf und „füllen" die Krippe - pantomimisch. Von rechts, von links, von vorne und hinten - je nach dem Vorschlag eines Kindes - „packen" sie mit beiden Händen Stroh und Heu und „füllen" damit die Krippe, die „vor" ihnen steht.

In der warmen Stube ist es gemütlich. Der Platz für den Bauern, seine Frau und die Kinder ist zwar eng, aber sie sind daran gewöhnt. Während die Kinder bereits schlafen, bespricht der Bauer mit seiner Frau, was am nächsten Tag alles zu tun sein wird.

Auf einmal ist ein lautes Klopfen zu hören. Immer wieder. Jemand hat wohl ans Tor gepocht. Wer kann das sein? Um diese Zeit? Nur zögernd entschließt sich der Bauer nachzusehen; denn bei den vielen Fremden, die sich derzeit in Bethlehem aufhalten, sind auch viele düstere Gestalten dabei, denen man lieber nicht begegnet. Ein erneutes Pochen reißt den Bauern aus seinen Überlegungen. Ein eindringliches Pochen.

Schließlich öffnet er die Haustür. Draußen stehen ein Mann und seine Frau, die ein Baby erwartet. „Ich bin Josef und das ist Maria, meine Frau", erklärt der Fremde. „In ganz Bethlehem ist kein Nachtlager mehr frei. Wie es aussieht, kommt das Baby noch heute Nacht und wir brauchen dringend eine Unterkunft. Wir haben bei euch noch Licht gesehen und deshalb angeklopft. Könnt ihr uns weiterhelfen?" Der Bauer tritt unbehaglich von einem Fuß auf den anderen. Dann ruft er seine Frau. Im eigenen Haus ist wirklich kein Platz frei, davon können sich Maria und Josef selbst überzeugen. Aber nebenan der Stall, was ist mit dem?

Zu viert besichtigen sie den Stall, der nach frischem Stroh und den Tieren riecht. Der Bauer und seine Frau bringen warme Decken und eine Lampe. Nun eignet sich die Ecke, in der das frische Stroh gelagert ist, schon besser zum Übernachten. Der Bauer stellt die kleine Futterkrippe dazu und füllt sie mit Stroh und Heu. Seine Frau legt noch ein warmes Schafsfell und saubere Tücher hinein. „Für das Baby!", sagt sie und nickt Maria aufmunternd zu. „Es kann nicht mehr lange dauern, ich richte alles her."

Die Bäuerin hat recht. Nach wenigen Stunden ist der kleine Jesus geboren, versorgt, gewaschen und schließlich in die vorbereitete Krippe gelegt. Dem Baby und Maria, seiner Mama, geht es gut.

Noch bevor am nächsten Tag die Sonne aufgeht, gehen der Bauer und seine Frau in den Stall, um nach den Fremden zu sehen. Als sie ganz

leise und vorsichtig den Stall betreten, finden sie ihre Gäste in tiefem Schlaf vor.
Aber, was ist das? Von dem kleinen Kind in der Krippe geht etwas so Freundliches, Friedliches, Tröstliches, Liebevolles aus, dass die beiden sich wie von einem liebenden Licht eingehüllt fühlen, wie sie es noch nie erlebt haben. Und je mehr sie sich von ihm berühren lassen, desto stärker breitet sich die Helligkeit aus, die sie rund um den kleinen Jesus zu sehen meinen und die sie auf besondere Weise froh macht.
Als sie kurze Zeit später den Stall verlassen, flüstert der Bauer seiner Frau zu: „Von dem Stern, der in den letzten Tagen vom Himmel zur Erde gefunkelt hat, ist eine ähnliche Freundlichkeit ausgegangen wie von diesem kleinen Jesuskind. Ob das eine besondere Bedeutung hat?" So, als ob er es selbst nicht glauben kann, schüttelt er dabei den Kopf und nachdenklich beginnen die beiden mit den Tätigkeiten des neuen Tages.
Über ihre Übernachtungsgäste, die sie noch mehrere Tage beherbergen, und ihr Erlebnis am frühen Morgen erzählen der Bauer und seine Frau manchen Freunden und Nachbarn. Und so ist es gekommen, dass Josef, Maria und der kleine Jesus viel Besuch bekommen. Manche schauen aus Neugierde in den Stall von Bethlehem hinein - sie erleben dabei nichts Besonderes. Die Umstände der Geburt und Übernachtung sind für sie schon besonders genug.
Einige wenige aber, die ohne Erwartung, aber mit offenem Herzen die kleine Familie im Stall besuchen, haben, wie der Bauer und seine Frau, etwas von dem Besonderen erlebt und gespürt, das mit der Geburt dieses kleinen Jesus verbunden ist. Unter ihnen sind auch die Hirten gewesen, die sich kurz davor auf der großen Weide vor Bethlehem getroffen haben.

Es ist jetzt ganz still in der Klasse. Niemand drängelt, das letzte Fenster zu öffnen. Frau M. zündet ein Teelicht an, es ist das des ersten Fensters. Dabei sagt sie: „Für mich ist das Vertrauen das wichtigste gewesen." Dann hält sie den Kindern die Streichhölzer auffordernd hin und Ina will weitermachen. Sie zündet das Teelicht hinter dem zehnten Fenster an. „Das Weihnachtsglöckchen war für mich am schönsten. Es hat mir Mut gemacht, wenn ich mir nichts zutraue und so viele Fehler beim Schreiben mache."
Auf diese Weise werden nochmals alle Adventslichter angezündet und da sonst kein Licht im Zimmer brennt, sieht das wunderschön aus. Als letztes kommt das 24. Fenster dran, das Fenster mit dem kleinen Jesus in der Krippe. Nach einigen Wunschweihnachtsliedern bekommt jedes Kind das 24. Fenster

als großes Bild. An der „Weihnachtstafel", an die sich nun alle mit ihren Stühlen hinsetzen, malen sie die Weihnachtskrippe aus, falten sie und stellen sie vor sich hin.
Später zünden sie ihre Kerzen an und lassen sich die mitgebrachten Weihnachtsplätzchen gut schmecken.

Abb. 38: Weihnachtskrippe

3. Die Zeit bis Ostern

Diese Zeit ist geprägt von einer gewissen Stabilität. Die Schule gehört nun zum Alltag, auch wenn die erste Woche nach den Ferien für manche eingewöhnungsbedürftig ist. Die Lernprozesse der verschiedenen Lernbereiche verlaufen kontinuierlich, ebenso die Arbeitsweisen, mit denen die Kinder nun schon gut vertraut sind. Man merkt den meisten die selbstverständliche „Schulkindsicherheit" an, nur einige Wenige sind jetzt erst richtige Schulkinder geworden.
Der unterrichtliche und erziehliche Schwerpunkt liegt einerseits in der Vertiefung dieser Sicherheit, andrerseits im Anbahnen einer realistischen Selbsteinschätzung bezüglich Verhaltens- und Lernmöglichkeiten. Zum Aufbau eines realistischen Selbstbewusstseins gehört auch die Wahrnehmung und Akzeptanz der eigenen Schwachpunkte und nicht nur das Bewusstmachen bereits entfalteter Fähigkeiten. Die Aufbereitung der Themen tragen diesem Anliegen Rechnung und je mehr der einzelne auf diese Weise von sich selbst erfährt, desto einsichtiger werden für ihn auch differenzierte Maßnahmen zu seiner emotionalen und kognitiven Förderung.

Zeiterfahrungen

Wir erinnern uns

Material
Softball

Der erste Schultag nach den Ferien ist für viele Kinder eine aufregende Angelegenheit! Das Kribbeln im Bauch ist zwar nicht so stark wie am ersten Schultag, aber während der Weihnachtsferien ist die Schule in weite Ferne gerückt. Das soll natürlich nicht heißen, dass die Kinder alles vergessen haben, im Gegenteil. Für Frau M. ist es schon beeindruckend, was sie sich alles über die Buchstaben, die Zahlen, die Verkehrszeichen ... gemerkt haben.
Sie interessiert sich auch dafür, was die Kinder in den Ferien erlebt haben. Immer wieder stellt sie Zwischenfragen, fragt nach dem Wochentag, der Tageszeit und den beteiligten Personen. Für manche ist diese Fragerei sehr anstrengend, denn sie stellen fest, dass sie sich keineswegs genau an alle Einzelheiten erinnern.
Darüber wundern sich manche Kinder ein wenig; die „schweren Sachen" wie Lesen, Schreiben und Rechnen haben sie sich gut gemerkt und an die vielen

schönen Einzelheiten aus den Ferien können sie sich oft nur ungenau erinnern. „Das werden wir in der nächsten Zeit üben!", verkündet Frau M. und die Kinder sind davon gar nicht begeistert, denn, wie Uwe richtig sagt: „Üben ist langweilig!" „Wirklich?", antwortet ihm Frau M. leicht verschmitzt und lässt ihn in der Ungewissheit, ob Üben langweilig ist oder nicht.

Am Montag, in der letzten Stunde, geht das „Erinnerungsüben" gleich los – aber Uwes Befürchtung war überflüssig.
Die Kinder stehen im Stehkreis und Frau M. stellt eine Frage:

- Was hast du *heute* in der ersten Pause gespielt?

Jetzt rollt sie ihren Ball einem Kind vor die Füße. Kann es die Antwort geben, stellt es eine neue Frage, kann es sich nicht erinnern, sagt es einfach „Ich weiß es nicht." und rollt den Ball weiter.
Dabei werden recht lustige Fragen gestellt.

- Was hast du *heute* in der Essenspause gegessen?
- Mit wem bist du *heute* die Treppe hinunter gegangen?
- Welches Heft hast du *heute* zuletzt in deine Büchertasche gepackt?

Am Dienstag in der letzten Stunde geht das „Erinnerungsüben" weiter. Heute heißt es:

- Was hast du *gestern* zum Mittagessen gegessen?
- Was hast du *gestern* am Nachmittag gemacht?
- Welche Farbe hat deine Zahnpasta, die du *gestern* benützt hast? ...

Bei so viel Erinnerungsüben schwirrt vielen bald der Kopf, aber Frau M. gibt nicht auf. Gleich Mittwoch früh geht es weiter.

Lernaspekte
Die Kinder sind durch die Zeitschnur mit dem Grundsätzlichen des zeitlichen Ablaufs bereits vertraut. Beim ersten Morgenkreis nach den Ferien werden Erinnerungslücken deutlich, obwohl die vergangenen Ereignisse für die Kinder persönlich wichtig und erlebnisreich waren.
Deshalb soll das Erinnerungsvermögens an persönliche Situationen aktiviert und der vergangene Zeitraum in eine erlebbare Nähe gerückt werden.
Dieses Empfinden für das eigene „Es-selbst-erlebt-haben" unterscheidet sich von dem Erleben aus „zweiter Hand", wie es z.B. das Fernsehen vermittelt. Dennoch können die Kinder nicht immer zwischen der eigenen und einer fremden, dargestellten Realität unterscheiden. Oft verschwimmen beide Bereiche, die Wahrnehmung der eigenen Situation wird verzerrt und da, wo

manches Kind „Es war stark ..." erzählt, meint es oft „Ich hatte Angst."
Obwohl beide Äußerungen zu einem vergangenen Geschehen gehören, wirken sie beide in die Gegenwart hinein und ihre Kraft wird durch gegenwärtige Ereignisse immer wieder neu belebt. In diesem Zusammenhang ist auch der manipulative Einfluss des Fernsehens zu sehen, die Überreaktion mancher Kinder in bestimmten Situationen anzusiedeln.
So ergibt sich beim Thema „Zeit" die Chance, das Gespür für das tatsächliche Vorbeisein eines vergangenen Erlebens anzubahnen und so die Begriffe „heute", „gestern" „vorgestern" auch erlebensmäßig nachzuvollziehen. Andrerseits fehlen meist die starken Gefühlsbesetzungen, wenn es um Zukünftiges geht; „morgen" und „übermorgen" liegen oft noch in einer nicht erfühlbaren Ferne – außer, die Vergangenheit wird bereits als Programm der Angst oder des Versagens festgehalten. Den Kindern diese Mechanismen in alltäglichen Situationen kindgemäß bewusst zu machen, gehört für uns zu den pädagogischen Aufgaben beim Thema „Zeit".

Thema Zeit

Material
Lehrerin: Themenkreis, hellblaue Wortkarte „Zeit", weiße unbeschriebene Wortkarten, beschriebene Etiketten zum Aufkleben (siehe S. 178), Zeitschnur, Wortkarten (jetzt, früher, später), Kassettenrekorder, Musikkassette (siehe Anhang)
Kinder: kleine Zettel, ca. 5 cm x 7 cm, Anlauttabelle, ein Magnet oder Klebepunkt für jedes Kind

In der Mitte liegt eine hellblaue, umgedrehte Wortkarte, um sie herum jede Menge unbeschriebener weißer Wortkarten. Manche Kinder drehen die Karten um, sie sind neugierig, was darauf steht. Aber außer der hellblauen Karte, auf der das Wort „Zeit" steht, gibt es nichts zu lesen.
1. In der Klassensitzordnung vermuten die Kinder, worum es heute gehen könnte. Das ist nicht schwer herauszufinden, denn auf dem hellblauen Schild steht „Zeit". „Du musst das Zeitschild in den Themenkreis hängen", weist Florian die Lehrerin an, die seinen Vorschlag ausführt.
Daniela meldet sich. „An der Zeitschnur waren die Jahrestüten aufgehängt", erinnert sie sich und Alex daran, dass mit den daranhängenden Schildern ein Spiel gespielt wurde. So etwas Ähnliches soll auch heute geschehen. Es sollen Wörter zum Thema Zeit gefunden werden. Die heutige Frage lautet.
2. Was fällt dir ein zum Thema „Zeit"?

3.1 Zunächst, bei leiser Musik, lassen sich die Kinder Gedanken zur „Zeit" einfallen. Dann teilen sie diese in „Flüstersprache" dem Nachbarn mit, schließlich tauschen sie sich in der Vierergruppe aus. Frau M. geht von Gruppe zu Gruppe, hört sich Vorschläge an und gibt Tipps, wenn den Kindern zu wenig einfällt.

3.2 Jede Gruppe schreibt nun mit Hilfe ihrer Anlauttabelle auf kleine Zettel, was sie gefunden hat. Je nach Verschriftungsvermögen schreiben ein oder mehrere Kinder.

3.3 Im Sitzkreis lesen die Kinder ihre gefundenen Begriffe vor. Jeder Begriff wird bei seiner Erstnennung auf die Ecke einer in der Mitte liegenden leeren Wortkarte geklebt. Hat auch die Lehrerin diesen Begriff in großer Schrift auf ihren vorbereiteten Klebeetiketten stehen, wird das passende Etikett ebenfalls auf die Wortkarte geklebt, ansonsten von Frau M. dazugeschrieben.

4. Auf diese Weise kommen viele Zeit-Wörter zusammen. Gemeinsam versuchen die Kinder sie zu ordnen, wenn erforderlich, zu ergänzen. Zunächst ist es schwierig, Ordnungskriterien zu finden. Schließlich gelingt es, ebenso das Auffinden eines passenden „Ordnungswortes". Das Ergebnis wird an die Tafel gehängt, an der die Ausgangsfrage bereits steht:

Was fällt dir zum Thema Zeit ein?

Morgen	Sonntag	vorgestern	Adventszeit	Pausenzeit	Uhr
Vormittag	Montag	gestern	Weihnachtszeit	Arbeitszeit	Stunden
Mittag	Dienstag	heute	Osterzeit	Freizeit	Minuten
Nachmittag	Mittwoch	morgen	Jahreszeit	Schlafenszeit	Sekunden
Abend	Donnerstag	übermorgen	Winter	Urlaubszeit	
Nacht	Freitag		Frühling	Erholungszeit	
	Samstag		Sommer	Essenszeit	
			Herbst		

| Tageszeit | Woche | Jahreszeit | Familienzeit | Uhrzeit |

Etiketten und Wortkarten zum Thema Zeit

5.1 Über manche „Zeiten" haben die Kinder schon nachgedacht und Neues dazugelernt, wie etwa über die Pausenzeit. Das Schild wird mit gelber Tafelkreide übermalt. „Bei der Tagesansage haben wir etwas über die

Wochentage gelernt", sagt Janina. Die Wochentage und die „heute"-Karte werden ebenfalls mit Tafelkreide übermalt, auch die Karten „Adventszeit", „Weihnachtszeit".

5.2 Dennoch, die meisten Wortkarten bleiben weiß. Es gibt also noch vieles, worüber man mehr erfahren könnte: über die Tageszeiten, die Uhrzeiten, die Woche, die Jahreszeiten, die Familienzeiten. Jedes Kind setzt nun seinen Magnetpunkt zu jenem „Ordnungswort", das ihm besonders interessant erscheint.

6. Die Punkte verteilen sich ziemlich gleichmäßig, nur für die „Familienzeit" gibt es weniger Interessenten. Ob die Wahl der Kinder ihren Erwartungen entsprochen hat, werden sie nach Abschluss der Sequenz feststellen. Deshalb werden die Karten in der gefundenen Ordnung an die Seitentafel gehängt.

Lernaspekte
Zum ersten Mal wird ein Thema assoziativ angegangen, denn jedes Kind hat mit diesem Thema alltägliche Erfahrungen. Das Verschriften der gefundenen Begriffe mit Hilfe der Anlauttabelle gelingt zu diesem Lernzeitpunkt bereits vielen Kindern und sie sind mit Eifer bei der Sache. Da aber eine adäquate Schriftgröße und Lesbarkeit noch nicht gewährleistet ist, werden die zu erwartenden Begriffe auf Etiketten vorbereitet – die „Wortkarte" der Kinder wird auf die „große" Wortkarte geklebt und erfährt dadurch eine angemessene Würdigung.

Nach dieser Anfangsstunde bedarf es zunächst keiner weiteren Hinführungen. Jeder weiß, dass es um das Thema „Zeit" geht.

Vorerfahrungen zum Thema „Zeit"

Material
Stationenmaterial, für jede Station einen Kassettenrekorder, Kassetten mit Aufgabentext (siehe Stationen), Ablagen für jede Gruppe zum Sammeln der Arbeitsergebnisse

Im Klassenzimmer sind heute Stationen aufgebaut, die die Kinder in beliebiger Reihenfolge durchlaufen.

Station: Wochenschnur

Material
Kassettenrekorder mit Kassette (Kassettentext 1); pro Gruppe ca. zehn verschieden farbige Wollsträhnen ca. 15 cm Länge, Wortkarten 10 cm Länge, (Wochentage) (siehe S. 180), kleine Schreibzettel, Stifte

Kassettentext 1:

> Ordne die Wochentage der Reihe nach. Beginne mit dem Montag. Höre weiter, wenn du mit dem Ordnen fertig bist.
>
> Drehe die Karten mit den Wochentagen um. Vor dir liegt jetzt eine Zahlenreihe: 1,2,3,4,5,6,7
> Hast du alles richtig? Wenn nicht, ordne noch einmal. Höre weiter, wenn du die Zahlenreihe 1,2,3,4,5,6,7 vor dir liegen hast.
>
> Lege unter jeden Tag einen Wollfaden in unterschiedlicher Farbe. Überlege, welche Farbe für jeden Tag deiner Meinung nach passt. Höre weiter, wenn du fertig bist.
> Knüpfe die Wollfäden zu einer Zeitschnur zusammen. Höre weiter, wenn du fertig bist.
>
> Gib der Zeitschnur einen Namen. Schreibe ihn auf das Blatt.

Montag	Dienstag	Mittwoch	Donnerstag	Freitag	Samstag	Sonntag
1	2	3	4	5	6	7

Abb. 39: Wochentage; Rückseite: Ziffern

Station: Wochentage

Material
Kassettenrekorder mit Kassette (Kassettentext 2), Wortkarten (Wochentage) für jede Gruppe ca. 10 cm Länge (Abb. 39), Blöckchen

Kassettentext 2

> Ordne die Wochentage einer Woche der Reihe nach. Beginne mit dem Montag. Höre weiter, wenn du mit dem Ordnen fertig bist.
>
> Drehe die Karten mit den Wochentagen um. Vor dir liegt jetzt eine Zahlenreihe: 1,2,3,4,5,6,7.
> Hast du alles richtig? Wenn nicht, ordne noch einmal. Höre weiter, wenn du die Zahlenreihe 1,2,3,4,5,6,7 vor dir liegen hast.
>
> Einigt euch in der Gruppe auf eine Blöckchenfarbe, die eurer Meinung nach für die Wochentage passt. Hört danach weiter.
>
> Tönt die Wochentage mit der Farbe, die ihr gewählt habt. Legt die fertigen Wochentage und eure Blöckchen in eure Ablage.

Da die getönten Wochentage in einer späteren Einheit wieder gebraucht werden, ist es wichtig, dass jede Gruppe sie in einer anderen Farbe tönt.

Station : heute, gestern, morgen

Material
Wortkarten Wochentage für zwei Wochen (Abb. 39), Wortkarten heute, gestern, vorgestern, morgen, übermorgen, einmal auf blauem Papier kopiert, einmal auf gelbem Papier kopiert bzw. entsprechend mit Blöckchen getönt (Abb. 40), Kassettenrekorder mit Kassette (Kassettentext 3)

Kassettentext 3

> Lege die Wochentage zweier Wochen in die richtige Reihenfolge. Beginne mit dem Montag. Höre weiter, wenn du mit dem Ordnen fertig bist.
>
> Drehe die Karten mit den Wochentagen um. Vor dir liegt jetzt eine Zahlenreihe: 1,2,3,4,5,6,7, 1,2,3,4,5,6,7 Hast du alles richtig? Wenn nicht, ordne noch einmal.
> Höre weiter, wenn du die Zahlenreihe 1,2,3,4,5,6,7, 1,2,3,4,5,6,7 vor dir liegen hast.
>
> Drehe jetzt die Karten wieder um, sodass du wieder die Wochentage lesen kannst. Lies sie laut der Reihe nach. Höre weiter, wenn du mit dem Lesen fertig bist.
>
> Lege die blaue „heute" – Karte zum Donnerstag der ersten Woche. Lege die anderen blauen Karten zu den passenden Wochentagen. Höre weiter, wenn du mit dem Legen fertig bist.
>
> Drehe die Karten um, die zusammengehören. Wenn du alles richtig hast, kannst du auf beiden Reihen jetzt die gleichen Ziffern lesen. Höre weiter, wenn du mit dem Kontrollieren fertig bist.
>
> Lege jetzt die gelbe „heute" – Karte zum Samstag der ersten Woche. Ordne auch die anderen Karten richtig zu. Höre weiter, wenn du damit fertig bist.
>
> Drehe die Karten um, die zusammengehören. Wenn du alles richtig hast, kannst du auf beiden Reihen jetzt die gleichen Ziffern lesen.

heute	gestern	vorgestern	morgen	übermorgen

Abb. 40

Station: Tageszeiten

Material
Wortkarten Tageszeiten und Abbildungen Tageszeiten (Abb. 41), Kassettenrekorder, Kassette (Kassettentext 4), Stifte, kleine Malblätter

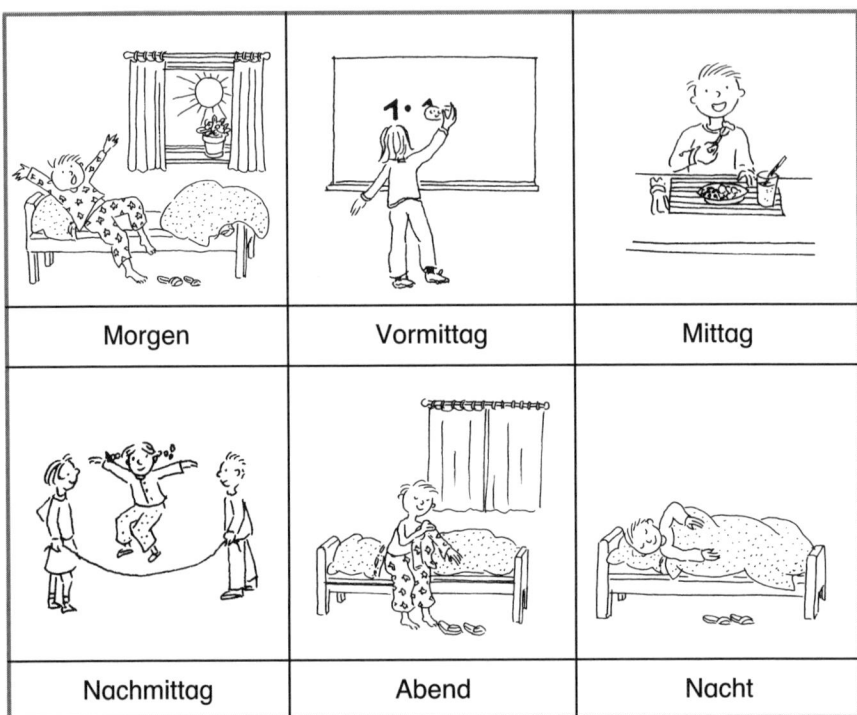

Abb. 41: Tageszeiten – Wortkarten und Abbildungen

Kassettentext 4

> Lies die Wortkarten mit den Tageszeiten und ordne sie der Reihe nach. Beginne mit dem „Morgen". Höre weiter, wenn du damit fertig bist.
>
> Drehe die Wortkarten um. Kannst du die Zahlenfolge 1,2,3,4,5,6 lesen, hast du richtig gelegt. Höre weiter, wenn du kontrolliert hast.
>
> Ordne die Bilder den Tageszeiten zu. Lies weiter, wenn du damit fertig bist.
>
> Drehe die Karten um, die nebeneinander liegen. Wenn du alles richtig hast, kannst du auf beiden Reihen jetzt die gleichen Ziffern lesen. Höre weiter, wenn du mit dem Kontrollieren fertig bist.
>
> Male zu *einer* Tageszeit ein Bild.

Station: Jahreszeiten

Material

Jahreszeitenpuzzle (Abb. 42), Zuordnungsbilder – und Benennungen zum Jahreskreis (Abb. 43, siehe S. 184), Kassettenrekorder, Kassette (Kassettentext 5), Stifte, Schreibblätter

Kassettentext 5

> Setze das Jahreszeitenpuzzle zusammen. Höre weiter, wenn du damit fertig bist.
>
> Zu jeder Jahreszeit passen drei Bilder und der Name der Jahreszeit. Setze richtig zusammen. Höre weiter, wenn du damit fertig bist.
>
> Schreibe die Jahreszeit auf, die dir am besten gefällt.

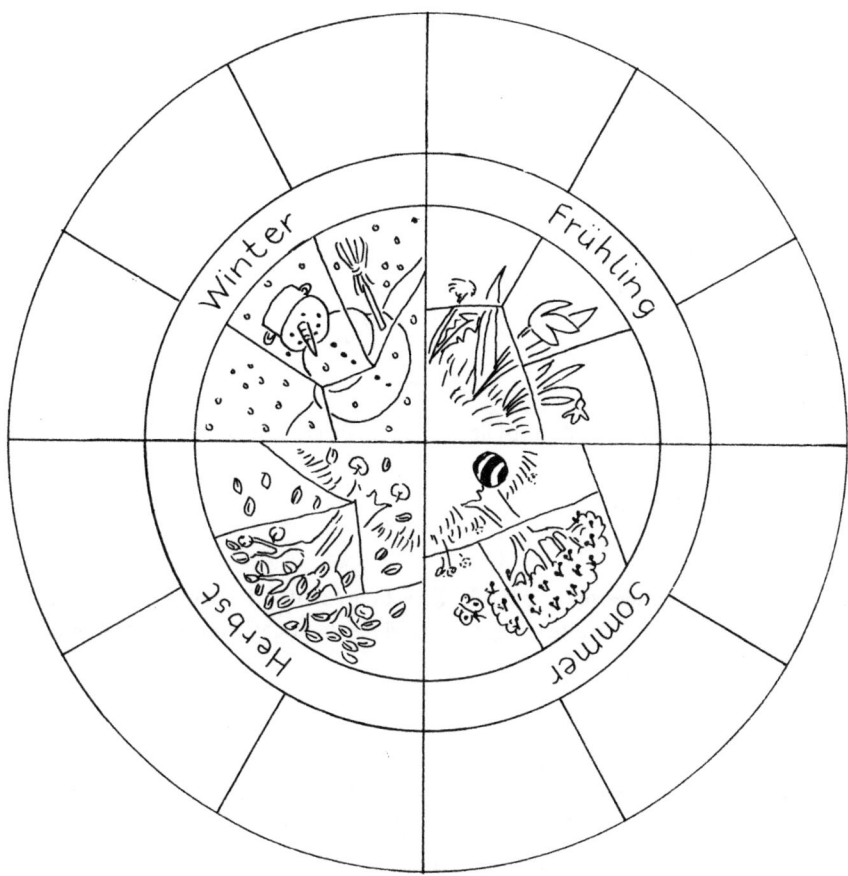

Abb. 42: Jahreszeitenpuzzle

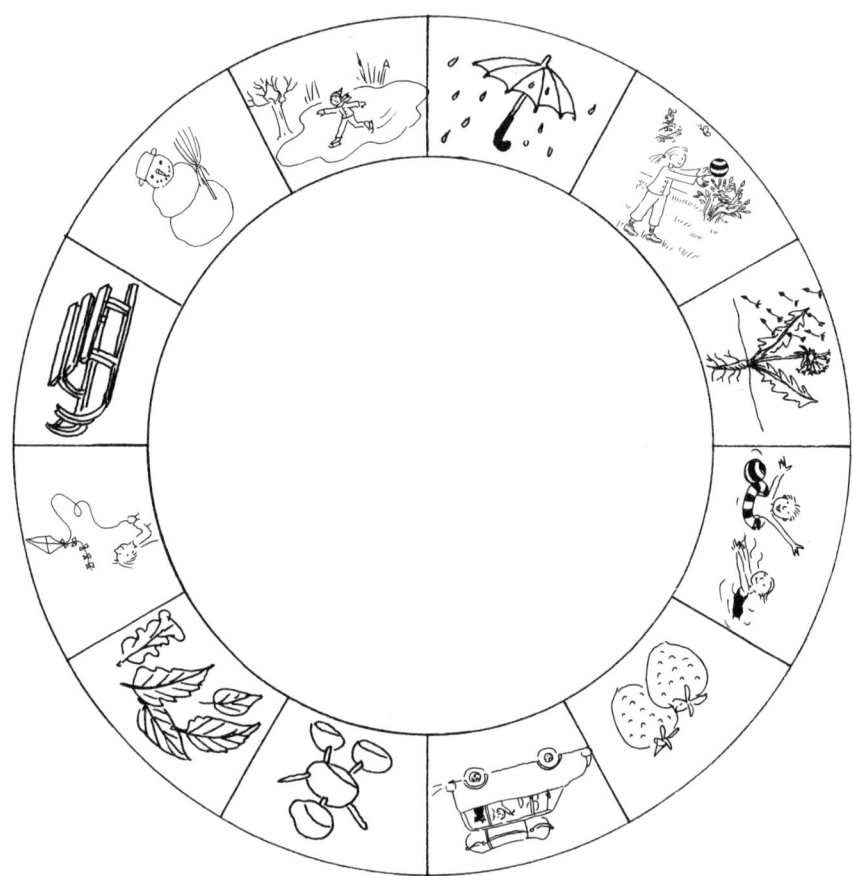

Abb. 43: Zuordnungsbilder, Benennungen zum Jahreskreis

Station: Familienzeit

Material
Abbildungen zur Familienzeit (Abb. 44), Kassettenrekorder, Kassette (Kassettentext 6) Stifte, Malblätter, Schreibblätter, Legeblatt in einer undurchsichtigen Mappe und Kontrollblatt (siehe S. 186)

Kassettentext 6

> Schau dir die Bilder genau an. Sprich mit den Kindern in deiner Gruppe über jedes Bild. Wenn du den beiden Bildergruppen einen Namen geben kannst, schreibe ihn auf ein Blatt. Höre weiter, wenn du damit fertig bist.

Kontrolliere auf dem Legeblatt in der Mappe, ob du die richtigen Namen herausgefunden hast. Höre weiter, wenn du damit fertig bist.

Lege nun die Bilder beider Gruppen untereinander in der Reihenfolge auf das Legeblatt, wie sie jetzt angesagt werden:
Arbeitszeit
Pausenzeit
Essenszeit
Erholungszeit
Schlafenszeit
Freizeit
Urlaubszeit
Höre weiter, wenn du mit dem Legen fertig bist.

Vergleiche die Bilder auf dem Kontrollblatt mit denen auf dem Legeblatt. In einer Reihe sollten immer drei gleiche Dinge zu sehen sein. Höre weiter, wenn du damit fertig bist.

Deine Familienzeit sieht vielleicht etwas anders aus. Wann können Kinder und Erwachsene gemeinsam ihre Familienzeit verbringen? Male ein oder mehrere passenden Bilder von deinem Kontrollblatt ab.

Abb. 44: Familienzeit für Kinder und Erwachsene

Legeblatt

Familienzeit für Kinder	Familienzeit für Erwachsene

Kontrollblatt

Kontrollblatt

Station: Uhrzeit

Material

Körbchen mit Tageszeitenbildern und -begriffen (siehe S. 182), Uhrzeitenbilder (Abb. 45) Uhrzeitenschnur (Wollsträhnen, ca. 1m lang), kleine Wäscheklammern, Uhrenabbildungen (Abb. 45), Tafelmagnete
Kassettenrekorder, Kassette (Kassettentext 7)

Kassettentext 7

> In dem Körbchen liegt alles, was du zum Basteln einer Uhrzeitenschnur brauchst. Sortiere die Bilder vom Morgen bis zur Nacht und befestige sie mit den kleinen Wäscheklammern an der Uhrzeitenschnur. Höre weiter, wenn du damit fertig bist.
>
> Ordne nun die passenden Uhrenbilder richtig zu. Schreibe die Uhrzeit, die du ablesen kannst, in die Schreibzeile. Höre weiter, wenn du mit dem Schreiben fertig bist.
>
> Auf der Rückseite kannst du kontrollieren, ob du die Uhrzeit richtig aufgeschrieben hast. Höre weiter, wenn du mit dem Kontrollieren fertig bist.
>
> Befestige deine Uhrzeitenschnur mit den Magneten an der Tafel.

Abb. 45: Uhrzeitenbilder

Hinweis: Bitte kopieren Sie die Abb. 45 (siehe S. 187) zweifach. Für die Uhrzeitenschnur kann die Lineatur abgeschnitten werden.

Nach dem Durchlaufen der Stationen versammeln sich die Kinder im Sitzkreis. Die Gruppen stellen ihre Arbeitsergebnisse vor und berichten über sachliche und persönliche Schwierigkeiten, die sich während der Stationenarbeit ergeben haben. Über eines sind sich die Kinder einig: obwohl sie bereits viel über die Zeit wissen, ist ihnen das Ordnen und Zuordnen nicht immer leicht gefallen. „Wir wissen eben noch nicht alles über die Zeit. Was wir nicht wissen, das lernen wir noch", bringt es Myriam auf den Punkt.

Lernaspekte

Bewusste Vorerfahrungen zum Thema „Zeit" sind bei den Kindern recht unterschiedlich. Die durchlaufenen Stationen machen deutlich, dass es in der Gruppe leichter gelingt, die Erfahrungen abzurufen und sie zu objektivieren. Die Kassettenrekorder (ältere, einfache Abspielgeräte sind an vielen Schulen vorhanden und werden auch gerne von den Eltern zur Verfügung gestellt) ermöglichen ein selbstständiges Vorgehen der Gruppe, unabhängig von der Lesefertigkeit der Kinder. Um diese Anweisungstechnik zunächst auszuprobieren, empfiehlt sich der Einsatz einer Einführungskassette für die ganze Klasse. Als Material werden dazu für jedes Kind ein leeres Blatt und das Federmäppchen benötigt.

Der Text könnte folgendermaßen lauten:

> Male oben auf dein Blatt eine Sonne. Höre weiter, wenn du damit fertig bist.
>
> Tausche mit deinem Nachbarn den Sitzplatz und male auf s e i n Blatt unten eine Wiese. Höre weiter, wenn du damit fertig bist.
>
> Tausche mit einem Kind deiner Wahl den Sitzplatz und male auf s e i n Blatt einen Drachen in die Mitte mit einer langen Schnur. Höre weiter, wenn du damit fertig bist.
>
> Setze dich auf deinen eigenen Sitzplatz und schreibe deinen Namen neben dem Drachen. Höre weiter, wenn du damit fertig bist.
>
> Überlege dir eine Überschrift zu deinem Bild und schreibe sie dazu.

Es ist entscheidend, dass die Kinder einen Textabschnitt zu Ende hören, bevor sie mit der Tätigkeit beginnen. Erst wenn alle fertig sind, lässt ein Kind den nächsten Textabschnitt laufen.

Die Woche und ihre sieben Tage

Material

Lehrerin: Softball, Wochenschnüre der Kinder aus der Station „Wochenschnur" aus der vergangenen Stunde, sechs bunte Serien Wochentage aus der Stationenarbeit „Wochentage"(siehe S. 180), Wortkarten (heute, gestern, vorgestern, morgen übermorgen, siehe S. 181), Tafelbild, Wochenuhr (siehe S. 193), vorbereitete Schülerhefte

Kinder: Heft, Ausschneideblatt mit sieben „Malkreisen", Arbeitsblatt (siehe S. 195)

1.1 Kaum ist die morgendliche Tagesansage abgeschlossen, sammeln sich die Kinder im Sitzkreis, stellen sich vor ihren Stuhl und Frau M. sucht sich ihr erstes „Opfer". Während sie den Ball vor Sabines Füße rollt, fragt sie:

- Was haben wir *vorgestern* in der ersten Stunde gemacht?

Du meine Güte, wer soll das noch wissen? Da müssen fast alle noch rechnen. Also:

- Heute ist Mittwoch.
- Gestern war Dienstag.
- Vorgestern ist der Tag vor gestern, vor Dienstag. Das war Montag.

Nachdem bis hierher alle gemeinsam überlegt haben, fällt es Sabine wieder ein:

- Wir haben von den Ferien erzählt und Frau M. wollte alles ganz genau wissen.

1.2 Nun setzen sich die Kinder hin und einige holen ihre zusammengeknüpften Wochenschnüre aus der gestrigen Stationenarbeit. Sechs ganz unterschiedliche Wochenschnüre liegen in der Mitte. Jede setzt sich aus anderen Farben und willkürlich gewählten Schnurlängen für die einzelnen Tage zusammen. Die Namen, die die Kinder gefunden haben, sind ebenfalls verschieden. Sie heißen „Wochenschnur", „Tagesschnur", „Siebentageschnur" oder „Zeitschnur".

2. Dass es heute wieder um die Woche geht, ist klar.

3.1 Zunächst vergleichen die Kinder die am Boden liegenden „Wochenschnüre" und erzählen, was ihnen dazu einfällt.

- In der Mitte liegen sechs „Wochenschnüre".
- Jede „Wochenschnur" besteht aus sieben verschiedenen Wollstücken. Das entspricht der Anzahl der Tage in einer Woche.
- Jede Woche besteht aus sieben Tagen.
- Jedes Wollstück ist ein Zeichen für einen Tag.

- Jede „Wochenschnur" beginnt mit dem Montag und endet mit dem Sonntag.
- Da jeder Tag gleich lang ist, müssten auch alle Wollstücke gleich lang sein.
- Wenn alle Wollstücke gleich lang sind, sind auch alle sechs „Wochenschnüre" gleich lang. So ist es auch in Wirklichkeit: Alle Wochen dauern gleich lang.
- Knüpft man alle „Wochenschnüre" zusammen, liegt eine „Sechswochenschnur" auf dem Boden.

3.2 Alle helfen mit, um sechs gleichlange Wochenschnüre zu knüpfen, die schließlich zu einer „Sechswochenschnur" zusammengeknotet werden.
Jedes Kind zieht nun aus einem Korb, in dem sechs mal die Tage der Woche auf Wortkarten geschrieben und gestern von den Kindern in verschiedenen Farben getönt wurden, einen „Tag".
Wer den richtigen Platz für seinen Wochentag gefunden hat, legt die Wortkarte zu dem entsprechenden Schnurstück. Dabei ist zu beachten, dass gleichfarbige Tage zu einer Woche gehören. Da es mehr Tage als Kinder gibt, entstehen beim Hinlegen Lücken, die aufgefüllt werden. „Zwischen dem Donnerstag und Samstag fehlt der Freitag", stellt Bettina fest und legt ihren Freitag dazwischen.

3.3 Nachdem alle Karten abgelegt sind, betrachten die Kinder ihr Werk. Wieder wird überlegt:

- Nach jedem Samstag kommt der Sonntag.
- Samstag und Sonntag nennt man „das Wochenende".
- Am Wochenende ist keine Schule, auch viele Erwachsene arbeiten nicht.
- Die Arbeitswoche geht von Montag bis Freitag.
- Der Mittwoch heißt vielleicht deshalb so, weil er in der Mitte der Arbeitswoche liegt.

3.4 Die Lehrerin legt nun weitere Wortkarten (heute, gestern, vorgestern, morgen, übermorgen) in die Mitte. Zunächst sind die Kinder ratlos. „Wir wissen ja nicht, welche ‚Wochenschnur' für die jetzige Woche passt", gibt Bettina zu bedenken. Andrerseits sind alle Wochen gleich. „Wenn wir die vorletzte ‚Wochenschnur' nehmen, sieht man auch noch die Tage der nächsten Woche", schlägt Christian vor. Das leuchtet ein und dementsprechend werden die Karten platziert. Jetzt ist es deutlich:

- heute – Mittwoch
- gestern – Dienstag

- vorgestern – Montag
- morgen – Donnerstag
- übermorgen – Freitag

Auf diese Weise sind die vergangenen Wochen und die zukünftige zu sehen.

4.1 So wie sich die Namen der Tage wiederholen, so wiederholen sich oft auch die Besonderheiten der einzelnen Tage. Paul erzählt, dass er jeden Montag in den Flötenunterricht geht. Ina freut sich jede Woche auf den Donnerstag, denn da ist Ballett. Aber es gibt auch Tage mit „kleinen" Besonderheiten. Donnerstag geht Mirjam gleich nach der Schule zu ihrer Oma, da ihre Mama lange arbeitet. Und am Freitag darf Alex etwas länger aufbleiben, da die ganze Familie am Samstag ausschläft.

4.2 Die Kinder bekommen nun einen Ausschneidebogen mit „Malkreisen", über denen ein Wochentag steht (siehe S. 195). Sie sollen zu jedem Tag der Woche eine persönliche „Besonderheit" hineinmalen und ihre Bilder mit anderen Kindern vergleichen. Wer damit fertig ist, stellt sich zunächst in den Stehkreis um die Sechswochenschnur, von der die Lehrerin die Namen der Wochentage entfernt hat.

5.1 Da jeder neue Tag wie ein nächster Schritt innerhalb einer Woche ist, schreiten jetzt drei Kinder die Wochentage der vergangenen, der gegenwärtigen und der kommenden Woche entlang der Wochenschnur ab. Bei jedem Schritt wird der Name des neuen Wochentages genannt. Wenn alle Kinder mit dem Malen und Ausschneiden fertig sind, wird ein Riesenkreis rund um die Tische gebildet.

5.2 So wie vorher die drei Kinder, schreiten jetzt alle eine Woche ab, indem sie den Wochentag benennen und einen langen Schritt dazu machen, denn ein Tag dauert ebenfalls lang. Der Schritt wird von einer entsprechenden Handbewegung begleitet (Die Hände vor der Brust zusammenlegen, beide Arme im Gehrhythmus und Silbensprechrhythmus auseinanderführen und seitlich ausstrecken).

Frau M. beginnt. Sie wünscht sich die sieben Wochentage ab Montag. Mit sieben langen Schritten im Uhrzeigersinn geht sie rund um das Klassenzimmer und spricht dabei laut die Namen der Wochentage. Beim Sonntag bleibt sie stehen. Als nächster kommt Ersin. Er wünscht sich die Wochentage ab Donnerstag.

Christina hat die Idee, in der Zeit zurückzulaufen, vom Sonntag angefangen.

Bald werden die Kinder mutiger. Bettina wünscht sich die sieben Wochentage, gezählt ab übermorgen, Thomas gezählt ab vorvorgestern.

Vor dem Laufen muss erst einmal gerechnet werden. Auch bei den folgenden Aufgaben geht es meist nicht ohne Rechnen und ohne mehrmaliges Laufen:

- Heute ist Montag. In fünf Tagen hat Tanja Geburtstag. Wie heißt der Tag?
- Heute ist Freitag. Vor vier Tagen hat Stefan ein Meerschweinchen bekommen. Seinem Freund hat er es erst eine Woche später zeigen können.
- Heute ist Mittwoch. Morgen in einer Woche bekommt Felix seinen neuen Schreibtisch.

6.1 Die Kinder setzen sich in die Klassensitzordnung, betrachten die noch immer in der Mitte liegende „Sechswochenschnur" und denken über sie nach. Wenn die Wochenschnur im Klassenzimmer sichtbar wäre, wüsste man immer gleich, wie der nächste Tag heißt. Man könnte sich dann leichter an vergangene Tage erinnern. Aber die „Wochenschnur" ist einfach zu lang, um sie im Klassenzimmer aufhängen zu können. In der Gruppensitzordnung wird darüber diskutiert, ob man etwas anderes basteln kann und schließlich werden Vorschläge gemacht: Man kann

- die Tage der Reihe nach aufschreiben und eine Wäscheklammer an den heutigen Tag hängen.
- den Tag, der gerade „dran" ist, an die Tafel schreiben.
  Nachteil: Man sieht den vergangenen und den künftigen Tag nicht.
- eine Wochenschnur so aufhängen, dass die Tage untereinander hängen und die Wortkarten daran festmachen.
- die Wochentage im Kreis aufschreiben. So ist sichtbar, dass dem Samstag der Sonntag folgt und eine neue Woche beginnt.

6.2 Die verschiedenen Ideen werden vorgestellt. Der letzte Vorschlag gefällt der Lehrerin besonders. Auch sie hatte eine ähnliche Idee, die sie den Kindern jetzt in Form einer Wochenuhr präsentiert (siehe S. 193). Rasch finden sich die Kinder darauf zurecht und Sarah stellt sie „richtig". Ab nun wird sie täglich im Zusammenhang mit der Tagesansage weitergestellt (siehe auch Seite 67).

7.1 Die Lehrerin hat ein Tafelbild vorbereitet, das sie jetzt den Kindern zeigt. Die Kinder erkennen darauf die Zeitschnur und wissen, was in die freien Zeilenkästchen hineingehört. Sie holen die passenden Wortkarten vom Boden und Frau M. befestigt sie an der Tafel. Anstelle der leeren Kreise wurden bereits die persönlichen Besonderheiten der Wochentage gemalt.

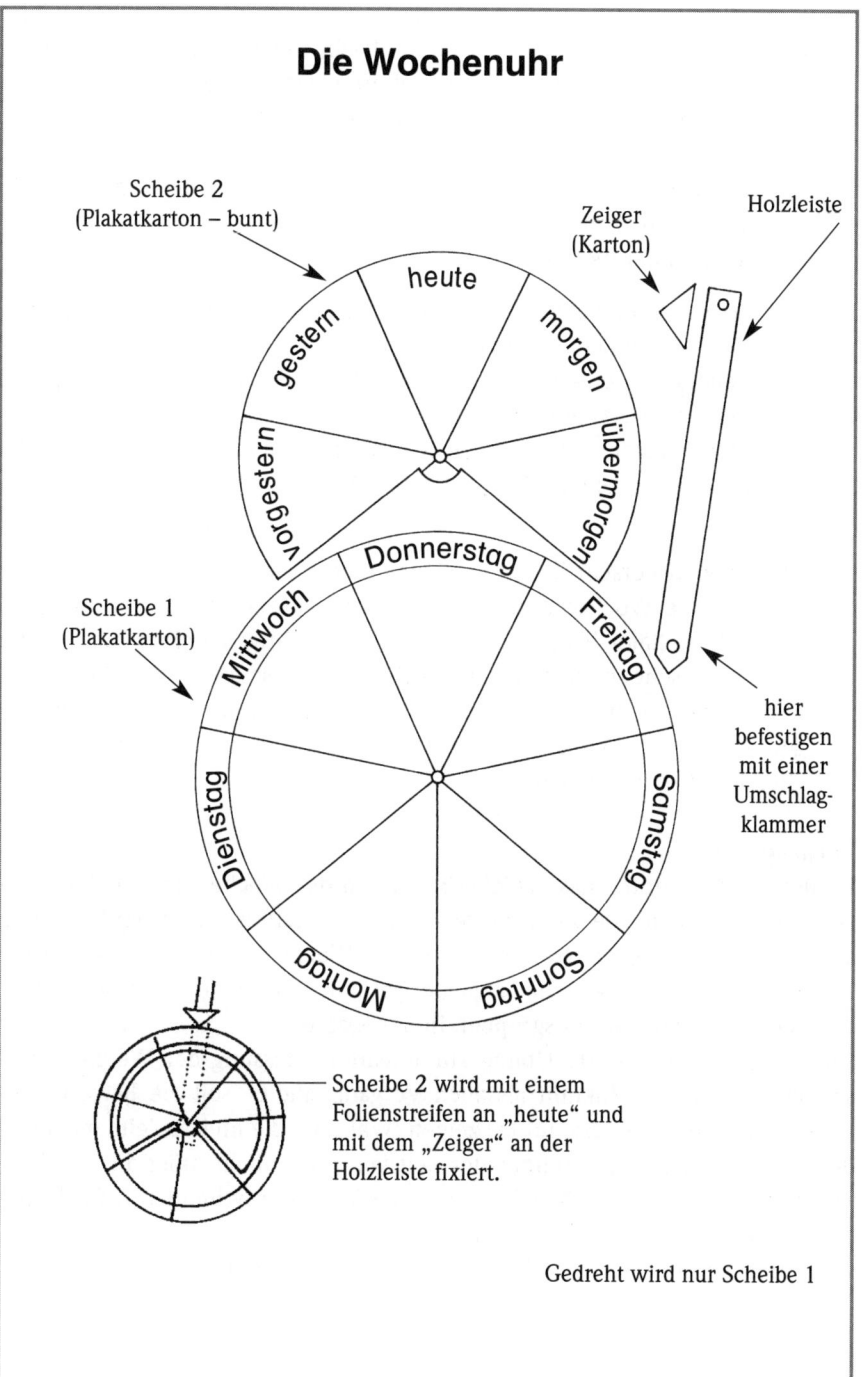

7.2 Frau M. will wissen, was den Kinder heute außerdem an dem Tafelbild auffällt. Volkan entdeckt den bunten Strich, der am oberen Tafelrand zu sehen ist. Frau M. ermuntert zum weiteren Nachdenken und Sonja macht den Vorschlag, „Die Woche und ihre sieben Tage" als Überschrift darüber zu schreiben.

7.3 In ihren Heften entdecken die Kinder ebenfalls den bunten Buntstiftstrich; das Heft wird quer gelegt.
Sie sprechen darüber, dass sie

- in den freien Platz genau so groß schreiben, wie in ihre Schreibhefte, obwohl keine Zeilen vorhanden sind;
- sie zuerst mit einem Bleistift schreiben; dabei achten sie darauf, dass sie nur ganz wenig aufdrücken;
- nach selbstständigem Vergleichen mit der Tafelanschrift und Frau M.s Kontrolle mit einem Buntstift ihrer Wahl die Überschrift überschreiben.

Unter den „Überschriftenstrich" kleben die Kinder ihr Arbeitsblatt (siehe S. 195). Die Wochentage, die mittlerweile durcheinander an der seitlichen Mitteltafel hängen, werden in der richtigen Reihenfolge in die dafür vorgesehenen Kästchen geschrieben, ebenso die Zeitbegriffe heute, gestern, vorgestern, morgen und übermorgen, die unter den Wochentagen hängen. Die Kreisbilder werden ausgeschnitten und in die entsprechenden Platzhalter geklebt.

Lernaspekte
Da den Kindern durch das tägliche Benennen der Wochentage alle Tagesbezeichnungen sowie die Zeitbegriffe „heute", „gestern", „morgen" geläufig sind, kann in dieser Einheit mühelos die Woche im aktuellen Zeitbezug bewusst gemacht werden. Die Länge der gesamten Wochenschnur richtet sich nach der Anzahl der Arbeitsgruppen in der Klasse.
Die bewegungsorientierte Übung zur linearen Erfassung der Wochentage - sowohl in Richtung Zukunft als auch Vergangenheit - soll die Begrenztheit eines bestimmten Zeitabschnittes zeigen. Während die lineare Zeitdarstellung den Aspekt des Voranschreitens der Zeit veranschaulicht, trägt die Wochenuhr zum Verständnis der Wiederholung des Wochenrhythmus bei. Beide Seiten der Zeit sind für ihr Verständnis wichtig.
Die Kinder lernen auch ein Lied von den Wochentagen (siehe S. 196).

Arbeitsblatt   **Ausschneidebogen**

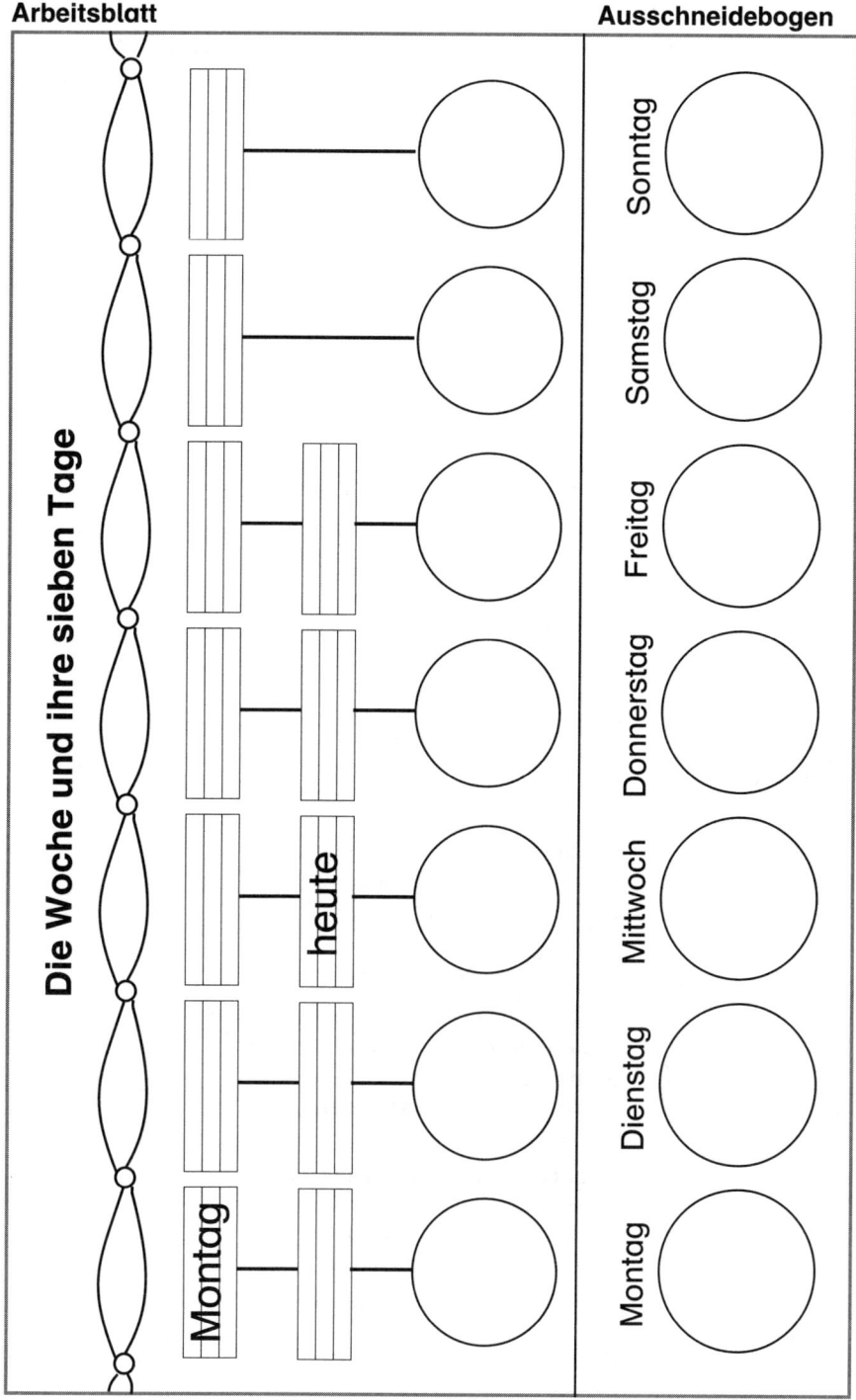

Montag Dienstag Mittwoch Donnerstag Freitag Samstag Sonntag

Text und Melodie: Angelika Meltzer

1. Morgens schlüpf ich aus dem Bett, es winkt der neue Tag.
Und ich frag mich, was er mir wohl heute bringen mag.

Mon-tag, Diens-tag, Mitt-woch, Don-ners-tag, Frei-tag, Sams-tag, Sonn-tag. Sonn-tag.

Refr.: Montag, Dienstag, Mittwoch,
Donnerstag, Freitag, Samstag, Sonntag.

1. **Morgens** schlüpf ich aus dem Bett,
es winkt der neue Tag.
Und ich frag mich, was er mir
wohl heute bringen mag.

2. **Vormittags** mit meinen Freunden
lerne ich sehr viel:
Lesen, Schreiben, Rechnen, Singen
und auch manches Spiel.

3. **Mittags** ist die Schule aus,
mein Magen ist ganz leer.
Suppe, Reis, Gemüse, Fisch,
all das schmeckt mir sehr.

4. **Nachmittags,** wenn ich dann spiele,
eilt die Zeit im Flug.
Gerne wollt ich, dass sie stehe,
bis ich spielt genug.

5. **Abends** nach dem Zähneputzen
geh ich bald ins Bett.
Wünschte mir, dass dieser Tag
noch viel mehr Stunden hätt.

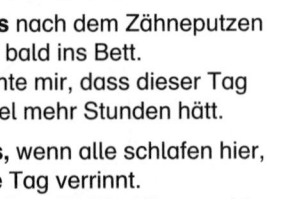

6. **Nachts,** wenn alle schlafen hier,
der alte Tag verrinnt.
Pünktlich zwölf Uhr Mitternacht
der neue Tag beginnt.

Heute ist Donnerstag

Material

Lehrerin: hellblaue Zeitschnur ca. 2 m lang, dunkelblauer und gelber Papierstreifen, jeweils ca. 1m lang und 50 cm breit, mit Symbolen für die verschiedenen Tageszeiten, Tageszeitenbilder und Wortkarten (siehe S. 182) Abbildung und Wortkarte zur Nacht doppelt; Symbolbilder (siehe S. 199), Becken mit Schlägel

Kinder: für jede Gruppe hellblaue Wolle ca. 50 cm lang, „Tag-und-Nacht-Blatt" (dunkelblauer und gelber Papierstreifen jeweils 10 cm mal 30 cm), Wortkarten wie S. 182, Hefte, Arbeitsblatt (siehe S. 198).

Heute ist ein klarer Wintertag. Als Leonie und Daniel ins Klassenzimmer kommen, stehen schon viele Kinder rund um die Mitte, sprechen aufgeregt durcheinander und schauen interessiert auf den Boden. Die beiden verstehen bald die allgemeine Neugierde. Denn da liegen ein gelber und ein blauer Papierstreifen und eine lange hellblaue Tagesschnur, daneben eine Wortkarte mit der Aufschrift: „Heute ist Donnerstag". Auf einem Häufchen liegen die bekannten Tageszeitenbilder mit den zugehörigen Wortkarten sowie Bilder, die den Kindern noch nicht bekannt sind. Da gibt es Sterne auf dunkelblauem Grund und verschiedene Sonnenbilder ... (siehe Abb. 46, S. 199).

1.1 Im Sitzkreis wird erzählt, was den Kindern bereits vor Stundenbeginn klar geworden ist:

- Die hellblaue Tagesschnur gehört zum heutigen Tag, ebenso die Wortkarte „Heute ist Donnerstag".
- Die Tageszeitenbilder gehören heute zum Donnerstag.
- Es gibt sieben verschiedene Tageszeiten.
- Die Uhren gehören zu den einzelnen Tageszeiten.
- Die anderen Bilder haben etwas mit dem heutigen Tag zu tun.
- Der gelbe und der dunkelblaue Papierstreifen sind Zeichen für Tag und Nacht.

1.2 Die Kinder erinnern sich an die Tätigkeiten bei der Stationenarbeit und es ist klar,

2. dass es heute wieder um die Tageszeiten geht, um die Tageszeiten des heutigen Tages.

3.1 Die Tageszeitenbilder und Tageszeitbegriffe zu benennen geht rasch. (Kind steigt aus dem Bett – Sonne scheint durch das Fenster – Morgen; Kinder schreiben an der Tafel – Vormittag; Kind sitzt am Tisch vor einem Teller mit Essen – Mittag; Kind spielt mit Freunden – Nachmittag; Kind zieht seinen Schlafanzug an – Abend; Kind schläft im Bett – Nacht). Neu ist nur, dass es das Nachtbild und die Wortkarte „Nacht" gleich zweimal

Arbeitsblatt

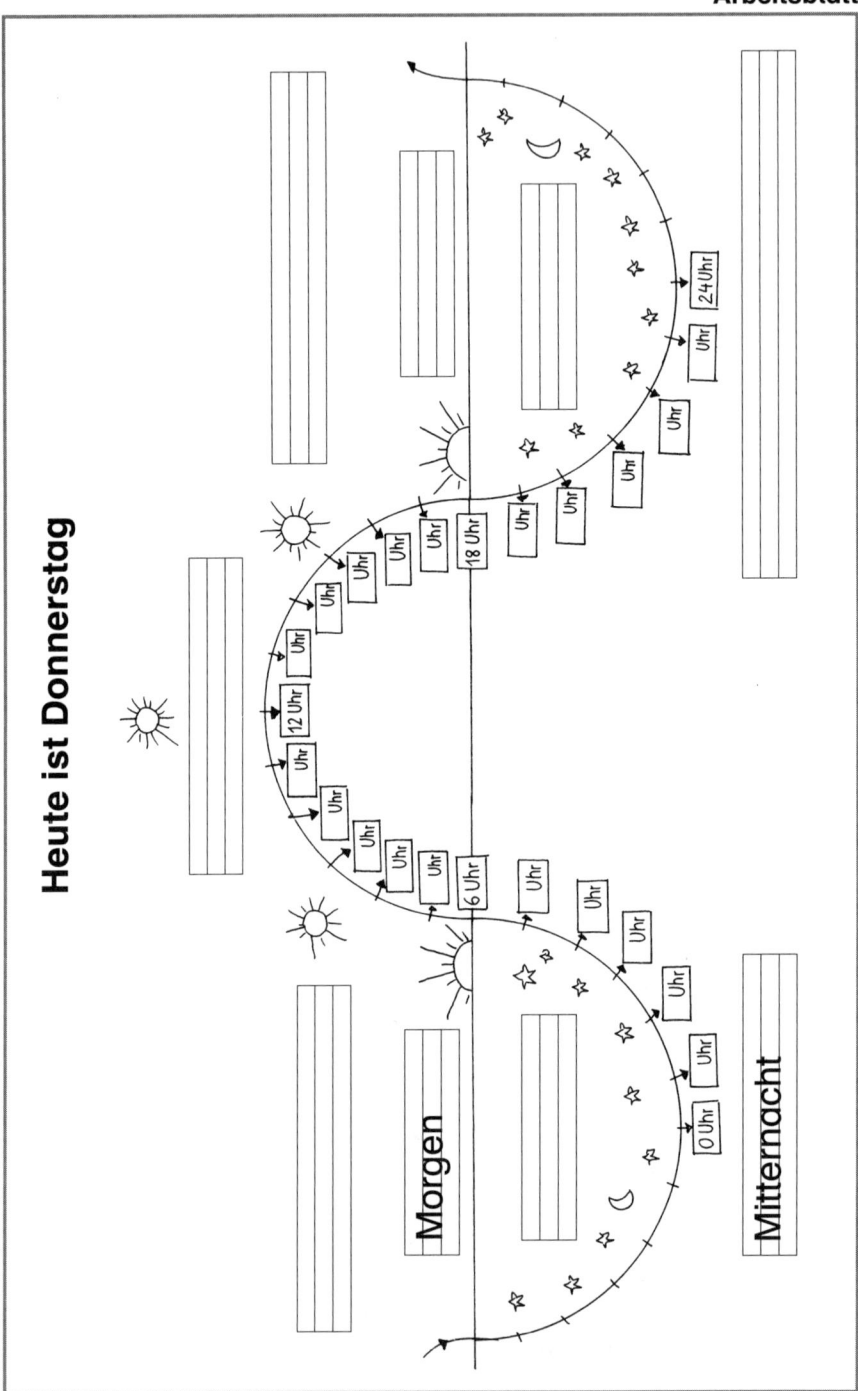

gibt. Dennoch können Bilder und Begriffe noch nicht an die Tagesschnur gelegt werden, da diese zuerst in Beziehung zum Tag und zur Nacht gebracht werden müssen.

Abb. 46: Symbolbilder

3.2 Für jede Gruppe gibt es jetzt zwei Papierstreifen in gelb und dunkelblau, auf die eine Tagesschnur so aufgelegt werden soll, dass Tag und Nacht im Tageslauf zu erkennen sind. Die Lösungsfindung ist zunächst nicht einfach, verschiedene Möglichkeiten werden ausprobiert.

- Der gelbe „Tagesstreifen" wird zuerst gelegt, danach der „Nachtstreifen". Die Schnur wird linear darüber gelegt. Beim Auflegen der Tageszeitenwortkarten entlang der Schnur bleibt allerdings eine „Nacht" über.
- Jetzt wird der „Nachtstreifen" zuerst gelegt, denn „eigentlich beginnt der Tag ja mitten in der Nacht, nämlich um Mitternacht", wie Matthias genau weiß. Auch diesmal legen die meisten Gruppen die Schnur linear auf und so ergibt sich das gleiche Problem wie bei der ersten Version – eine „Nacht" bleibt über.
- „In Wirklichkeit endet der Tag auch um Mitternacht", erklärt Alex und erzählt den Kindern in seiner Gruppe über seine Silvestererlebnisse. Selbstverständlich könnte man den „Nachtstreifen" auseinanderschneiden und einen Teil an den Anfang der Tagesschnur legen und den anderen an ihr Ende. Aber das Zerschneiden des „Nachtstreifens" ist nicht vorgesehen.
- Schließlich kommen einige Kinder auf die Idee, den „Tagesstreifen" oberhalb des „Nachtstreifens" zu legen und die Tagesschnur so zu biegen, dass der Tag in der Nacht beginnt, am Morgen den „Tagesstreifen" erreicht und am Abend wieder in den „Nachtstreifen" gelegt wird (siehe S. 198).

- Die Tagesschnur hat jetzt die Form einer Welle; es ist deutlich zu sehen, wie sich Nacht, Tag und Nacht abwechseln.

3.3 Jetzt ergibt sich die Verteilung der anderen Tageszeiten fast von selbst. Nach den Versuchen in der Gruppe wird das Bodenbild aufgebaut. Es wird ergänzt durch die Sonnenbilder, deren Bedeutungen nicht schwer herauszufinden sind:

- Die Bilder der aufgehenden und der untergehenden Sonne schauen gleich aus, sie unterscheiden sich nur durch die Farbe: die aufgehende Sonne ist gelb, die untergehende orange.
- Die ganze Sonne am oberen Bildrand ist die Mittagssonne. „Mittags steht die Sonne immer am höchsten", weiß Florian bereits.
- Die beiden restlichen Sonnen zeigen den Sonnenstand für den Vormittag und den Nachmittag an.

4.1 Ob die Sonnenbilder mit der Wirklichkeit übereinstimmen, soll nun nachgeprüft werden. Schnell sind die Kinder angezogen und verlassen das Schulhaus. Im Pausenhof wird nach der Sonne gesucht. Sie ist zwischen den Häusern versteckt. Die Kinder müssen mit ihrer Lehrerin ein Stück laufen, um zu einer freien Stelle zu kommen. Die Sonne ist bereits im Ganzen zu sehen, aber noch sehr in der Nähe der Häuser und Bäume – schließlich ist es auch erst Vormittag. „Am Mittag sieht man sie oben am Himmel", vermutet Janina. Die Lehrerin verspricht den Kindern, heute noch einmal die gleiche Beobachtungsstelle aufzusuchen.

4.2 Im Klassenzimmer wird ein Stehkreis gebildet und die Tagesschnur für den Donnerstag jetzt mit den Armen in der Luft nachgezogen, die Tageszeiten werden benannt, dabei wird die Armbewegung kurz angehalten:

- Nacht, Morgen, Vormittag, Mittag, Nachmittag, Abend, Nacht, Mitternacht.

Dabei flüstern alle den Tagesbeginn, d.h. „Mitternacht" geheimnisvoll und sprechen das erste „Nacht" ganz leise, denn da schläft jeder tief und fest. Vom Morgen an werden sie etwas lauter, schließlich ist jetzt jeder wach, den Vormittag sprechen sie noch etwas lauter und den Mittag, den Tageshöhepunkt, verkünden sie am lautesten. Den Nachmittag rufen sie wieder etwas leiser aus, den Abend noch etwas leiser, die Nacht als Tagesabschluss wieder ganz leise und Mitternacht wird wie zu Tagesbeginn geheimnisvoll geflüstert.

5.1 Bis jetzt wurden die Uhrzeiten noch nicht zugeordnet, und damit das leichter gelingt, wird die Lehrerin die Stunden für den Tag mit den Schlägen einer Trommel darstellen. Bevor Frau M. beginnt, wartet sie auf entsprechende Anweisungen der Kinder.

- Zum Tagesbeginn um Mitternacht brauchen wir noch keinen Schlag, man sagt auch „0 Uhr".
- Dann geht es weiter mit eins, zwei, drei und so fort, bis zwölf. „Dann ist es Mittag", erklärt Tobias. Nun herrscht wieder Uneinigkeit. Einige Kinder möchten, dass einfach weitergezählt und – geschlagen wird, andere meinen, man muss jetzt wieder bei „eins" anfangen. Beide Möglichkeiten werden ausprobiert. Und schließlich wird festgestellt, dass der Tag immer vierundzwanzig Stunden lang dauert; entweder zählt man weiter, oder man zählt zwölf und zwölf, was ebenfalls vierundzwanzig ergibt.

5.2 Bevor der Tageslauf wieder mit den Armen nachgezeichnet wird, nehmen sich fünf Kinder beliebige Uhrzeitenbilder, die noch immer auf dem Boden liegen. Beim entsprechenden Schlag werden die Uhrzeiten an die Tagesschnur gelegt. Der Tagesverlauf wird so oft nachgezeichnet, bis alle Uhrzeiten richtig liegen und jede Uhrzeit benannt worden ist. Etwas Neues ist zu entdecken:

- Die am Boden liegenden Uhrzeiten verteilen sich auf den Tag und die Nacht.
- Die ersten sechs Stunden erleben wir in der Nacht, wenn wir schlafen. Dann folgen die zwölf Stunden bei Tageslicht, bevor es die restlichen sechs Stunden des Tages wieder dunkel ist.
- Ein Tag hat vierundzwanzig Stunden.
- Im Winter erleben wir mehr dunkle Nachtstunden, im Sommer mehr helle Tagesstunden.

5.3 Nun hält die Lehrerin eine der Uhren hoch. Diesmal sollen die Kinder beim Luftmalen des Tagesbogens da aufhören, wie es der Uhrzeit entspricht. Die Uhrzeit wird benannt und ein Kind schlägt die Anzahl der Stunden auf der Trommel.

6.1 Die Kinder setzen sich in die Klassensitzordnung und die Lehrerin zeigt, was sie an der Tafel vorbereitet hat. Es ist leicht. Überschrift und Wortkarten werden an die aufgemalte Tagesschnur gehängt und die restlichen Bilder vom Bodenbild richtig verteilt.

6.2 In das Heft wird nun das Arbeitsblatt (siehe S. 195) eingeklebt, das dem Tafelbild ähnlich ist.

Bevor der Unterricht für heute zu Ende ist, geht Frau M. mit ihrer Klasse noch einmal an jene Stelle, von der aus sie heute schon einmal die Sonne betrachtet haben. Aber – sie ist nicht mehr an der gleichen Stelle, sie ist „weitergewandert". „Aber nicht wirklich", weiß Thomas als Spezialist. „In Wirklichkeit sind wir weitergewandert, die Erde hat sich nämlich weitergedreht." Die Sonne ist jetzt höher am Himmel zu sehen, weit weg von den Häusern und Bäumen – das ist für alle Kinder sichtbar.

Neben der üblichen Hausaufgabe gibt es heute noch eine besondere: wer die Möglichkeit hat, soll heute noch einmal um ca. 16 Uhr an der gleichen Stelle wie am Vormittag und am Mittag nach der Sonne sehen und überprüfen, ob die gemalten Bilder im Heft mit den eigenen Beobachtungen übereinstimmen.

Wie spät ist es?

Material

Wanduhr, blaue und rote Klebepunkte, Wortkarten, Kästchen mit ca. 2 m langer Wollsträhne, gleich lange rote und blaue Wollsträhnen als Minuten- und Stundenzeiger, Tesakrepp, Ziffernkärtchen, rotes und blaues Holzstäbchen, Stab, Bastelbogen, Tafelbild, Hefte, Arbeitsblatt (siehe S. 211)

Seit Beginn des Schuljahres hängt eine Uhr im Klassenzimmer. Selbstverständlich hat Frau M. immer wieder auf sie hingewiesen, indem sie z.B. erklärte, dass um „halb zehn" die Pause beginnt, aber näher wurde auf das Thema nicht eingegangen.

Seit der letzten Stunde ist das anders. Immer wieder, wenn die Kinder im Morgenkreis ihre Erlebnisse erzählen, fragen Lehrerin und Kinder nach. „Um wie viel Uhr war das?", „Wann seid ihr nach Hause gekommen?", „Wie lange hat der Film gedauert?". Die meisten Kinder können nur ungenau Auskunft geben. Sie stellen fest, dass über die Anzahl der Stunden eines Tages etwas zu wissen nicht gleichbedeutend ist mit der Kenntnis der Uhr und dem Gefühl für eine Zeitdauer.

Die Kinder erzählen über Situationen, in denen die Zeit für sie „lange dauert" und von solchen, in denen die Zeit schnell „vorbeigeht". Sie machen sich darüber Gedanken, was es bedeutet, pünktlich zu sein und wie sich der Einzelne fühlt, wenn er zu spät kommt.

Heute hat Frau M., nachdem sich alle im Sitzkreis versammelt haben, ein kleines geschlossenes Kästchen in die Mitte gestellt. Wie sich nach kurzen Vermutungen herausstellt, ist darin eine Uhr verborgen. Keine richtige, nein, sondern eine, die man auf dem Boden auflegen kann.

Damit das richtig geschieht, nimmt Frau M. die Wanduhr vom Haken und legt sie ebenfalls in die Mitte. Die Kinder betrachten sie genau. Dabei finden sie für viele ihrer Teile passende Wörter, die sie als Wortkarten an die richtigen Stellen platzieren. Die beiden Zeiger sind besonders interessant, denn sie sind das Wichtigste an der Uhr, sie zeigen die Uhrzeit an. Natürlich wissen die Kinder, dass sie sich bewegen. Diese Bewegungen beobachten sie heute ganz genau. Deshalb markiert Frau M. die Stelle, an der sich der blaue Zeiger befindet, mit einem blauen Klebepunkt (blauer Kreis) und jene Stelle, an der der rote Zeiger sich befindet, mit einem roten Klebepunkt (rotes Dreieck).

Mit einem ganz langen dicken Wollfaden wird nun ein großer Kreis gelegt, die Bodenuhr soll nämlich besonders groß werden. Das Innere dieses Kreises haben die Kinder, indem sie sich an der Wanduhr des Klassenzimmers orientiert haben, mit den richtigen Ziffern belegt, die sie ebenfalls im Kästchen vorgefunden haben. Jetzt kommt das Auflegen der Zeiger an die Reihe. Petra entscheidet sich für den roten Zeiger, den sie als ersten hinlegt. Aber, irgend etwas stimmt nicht. Beim genauen Betrachten der Wanduhr stellt sie fest, dass der rote Zeiger sich nicht mehr da befindet, wo er zu Beginn der Stunde gewesen ist. Der rote Markierungspunkt beweist es.

Die Kinder helfen und kommen zu dem Schluss, dass Petra den roten Zeiger so legen muss, wie er jetzt auf der Wanduhr zu sehen ist. Denn schließlich ist seit dem Markieren bereits etwas Zeit vergangen und deshalb befindet sich der Zeiger auch nicht mehr an der gleichen Stelle wie vorher. Petra legt ihren roten Wollzeiger richtig hin und Frau M. befestigt ihn in der Mitte mit Tesakrepp. Außerdem klebt sie wieder ein rotes Markierungsdreieck für seine jetzige Position auf.

Uwe meldet sich nun, um den blauen Zeiger richtig hinzulegen. Auch er vergleicht genau mit der Wanduhr, aber diesmal ist nicht so ein großer Unterschied zwischen Markierungspunkt und der jetzigen Zeigerstellung zu erkennen. Im Gegenteil, man muss schon genau schauen, um die Veränderung überhaupt zu entdecken. Uwe legt jetzt den blauen Wollzeiger und Frau M. klebt den blauen Markierungspunkt an, der für die neue Zeigerstellung passt. Nun schauen sich die Kinder die beiden Uhren noch einmal ganz genau an, und einige haben sehr rasch ein neues Problem entdeckt: Die Zeiger der Legeuhr sind gleich lang, während die Zeiger der Wanduhr unterschiedlich lang sind. Sie überlegen, warum das so ist, und finden auch bald einen guten Grund:

- Der blaue Zeiger ist kürzer und macht kleinere Schritte. Er kommt deshalb auch nur langsam von der Stelle. Das ist wie bei Kindern und Erwachsenen mit kurzen Beinen.

- Der rote Zeiger ist länger und macht größere Schritte. Er kommt daher auch viel schneller von der Stelle. Das ist wie bei Kindern und Erwachsenen mit langen Beinen.

Das mit den kurzen und langen Beinen probieren einige Kinder gleich einmal aus, indem sie von einer festgelegten Linie aus drei größtmögliche Schritte in die gleiche Richtung machen. Was für ein Unterschied!
Jetzt haben es die Kinder noch besser verstanden; der rote Zeiger, der lange, bewegt sich etwas schneller vorwärts, der blaue Zeiger, der kleine, bewegt sich nur ganz langsam vorwärts. Den blauen Wolluhrzeiger schneiden sie deshalb ein Stück ab.
Paul weiß dazu noch etwas:

- Der große rote Zeiger, der sich schneller bewegt, zeigt die Minuten an. Er heißt deshalb Minutenzeiger, denn er wandert von einer Minute zur nächsten, von einem Minutenstrich zum nächsten.
- Der kleine blaue Zeiger, der nur ganz langsam vorwärts kommt, zeigt die Stunden an. In einer Stunde wandert er von einer Ziffer zur nächsten. Auf dem Ziffernblatt stehen die Ziffern 1-12. Man sagt ein Uhr, zwei Uhr...

Die Kinder tauschen nun die Wortkarte „Zeiger" auf dem Boden gegen die Wortkarten „Minutenzeiger" und „Stundenzeiger" aus. Sie betrachten wiederum die Wanduhr und merken, dass neue Markierungspunkte fällig sind. Diesmal dürfen Sven und Inge sie anbringen.

In dem Kästchen entdeckt Janina nun ein rotes und ein blaues Holzstäbchen. Mit ihrer Hilfe verwandeln sich zwei Kinder zu einem Minuten- und einem Stundenzeiger, die nun die Uhrzeit anzeigen. Das Stundenzeigerkind nimmt das blaue Stäbchen in die Hand und stellt sich neben die Ziffer Neun auf das Ziffernblatt, nachdem es vorher den Wollzeiger richtig hingelegt hat. Das Minutenzeigerkind stellt sich neben die Ziffer Zwölf, außerhalb des Ziffernblattes, und ordnet ebenfalls seinen Wollzeiger. Mit langsamen Schritten läuft es nun einmal um das Ziffernblatt herum, bis es sich wieder bei der Zwölf befindet. In der Zwischenzeit hat das Stundenzeigerkind gerade die Zehn erreicht. Alle wissen: Auf der Bodenuhr ist gerade eine Stunde vergangen. Sie zeigt - nach erneuter Korrektur der Wollzeiger - zehn Uhr an.
Das kann jeder sagen: Es ist jetzt zehn Uhr. Aber was bedeutet das?
Die Kinder erinnern sich daran, was sie vom Tag gelernt haben. Sie wissen, dass der Tag eigentlich mitten in der Nacht beginnt. Dann stehen beide Zeiger auf der Ziffer Zwölf.
Zwei Kinder stellen sich in diese Position und das Minutenzeigerkind läuft bedächtig einmal im Kreis herum, während das Stundenzeigerkind ganz lang-

sam den einen Schritt zur Ziffer Eins macht. Während das Minutenzeigerkind läuft, zählen alle ganz leise mit. Nachdem das Minutenzeigerkind bei der Zwölf angekommen ist, kann Daniel richtig sagen: „Es ist jetzt ein Uhr."
Jetzt, da sich der kleine Zeiger auf der Eins und der große auf der Zwölf befindet, ist der Tag gerade eine Stunde alt. Es gibt sogar Uhren, die „feiern" diesen „Tagesgeburtstag", indem sie ganz laut schlagen. Das machen nun alle, indem sie nach Sebastians Vorschlag einmal „Gong" sagen, bevor zwei andere Kinder weiterlaufen - bis es zwei Uhr ist und alle nun zweimal „Gong" sagen dürfen. Das wird weiter gespielt, bis zum Mittag und ein zweites Mal bis zur Mitternacht.
Danach erinnern sich die Kinder, dass der heutige Tag zehn Stunden alt ist, wie es die Wanduhr anzeigt. Da es keine „Tagesgeburtstagsuhr" im Zimmer gibt, die jetzt zehn mal schlagen müsste, klatschen sie zehnmal.
Anschließend spielen die Kinder das „Tagesgeburtstagsspiel", oder „Uhrzeitenspiel":

- Ein Kind wünscht sich eine Uhrzeit, z.B. zehn Uhr, und während es bis zehn zählt, müssen das Minuten- und das Stundenzeigerkind die richtige Position eingenommen haben. Haben sie es geschafft, darf das Stundenzeigerkind in eine andere Position hüpfen, die von den Sitzkreiskindern wieder richtig abgelesen werden soll. Dann kommen andere Kinder dran.

Dieses Spiel wird auch während der Sportstunde in der Turnhalle oder auch im Schulhof gespielt. Da befindet sich jeweils ein großer aufgedruckter Kreis auf dem Fußboden, der zum Ziffernblatt wird. Frau M. verteilt die Ziffern an verschiedene Kinder, solange sie noch außerhalb des Ziffernblattes stehen. Sie alle müssen ihre richtige Stellung finden – nur die „Zwölf" darf sich ihre aussuchen. Das ist gar nicht so einfach, denn die „Zwölf" stellt sich recht willkürlich auf und dadurch muss immer neu überlegt werden, wo jeder seinen Platz hat. Es müssen die Abstände zwischen den einzelnen Ziffern ausgeglichen und die richtige Reihenfolge der Ziffern beachtet werden. Dabei stellen die Kinder fest, dass immer „rechtsherum" gezählt wird. Frau M. nennt dies „im Uhrzeigersinn".
Die Zeiger sollen diesmal von den Kindern dargestellt werden, deshalb überlegen sie, wie sie das bewerkstelligen könnten. Da in der Turnhalle ebenfalls eine Uhr hängt, schauen sie sich diese wiederum genau an. Sie brauchen außerdem zuerst in der Mitte so etwas wie einen „Nagel", begreift Inge, um die Zeiger daran zu befestigen. Auf dem Riesenziffernblatt der Turnhalle suchen sie erst den Mittelpunkt. Sie finden ihn auf zwei sich kreuzenden Strichen. Hier stellt sich das „Nagelkind" auf und dreht sich nur um sich selbst.
Erkan und Sven holen einen kleinen Kasten, auf den sich Erkan stellt – als

Mittelpunkt. Anschließend verteilt sich der Rest der Kinder als „Minutenzeiger" oder als „Stundenzeiger", wobei die „Minutenzeigerkinder" sich mit roten Mannschaftsbändern kennzeichnen. Ein Kind darf sich eine Uhrzeit wünschen und die Zeigerkinder müssen sich entsprechend hinstellen. Nach einigen Wünschen tauschen die Zeiger- und Ziffernblattkinder ihre Aufgaben. Spannend ist es auch, wenn Frau M. eine „Uhrzeitgeschichte" erzählt. Immer, wenn sie dabei eine Uhrzeit sagt, stellen sich die Kinder entsprechend auf. Erst nachdem jeder seinen Platz gefunden hat, geht die Geschichte weiter.

> *Irgendwo, weit entfernt von den Wohnungen der Menschen, gibt es ein „Haus der Uhren". In diesem Haus findet sich alles ein, was „Uhr" heißt. Jede Uhr, ob sie klein ist oder groß, bekommt in ihm einen besonderen Platz, denn jede Uhr ist wichtig.*
> *Heute ist im „Haus der Uhren" alles durcheinandergeraten. Gleich nach Mitternacht schlägt die kleine Küchenuhr sieben Uhr ...*
> *Nanu, denkt sich die Turmuhr unter dem Dach, ich habe doch gerade erst zwölf Uhr ... geschlagen, da kann doch etwas nicht stimmen!*
> *Von dem Lärm ist der dicke Wecker aufgewacht und hat gefragt: Hab ich verschlafen? Obwohl keiner ihm eine Antwort gegeben hat, schlägt er sechs Uhr ... sicherheitshalber.*
> *Aufgeweckt hat er die braune Wanduhr, die so alt ist, dass sie immer öfter Schwierigkeiten mit der Zeit bekommt. Sie schlägt neun Uhr ... ihre Lieblingszeit.*
> *In einem kleinen Körbchen im Erdgeschoss liegen drei kleine Kinderuhren, die sich zum Lernen im „Haus der Uhren" befinden. Heute kümmert sich keiner um sie und so stellt die weiße Mädchenuhr ihre Zeiger schnell auf drei Uhr ..., die blaue Jungenuhr zeigt auf fünf Uhr ... und auf der Kinderuhr mit dem bunten Ziffernblatt ist es zwei Uhr ... Mittlerweile sind nun alle Uhren wach und jeder von ihnen meint, die richtige Uhrzeit angezeigt zu haben. Da ertönt aus dem Radiowecker: „Es ist vier Uhr!"... Jede Uhr stellt danach schnell ihre Zeiger richtig und zufrieden sehen sie der nächsten vollen Stunde entgegen.*

Immer wieder üben die Kinder auf diese und ähnliche Weisen die Uhr und erfinden selbst Uhrzeitgeschichten, die sie in der Gruppe mit den selbst gebastelten Uhren nachlegen (Abb. 47). Paarweise benützen die Kinder in der Turnhalle einen Reifen, auf Haftzettel selbst geschriebene Ziffern als Ziffernblatt und stellen den Minuten – und den Stundenzeiger mit unterschiedlich gespreizten Beinen dar. Nach einigen Zeitangaben werden die Rollen getauscht. Außerdem sitzen die Kinder im Kreis, entweder in der Klasse oder in der Turnhalle, während zwei Kinder drei verschiedene Uhrzeiten darstellen, die sich die anderen dann der Reihe nach merken.

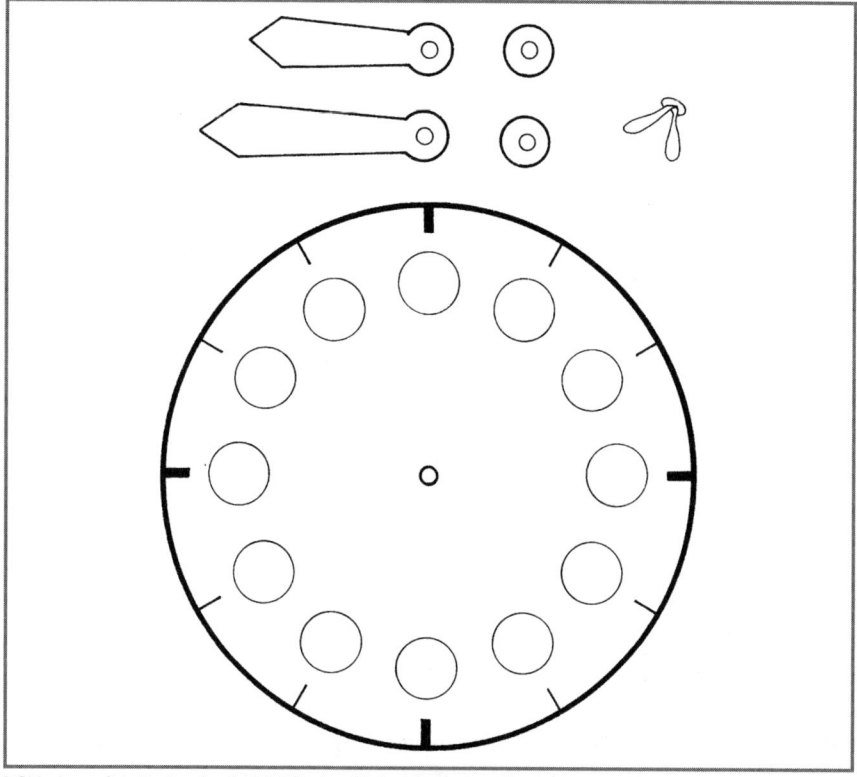

Abb. 47: Uhr zum Basteln

Auch die Wanduhr im Klassenzimmer wird sehr genau beobachtet, denn Frau M. möchte von den Kindern wissen, um wie viel der Minutenzeiger schneller als der Stundenzeiger ist. Das haben sie bald erforscht:

- Während der Stundenzeiger von einer Ziffer zur anderen wandert, läuft der Minutenzeiger den ganzen Weg von zwölf nach zwölf.

Bleibt noch die Frage, wie viele „Stundengeburtstage" kann ein Tag feiern, wie alt kann ein Tag werden, wie viele Stunden hat ein Tag?
Selbstverständlich wird er vierundzwanzig Stunden alt, denn wenn der kleine Zeiger bis zur Zwölf gelaufen ist, dann ist es erst Mittag und jedes Kind weiß, dass dann erst der halbe Tag vorbei ist. Also muss er weiterlaufen – und die Kinder müssen weiterzählen.

Die Ziffern der zweiten Tageshälfte stehen sogar auf manchen Uhren, das kann jeder in der Uhrenausstellung sehen, die die Kinder im Zimmer aufgebaut haben. Dazu haben Frau M. und einige Kinder der Klasse viele verschiedene Uhren mitgebracht, die sich jeder immer wieder gerne anschaut. Dazu werden auch die Parallelklassen eingeladen.

Frau M.s Tafelbild, das im Laufe der Woche entstanden ist, übertragen die Kinder gemeinsam ins Heft.
Außerdem bekommen alle ein Blatt (siehe S. 209) zum Einkleben und Beschriften, das verschiedene Uhren zeigt, die in der Geschichte vom „Haus der Uhren" vorgekommen sind. Den Uhren in der unteren Leiste fehlen die Zeiger. Die richtigen Zeiten müssen von den entsprechenden Uhren darüber abgelesen und eingetragen werden.

Lernaspekte
Die Uhr als Instrument der Tageszeitmessung zu erfassen, ist weniger eine Frage des Lernens und Einübens, sondern eher ein Zeichen dafür, den „Entwicklungsschritt in die Zeit", wie wir ihn nennen möchten, vollzogen zu haben. Bevor dieser erfolgt, leben die Kinder gewissermaßen „außerhalb der Zeit", ohne Empfinden für Länge und Kürze einer Zeitspanne, ohne einen bewussten Bezug zur Vergangenheit, für die es noch keine aktiven Festhaltemechanismen gibt. Um ein Beispiel zu nennen: Eben noch wird geweint, weil beim Hinfallen das Knie schmerzt, bald werden die Tränen getrocknet und im nächsten Moment wird fröhlich weitergespielt, als ob nie etwas Schmerzhaftes geschehen wäre. Das Kind lebt in der Gegenwart und ist darin fröhlich oder traurig, zufrieden oder missgestimmt – je nachdem.
Die Zeit tritt zuerst ins kindliche Bewusstsein, indem sie sich als Zeitdauer präsentiert, die mit den Begriffen „lange" oder „kurz" formuliert werden. Damit ist aber nicht eine objektiv messbare Dauer gemeint, sondern ein subjektives Empfinden, das von den unterschiedlichsten Bezügen zu bestimmten Vorgängen abhängt. Kinder finden manches „langweilig" und drücken damit ihr Verständnis für eine lange Weile, eine lange Zeit, aus, die etwas in Anspruch nimmt. Diese lange Weile wird nur deshalb bewusst, weil die Tätigkeit nicht sehr interessant für sie ist, d.h. da die Aufmerksamkeit nicht vollständig beansprucht wird, bleibt noch Raum für das Wahrnehmen der linearen Zeitdimension eines Vorgangs. Andrerseits ist etwas, was Freude bereitet hat, viel zu schnell vorbeigegangen – die lineare Vorgangsdimension der Zeit ist in diesem Fall nicht wahrnehmbar.
Die Kinder der Klasse sind schon öfter mit der Zeitdimension in Berührung gekommen, dennoch ist das Erlernen der Uhr für manche Kinder nicht ein-

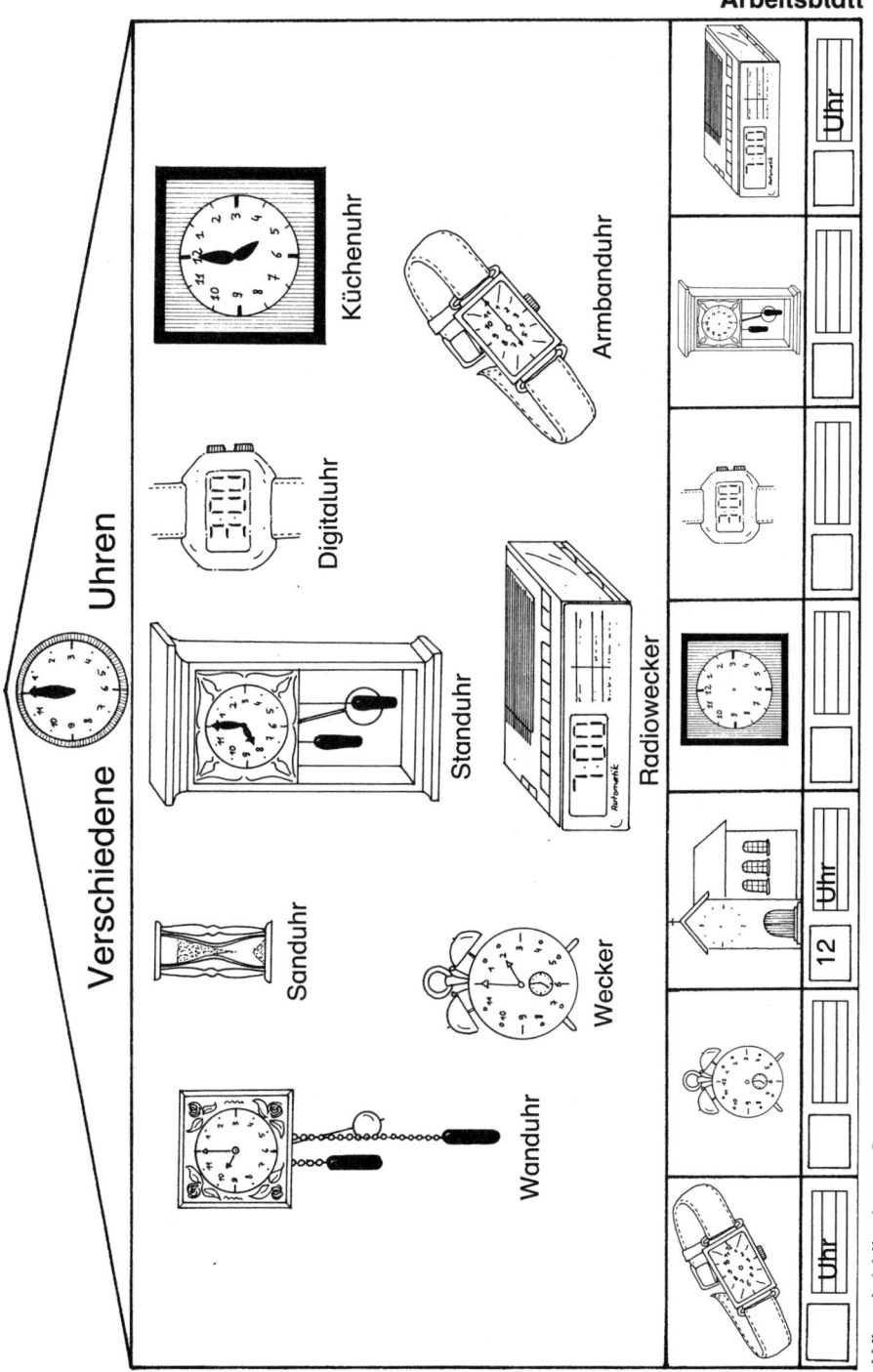

fach. Die räumliche Veranschaulichung ist dabei besonders wichtig, sie macht den Kindern Freude und immer wieder wünschen sie sich in der Turnhalle neue Uhrzeitengeschichten. Diese lassen sich gut in andere Bewegungsübungen integrieren, etwa als „Feuer-Wasser-Blitz" Variante, in der eine Uhrzeit genannt wird, die von bereits vorher bestimmten Paaren in den dafür vorbereiteten „Reifenuhren" dargestellt wird. So beschränkt sich das Üben nicht nur auf eine Woche, sondern kehrt als Bewegungs-Raumspiel immer wieder.

So sinnvoll es ist, den Kindern die verschiedenen Uhren in einem Arbeitsblatt zu präsentieren, so sehr erscheint es uns wichtig, die Uhr als Ausdrucksform der Zeit als „grafischen Bewusstseinsausdruck" ins Heft zu bringen. Sie benützen daher wieder ihre Blöcke und vollziehen die runde Uhrform ganz langsam und so rund wie möglich von der Zwölf angefangen im Uhrzeigersinn nach. Sie werden sich der Zeiträume bewusst, indem sie in ihrem „Heftraum" zuerst die Zwölf, dann die gegenüberliegende Sechs hineinschreiben, anschließend die Drei und die Neun. Auch die restlichen Zahlen werden gemeinsam aufgeschrieben, bevor die Mitte gesucht und markiert wird und schließlich die Zeiger, der Tageszeit entsprechend, unter Wiederholung ihrer Laufeigenschaften und der damit verbundenen Längen, ins Heft eingetragen werden.

Auch das Beschriften und Zuordnen der Uhrteile geschieht gemeinsam. Im Anschluss daran verschönert jedes Kind seine Uhr nach Belieben.

Ein weiteres Arbeitsblatt (siehe S. 211) soll den Bezug zur gesprochenen Uhrzeit vertiefen und „Uhrzeitexperten" zu eigenen Aufgabenstellungen für Partner- oder Gruppenarbeiten anregen.

Arbeitsblatt

Tag und Nacht

| 1 Uhr | 14 Uhr | 4 Uhr | 7 Uhr |

| 19 Uhr | 12 Uhr | 22 Uhr | 16 Uhr |

Male die Zeiger in die Uhren.

Male das Uhrengehäuse gelb an, wenn die Uhr eine Zeit am Tag anzeigt.

Male das Uhrengehäuse dunkelblau an, wenn die Uhr eine Zeit in der Nacht anzeigt.

Für Uhrzeitexperten:

Uli hat um 8 Uhr Schule. 4 Stunden später holt in seine Mama ab. Dann ist es ☐ Uhr.

Heute dauert die Schule von 8 bis 13 Uhr. Das sind ☐ Stunden.

Tina schaut auf die Uhr und freut sich. Jetzt ist es 12 Uhr und in 3 Stunden kommt ihre Freundin Lisa. Dann ist es ☐ Uhr.

Ronny wartet schon seit einer Stunde auf Tim. Jetzt ist es 18 Uhr. Ausgemacht war ein Treffen um ☐ Uhr.

Gesprächskreisanregungen

Die Inhalte dieser Schulwoche regen die Kinder an, die Woche und den Tag als eine aus Einzelelementen bestehende Einheit zu erleben, durch die Tagesschnur den Tagesrhythmus zu erfassen und sich selbst durch das Erinnern als eine Art Zeitenwanderer zu erleben.
Die Tageszeiten legen bestimmte Tätigkeiten nahe. Sie stehen im Gesprächskreis und bei der anschließenden Wochenbeobachtungsaufgabe im Mittelpunkt.
Das Thema könnte lauten:

Manchmal kann ich mir die Zeit selbst einteilen

Material
Schreibblock, Schreibblatt, für jeden Tisch ein Spiel nach freier Wahl der Kinder, ein Rechenarbeitsblatt; Symbolbilder (siehe S. 213), ein Mensch-ärgere-dich-nicht-Männchen für jedes Kind, Beobachtungsblatt (siehe S. 216).

Verlauf der Erfahrungseinheit
Das Material wird gezeigt, die einzelnen Tätigkeiten werden als vertraut erkannt. Heute kann jeder die Reihenfolge seiner Tätigkeiten selbst bestimmen, der Zeitpunkt des Spiels ist allerdings mit dem Nachbarn abzusprechen. Die Schwierigkeitsstufe der Einzelarbeit sollte so gewählt werden, dass alle Kinder selbstständig zurechtkommen (differenziertes Wahlangebot).

Verlauf des Gesprächskreises
1. Die Kinder sitzen im Sitzkreis. Jeder hat sein Schreib- und sein Rechenblatt vor sich auf dem Boden liegen und ein Mensch-ärgere-dich-nicht-Männchen. Es wird festgestellt:
2. Gesprächskreisschwerpunkt: Heute habe ich mir die Zeit selbst eingeteilt.
3.1 In der Mitte liegen sechs Bildfolgen, die die eben durchgeführten Tätigkeiten in unterschiedlicher Reihenfolge darstellen (Abb. 48). Die Kinder berichten von ihrer Arbeitsweise und stellen ihr Männchen zu jener Bildfolge, die ihrer Arbeitsfolge entspricht. Wer mit einem Blatt nicht fertig geworden ist, legt es ebenfalls dazu.
3.2 Die Kinder suchen Ursachen für die unfertigen Arbeitsblätter. Vielfach stammen sie von Kindern, die mit dem Spiel begonnen haben. Aber auch solche, die das Spiel als zweite Tätigkeit gewählt haben, sind nicht immer fertig geworden.

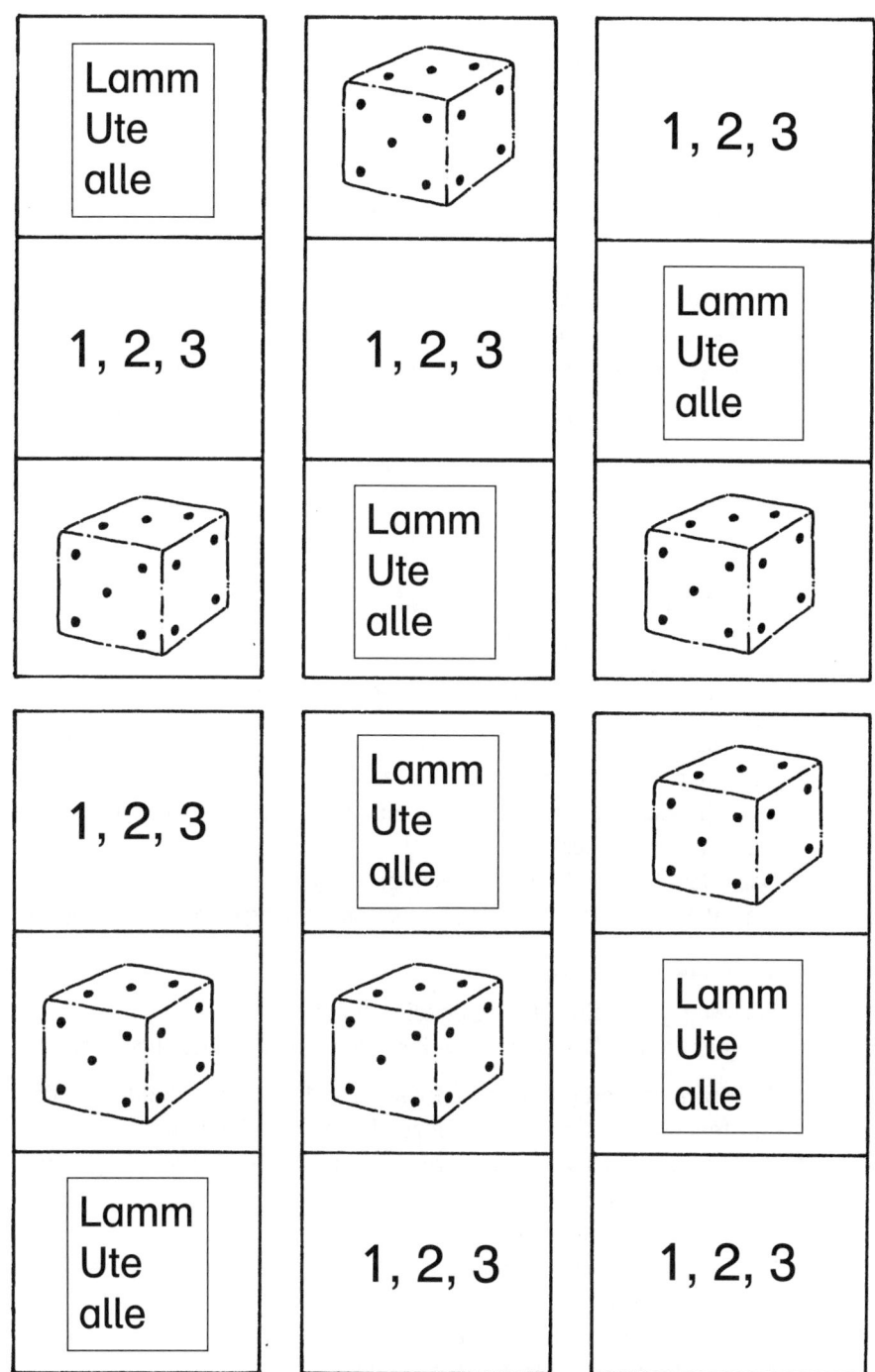

Abb. 48: Symbolbilder

Es wird festgestellt:
- Wir haben zu lange gespielt.
- Ich habe mich nicht mehr konzentrieren können.
- Ich bin auf einmal so langsam geworden.
- Ich habe gedacht, ich hätte noch genügend Zeit.

4.1 Jetzt werden Kriterien gesucht, nach denen die erste Tätigkeit ausgewählt wurde.
- Ich beginne mit meiner Lieblingstätigkeit.
- Ich beginne mit dem, was mir am leichtesten fällt.
- Ich beginne mit dem Schwierigsten, damit ich es hinter mir habe.

4.2 Die Kinder suchen Kriterien für die Wahl der zweiten Tätigkeit.
- Ich brauche dazwischen eine Erholungspause, deshalb habe ich das Spiel gewählt.
- Ich möchte zuerst mit meiner Arbeit fertig werden, bevor ich zu spielen anfange.
- Ich habe nach dem ersten Blatt keine Lust mehr gehabt, schon wieder ein neues Blatt zu beginnen.

4.3 Es wird über die Erfahrungen bei der dritten Tätigkeit gesprochen:
- Das Spiel hat richtig Spaß gemacht.
- Nach dem Spiel ist es mir schwer gefallen, auf einmal wieder zu arbeiten.
- Ich habe zum Schluss überhaupt keine Lust zum Schreiben gehabt und viele Fehler gemacht.
- Nach dem Spiel fiel mir das Rechenblatt ganz leicht.
- Ich habe zu spät mit dem Blatt begonnen, es hat gleich danach gegongt.

4.4 Gemeinsame Feststellung:
- Für jeden passt eine andere Zeiteinteilung.
- Ich muss herausfinden, welche Zeiteinteilung für mich die Beste ist.

5. Im Gespräch suchen die Kinder Hilfen, sich die Zeit so einzuteilen, dass alle anstehenden Tätigkeiten durchgeführt werden können.
- Wir erinnern uns an Erfahrungen so wie die, die wir gerade gemacht haben.
- Wir probieren andere Einteilungsmöglichkeiten aus.
- Wir „üben" die beste Einteilung eine Weile, damit sie zu einer guten Gewohnheit werden kann.
- Wir versuchen eine neue Zeiteinteilung, wenn die gewählte auf einmal nicht mehr klappt oder durch besondere Ereignisse nicht möglich ist.

6. Die Kinder erhalten nun ein Beobachtungsblatt für die Nachmittage der kommenden Woche (siehe S. 216). Wer will, darf es schon daheim ausfüllen, die anderen erledigen es mit der Lehrerin zusammen in der Schule.
Die Aufgabe wird geklärt: Für jeden Tag gibt es drei Kreisabschnitte, in die hineinzumalen ist, wie sich jedes Kind den Nachmittag eingeteilt hat.
In den Kästchen unten sind verschiedene Zeichen zu sehen.
Der Stern bedeutet: Es hat sehr gut geklappt.
Das Pluszeichen: Es hat geklappt, aber ... (Ich war schon sehr müde,...).
Das Minuszeichen: Es hat noch nicht geklappt.
Je nachdem, wie der Nachmittag verlaufen ist, ist eines der Zeichen oben in das freie Kästchen neben dem Wochentag einzutragen.

Gemeinsam wird der „Donnerstag" ausgefüllt am Beispiel von Myriams gestrigen Nachmittag:

- Da Myriam gestern beim Zahnarzt war, malen die Kinder in den ersten Kreisabschnitt einen Zahn hinein.
- Nach dem Zahnarztbesuch war sie müde und ein wenig durcheinander, deshalb spielte sie lieber, als sofort ihre Hausaufgabe zu machen. In den zweiten Kreisabschnitt wird deshalb Myriams Lieblingspuppe hineingemalt, die sie genau beschreibt.
- In das noch freie Kästchen wird ein Bleistift und ein Heft gezeichnet. Beides hat Myriam für ihre Hausaufgabe gebraucht.

Wie ist dieser Nachmittag für Myriam gewesen? Sie wählt das Pluszeichen, denn alles in allem ist der Nachmittag durch den Zahnarzt recht anstrengend gewesen.
Nun weiß jeder, was er tun muss.

Die Feststellung, in ähnlichen Situationen unterschiedliche Bedürfnisse zu haben, ist eine wichtige Grundlage für das Verständnis der eigenen Stärken und Schwächen und die der anderen. Ohne aufmerksames Wahrnehmen der eigenen Reaktionen und ihrer Auswirkungen kann keine sinnvolle Anpassung an die manchmal besonders wechselhaften oder besonders statischen Bedürfnisse erfolgen. Gespräche mit Eltern zeigen immer wieder, dass für Hausaufgaben ein zwar für das Familienleben „praktischer" Zeitpunkt gewählt wird, der aber nicht immer dem individuellen Bedürfnis der Kinder entspricht. Durch den täglichen Rückblick auf den Nachmittag und das Aufzeichnen der Erfahrungen auf dem Beobachtungsblatt kann für Kinder und Eltern eine höhere Sensibilität für die Nachmittagsgestaltung erreicht werden.

Beobachtungsblatt

Ich kann mir die Zeit selbst einteilen

Donnerstag · Freitag · Samstag · Sonntag · Montag · Dienstag · Mittwoch

eine Woche

*	Es hat sehr gut geklappt.
+	Es hat geklappt, aber ...
−	Es hat noch nicht geklappt.

Warum ist es in der Nacht so dunkel?

Material
Lehrerin: Material wie in der vorletzten Einheit, Lichtspot (Auf den Tageslichtprojektor wird ein Blatt Papier mit einem in der Mitte ausgeschnittenen Kreis gelegt.), Globus, roter Klebepunkt, gelber Klebepunkt, Tafelbild (siehe Arbeitsblatt)
Kinder: sechs Bälle, sechs Taschenlampen, Arbeitsblatt (siehe S. 220)

Kinder, die heute früh in die Schule kommen, bauen zusammen das Bodenbild des Tagesablaufes im hinteren Teil des Klassenzimmers auf (siehe S. 198). Ina holt sich als erste die Trommel und schlägt verschiedene Uhrzeiten, während die anderen die Uhrzeitenbilder richtig hinlegen.

1. Schließlich stellen sich alle um das Bodenbild. Gemeinsam werden die wichtigsten Inhalte zum Tagesablauf wiederholt. Auch über die Beobachtungen des Sonnenstandes wird noch einmal gesprochen.

   - Die Sonne war von einem bestimmten Beobachtungsplatz zu sehen.
   - Später war sie vom gleichen Platz aus nicht mehr zu sehen.
   - Von einem neuen Beobachtungsplatz war sie wieder zu sehen, allerdings weiter „oben" am Himmel.

   Die Kinder vergleichen ihre Beobachtungen mit den Sonnenabbildungen am Bodenbild. Eines fällt ihnen jetzt auf: bei jeder Tageszeit liegt ein Sonnenbild, bei der „Nacht" allerdings keines. „In der Nacht scheint doch gar keine Sonne, da ist es doch dunkel", kichert Alex. Richtig. Aber:

2. Warum ist es in der Nacht dunkel?

3.1 Die Lehrerin schreibt die Frage an die Tafel und die Kinder suchen nach Antworten.

   - In der Nacht scheint keine Sonne.
   - Nach Sonnenuntergang kann man die Sonne nicht sehen.
   - Die Erde dreht sich von der Sonne weg.
   - Der Teil der Erde, wo wir wohnen, dreht sich von der Sonne weg.

   Das ist alles einleuchtend. Aber woher kommt die Dunkelheit?
   In der Gruppe versuchen die Kinder mit Hilfe einer Taschenlampe und eines Balles diesem Geheimnis auf die Spur zu kommen. Die Taschenlampe ist dabei die Sonne, der Ball die Erde, „weil sie ja rund ist wie ein Ball", erläutert Thomas. Im abgedunkelten Klassenzimmer wird experimentiert und nach Erklärungen gesucht.

   - Die Taschenlampe beleuchtet nur einen Teil des Balles, der andere Teil bleibt dunkel.
   - Das Licht kann nur einen Teil des Balles beleuchten, weil der Ball kein Licht durchlässt.

- Je nachdem, von welcher Seite die Taschenlampe den Ball beleuchtet, macht der Ball auf der Unterlage einen Schatten. Die Formen des Schattens schauen unterschiedlich aus.

3.2 Ein Sitzkreis wird gebildet und die Lehrerin stellt einen Globus in die Mitte. Viele Kinder haben bereits einen Globus gesehen. Sie können Länder und Meere grundsätzlich unterscheiden. Der Spezialist Thomas findet sogar Deutschland und markiert es mit einem roten Klebepunkt.

Langsam wird der Globus in seiner Halterung gedreht und dabei die Spur des roten Punktes mit den Augen verfolgt. Jetzt fährt Frau M. den Wagen mit dem eingeschaltenen Tageslichtprojektor (siehe Material Lehrerin) in die Mitte und verdunkelt wiederum das Klassenzimmer. Die Kinder suchen für die „Sonne" jene Position, in der der rote Punkt auf dem Globus voll beleuchtet wird. Langsam dreht Joyce die Erdkugel. Die Kinder verfolgen gespannt, wie der rote Punkt immer mehr in der Dunkelheit verschwindet und schließlich wieder im „Sonnenlicht" auftaucht. Dieser Vorgang wird mehrmals wiederholt. Schließlich beschreiben die Kinder, was sie dabei entdeckt haben:

- Die Erde dreht sich ohne Unterbrechung.
- Die Sonne beleuchtet immer nur einen Teil der Erde.
- Der andere Teil der Erde liegt in der Dunkelheit.
- Ist es in unserem Land dunkel, haben wir Nacht.
- Ist es in unserem Land hell, haben wir Tag.
- Wenn bei uns Tag ist, ist es auf der anderen Seite der Erde Nacht.
- Wenn bei uns Nacht ist, ist es auf der anderen Seite der Erde Tag.

Für die Dunkelheit wird nun ein anderer Name gesucht. „Sie sieht aus wie der Schatten von der hellen Seite", stellt Uwe fest. Die Kinder benennen sie daher als „Schattenseite", „Schattenerde".

3.3 Die Kinder teilen sich nun in zwei Gruppen. Während ein Kind der einen Gruppe mit Hilfe des Bodenbildes und einer Taschenlampe als Sichthilfe seinen Tagesablauf beschreibt, dreht ein Kind der anderen Gruppe dazu entsprechend den Globus. Nach mehrmaliger Tageslaufbeschreibung tauschen die Gruppen ihre Aufgaben.

Nun wird nochmals getauscht. Dem roten Punkt gegenüber wird eine Position für einen gelben Punkt gewählt. Den Punkten werden die Namen Lena und Susi zugeordnet und aus der Gruppe, die den Tageslauf beschreibt, berichten nun zwei Kinder abwechselnd über Lenas und Susis Tagesablauf. Die Gruppen tauschen wieder und das Spiel wird noch einmal gespielt.

4. Bei einer weiteren Wiederholung wird die Frage beantwortet, warum es in der Nacht dunkel ist. Die Tafelanschrift wird durch Abbildungen und Formulierungen dabei ergänzt (siehe S. 220).
5. Anschließend bearbeiten die Kinder ihr Arbeitsblatt (siehe S. 220).

Lernaspekte

Ausgehend von der Kenntnis des kontinuierlichen Wechsels von Tag und Nacht wird die Frage nach der Ursache der nächtlichen Dunkelheit untersucht. Beim Experimentieren mit der Taschenlampe und dem Ball entdecken die Kinder

- den Schattenraum, der entsteht, weil ein undurchsichtiger Gegenstand den auffallenden Lichtstrom behindert und daher nicht von einer Lichtquelle beleuchtet wird,
- das Schattenbild, das die dunkle Fläche auf einer helleren Fläche abzeichnet, deren Ränder über den Schattenraum hinausgehen.

Im Zusammenhang mit dem Wechsel von Tag und Nacht ist zunächst der Schattenraum von Bedeutung, für den die Kinder eigene Begriffe finden, da der physikalische Begriff des Schattenraumes zu abstrakt ist.
Einfacher ist der Begriff des Schattenbildes, zu dem die Kinder in der nächsten Einheit persönliche Erfahrungen sammeln können.
Während sie zu ihrem eigenen Tag- und Nachtrhythmus einen unmittelbaren Bezug haben, soll dieser Bezug im Zusammenhang mit Tieren und Pflanzen erst hergestellt werden. Dazu werden zunächst Bildkarten, die jedes Kind erhält, mit dementsprechenden Hintergrund ausgemalt, die Tagbilder gelb, die Nachtbilder dunkelblau (siehe S. 221).
Mit den Bildern können Spiele wie Memory oder Domino gespielt werden. Legt man die Bilder in einer beliebigen Reihenfolge auf, wobei das Sonnenbild den Anfang und das Mondbild das Ende bildet, und lässt eine Spielfigur je nach Anzahl der Würfelaugen weiterwandern, kann nach verschiedenen Regeln gespielt werden:

- Wer auf ein „Nachtbild" kommt, setzt einmal aus.
- Die Spielfigur muss immer auf jenes Bild gestellt werden, das dem gewürfelten entspricht, wobei unbebilderte Karten dazwischengelegt werden. Steht die Figur auf einem Tagbild, muss sie sich auf ein Nachtbild stellen und umgekehrt; steht die Figur auf einer unbebilderten Karte, muss der Spieler aussetzen.
- Die Kinder erfinden selbst Spielregeln.
- Rätsel raten z.B: Mein Tier sucht in der Nacht Nahrung und schläft am Tag im Blätterhaufen. Wer das Tier errät, erhält die beiden Igelbilder.

Tafelbild und Arbeitsblatt

Warum ist es in der Nacht dunkel?

Male die Sonne aus.
Male die Sonnenstrahlen, wie sie auf die Erde treffen.
Male den Teil der Erde gelb an, auf dem Tag ist.
Male den Teil der Erde dunkelblau an, auf dem Nacht ist.

Die Erde _____

In der Nacht liegt der Teil der Erde, auf dem wir wohnen,
_____

Am Tag liegt der Teil der Erde, auf dem wir wohnen,
_____

| in der Sonne. | dreht sich. | im Schatten. |

Tag- und Nachtbilder

Erfahrungen mit Schattenbildern

Material
Lehrerin: Ball, Taschenlampe, Stationenmaterial (siehe Stationen)
Kinder: Stationenblatt (siehe S. 225)

Für diese Einheit bringen die Kinder Taschenlampen oder kleine Leselampen mit.

Zu Beginn wiederholen Tobias und Ayla den Versuch aus der vergangenen Stunde, bei dem ein Ball mit einer Taschenlampe beleuchtet wurde. Auch die Erkenntnisse werden kurz wiederholt:

- Die Taschenlampe beleuchtet nur einen Teil des Balles, der andere Teil bleibt dunkel.
- Das Licht kann nur einen Teil des Balles beleuchten, weil der Ball kein Licht durchlässt.
- Je nachdem, von welcher Seite die Taschenlampe den Ball beleuchtet, verursacht der Ball auf der Unterlage einen Schatten. Die Formen des Schattens schauen unterschiedlich aus.

Die ersten beiden Erkenntnisse wurden bereits in der letzten Stunde erarbeitet. Heute geht es um die letzte Beobachtung. Ob nur der Ball oder auch andere Dinge Schatten werfen, wird an verschiedenen Stationen zunächst gruppenweise erforscht.

Station: Schattenrätsel

Material
Tageslichtprojektor, Tüte mit Gegenständen (Mensch-ärgere-dich-nicht-Männchen, Playmobilmännchen, Trinkglas, Spielwürfel, Ball, Apfel, Stift, Schere, Radiergummi, Armbanduhr, Teller, Taschenlampe, Teelicht), Stationenblatt

Die Kinder sitzen vor dem Tageslichtprojektor. Der Spielleiter legt einen Gegenstand aus der Tüte auf den Tageslichtprojektor und lässt sich den Namen des Gegenstandes ins Ohr flüstern. Zur Kontrolle wird der Gegenstand gezeigt und ein neuer Spielleiter aus der Gruppe bestimmt. Alle beantworten zusammen die Frage auf dem Stationenblatt.

Station: Schattenbilder malen

Material

sechs Taschenlampen oder kleine Leselampen, Malblätter, Wachsmalkreiden, Blöckchen, Würfel, Kreisel, Quader, Stoffkatze, Stoffhase, Tasse

Auf zwei Schülertischen vor der Tafel gibt es sechs Lampen, hinter denen sich jeweils einer der angegebenen Gegenstände befindet. An der Tafel sind mit Kreide Positionsrahmen aufgezeichnet, in die die Kinder ihr Malblatt befestigen. Die Umrisse der Schattenbilder werden mit Wachsmalkreiden gezeichnet, die Schattenform mit den Blöckchen ausgemalt.

Station lange und kurze Schatten

Material

sechs Bögen Packpapier in der Größe eines Schülertisches, fünf Taschenlampen, Honigglas, Saftflasche, Milchpackung, Kakaodose, Joghurtbecher, fünf Wachsmalstifte

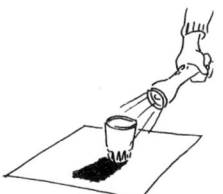

Die Kinder einer Gruppe legen einen Bogen Packpapier auf einen Schülertisch. Jedes Kind stellt einen Gegenstand auf, von dem zunächst die Grundfläche mit Wachsmalkreide umfahren wird. Jetzt wird der Gegenstand von verschiedenen Seiten beleuchtet und dabei beobachtet, wie sich die Längen der Schatten verändern. Die Umrisse der dabei entstehenden Schattenbilder werden auf dem Papier nachgezeichnet.

Station: Schattenfiguren

Material

kleine Schreibtischlampe mit drehbarer Lampenhalterung, Schülertisch

Eine auf einem Schülertisch stehende Schreibtischlampe beleuchtet die dahinter liegende Wand. Ein Kind sitzt zwischen Tisch und Wand und versucht nach eigenen Vorstellungen seine Hände zu formen, so dass für den Zuschauer Figuren sichtbar werden. Die vor dem Tisch sitzenden Kinder interpretieren die Figuren.

Station: Schattenexperiment

Material

Playmobilmännchen, Taschenlampe

Auf dem Boden liegt eine Taschenlampe. Zwischen ihr und der Wand steht ein Playmobilmännchen. Das Männchen wird nach Belieben hin- und hergeschoben.

Station: Schattendomino

Material
Schattendomino

Nach jeder Station bearbeitet die Gruppe die Fragen auf dem Stationenblatt (siehe S. 225).

Stationenblatt

Meine Erfahrungen mit Licht und Schatten

Station Schattenrätsel
Welcher Gegenstand wirft keinen Schatten?

_____

Warum nicht?

_____
_____
_____

Station Schattenbilder
Was kannst du beim Schattenbild erkennen? Kreuze an:
☐ Form   ☐ Farbe   ☐ Größe

Station lange und kurze Schatten
Male die Schatten zu den Bildern.

Station Schattendomino
Woran hast du die Schattenbilder erkannt?

_____
_____

Station Schattenfiguren
Welche Figuren kannst du darstellen?

_____

Welche Figuren hast du an der Wand erkannt?

_____
_____

Station Schattenexperiment
Wie hat sich der Schatten verändert? Erzähle.

_____
_____
_____

Nach dem Durchlaufen der Stationen werden die Beobachtungsergebnisse mit Hilfe der Stationenblätter miteinander verglichen.

Bauen mit Schnee (Mit Gesprächskreisanregungen)

Material
Verkleidungskiste u.a. mit Tüchern, Hüten, Stock, Bällen

Seit gestern liegt Schnee in der Stadt. Obwohl es in den letzten Wochen schon öfter geschneit hat, war die weiße Pracht stets nach einigen Stunden verschwunden und hat damit die Hoffnungen der Kinder auf Spiele im Schnee zunichte gemacht. Jetzt ist das anders und auf dem Schulweg inmitten tanzender Schneeflocken unterwegs zu sein, macht richtig Spaß.
Vom Fenster des Klassenzimmers aus beobachten die Kinder, wie die dicken Schneeflocken langsam abwärts schweben. Sie versuchen, ihre Finger, ihre Hände, ihre Arme, ja den ganzen Körper in diesem Rhythmus zu bewegen.
Draußen, nach der ersten Pause, schauen sie zu, wie die Schneeflocken auf den geöffneten Handflächen landen, spüren und beschreiben ihr zartes Kitzeln und wie sich gleich darauf ihre Form auflöst. Zurückbleiben nur mehr die nassen Hände, denen es immer kälter wird. Deswegen werden sie fest aneinander gerieben, so lange, bis sie zu prickeln beginnen.
Wenn es so weiterschneit, könnten die Kinder im Schulhof spielen und vielleicht sogar Schneemänner oder Ähnliches bauen. Der nächste Tag scheint dafür geeignet. Es ist kalt und die Sonne scheint. Schon im Klassenzimmer bilden die Kinder Spielgruppen und tauschen ihre Ideen aus. In einem

Lösungskreis
gehen sie zunächst aber der Frage nach, was im Laufe des Tages durch Wettereinflüsse oder Aktivitäten anderer Kinder mit den Schneekunstwerken geschehen könnte und wie sie sich dabei wohl fühlen werden.
Zuerst sind die meisten Kinder darüber enttäuscht und erbost, sodass Frau M. es ihnen freistellt, ob sie unter dieser Voraussetzung überhaupt etwas bauen wollen. Natürlich wollen die Kinder! Aber sie wünschen sich, dass ihre Schneewerke erhalten bleiben sollen.
Nachdem sich trotz eines aufgeregten Gesprächs für dieses Problem keine Lösung finden lässt, wird überlegt:

1. Warum wollen wir nicht, dass unsere Werke zerstört werden?
   - Wir haben es gebaut, daher gehört es uns.
   - Was wir bauen, gefällt uns.
   - Was wir gebaut haben, wollen wir behalten.

2. Warum verändern ... andere Kinder unsere Schneemänner ...?

- Manche zerstören sie aus Eifersucht, aus Neid,... weil der Schneemann nicht von ihnen ist oder weil sie selbst keinen bauen wollen oder können... Deshalb sollen andere auch keinen bauen und sich an ihm freuen. Sie sagen dann häufig, dass sie Schneemänner ... „blöd" finden.
- Manche zerstören aus Gründen, die wir und sie selbst nicht kennen. Sie sagen dann oft, es geschehe aus „Spaß".
- Manche wollen einfach weiterbauen; wenn es ihnen nicht gelingt, machen sie alles kaputt.

3. Warum verändert das Wetter unsere Schneemänner ...?

- Wenn es taut, schmilzt der Schnee und die gebauten Figuren verändern ihr Aussehen. Sie werden immer kleiner und verschwinden schließlich ganz.
- Wenn es kalt bleibt, wird der Schnee mit den Tagen grau vom Schmutz in der Luft, den man sonst nicht sieht.
- Wenn es tagsüber leicht taut und nachts gefriert, verändern sich die Formen.

Die Kinder überlegen, ob sie das Wetter oder das Verhalten anderer Kinder ändern können und sehen ein, dass das nicht möglich ist. Ändern können sie nur ihre Vorstellung, dass der Schneemann bis zu seinem Dahinschmelzen so bleiben wird, wie sie ihn bauen. Einigen ist es schwer gefallen, ihre Einstellung zu ändern, aber zum Schluss sind sich alle Kinder einig, dass sie sich so am wenigsten ärgern werden. Außerdem bleibt die Freude am Bauen. Sie ist doch an sich das Wichtigste.

So kann es nun losgehen.

- Eine Gruppe baut einen Schneemann und nimmt sogar die Verkleidungskiste mit, damit sie ihn besonders schön ausstatten kann. Zum Schluss wird aus ihm eine Schneefrau mit Kopftuch und Schürze, die in einer Ecke des Schulhofs steht. Ein herumliegender Ast dient als Besen.
- Manche formen viele Schneebälle und bauen damit einen „Zaun" rund um den Schneemann. Es wird ein kompliziertes Bauwerk, denn der Zaun soll hoch werden und die Bälle halten nicht so, wie die Kinder sich das vorstellen.
- Wieder andere werfen mit ihren Schneebällen in ein von ihnen vorbereitetes Schneeloch und versuchen, darin einen Gummiring zu treffen.
- Ein paar Mädchen versuchen sich an einer besonders windungsreichen Schneeschlange, wie sie sie nennen, und denken sich dazu eine Geschichte aus.

Nach Abschluss der Bauzeit werden die Kunstwerke bewundert und die Mädchengruppe erzählt die Geschichte von der Schneeschlange. Auch die Lehrerin hat etwas gebaut. Sie hat einen Schneeball geformt und einen Stock hineingesteckt. In einem Halbkreis rund um den Stock liegen in lockerer Reihenfolge aufgesammelte Steine. Um dieses Werk stehen jetzt die Kinder herum. Zunächst ist daran nichts Interessantes zu sehen. Dann stellt Daniela fest, dass der Stab einen Schatten in die Richtung eines der Steine wirft. „Das sieht so ähnlich wie eine Sonnenuhr aus, die ich einmal gesehen habe", erinnert sich Thomas. Er erklärt weiter, dass der Schatten zu Mittag auf einen anderen Stein zeigen wird, sollte der Stab tatsächlich wie eine Sonnenuhr funktionieren. Ayla umwickelt den vom Schatten berührten Stein mit einem kleinen Tuch aus der Verkleidungskiste. Zu Mittag, vor Unterrichtsschluss wollen sie nachsehen, ob der Stab tatsächlich als Sonnenuhr benützt werden kann.

Auch die Schattenbilder der anderen Bauwerke werden betrachtet und beschrieben sowie jene, die die Kinder selbst werfen. Deshalb laufen die Kinder alleine oder paarweise durch den Schulhof, beobachten, an welchen Stellen der eigene Schatten oder der des Partners zu sehen sind und an welchen Stellen nicht. Die Kinder

- denken sich dazu verschiedene Bewegungen aus,
- rollen Bälle durch den Schulhof und beobachten die sich verändernden Schattenformen,
- versuchen im Schattenbild eines anderen zu laufen,
- schwingen mit den Tüchern aus der Verkleidungskiste,
- gestalten gruppenweise mit ihnen einen Schattentanz.

Bevor die Kinder ins Klassenzimmer gehen, fassen sie die wichtigsten Erfahrungen zusammen und probieren noch einmal aus:

- Nur wenn die Sonne scheint, sind Schatten zu sehen.
- Wer im Licht läuft, erzeugt ein Schattenbild.
- Der Schatten läuft immer mit.
- Wer im Schatten der Hausmauer läuft, erzeugt kein Schattenbild.
- Der Schatten fällt in die entgegengesetzte Richtung der Sonne.
- Der Schatten ist immer hinter dem beleuchteten Gegenstand zu sehen.

Selbstverständlich wird kurz vor Unterrichtsschluss noch einmal der Schattenstab angeschaut. Thomas hatte Recht – er funktioniert tatsächlich wie eine Sonnenuhr.

Der nächste Tag bestätigt die Überlegungen vom Vortag: Manches ist kaputt, anderes beschädigt, die Schneeschlange gibt es überhaupt nicht mehr, die Teile der Sonnenuhr liegen verstreut. In einem

Gesprächskreis
sprechen die Kinder über ihre Empfindungen und stellen fest, dass die Veränderungen ihrer Schneekunstwerke sie nun doch nicht so getroffen hat, wie sie gestern befürchtet haben. Vielen von ihnen sind die Gründe, die sie genannt haben, wieder eingefallen, und somit hat die eigene Wut gar keine so hohen Wellen schlagen können. Sie haben entdeckt, dass die Freude am Bauen und Spielen im Schnee tatsächlich für sie das Wichtigste gewesen ist, und dass die Zerstörung sie ihnen auch nicht nehmen kann.
Freilich wäre es interessant gewesen, die Schattenveränderung an der Sonnenuhr weiterhin zu beobachten. Diesem Bedürfnis wird entsprochen, indem die Kinder gruppenweise eine Sonnenuhr selbst bauen. Dazu legen sie Knetgummikugeln, in denen jeweils ein Bleistift steckt, auf Zeichenblätter, die sich auf den Fensterbrettern befinden. In den nächsten Tagen markieren sie, sofern die Sonne scheint, die Positionen des Schattenstabes mit verschiedenen Farben und sie schreiben die Uhrzeiten (ganze Stunden) dazu.

Lernaspekte
Etwas Eigenes zu schaffen, ein formloses Material so zu bearbeiten, dass eine Idee Gestalt bekommt, ist für die Kinder ein schönes Erlebnis. Immer wieder kommen sie allerdings dabei in die Situation, dass das Geschaffene nicht von Dauer ist, dass es „kaputt" geht oder zerstört wird, oder sie selbst es wieder „zerstören" müssen, z.B. beim Gestalten mit Knetgummi, Märchenwolle, Lego ... etc.
So sehr die Freude an der eigenen Kreativität einen kraftvollen „Lernmotor" darstellt, so sehr ist das Hergeben, das Loslassen eines „Werkes", es den Umständen überlassen können, ebenfalls ein wichtiger Lernschritt, der letztlich wieder mithilft, etwas „neues Neues" zu kreieren. Dieser zweite Lernschritt kann am Bauen mit Schnee besonders deutlich erlebt werden: Einerseits ist das Schmelzen witterungsbedingt und natürlich, andrerseits regen die Werke andere Kinder zu konstruktiven und destruktiven Verhaltensweisen an. Da an der Veränderung kein Weg vorbeiführt, muss eine situationsunabhängige Lösungsstrategie gefunden werden, um den eigenen Ärger und die eigene Enttäuschung zu überwinden. Wenn die Kinder ihre Vorstellung, „wie es sein sollte", überwinden können, entdecken sie das Wesentliche am „Bauen", nämlich die Freude am Tun an sich.
Die Beobachtungen der Schattenwanderung mit Hilfe eines Schattenstabes im Laufe des Vormittags werden im Klassenzimmer weitergeführt. Dabei stellen die Kinder die sich wiederholende Schattenrichtung fest, und die Abhängigkeit des Funktionierens dieser Sonnenuhr vom Scheinen der Sonne. Dennoch gab und gibt es Sonnenuhren im Freien, die mit den Kindern bei Gelegenheit

betrachtet werden können. Die Notwendigkeit einer anderen Zeitmessung wird dadurch deutlich.
Zuletzt kleben alle das Stationenblatt ins Heft.

Die Sonnenkönigin und ihre vier Söhne

Material
Lehrerin: Jahreszeitenpuzzle mit Zuordnungsbildern aus der Stationenarbeit (siehe S. 183 f.), Erdtuch, Sonnenbild (Abb. 49),Taschenlampe, leere Wortkarte, Erdtuch, Kassettenrekorder, Musikkassette mit Auszügen aus den „Vier Jahreszeiten" von A. Vivaldi (siehe Anhang), Festbilder (siehe S. 236)
Kinder: Schreibblock, Festbilder (siehe S. 236), Arbeitsblatt und Ausschneidebogen (siehe S. 234 ff.)

Als die Kinder heute das Klassenzimmer betreten, finden sie bereits einen Sitzkreis vor. Unter den meisten Stühlen liegen die bekannten Teile des Jahreszeitenpuzzles aus der Stationenarbeit, unter einem das bekannte Erdtuch, unter einem anderen das Bild einer Sonne.

Abb. 49: Sonne

Die Kinder nehmen ihre Plätze im Sitzkreis ein, betrachten die Bilder, sprechen spontan miteinander darüber und legen sie wieder unter ihren Stuhl. Bevor der Unterricht beginnt, kommt auch der Schreibblock und ein Bleistift dazu.

1. Die Lehrerin schaltet das Licht im Klassenzimmer kurz aus und beleuchtet mit ihrer Taschenlampe die Zimmerdecke über der Jahreszeitenecke. „Das ist die Sonne, die auf die Erde scheint", weiß Meltem. „Wenn die Sonne auf unseren Teil der Erde scheint, ist es bei uns Tag, wenn sie auf den anderen Teil der Erde scheint, ist es bei uns Nacht." Ohne die Sonne kann auf der Erde nichts wachsen." „Alle Lebewesen brauchen die Sonne."... So und ähnlich äußern sich die Kinder.
„Unter meinem Stuhl liegt auch die Sonne", stellt Tobias fest. Petra legt das Erdtuch in die Mitte, denn es passt zur Sonne, die ja auf die Erde scheint. Es ist klar: Die Sonne scheint zu allen Jahreszeiten.

2. Für die Kinder steht fest, um welchen Aspekt der Zeit es heute geht. Auf die leere Wortkarte schreibt die Lehrerin „Jahreszeiten". Sabine legt das Themenschild ebenfalls in die Mitte. „Wir lernen heute etwas über die Jahreszeiten", sagt sie und zählt sie noch einmal auf.

3.1 Zunächst beginnt die Lehrerin mit einem Märchen. Ihre Erzählung wird unterbrochen, wenn die „Söhne" benannt werden. Dann setzen die Kinder die passenden Puzzleteile auf dem Erdtuch zusammen und sprechen dazu.

Seit langer Zeit regiert die Sonnenkönigin über die Erdkugel. Während die Erde in einem weiten Kreis ein ganzes Jahr lang um die mächtige Sonne herum wanderte, schickte die Sonne ihre wärmenden Strahlen jeden Tag auf die Erde herunter und freute sich an dem vielfältigen Leben, das sich da entwickelte.

Die Sonnenkönigin hatte vier Söhne, die sie alle gleich liebte, obwohl sie sehr unterschiedlich waren.

Der Jüngste war immer gut gelaunt und tollte oft mit einem lauen Wind auf die Erde herunter. Er mochte das zarte Grün der Wiesen und Wälder und zwitscherte fröhlich mit den Vögeln um die Wette.

Der zweitjüngste Sohn mochte viel Licht und Wärme. Er verhielt sich meistens ruhig. Ab und zu aber wurde er sehr lebhaft und hatte Spaß mit laut krachendem Donner, Blitz und Sturmwind auf die Erde herniederzusausen.

Der nächste Sohn war schon etwas älter. Er war ein ausgezeichneter Maler und kam oft heimlich in den kalten Nächten auf die Erde herunter und malte die Blätter der Laubbäume bunt an.

Der älteste Sohn hatte bereits weiße Haare. Die Hitze konnte er schon lange nicht mehr vertragen. Darum hatte er sich am Süd- und Nordpol der Erde prächtige glitzernde Eisschlösser gebaut. Da fühlte er sich am wohlsten und genoss die Ruhe.

Den Söhnen gefiel es so gut auf der Erde, dass sie sich entschlossen, für immer dort zu bleiben.

Daraufhin hatte die Sonnenkönigin eines Tages einen Traum von ihren vier Söhnen.

3.2 Mit diesen Worten schaltet die Lehrerin den Kassettenrekorder ein. Kurze Abschnitte aus Vivaldis „Die vier Jahreszeiten" sind jetzt zu hören (siehe Anhang).

Während des ersten Anhörens haben die Kinder ihre Augen geschlossen. Beim zweiten Anhören notieren die Kinder die Namen der „Söhne" in der Reihenfolge, in denen die Sonnenkönigin von ihnen träumt.
Beim dritten Anhören werden die Ergebnisse verglichen und begründet.
Die Sonnenkönigin träumt vom

- Frühling, wie er hüpft und sich freut. Sie träumt von den Vögeln, die ihn begleiten.
- Winter, wie er im Eis um sein Eisschloss herumgeht. Dabei knackt und kracht das Eis.
- Herbst. Er rüttelt an den Bäumen, damit die Blätter herunterfallen. Die Bauern bringen die Ernte heim und tanzen beim Erntedankfest.
- Sommer, wie er langsam den Donner rollen lässt und die Blitze auf die Erde schickt.

Beim vierten Anhören verwandeln sich die Kinder in die vier „Söhne" und bewegen sich nach der Musik.

3.3 Jetzt erzählt Frau M. weiter:

> *Da rief die Sonnenkönigin ihre Söhne zu sich und sprach zu ihnen: „Die Erde ist ein wunderbarer Planet mit großen Meeren, vielerlei Tieren und Pflanzen und sehr geschickten und fleißigen Menschen. Da sie euch so ans Herz gewachsen ist und ihr sie bereits gut kennt, sollt ihr von nun an einen Teil der Erde regieren und mit mir dafür sorgen, dass sie noch lange lebt. Ihr werdet jedes Jahr alle vier regieren, aber nicht gleichzeitig, sondern einer nach dem anderen. Jeder eine Jahreszeit lang. Der Winter beginnt."*

So geschah es auch.
„Seither gibt es auf der Erde vier Jahreszeiten", stellt Stefan fest. Die Kinder erzählen, was sie noch über die Jahreszeiten wissen. Beim Nennen der Jahreszeit werden die Zuordnungsbilder und der Jahreszeitenname dazugelegt.

4.1 Danach geht die Geschichte weiter:

> *Mit großem Interesse beobachtete die Sonnenkönigin, wie ihre Söhne auf der Erde regierten und sich die Tiere und Pflanzen an die Jahreszeiten anpassten. Auch die Menschen auf der Erde lebten im Einklang mit den Jahreszeiten.*

Im Winter zogen sie sich in vielen Gegenden der Erde in ihre Behausungen zurück und sehnten sich nach Licht und Wärme.
Im Frühling freuten sie sich über die ersten Sonnenstrahlen, das erste Grün der Wiesen und die zarten Blüten der Blumen und Bäume.
Im Sommer genossen sie die langen, hellen Tage, das Baden und Schwimmen in Teichen und Seen.
Im Herbst ernteten sie Obst, Gemüse und Getreide und füllten damit ihre Vorratskammern, um im Winter nicht zu hungern.
So ging es viele Jahre, bis die Sonnenkönigin bemerkte, dass sich auf der Erde etwas verändert hatte.
Im Winter stellten viele Leute selbst Lichter auf, die ihnen Licht und Wärme gaben. Sie dachten jedes Jahr an besondere Menschen, die vor langer Zeit durch ihre Güte und Freundlichkeit anderen geholfen haben. Sie verkleideten sich und hatten Spaß am Tanzen.
Im Frühling wurden bunte Eier in der Wiese und unter Blumen und Büschen versteckt, die die Kinder mit Begeisterung suchten.
Rund um den Sommer wurden Karussells aufgestellt, mit denen Kinder und Erwachsene gerne fuhren.
Im Herbst bekamen die Kinder, die in die Schule kamen, große Schultüten geschenkt. Reifes Obst, Gemüse und Getreide wurden in die Kirche getragen und Gott für eine gute Ernte gedankt.
„Die Menschen verstehen es, Feste zu feiern", dachte die Sonnenkönigin. „Sie feiern sie jedes Jahr, immer wieder. Bestimmt hat jedes Fest und jeder Brauch auch einen eigenen Namen."

4.2 Die Namen der Feste und Bräuche, die in jedem Jahr stattfinden, sollen die Kinder nun selbst herausfinden. In Vierergruppen wird mit den „Festbildern" und einem Arbeitsblatt (S. 234 ff.) gearbeitet.

Zunächst erzählen die Kinder zu den Bildern und versuchen, sie den Platzhaltern auf dem Arbeitsblatt zuzuordnen und die passenden Namen zu finden. Dabei werden oft hitzige Diskussionen geführt. Mirjam will den Adventskalender dem Winter zuordnen, Uwe dem Herbst. „Das stimmt nicht, dieses Jahr hat es schon geschneit, als ich die Türchen aufgemacht habe", beharrt Mirjam auf ihrer Meinung. Solche und ähnliche Probleme werden im anschließenden Sitzkreis geklärt. Dabei wird festgestellt, dass das persönliche Empfinden der Jahreszeiten wetterbedingt ist, dass es aber andrerseits eine festgelegte Einteilung der Jahreszeiten gibt. Man spricht vom

Arbeitsblatt

Feste im Jahreskreis

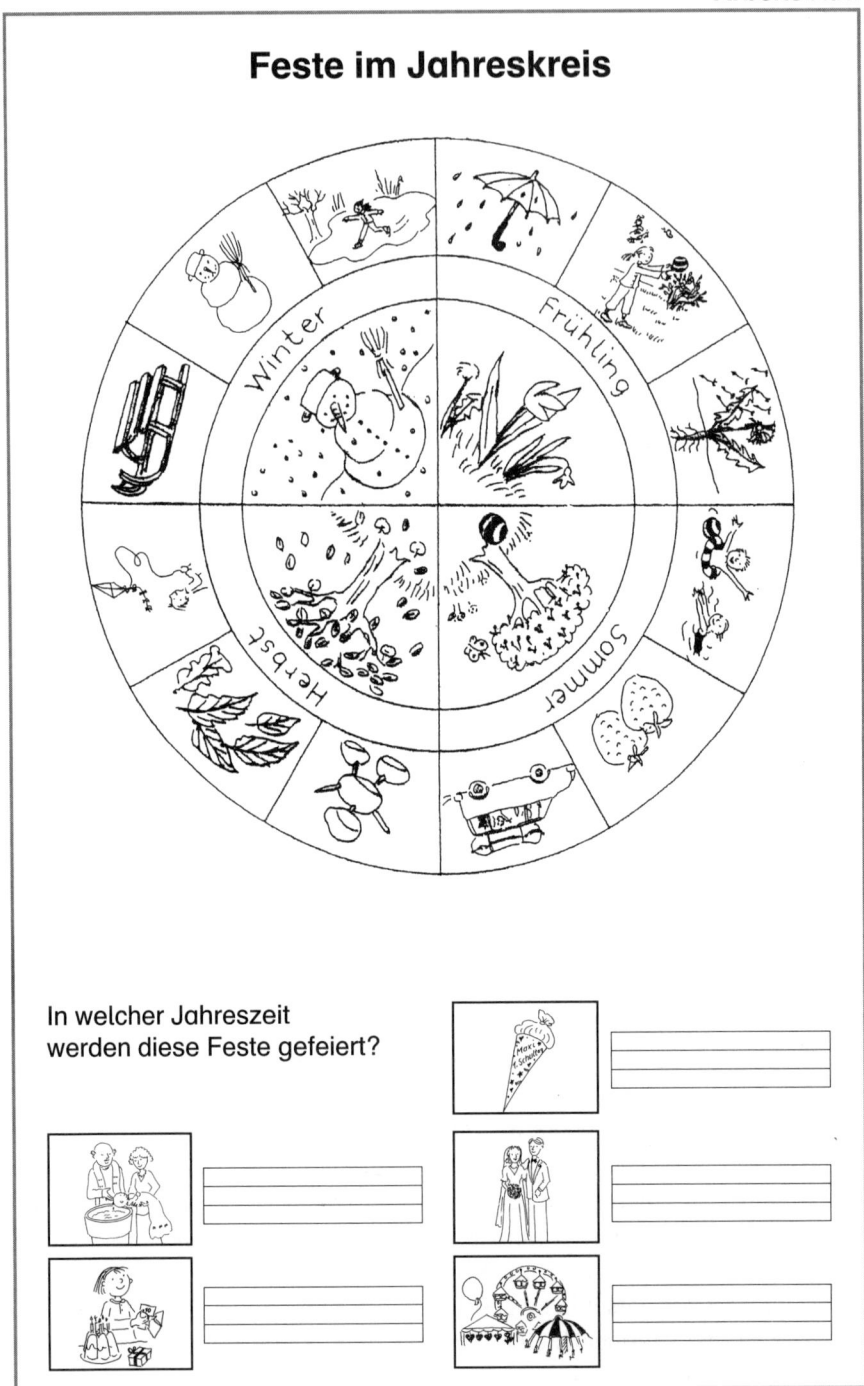

In welcher Jahreszeit werden diese Feste gefeiert?

Arbeitsblatt

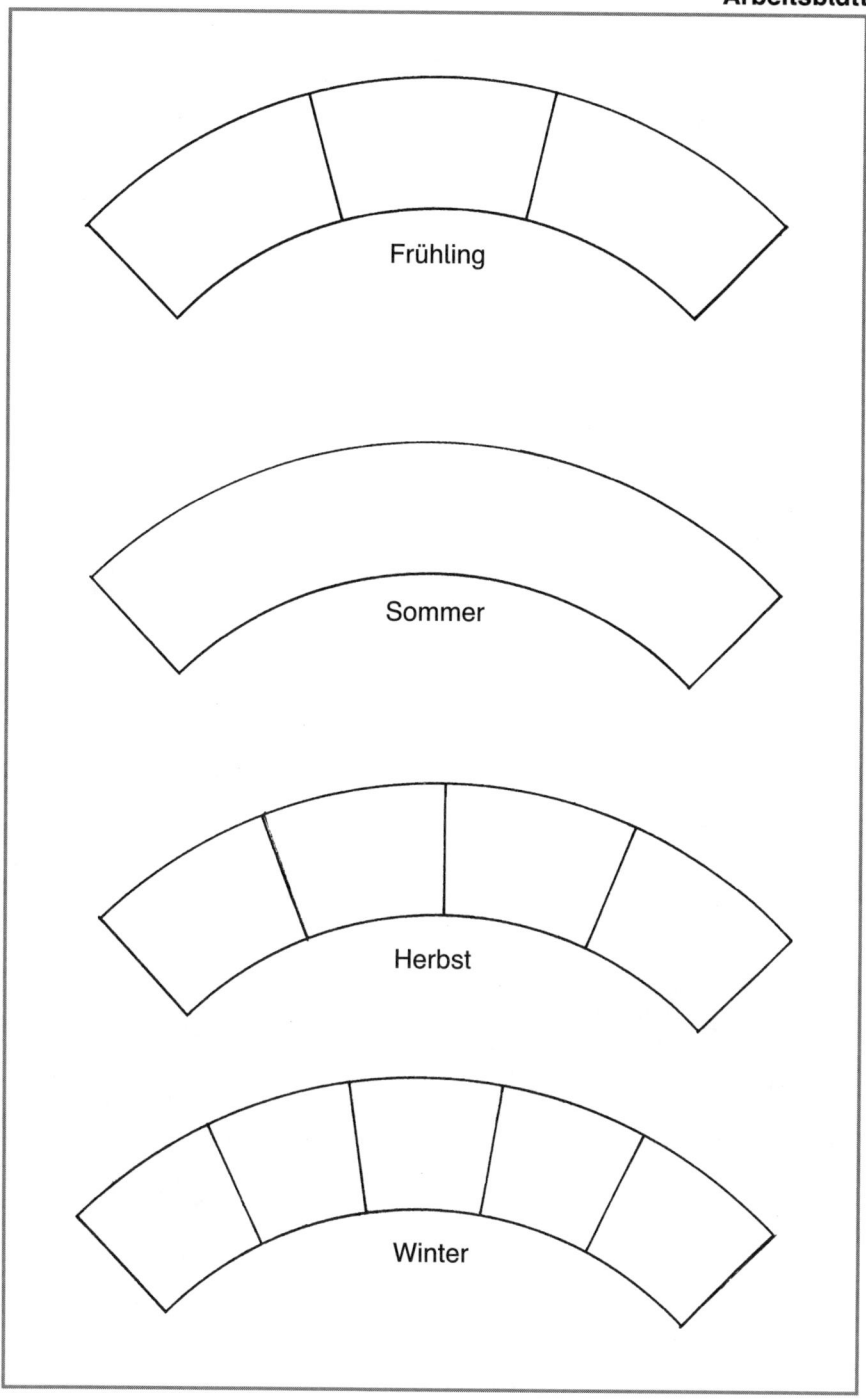

Ausschneidebogen

Abb. 50: Festbilder

- Winter und meint damit die Monate Dezember, Januar, Februar;
- vom Frühling und meint damit die Monate März, April, Mai;
- vom Sommer und meint damit die Monate Juni, Juli, August;
- vom Herbst und meint damit die Monate September, Oktober, November.

5. Schließlich erhält jedes Kind das Arbeitsblatt und den Ausschneidebogen. Zunächst müssen die Kreis-Teilsegmente von S. 235 um den vorhandenen Kreis von S. 234 gelegt und festgeklebt werden. Die Festbilder werden ausgeschnitten, eingeklebt und beschriftet. Die Namen der Feste und Brauchtumselemente schreiben die Kinder von der Tafel ab. Viele Feste haben sie schon selbst erlebt. Der Bilderrand der entsprechenden Festbilder wird gelb ausgemalt, der der anderen bleibt frei.

Ostern	Maibaum	Muttertag	Sonnwendfeuer	Erntedank
St. Martin	Barbarazweige	St. Nikolaus	Allerheiligen	Halloween
Adventskranz	Adventskalender	Weihnachten	Silvester	Sternsinger
Fasching	Kirchweih			
Taufe	Geburtstag	Einschulung	Hochzeit	

Lernaspekte

Die Beschäftigung mit den Jahreszeiten erfolgt in drei Schritten:

- die Veränderung der Natur im Laufe eines Jahres (innerer Puzzlekreis);
- die Bedürfnisse und Erlebnisse der Kinder und Erwachsenen im Jahreslauf (Zuordnungsbilder),
- landesübliche Feste und Brauchtum im Jahreskreis.

In einer weiteren Einheit wird zunächst unter dem Gesichtspunkt dieser drei Schritte wiederholt, bevor Kinder und Erwachsene aus anderen Ländern, deren Einwilligung vorher eingeholt wurde, interviewt werden. Bei angemessener Ergiebigkeit werden die Informationen weiterverarbeitet.

Das Märchen von der Sonnenkönigin und ihren vier Söhnen kann als Schattentheater nachgestaltet und erweitert werden. Dazu wird aus einem Schuhkarton eine Schattenbühne gebaut, indem der Boden des Kartons bis auf einen Rand von 1 cm ausgeschnitten und die Öffnung mit einem Transparentpapier beklebt wird. Der Karton wird anschließend quer in den Kartondeckel gestellt und hat somit ausreichenden Halt. Die Figuren werden auf Schaschlikstäbchen geklebt, um sie von oben oder von der Seite zu führen. Als Lichtquelle eignet sich eine Taschenlampe.

Die Figuren sind einfach herzustellen. Ihre Umrisse zeichnen die Kinder auf schwarzes Tonpapier und schneiden sie aus. Benötigt wird eine Sonne als Sonnenkönigin und vier „Söhne" die sich durch jahreszeitliche Symbole unterscheiden, z.B.:

- Winter: rundliche Figur mit dicker Mütze und abstehendem Schal;
- Frühling: Figur mit Blumen in der Hand;
- Sommer: Figur mit einem Kirschenpaar in der Hand;
- Herbst: Figur mit einem Apfel in der Hand

Das Theater aktiviert zu unterschiedlichen Sprechanlässen:

- Jede Figur stellt sich vor und erzählt von ihrer Aufgabe;
- Dialoge zwischen den Figuren (Wetter, Veränderung der Natur, Feste, Brauchtum);
- Fragen der Zuschauer zum Jahreslauf an einzelne Figuren;
- Fragen der Figuren an die Zuschauer.

Das Spiel kann durch weitere Figuren (Menschen, Tiere, Pflanzen) ergänzt werden und ihre Erlebnisse im Jahreskreis zur Sprache kommen.

Abschluss

Zum Abschluss der Sequenz werden nochmals die Wortkarten zum Thema „Zeit", die noch immer an der Seitentafel hängen, betrachtet (siehe S. 178). Die Inhalte werden wiederholt und die Kinder sprechen darüber, was für sie besonders interessant war. Wiederum werden Magnetpunkte verteilt und die Wahl wird begründet. Die Kinder haben erlebt, dass durch gezieltes Befassen mit einem Sachverhalt Inhalte interessant werden, die vorher für sie keine persönliche Bedeutung hatten. Das ist eine neue, wichtige Erfahrung.

Miteinander spielen

Die Faschingszeit mit den lustigen Festlichkeiten und aufregenden Feiern ist vorbei und die Kinder wirken etwas bedrückt. Die meisten finden es schade, dass jetzt „alles wieder so langweilig" ist. Es ist für sie ein kleiner Trost, dass sie ihre Lieblingsspiele für das Klassenzimmer mitbringen und sie mit ihren Freunden spielen können.
Aber dabei ergeben sich für manche Kinder Probleme, denn nicht jeder teilt die Begeisterung für das eigene Lieblingsspiel. Entweder wird es von vornherein abgelehnt, weil es nicht interessant genug erscheint, oder nach kurzer Spieldauer abgebrochen, weil die Spielregeln nicht verstanden oder akzeptiert werden. Wem es nicht gelingt, andere für das eigene Lieblingsspiel zu begeistern, fühlt sich unverstanden und beklagt sich bei der Lehrerin, dass niemand mit ihm spielen will. Deshalb bekommen die Kinder die Gelegenheit, die Besonderheiten anderer Lieblingsspiele kennenzulernen.

Das Besondere an meinem Lieblingsspiel

Material
Tafelbild, Zeichenblätter DIN A6, Triangel, Spiele, ein Reifen, Fragezeichenkreis, Hörkarten (siehe S. 39)

1.1 Auf jedem Tisch liegt ein kleines Zeichenblatt. Kurz wird überlegt, was man darauf zeichnen könnte, aber niemandem fällt etwas Besonderes ein. Deshalb dürfen die Kinder ein bisschen „schlafen" und als sie wieder ihre Köpfe heben, sehen sie an der Tafel zwei verschieden farbige Purzelwörter. Die Superleser haben es bald herausgebracht: „Mein Lieblingsspiel" steht an der Tafel. Nun wissen die Kinder, was sie tun sollen: bis zu Frau M.s Triangelzeichen ein Lieblingsspiel auf das Zeichenblatt malen.

1.2 Im anschließenden Sitzkreis wird über die gemalten Lieblingsspiele erzählt. Manche Kinder haben in den letzten Tagen ihr Lieblingsspiel hier in der Klasse mit anderen Kindern gespielt und berichten darüber, andere beschreiben Lieblingsspiele, die sie von daheim nicht haben mitbringen dürfen.

1.3 Wer sein Lieblingsspiel hier im Zimmer hat, holt es jetzt und legt es in einen Reifen, den Frau M. in die Mitte gelegt hat. Während sie ihren Fragezeichenkreis dazu legt, sieht sie die Kinder erwartungsvoll an. Die Kinder überlegen angestrengt. Ersin meint, dass die Spiele im Reifen zu ordnen sind. Aber wozu eigentlich? Daniel möchte feststellen, welches der Spiele „das beste" ist. Das findet Petra dumm, denn keiner hat ein Lieblingsspiel, das ihm keinen Spaß macht. Außerdem gefällt jedem etwas anderes, wie man sieht. Alex hat eine Idee. Vielleicht sollte man herausfinden, was die Kinder an ihren Lieblingsspielen besonders schön, ... wichtig finden, warum sie es so gerne spielen. Vielleicht geht es darum, herauszufinden:

2. Warum ist mein Lieblinsspiel für mich so wichtig?
3.1 Damit ist auch Frau M. einverstanden und mit Eifer tragen die Kinder die verschiedenen Gründe zusammen.
   - Ich kann es alleine oder mit Freunden spielen.
   - Es ist so schön spannend und wird nie langweilig.
   - Wenn ich traurig bin, tröstet es mich.
   - Wenn ich einmal anfange, kann ich nicht mehr aufhören.
   - Ich gewinne immer ...

3.2 Die Kinder hören sich die Gründe zwar an, merken aber, dass sie sie nicht immer nachvollziehen können. Deswegen wird das „Hörspiel" gespielt. In der Klassensitzordnung nehmen die Außenkreiskinder zuerst die Hörkarte in die Hand, während die Innenkreiskinder ihnen ihr Bild zeigen und ihnen erklären, warum das dargestellte Spiel ihr Lieblingsspiel ist. Auf Frau M.s Triangelsignal wechseln die Partner ihre Rollen.

3.3 Anschließend wird nochmals über die Gründe gesprochen und dabei festgestellt, dass
   - viele Spiele gar nicht richtig bekannt sind;
   - jeder beim Spielen andere Bedürfnisse hat;
   - ein bisher als „langweilig" eingestuftes Spiel vielleicht doch Spaß machen kann, sofern man sich darauf einlässt;
   - jeder gerne einmal das Lieblingsspiel anderer Kinder spielen möchte.

4. Damit wird nun gleich begonnen. Rasch haben sich die Kinder geeinigt und spielen das Lieblingsspiel eines anderen Kindes, entweder in Gruppen oder alleine.

5. Anschließend beim Gespräch im Sitzkreis tauschen sie ihre Erfahrungen aus. Den meisten hat das Spiel gefallen. Manche haben begriffen, dass sie oft schon von vornherein „Hab keine Lust!" sagen, ohne ein neues Spiel probiert zu haben. Andere haben ein Spiel falsch eingeschätzt, weil das Bild auf der Verpackung so „blöd" ist. Nur wenige haben sich in ihrer Meinung, die sie vorher gehabt haben, bestätigt gefühlt.

Lernaspekte
Kinder spielen gerne. Dennoch zeigt sich immer wieder, dass das von Erziehern, Eltern und Lehrern angebotene sogenannte pädagogisch wertvolle Spiel-

material von den Kindern nicht immer mit der erwarteten Begeisterung angenommen wird. Oftmals ist es zu „unbequem", zu wenig attraktiv, zu langweilig. Und für manche Eltern sind computergesteuerte Spiele einfacher, sauberer, sind mit weniger Unordnung verbunden.

Die ausgiebige Spielerfahrung in der Faschingszeit zeigt bei einigen Kindern ein wahres Defizit an bekannten Spielen, und bei vielen überwiegen die Vorurteile gegenüber bestimmten Spielformen. Andererseits gibt es Kinder, die immer nur ein und dasselbe spielen wollen und sich nicht trauen, Neues auszuprobieren.

Diese Einheit soll die Mechanismen im individuellen Spielverhalten verdeutlichen und neue Spielmöglichkeiten bewusst ansteuern helfen. Je nach den Beobachtungen der vorhergehenden Tage setzen wir die Schwerpunkte für diese Stunde. Wichtig bleibt das klare Wahrnehmen und Verbalisieren der eigenen Reaktionen auf die neue Spielerfahrung.

„Mensch ärgere dich nicht" – *ein Spiel mit Regeln*

Material
Lehrerin: Folie von Abb. 51, acht Kopien eines „Mensch ärgere dich nicht"-Spiels, Spielfiguren, Würfel, Situationsbilder mehrmals kopiert (siehe S. 242), Trommel
Kinder: Beobachtungsblätter (Abb. 51, siehe unten)

1. Frau M. verteilt an die Gruppen „Mensch ärgere dich nicht"-Spielpläne und passende Spielfiguren. Dennoch geht es noch nicht los, sondern sie zeigt den Kindern zwei Gesichter: eines, das sich freut und eines, das wütend oder traurig ist. „So kann's uns gehen, wenn wir ‚Mensch ärgere dich nicht' spielen!", weiß Michael und Sabine fragt schließlich:
2. „Warum ärgern wir uns bei diesem Spiel so oft?"
   Das werden die Kinder heute herausfinden.
3.1 Sie beginnen daher, „Mensch ärgere dich nicht" zu spielen, aber ein wenig anders als sonst. Denn sie sollen auf einem Beobachtungsblatt (wie Frau M.s Folie), nachdem sie an der Reihe waren, neben den einzelnen Bildern ein Kreuz machen: Wenn es ihnen gut geht, neben das fröhliche Gesicht, wenn sie sich ärgern ... neben das grimmige Gesicht.

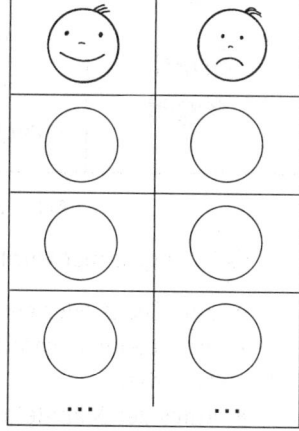

Abb. 51: Beobachtungsblatt

3.2 Es wird eifrig und nicht immer leise gespielt, bis Frau M. mit ihrer Trommel das Zeichen zum Aufhören gibt. Die Spielfiguren bleiben stehen und jeder merkt sich seine Farbe.

4.1 Vorsichtig, damit an den Spielplänen nichts verändert wird, gehen die Kinder mit ihrem Beobachtungsblatt in den Sitzkreis. Während das Blatt einstweilen auf dem Stuhl liegt, bleiben die Kinder vor ihren Stühlen stehen. Mit dem Gesicht, den Armen, dem ganzen Körper werden die auf den Blättern dargestellten Gesichter und das, was sie ausdrücken sollen, nachgespielt. Erst dann setzen sie sich hin und legen das Blatt vor die Füße.

4.2 Über die Blätter gibt es viel zu erzählen. Jeder hat viele Kreuzchen gemacht und sich ausreichend geärgert. Natürlich sind nicht nur „Ärgerkreuzchen" vertreten, sondern auch „Fröhlichkeitskreuzchen".

5.1 Gemeinsam überlegen die Kinder, warum dieses Spiel ihre Gemüter so heftig bewegt hat. Frau M. legt als erstes das frohe Gesicht in die Mitte auf den Boden (Abb. 52).

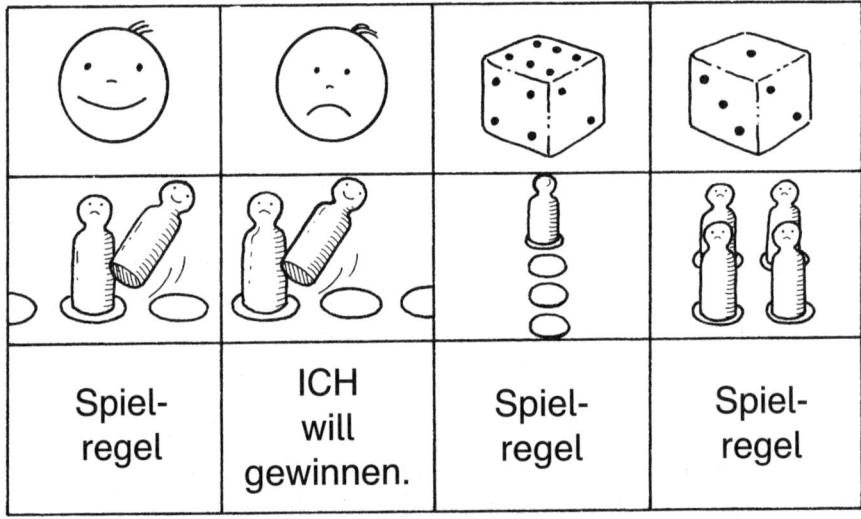

Abb. 52: Gesichter- und Situationsbilder

Es ist angekreuzt worden, wenn

- eine Sechs oder eine andere hohe Zahl gewürfelt worden ist;
- ein Spieler jemanden „hinausgeworfen" hat - Schadenfreude nennt man das;
- eines der Männlein sein Ziel erreicht hat.

5.2 Als Nächstes wird das Ärgergesicht hingelegt (Abb. 52). Dazu gibt es Kreuze, wenn
- nur niedrige Zahlen gewürfelt werden oder ein Männchen nicht ins Spielfeld gebracht werden kann;
- jemand hinausgeworfen wird ;
- ein anderer Mitspieler sich nicht an die Spielregeln hält;
- einer nicht verlieren kann.

5.3 Manchmal verwandelt sich der Ärger in Traurigkeit. Wenn
- der Ärger so lange anhält, dass ein Spieler den Mut verliert;
- einer nicht verlieren kann.

5.4 Vor lauter Ärger, gibt es manchmal sogar Streit, wenn
- man sich nicht an die Regeln hält;
- Regelfehler nicht zugeben möchte;
- man nicht richtig würfelt, und sich nicht an die „Würfelregel" hält;
- man nicht verlieren kann.

Während ihrer Berichte legen die Kinder passende Situationsbilder zu den Gesichterbildern.

6.1 Nach dem letzten Bild ist zu sehen, dass zwei „Bildsorten" am häufigsten auf dem Boden liegen. Sie zeigen
- das Nicht-Einhalten-der-Regel,
- das Nicht-verlieren-Können.

Durch beides verliert ein Spiel an Spannung, es wird langweilig und die ganze Spielfreude ist dahin.

6.2 Natürlich ist das bei allen Regelspielen so, und davon gibt es genügend. Die Kinder können viele mit Namen nennen und haben unterschiedliche Erfahrungen damit.

7.1 Um ihre Erkenntnisse anzuwenden, gehen sie nun leise und vorsichtig auf ihre Plätze und spielen das angefangene Spiel zu Ende. Diesmal geht es schon etwas leichter, eine „Schlappe" einmal hinnehmen zu können.

7.2 Am Ende des Spiels üben die Kinder, ihren Ärger, den Groll und die Traurigkeit durch einen gegenseitigen Händedruck innerhalb jeder Gruppe wirklich zu beenden – so wie beim Tennis oder Fußball –,um ihn nicht in die nächste Stunde mitzunehmen.

Überleitung zu einer Deutschstunde:
Damit das „Mensch ärgere dich nicht"-Spiel das nächste Mal noch spannender und lustiger wird, überlegen die Kinder die wichtigsten Spielregeln, und schreiben sie kurz auf.

Lernaspekte
Bei vielen Kindern sind Regelspiele wie „Mensch ärgere dich nicht" nicht übermäßig beliebt. Oft lockt der Anfang, spätestens nach einigen „Rausschmissen", durch die sich ein Zurückfallen oder Verlieren abzeichnet, wird es „langweilig" und man möchte sich ausklinken - wodurch Streit bei den Mitspielern entsteht, denn die Regel fordert das Zu-Ende-Spielen. Hinter der plötzlichen „Langeweile" des potentiellen Verlierers steckt meist ein gering entfaltetes Selbstwertgefühl, das durch das Verlieren noch kleiner wird. Und so wird oft mit allen redlichen und unredlichen Mitteln eine Änderung dieser negativen Perspektive angestrebt oder das Spiel zur „Unzeit" abgebrochen.
Es gilt also, verlieren zu üben, wenn es erforderlich ist und zu begreifen, dass das zum Spiel dazugehört und nichts mit der Person des Spielers zu tun hat. Durch die Einhaltung der Regeln verläuft das Spiel auch für den Verlierer noch akzeptabel. Es würde im Rahmen dieser Stunde zu weit führen, mit den Kindern den hier angeschnittenen Hintergrund des Nicht-verlieren-Könnens zu vertiefen. Das kann in einem Lösungskreis geschehen. Für jetzt sind die Spielregeln als Hilfe zur Chancengleichheit bedeutungsvoll. Ferner kann die bloße Feststellung, dass es Kinder mit Schwierigkeiten beim Verlieren gibt, dem einen oder anderen Kind beim Überwinden dieser Situation helfen, da es bei „diesen" nicht dabei sein möchte.

Gesprächskreisanregungen

Obwohl in dieser Woche viel gespielt und sie von den Kindern als Verlängerung des Faschingsvergnügens erlebt wird, kommt es immer wieder zu Konflikten. Es gibt Streit um das angebotene Spielmaterial, der Satz „Das habe ich aber mitgebracht!" ist oft zu hören. Manches geht scheinbar verloren und bedarf einer größeren Suchaktion. Spielvorgänge werden häufig unterbrochen, denn nicht jeder kommt mit den vorgegebenen Zeiten zurecht.
Das bereits angesprochene Problem des Nicht-verlieren-Könnens soll in dem Lösungskreis thematisiert werden.

Ich kann so schlecht verlieren

Material
mehrere kopierte Exemplare eines „Schwarzen Peter"-Spiels bzw. verschiedene Spiele nach gleichem Spielprinzip, Gesprächskreismaterial, Gefühlspunkte und Gedankenpunkte, Trommel, zwei flache Körbe

Verlauf

1.1 Nach Besprechen der Spielregeln spielen die Kinder das Spiel „Schwarzer Peter". Frau M.s Trommel zeigt wieder den Ausklang der Spielzeit an. Sofern das Spiel seinem absehbaren Ende entgegengeht, wird fertig gespielt.

1.2 Hinterher werden die Stühle in den Sitzkreis gestellt. Während Frau M. die Trommel schlägt, gehen die Kinder im Tempo der langsamen Trommelschläge im Kreis um das in der Mitte ausgelegte Gesprächskreismaterial herum, bis alle wieder auf ihren Plätzen angekommen sind. Der Reihe nach wählt jeder einen Gegenstand oder Gefühlspunkt, der zu seinem jetzigen Gemütszustand nach Spielende passt.

1.3 Die Kinder sprechen darüber, warum sie ihn gewählt haben, und welche Gedanken, Gefühle und Körperreaktionen er ausdrücken soll.
Die jeweiligen Spielgewinner erzählen von Stolz und Freude, von Gedanken wie „Ich bin super!" Je nach Wesensart wählen sie etwas Großes, etwas Spitzes oder ein sehr individuelles Symbol für ihr Empfinden.
Diejenigen, die weder gewonnen noch verloren haben, sind meistens der Meinung, sie haben Glück gehabt, dass ihnen zum Schluss nicht doch noch der Schwarze Peter geblieben ist. Die Angst davor hat das gesamte Spiel begleitet. Sie wählen meist ein Zeichen, das für sie Glück bedeutet. Das kann ein besonders „wertvoller" Stein sein, ein kleines buntes Tuch, ein heller Gedankenpunkt. Meistens werden kleine feine Dinge gewählt, nur Alex entscheidet sich für ein Stück Ast, das sich zum Festhalten an der Hoffnung eignet. Er hat immer gehofft, es erwischt ihn nicht.
Es gibt allerdings auch einige, deren Angst vor dem Verlieren bereits schon so groß war, dass auch nach einem positiven Spielausgang die Hände noch feucht und die Angst noch sichtbar sind. Von einem „Nochmals Glück gehabt"-Empfinden keine Spur. Sie finden ebenso schwer ein passendes Zeichen wie die Verlierer.
Einige Verlierer kämpfen mit Wut oder Tränen, wenn sie die erlebte Verlierersituation beschreiben. Meistens werden schwarze Gefühls- und Gedankenpunkte gewählt. Das trifft auch auf die „coolen" Typen zu, denen das Verlieren scheinbar „sowieso egal" ist. Nur Kinder mit einer ausgeprägten Wut trauen sich an einen Gegenstand heran, mit dem sie am liebsten irgendetwas getan hätten, um ihre Ohnmacht los zu werden.

Alle spüren nach ihrem Bericht, dass es ihnen nicht gut geht, dass sie noch immer ein Problem haben. Bei dem Versuch, es zu formulieren, trifft es Bettina genau:

2. Manche Kinder können nicht verlieren.

3. Aus jenen Kindern, die dieses Problem zugeben können und seine Lösung wünschen, werden diejenigen ausgewählt, die sich nun in die Mitte des Lösungskreises setzen möchten, nachdem das restliche Material zur Seite gerückt ist. Sie setzen sich mit dem Rücken zueinander in einen kleinen Kreis.

4.1 Zuerst erzählt jedes der Kinder in der Mitte, wie es sich *fühlt*, nachdem es verloren hat:

- klein, „dumm", bloßgestellt, ausgelacht, schlechter als die anderen, traurig, enttäuscht, irgendwie am Ende ...

Die Kinder des äußeren Kreises ergänzen und bringen ebenfalls Vorschläge, die von den anderen abgelehnt oder bejaht werden. Für jede zutreffende Beschreibung wird ein schwarzer Gedankenpunkt in einen flachen Korb gelegt.

4.2 Als Nächstes äußern die Kinder die *Gedanken,* für die wiederum schwarze Punkte in den zweiten Korb gelegt werden. Auch hier helfen alle, so dass Kinder, die sich nicht äußern mögen, Gedanken nur mehr zu bestätigen oder verneinen brauchen:

- Ich habe immer Pech.
- Ich gewinne nie.
- Die anderen sind besser als ich.
- Ich spiele nie mehr mit.
- Ich will beweisen, dass ich auch gewinnen kann.
- Jetzt lachen mich alle aus.
- Ich möchte am liebsten die Karten zerreißen.
- Das Spiel ist blöd.
- Die anderen haben geschummelt.

4.3 Frau M. hält die beiden Körbe hoch. Ist das wirklich der Sinn dieses Spiels, lauter Traurigkeit und Ärger zu erleben und lauter schwarze Gedanken- und Gefühlspunkte zu sammeln?
Die Kinder überlegen: Das Spiel soll

- Spaß und Freude machen;
- spannend sein;
- vielleicht sogar neue Freundschaften mitbegründen helfen;
- erholsam sein ...

Das gäbe ein Körbchen mit lauter hellen, freundlichen Punkten.

5.1 Langsam kommen die Ersten schon dahinter: Die Kinder, die so schwer verlieren können, spielen das Spiel „gar nicht richtig".

- Sie nehmen es zu ernst;
- sie vergessen, dass es ein Spiel ist;
- sie denken, die anderen mögen sie nicht und sie verlieren deshalb;
- sie verlieren, weil die anderen „immer so gemein" sind;
- sie meinen nur deshalb zu verlieren, weil die anderen mogeln.

Viele dieser Gedanken werden von den „Problemkindern" bestätigt. Immer wieder wird von ihnen die Frage beantwortet:
Passt das überhaupt zum Spielen?
Meistens gelingt es den Betroffenen vom schrittweisen Mitdenken her, ihre Reaktionsweisen als nicht passend zu erkennen, auch wenn die unangenehmen Gefühle noch immer spürbar sind.

5.2 Deshalb darf jeder nun aus den beiden „schwarzen Körbchen" Gedanken und Gefühle „herausnehmen" und sie Frau M. mit den Worten übergeben: „…brauch ich nicht mehr beim Schwarzer-Peter-Spiel."

6.1 Sobald sich die Kinder ausgeglichener und wieder spielbereit fühlen, wird ein erneuter Spielversuch gestartet.

6.2 Bei der abschließenden Aussprache zeigt sich bei allen Kindern ein lockereres, unkomplizierteres Umgehen mit ihrer jeweiligen Spielsituation und bei den Kindern des Mittelkreises eine frohe Gelassenheit über den Spielausgang. Dem Zwang, gewinnen zu müssen oder nicht verlieren zu dürfen, ist ein Einlassen auf die jeweilige Spielgegebenheit gewichen.

Bewegende Spiele aus vielen Ländern

Material
Kassettenrekorder, Mikrofone, Kassetten, verschiedene Sachbücher für das erste Schuljahr, Karteikarten (siehe S. 248)

In der kalten Jahreszeit haben Spiele im Zimmer eine wichtige Funktion. Alle Kinder besitzen aufwendige Spiele, die teilweise nur selten gespielt werden, da geeignete Spielpartner und genügend Zeit nicht immer zur Verfügung stehen. Umso wichtiger ist es, Spiele zu kennen, die ohne oder nur mit geringem Materialaufwand mit einigen Freunden und sogar alleine zu spielen sind, Spiele die sich variieren lassen, die innen wie außen gespielt werden können, bei denen die Kinder in Bewegung kommen.

Als die Kinder ihren diesbezüglichen Erfahrungsschatz im Sitzkreis austauschen, ergibt sich ein recht dürftiges Bild. Einige Standardspiele wie „Der schlaue Fuchs geht um" oder „Mein rechter Platz ist leer" aus dem Kindergarten sind allen Kindern bekannt, darüber hinaus erinnern sich die meisten nur an Spielelemente.

In Vierergruppen, mit Mikrofon und Kassettenrekorder, besuchen die Kinder andere Klassen. Davor werden Fragen überlegt, die gestellt werden können. Sie beziehen sich nur auf Spiele ohne oder mit allgemein vorhandenen Materialien wie Bälle, Reifen, Murmeln etc.

- Welche Spiele kennst du?
- Welche Spiele spielst du gerne mit deinen Freunden?
- Welche Spiele spielst du in der Pause?
- Welche Spiele spielst du im Freien?
- Kennst du Spiele aus anderen Ländern?

Außerdem erhalten die Interviewpartner einen Spielbogen, den sie ausfüllen (identisch mit Abb. 53, siehe unten).
Die Tonbandinterviews werden angehört, die Spielbögen miteinander verglichen. Nach der Auswertung wird festgestellt:

- Für viele Spiele gibt es unterschiedliche Namen.
- Viele Spiele gibt es mit mehreren Spielregeln.
- Gleiche oder ähnliche Spiele gibt es in verschiedenen Ländern.
- Manche Kinder, deren Familien aus anderen Ländern stammen, kennen nur wenige Spiele aus ihren Heimatländern mit den landesüblichen Namen.

Name des Spiels:

Dieses Spiel wird in folgenden Ländern gespielt:

Dieses Spiel kannst du spielen:
☐ allein   ☐ mit Freunden   ☐ im Zimmer   ☐ im Freien

Du brauchst:

Spielregel:

Abb. 53: Karteikarte für die Spielesammlung

In den verschiedenen Sachbüchern für das erste Schuljahr, die im Klassenzimmer in mehreren Exemplaren vorhanden sind, sowie in Spielbüchern suchen die Kinder nach weiteren Spielen und spielen selbstständig. Schließlich wird mit dem Erstellen einer Spielesammlung begonnen, die fortlaufend aktualisiert und die die Kinder bis ins vierte Schuljahr begleiten wird. Spiele, die immer wieder gerne gespielt werden:

Mr. Wolf (England)
- Kinder stehen in einer Reihe, Mr. Wolf auf einer Linie den Kindern gegenüber.
- Kinder fragen: „Wie viel Uhr ist es, Mr. Wolf?"
- Mr. Wolf antwortet: „Fünf Uhr"...
- Während die Kinder fünf Schritte machen, bleibt Mr. Wolf stehen. Die Frage wird wiederholt, solange, bis Mr. Wolf ruft: „Es ist Essenszeit". Jetzt rennen die Kinder hinter die Linie, an der Mr. Wolf stand. Wer gefangen wird, gehört zur Wolffamilie.
- Spielvariante: Wer als Erster gefangen wird, ist der neue Mr. Wolf.

Ochs am Berg
- Der „Ochs" dreht sich mit dem Gesicht zur Wand, dem „Berg".
- Hinter seinem Rücken, an der gegenüberliegenden Wand, stellen sich die Kinder in einer Reihe nebeneinander auf.
- Der „Ochs" ruft: „Ochs am Berg". Die Kinder bewegen sich auf ihn zu. Wenn der „Ochs" mit seinem Spruch fertig ist, dreht er sich schlagartig um. Wer sich noch bewegt, muss an die Ausgangslinie zurück. Wer zuerst den „Berg" berührt, wird neuer „Ochs".

Indianer auf dem Schleichpfad
- Alle Kinder stehen im Kreis, mit dem Rücken zur Kreismitte, wo sich der Indianer befindet.
- Der Indianer schleicht sich an ein bestimmtes Kind heran. Wird er von diesem bemerkt, hebt das Kind die Hand ohne sich umzudrehen. Nun muss der Indianer zurück in die Mitte und sich an einen anderes Kind heranschleichen. Erreicht er unbemerkt ein Kind, löst dieses den Indianer ab.
- Variante: gleiches Spiel mit zwei oder drei Indianern.

Vöglein, wie piepst du? (Österreich)
- Die „Vöglein" sitzen im Kreis, ein Kind sitzt in der Mitte mit verbundenen Augen.
- Durch nonverbale Zeichen der „Vöglein" wird festgelegt, welches von ihnen sich in die Mitte bewegt. Hat es das Kind in der Mitte erreicht, fragt dieses: „Vöglein, wie piepst du?"
- Das „Vöglein" piepst – oft mit verstellter Stimme – und das Kind in der Mitte muss seinen Namen nennen. Gelingt es ihm, geht es in den Kreis und das andere nimmt seine Stelle ein.
- Gelingt es ihm nicht, bestimmt das nicht erkannte „Vöglein" nonverbal ein anderes „Vöglein".

Bäumchen, wechsle dich!
- Im Freien sucht sich jedes Kind einen Baum, einen Strauch oder eine andere markante Stelle.
- Ein Spieler, der keine bestimmte Position einnimmt, ruft: „Bäumchen wechsle dich!"
- Jetzt tauschen die Kinder ihre Plätze und das Kind ohne „Bäumchen" versucht, eine freigewordene Position zu erwischen.
- Wer keinen festgelegten Platz bekommt, ruft weiter.

Fangspiel (Türkei)
- Fünf Kinder stellen sich würfelförmig auf. Das Kind in der Mitte ist der Fänger.
- Zwei Kinder geben sich nonverbale Zeichen (Blinzeln, Kopf bewegen) und tauschen ihre Plätze.
- Während des Plätze-tauschens versucht der Fänger in der Mitte die Kinder zu fangen.
- Wer gefangen wird, ist der neue Fänger.

Regina, Reginella (Italien)
- Kinder und Königin stehen einander gegenüber.
- Die Kinder fragen der Reihe nach: „Regina, Reginella, wie viele Schritte soll ich tun bis zu deinem Schlosse hin?"
- Die Königin antwortet: „Drei Löwenschritte", „sechs Ameisenschritte"...
- Wer als Erster den Thron erreicht, löst die Königin ab.

Himmel und Hölle (Thailand) oder Himmelsleiter
Material: Kreide, Stein
- Mit der Kreide werden Felder auf den Boden gemalt.
- Zuerst wirft das Kind den Stein in Feld 1. Landet er woanders, muss es aussetzen.
- Auf einem Bein hüpft es auf alle Felder, nur das Feld mit dem Stein muss übersprungen werden.
- Anschließend hüpft es zurück und hebt dabei den Stein auf. Jetzt darf es auch wieder in dieses Feld hüpfen.
- Jetzt wirft das Kind den Stein in Feld 2.

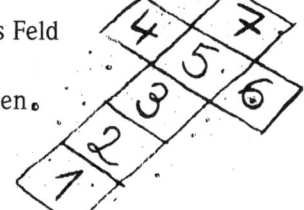

Indiaka
Material: Luftballon, Vogelsand, kleiner Trichter, bunte Krepppapierstreifen, Schnur
- Durch den Trichter wird Vogelsand in den Luftballon gefüllt.
- Danach wird der Luftballon zugebunden.
- Einige Krepppapierstreifen werden angebunden.
- Mit der flachen Hand wird der Indiaka hin- und hergeworfen.

Lumpenfußball (Ruanda)
Material: Stoffreste, lange Schnur
- Aus einem Stück Stoff wird eine Kugel geformt.
- Die Kugel wird mit einer Schnur fest umwickelt.
- Um die Kugel wird ein weiterer Stoffrest gelegt.
- Die Kugel wird mit einer Schnur fest umwickelt.
- Es wird solange weiter gewickelt, bis der Lumpenfußball fertig ist.

Klatschball
Material: Ball
- Die Kinder stehen im Kreis.
- In der Kreismitte steht ein Kind mit einem Ball, das ihn einem Kind zuwirft.
- Dieses Kind muss in die Hände klatschen, bevor es den Ball fängt, und ihn dann dem Kind in der Mitte zurückwerfen.
- Wer nicht fängt oder zu klatschen vergisst, muss sich hinknien (hinsetzen...)
- Wenn das Kind beim nächsten Mal fängt, ist es erlöst und steht wieder auf.

Tangram (China)
Material: Ausschneideblatt, Anweisungsblatt (siehe S. 253)
- Die geometrischen Figuren auf dem Ausschneideblatt ausschneiden.
- Die Figuren des Anweisungsblattes werden nachgelegt.

Murmelspiele
Material: Murmeln
Im Freien werden in den Boden Löcher gegraben, im Zimmer wird eine bestimmte Stelle an der Wand mit Kreide gekennzeichnet oder Gummiringe werden auf den Boden gelegt.
- In die Erde (Sand) gräbt jedes Kind ein Loch, und legt eine seiner Murmeln hinein. Der Reihe nach versucht jedes Kind, eine Murmel in das eigene Loch zu rollen (werfen).
  Wenn die Murmel in einem fremden Loch landet, gehört sie dem entsprechenden Kind.
- Ein Loch wird in die Erde (Sand) gegraben. Von einer vereinbarten Linie aus rollen die Kinder der Reihe nach eine Murmel in das Loch.
  Wer es schafft, dem gehört die Murmel seines Vorgängers.
  Wer daneben trifft, geht leer aus.
- Fünf Löcher werden würfelförmig in die Erde (Sand) gegraben, neben das mittlere wird ein zusätzliches kleineres gegraben.
  Die Kinder versuchen der Reihe nach, ihre Murmeln in das mittlere Loch zu rollen. Landet die Murmel vor dem kleinen Loch oder in einem Eckloch, wird eine Murmel in das mittlere abgelegt.
  Wer in das mittlere Loch trifft, dem gehören alle sich darin befindlichen Murmeln.

Räuber und Gendarm
- Die Kinder bilden zwei Gruppen: Räuber und Gendarme.
- Während sich die Räuber verstecken, zählen die Gendarme bis zu einer abgesprochenen Zahl. Erst danach beginnen sie zu suchen.
  Bei wenigen Kindern reicht auch ein Gendarm.

Nachfotschi (Österreich)
- Die Kinder einigen sich auf einen Fänger und auf ein „Leo", d. h. auf eine oder mehrere Rettungsinseln, auf denen nicht abgeschlagen werden kann.
- Je nach Absprache: Wer abgeschlagen wird, fängt mit – oder er scheidet aus.

Zu allen Spielen werden auch eigene Spielregeln erfunden. Allgemein beliebte werden in die Spielesammlung aufgenommen.
Auch eigene Spielpläne werden mit Hilfe von Kreisschablonen erstellt.

Tangram – ein Spiel aus China

Ausschneideblatt Anweisungsblatt

1. Dieses Spiel kannst du selbst herstellen.
2. Lege zuerst den Vogel nach.
3. Probiere es dann mit den anderen Figuren.

Die Auer Sach- und Machblätter 1
Arbeitsheft zu Das Auer Heimat und Sachbuch 1, S. 31 © Auer Verlag GmbH, Donauwörth

Spiele und Spielsachen zwischen Gestern und Heute

Material
alte und neue Spiele und Spielgegenstände, Museumsangebote für den Unterricht, Zeitschnur

Seit Beginn der Woche gibt es neben von den Kindern mitgebrachten Spielsachen auch solche von früher, ausgeliehen von der museumspädagogischen Einrichtung „Museum im Koffer". Die Kinder haben großes Interesse daran, denn die meisten haben solche alten Spielsachen noch nie gesehen und schon gar nicht angefasst. Da gibt es Spielsachen aus Blech, die man aufziehen kann, kleine Karussells, Holzreifen, ein hölzernes Steckenpferd, ein Schaukelpferd und Spielpläne, die ganz anders aussehen als heute. Das „Mensch ärgere dich nicht "- Spiel ist auch dabei und die Kinder sind sehr erstaunt, dass es das schon früher gegeben hat.
Die Lehrerin kann Mirjams Oma gewinnen, den Kindern über ihre Kindheit und die damaligen Spielgewohnheiten zu berichten und Fragen der Kinder zu beantworten. Für sie sind manche Spiele aus dem Museumskoffer Erinnerungen an früher und viele Erlebnisse knüpfen sich daran, die sie den Kindern bereitwillig erzählt. Dabei entdecken die Kinder Spielformen, die es noch immer gibt – oft nur unter anderen Namen. Für sie ist es auch erstaunlich, dass es Dinge wie Kindereisenbahn, Puppen, Baukästen, Fahrzeuge schon „damals" gab, dass sie teilweise aber anders aussahen. Noch erstaunter sind sie, dass Mirjams Oma mit etlichen Spielsachen aus dem „Museum im Koffer" selbst nicht mehr spielte.
An vielen Spielgegenständen lassen sich Weiterentwicklungen gut erkennen. So wurden aus naturfarbigen Holzbausteinen bunte Holzbausteine, Holzbausteine in unterschiedlichen Formen, die man zusammenschrauben kann, Plastikbausteine mit Steckfunktionen wie Lego. Kleidung und Frisuren der Puppen spiegeln den Zeitgeschmack und die Mode wider. Bei Autos und anderen Fahrzeugen haben sich Material und Funktion verändert. Sie sind glänzender und bunter geworden, außerdem haben sich die Fahreigenschaften verbessert.

Eines gab es allerdings früher noch nicht, das ist das Angebot an elektronischen Spielen. Alle Kinder, die Erfahrungen mit Gameboy, Nintendo und Computerspielen haben, berichten von der Tatsache, dass es bei diesen Spielen noch schwerer fällt aufzuhören als bei anderen Spielen. Das bewirkt ein Spielzustand, bei dem die gesamte Aufmerksamkeit beansprucht wird, ob man will oder nicht. Viele Kinder fühlen sich hinterher müde, unlustig, gelangweilt, der Übergang zu anderen Tätigkeiten fällt schwer. In einigen Familien grenzen die Eltern die Spielzeit bewusst ein, denn den Kindern geht bei diesen Spielen jegliches Zeitgefühl verloren und ein natürlicher Bewegungsdrang wird von ihnen selbst kaum wahrgenommen. Ein Gesprächskreis in diesem Zusammenhang hilft mit, die zeitlichen Beschränkungen leichter zu akzeptieren und selbst Strategien zu finden, sich zeitliche Grenzen zu setzen, z.B. durch die Benutzung eines Kurzzeitweckers.

Eine Zeitschnur aus vier verschiedenen Farben wird zusammengeknüpft und die Wortkarten „ich", „Eltern", „Großeltern", „Urgroßeltern" werden mit Wäscheklammern daran befestigt. Die entsprechenden Spiele und Spielsachen werden dazugelegt sowie Fotos und aufgeschriebene Spielregeln.
Einige Kinder haben inzwischen von daheim oder ihren Großeltern Spielsachen von früher mitgebracht. Auch das ist für alle interessant, und so gibt es manche Dinge gleich mehrmals im Klassenzimmer, in alten und neuen Varianten und die Kinder können Materialien und Aussehen miteinander vergleichen und die Spiele ausprobieren.
Schließlich wird eine Collage angefertigt, auf der aus Prospekten ausgeschnittene Spiele und Spielsachen aufgeklebt sind. Je nachdem, ob es das Spiel oder Spielzeug schon zu Mamas, Omas oder Uromas Zeiten gab, wird es in den Farben, die die Generationen auf der Zeitschnur kennzeichnen, ein- oder mehrmals umrandet.

Spielzeug selbst gebaut

Material
mitgebrachte Spiele sowie Spiele aus dem „Museum im Koffer", die nach den Prinzipien der Rolle, des Hebels und des Antriebs funktionieren (Rolle: Roller, einfache Autos, Eisenbahn, Rollerskates; Hebel: Bagger, Kran, Mobile, Wippe; Antrieb: Aufziehauto, Spieluhr, Karussel, Flugzeug mit Gummimotor, fliegender Propeller), leere Wortkarten; Stationen mit Stationenmaterial und Stationenblatt

Aus dem sich ansammelnden Spielzeugfundus werden jene Spielsachen in die Mitte gestellt, an denen mechanische Funktionen zu erkunden sind (siehe Material). Die Kinder sitzen im Kreis, schauen sich die Spielzeuge an, mit denen sie in der letzten Zeit ausgiebige Spielerfahrungen sammelten, und überlegen sich gemeinsam mit dem Nachbarn Antworten auf die Frage, die an der Tafel steht:

> Wie funktioniert dieses Spielzeug?

Die Kinder äußern ihre Vermutungen und demonstrieren an den Spielgegenständen die Richtigkeit ihrer Überlegungen. Spielzeuge, die nach gleichen Prinzipien funktionieren, werden zusammengelegt und weitere dazugehörige benannt.

- Manche Spielzeuge rollen, wenn wir sie bewegen. Dazu gehören der Roller, einfache Autos, die Holzeisenbahn, Rollerskates, Fahrräder, Bälle, Reifen.
- Manche Spielzeuge können etwas heben. Dazu gehören der Bagger, der Kran, die Wippe, das Mobile, die Schaukel auf dem Spielplatz.
- Manche Spielzeuge haben einen Motor, der sie bewegt. Dazu gehören Aufziehautos, Spieluhr, Karussel, Flugzeug mit Gummimotor, fliegender Propeller.

Die Kinder suchen „Sammelwörter" für jede Spielzeuggruppe. Auf Wortkarten werden die gefundenen Begriffe aufgeschrieben und zu den Spielsachen gelegt:
- rollen, Rolle
- heben, tragen, halten, Hebel
- Motor, Gummimotor, Antrieb

Das Herausfinden der Funktionen ist den Kindern nach eigenen Aussagen leicht gefallen. Sie trauen sich auch zu, diese Spielzeuge in einfacher Form selbst zu bauen. Gruppenweise arbeiten die Kinder an den folgenden Stationen.

1. Station: Auto
Material: fünf Frischkäsebehälter oder Ähnliches, zehn Filmdosendeckel, zehn Trinkhalme, zehn Schaschlikspieße, Klebeband, Schere, Knetgummi

Auto
1. Klebe die Trinkhalme mit Klebeband fest.
2. Schneide die Trinkhalme ab.
3. Durchbohre mit den Schaschlikspießen die Deckel.
4. Fädle die Schaschlikspieße durch die Trinkhalme.
5. Stecke die Räder auf.
6. Stecke kleine Knetgummikugeln an die Spitzen der Trinkhalme.

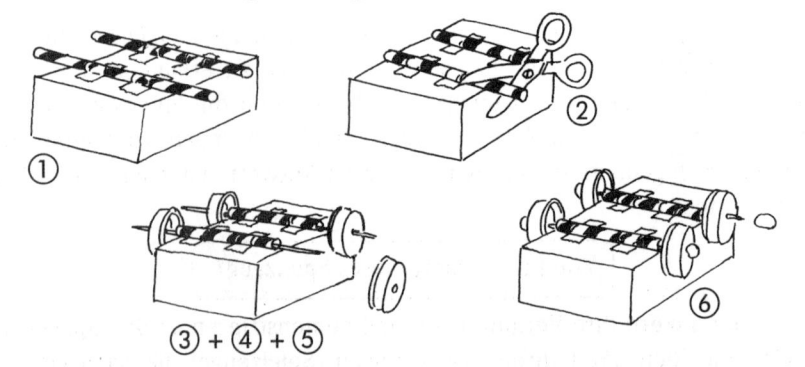

Im Anschluss erproben die Kinder auf einer schiefen Ebene, welches Auto das schnellste ist.

2. Station: Luftballonmobile

Material: fünfundzwanzig Luftballons, weiße und farbige Schnüre, Geschirrspülmittel, angerührter Tapetenkleister, Pinsel, Klebeband, zehn Stäbe

Luftballonmobile

1. Blase fünf Luftballons in verschiedenen Größen auf und binde sie mit den weißen Schnüren zu.
2. Streiche die Ballons mit Spülmittel ein.
3. Tauche die bunten Schnüre in den Kleister und wickle sie um die Ballons.
4. Klebe die Ballons mit Klebeband an den Tischrand und lasse sie trocknen.
5. Binde zwei Stäbe zu einem Kreuz zusammen.
6. Befestige Schnüre an den Ballons und binde sie so an den Ecken der Stäbe fest, dass die Ballons im Gleichgewicht schweben.
7. Binde eine Schnur in die Mitte der Stäbe und befestige das Mobile mit Klebeband an den Tischrand.

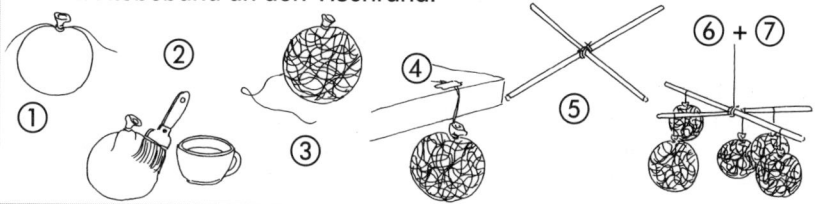

3. Station: Wippe

Material: fünf Bleistifte, fünf Lineale, Klebeband, Knetgummi

Wippe

1. Klebe einen Bleistift in der Mitte des Lineals fest.
2. Forme Kugeln aus Knetgummi und lege sie an die Enden des Lineals.
3. Verändere die Kugeln so, dass die Wippe im Gleichgewicht ist.

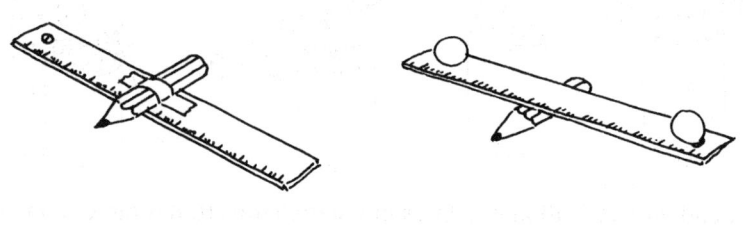

4. Station: Laster mit Gummimotor

Material: fünf rechteckige oder ovale Käseschachteln, zehn Schaschlikstäbchen, zwanzig Korkenräder, Stopfnadel, Gummi, Knetgummi

Laster

1. Stecke zwei Schaschlikstäbe als Achsen durch den Karton.
2. Stecke an die Stäbe vier Korkräder.
3. Stich an einer Seite des Kartons gegenüber der Achsen ein Loch.
4. Ziehe den Gummi durch und verknote ihn von außen.
5. Verknote den Gummi in der Mitte der Hinterachse.
6. Spanne den Gummi, indem du die Hinterachse in einer Richtung drehst – dann lass los.
7. Belade den Laster mit Knetgummikugeln, wenn sich die Räder durchdrehen.

5. Station: Karussell

Material: fünf leere Getränkedosen, an deren Unterseite ein Loch vorgebohrt ist; eine Häkelnadel, ein Gummiring, fünf Nägel, fünf Holzkugeln mit Löchern, fünf Bleistifte, Knetgummi, Faden, zehn Mensch-ärgere-dich-nicht-Männchen

Karussell

1. Ziehe mit der Häkelnadel den Gummiring durch die beiden Löcher der Dose.
2. Stecke auf einer Seite einen Nagel durch den Gummiring.
3. Fädle auf der anderen Seite den Gummiring durch eine Holzkugel.
4. Stecke durch die Schlaufe am Ende der Holzkugel einen Bleistift.
5. Befestige jeweils einen Faden am Kopf des Männchens und knüpfe ihn an den beiden Enden des Bleistifts.
6. Stecke an jedem Bleistiftende eine Knetgummikugel.
7. Drehe den Bleistift in eine Richtung und lass dann los.

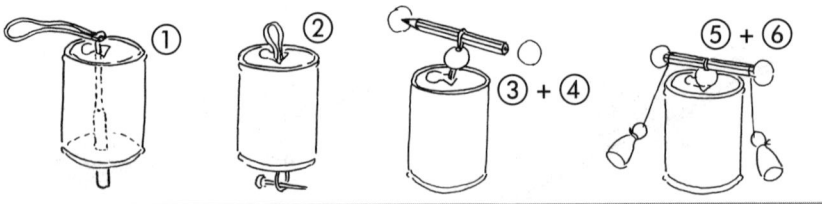

Begleitend zu den Stationen gibt es ein Stationenblatt, das die Gruppen nach dem Bauen der Spielzeuge ausfüllen.

Stationenblatt

Was bewegt mein Spielzeug?

Kreuze richtig an:

1. Station: Auto
   - ☐ Rolle
   - ☐ Hebel
   - ☐ Gummimotor

2. Station: Luftballonmobile
   - ☐ Rolle
   - ☐ Hebel
   - ☐ Gummimotor

3. Station: Wippe
   - ☐ Rolle
   - ☐ Hebel
   - ☐ Gummimotor

4. Station: Laster
   - ☐ Rolle
   - ☐ Hebel
   - ☐ Gummimotor

5. Station: Karussell
   - ☐ Rolle
   - ☐ Hebel
   - ☐ Gummimotor

Nach dem Durchlaufen der Stationen werden die Stationenblätter ausgewertet und die selbst gebauten Spielzeuge den vorgefertigten in der Mitte zugeordnet.

In der Turnhalle sammeln die Kinder weitere Erfahrungen.

- Sie rollen verschieden große Bälle und Reifen und beobachten die entstehenden Rollwege. Sie überlegen: Warum fällt der Reifen um? Warum hört der Ball einfach zu rollen auf?
- Auf einen kleinen Kasten wird eine Langbank mit der breiten Seite nach unten gelegt. Sie überlegen: Wie muss die Langbank aufliegen, damit sie als Wippe benutzt werden kann?
- Ein Kind setzt sich in die Ringe, die die anderen Kinder der Gruppe eindrehen und wieder loslassen. Sie überlegen: Warum drehen sich die Ringe in ihre Ausgangsstellung zurück?

Wir gehen auf den Spielplatz

Material
Lehrerin: Bilder mit Spielgegenständen (siehe S. 262), Papierstreifen, Tafelbild (siehe S. 262)
Kinder: Bälle, Sprungseile, Wurfscheiben, Hefte, Blöckchen

Heute scheint die Sonne schon kräftig. Bälle, Seile, Wurfscheiben werden verpackt und Frau M. geht mit ihrer Klasse auf einen nahe gelegenen Spielplatz. Hier ist es ruhig, nur wenige Mütter mit ihren Kleinkindern und einige ältere Leute genießen die angenehme Wärme.
Da alle Kinder ausreichende Spielplatzerfahrungen haben, lässt sie die Lehrerin zunächst gewähren. Ohne sich nach anderen Spielmöglichkeiten umzusehen, rennen die meisten zum Kletterhaus mit Sandkastenrutsche und wollen am liebsten alle gleichzeitig klettern und rutschen. Einigen gefällt die Drängelei dabei gar nicht und so beeilen sie sich, zur Wippe zu kommen, so lange sie noch frei ist.
Alex und Thomas stürzen sich auf die Schaukeln. Auch das Drehkarussell und die Balancierhölzer sind schnell besetzt.
Die mitgebrachten Spielsachen werden anfangs gar nicht benützt. Später beginnen einige Jungen rund um den Sandkasten Fußball zu spielen. Sabine will ausgerechnet vor den Schaukeln mit dem Seil hüpfen. An mehreren Stellen ist es mittlerweile zu Streitigkeiten gekommen. So sammelt Frau M. die Klasse an einem ruhigen Platz zu einem ernsthaften Gespräch.
Die Kinder einigen sich, ab nun von einer Spielstation zur nächsten zu gehen.

Frau M. stellt ihnen noch die Aufgabe, dabei zu überlegen,
- wie das Miteinander-Spielen am schönsten für alle abläuft;
- welche Regeln aus Sicherheitsgründen eingehalten werden müssen;
- wo man mit mitgebrachten Dingen ungestört spielen kann.

Eigentlich ist alles ganz einfach:

- An keiner Spielstation Kinder stoßen, wegdrängen, beschimpfen.
- Wer lange an einem Gerät bleiben möchte, muss es mit hinzukommenden Kindern teilen und sich absprechen.
- Für mitgebrachte Spiele ist ein Platz zu wählen, an dem noch kein anderer spielt.
- Genügend Abstand zwischen den einzelnen Spielgruppen lassen.
- Auf kleinere Kinder besonders aufpassen.
- Auf Bitten und Ermahnungen durch fremde Eltern hören.

Nach dieser Unterbrechung gelingt das Spielen reibungsloser und macht mehr Spaß als vorher.

Bevor die Kinder in Zweierreihen heimgehen, gibt Frau M. jedem Paar eine Bildkarte mit verschiedenen Spielgegenständen (siehe S. 262). Gemeinsam mit dem Partner sollen sie eine Beobachtungsaufgabe lösen, die Frau M. erklärt:

„Peter geht auch gerne auf den Spielplatz und nimmt dahin immer etwas von daheim mit. Auch auf dem Weg nach Hause spielt er damit noch weiter. Überprüfe, ob und wann das für Peter gefahrlos möglich ist."

Immer wieder bleibt man auf dem Heimweg stehen und Frau M. vergewissert sich, ob jeder aufmerksam beobachtet. Manchmal sammelt Frau M. die Kinder, um mit ihnen darüber zu sprechen, wo sie sich gerade befinden. So überqueren sie einen Platz, laufen durch eine Spielstraße, gehen eine Einbahnstraße entlang und marschieren sogar ein Stück auf der Fahrbahn, da der Gehsteig durch Bauarbeiten versperrt ist.

Im Klassenzimmer halten die Kinder zuerst eine kurze Esspause. In der Zwischenzeit legt Frau M. verschiedenfarbige Papierstreifen in die Mitte. Neugierig schauen die Kinder ihr zu. Sie wissen bald, dass sie verschiedene Straßen, Plätze und Grünflächen darstellen sollen. Ein Spielplatz, ein Garten und ein Hof sind auch dabei. In den anschließenden Sitzkreis nehmen sie ihre Bildkarten von vorhin mit und jeder möchte erzählen.

Sie erzählen über ihre Beobachtungen auf dem Heimweg und legen die aufgemalten Spielsachen dahin, wo Peter mit ihnen ohne Gefahr spielen kann. Manches lässt sich auch noch woanders spielen und deshalb hat Frau M. von jeder Bildkarte mehrere Exemplare.

Abb. 54: Bildkarten

In der Klassensitzordnung wird wiederholt, was die Kinder gerade herausgefunden haben. Frau M. befestigt die in der Mitte aufgelegten Streifen an der Tafel. Auf der Seitentafel hat die Lehrerin eine „Heftseite" vorbereitet und so weiß jeder, dass er mit den Blöckchen unterhalb des vorgegebenen Strichs sechs bunte Streifen zart aufmalen soll. In diese Streifen wird dann geschrieben und gemalt (siehe unten). Die Überschrift und die Stichwörter, die sie gemeinsam gefunden haben, schreiben die Kinder in ihr Heft. Anschließend malt jeder alleine.

Wir spielen gern draußen
Hof
Spielstraße
Gehweg
Spielplatz
Wiese
Garten

Abb. 55: Hefteintrag

Auch damit kann man spielen

Material
Zeitung, verschieden große Steine, Fimo, Zahnstocher, Stoff-, Leder-, Fellreste, Joghurtbecher, Eierkartons, kleine runde und eckige Schachteln ... Zeichenblock, Buntstifte, Decke

Schon am Montag dieser Woche hat Frau M. den Kindern im Morgenkreis viele verschiedene Materialien auf einer Decke in der Mitte gezeigt (siehe Materialliste). Nachdem sie die Dinge benannt haben, spielen sie gemeinsam ein „Erinnerungsspiel". Ein Kind geht dazu in die Mitte, hebt einen Gegenstand hoch und stellt die Frage: „Woran erinnert dich das?" Die Antwortreihe beginnt bei dem Kind, das den Redestab in der Hand hält. Wem nichts einfällt, gibt den Stab einfach weiter.
Myriam beginnt. Sie hält eine Zeitung hoch und gibt den Redestab Paul in die Hand. Er antwortet „An einen Hut", und gibt den Stab weiter. Nun kommen Antworten wie: an ein Flugzeug, an eine Decke, an einen Vogel, an mein Lesebuch, an meinen Papa, ...
Bald stellen die Kinder fest, dass ein und dasselbe Ding sie an viele andere erinnert, die sie basteln oder mit denen sie spielen können. Genau das ist die Aufgabe der morgendlichen Pünktchengruppen in dieser Woche. Sie sollen aus den Dingen Spiele herstellen oder gleich damit spielen, wie z.B. mit kleinen und großen Steinen ein Murmelspiel selbst erfinden.
Am Freitag führt jede Gruppe eine oder mehrere Ideen den anderen Kindern vor. Wenn es möglich ist, tauschen die Gruppen ihre Spiele aus und probieren die Spielideen der anderen Kinder aus.

Die Osterzeit

Gedanken zum Umgang mit der folgenden Ostergeschichte

Sowohl christliches als auch vorchristliches Gedankengut zum Frühlingsanfang fließen in das österliche Brauchtum ein. Beide Gedankenkreise beinhalten das Wissen um die Vergänglichkeit des Lebens und sein Wiedererstehen zu neuem Leben. Während das vorchristliche Denken sich der Natur und ihrem natürlichen Wachstumsrhythmus zuwendet, feiert das Christentum Tod und Auferstehung Jesu, seinen physischen Tod und seine geistige Vollendung. Beide Ereignisse folgen einer Ordnung, die außerhalb des menschlichen Willens begründet ist.

In unserer Geschichte versuchen wir, mit Rücksicht auf die verschiedenen Konfessionen in unseren Klassen, beiden Aspekten Raum zu geben, weil beide Aspekte für uns Teile der Wirklichkeit sind. Das Sterben ist eine Erfahrung, mit der wir von Geburt an in verschiedenen Lebenssituationen konfrontiert werden. Es zeigt sich beim Tod eines vertrauten Menschen ebenso wie im Schwinden menschlicher Gemeinschaften. Wir erleben es im Herbst in der Natur und an uns selbst, wenn wir in den unterschiedlichen Lebensphasen scheinbar Fähigkeiten des Herzens und des Verstandes verlieren, denen wir uns so sicher gewesen sind. Auch unsere Schulkinder haben dazu ihre Erfahrungen. Gerade jetzt, da es draußen anfängt, warm und sonnig zu werden, klappt es auf einmal mit dem Aufpassen nicht mehr so gut; die Hausaufgaben werden eher als belastend empfunden und das Bedürfnis, an den freien Nachmittagen selbstständige Treffs auszumachen, stößt oft auf elterlichen Widerstand. Warum funktioniert manches nicht mehr, was noch vor kurzem sehr gut lief? Ganz gleich, welche Art des Sterbens wir erleben, unsere Reaktionen werden ähnlich, d.h. menschlich sein. Sie reichen von Trauer und Schmerz bis hin zu Krankheit und Verhärtung, sie führen uns in eine egozentrische Sackgasse, aus der wir oft selbst nicht mehr herausfinden.

Auch die Menschen in unserer Geschichte haben diese Erfahrung gemacht. Wie das „Sterben" in der Natur, so hat auch bei ihnen das „Sterben" eines harmonischen Miteinanders ganz allmählich angefangen. Ein wenig Missverständnisse, ein bisschen Streit und ehe man genau wusste, warum und weshalb, gab es Krieg und Unfrieden. Auf die, die zur Rückbesinnung auf Vertrauen und Liebe aufgerufen hatten, wurde nicht gehört, und so erstarb das verstehende Miteinander immer weiter. Schließlich folgte der inneren Dunkelheit auch eine äußere, indem die Sonne kein Licht und keine Wärme auf das Land schickte. Die Symptome der Trauer und der Verhärtung wurden noch deutlicher; an diesem psychischen und physischen Endpunkt hatten die Menschen endlich begriffen, dass das Leben seinen Glanz, seine Freude, sein Licht verloren hatte.

Wie oft an solchen „Endpunkten" gibt es auch bei ihnen Hilfe. Eine Großmutter hat das Vertrauen und das Wissen bewahrt, was jetzt zu tun ist: sich bewusst dem als verloren erlebten Licht des Lebens wieder zuzuwenden. Zusammen mit ihrer Enkelin Lina macht sie sich auf den Weg zu jener Felsenhöhle, in der das unauslöschliche, das ewige Licht des Lebens zu finden ist, von dem die Menschen nichts mehr sehen noch spüren können. Der Weg dahin beginnt auf der Straße, die aus dem Dorf hinausführt. Es ist ein trostloser Weg, denn weder Pflanzen noch Tiere, die sonst zum gewohnten Bild gehören, sind zu sehen. Später wird der Weg steil und beschwerlich und führt zunächst durch einen Wald, an dessen Rand ein guter Platz zum Ausruhen ist.

Hier wird von zwei Baumstämmen ein Kreuz gebildet, das zum Nachdenken anregt. Es erinnert an den Tod Jesu und die Tatsache, dass sich die Menschen immer wieder hinreißen lassen, die Pfade der Verständigung zu verlassen, um sie danach schmerzlich zu vermissen. Es erinnert aber auch daran, dass der Tod kein endgültiges Ende, sondern nur vorübergehend ist und dass das Licht des Lebens eine neue Gestalt annimmt, wie das Auferstehungsgeschehen zeigen möchte.

Hier endet der erste Teil der Geschichte. Im zweiten Teil finden Großmutter und Lina die Felsenhöhle mit dem Licht des Lebens. Lina erfasst bei seinem Anblick die Bedeutung dieses Lichtes und seine heilende Kraft, sobald sie sich ihm zuwendet. Bereits auf dem Rückweg ist seine Auswirkung zu spüren und zu sehen. Großmutter und Lina laufen ihn unbeschwert und frohen Herzens und freuen sich an den Blumen, die es nun in Gärten und am Wegrand wieder zu sehen gibt, an dem fröhlichen Vogelgezwitscher, an den hoppelnden Hasen und Kaninchen auf den Feldern und an den gackernden Hühnern. Das Beglückendste für sie ist allerdings die Wandlung der Menschen. Mit offenen Herzen werden sie von ihnen gegrüßt, nicht überschwänglich, sondern gerade so, dass man spüren kann: Nun ist wieder alles in Ordnung. Manche von ihnen, die sich ebenfalls an Jesus und seine Auferstehung erinnern, grüßen mit „Frohe Ostern!"

In diesem Geschichtenteil begegnen die Kinder Elementen des Osterbrauchtums, ohne dass sie zu diesem Zeitpunkt als solche benannt werden: Blumen, Hasen und Kaninchen, Vögel und Hühner mit ihren Eiern. Erst in der letzten Einheit befassen wir uns mit diesen Elementen als Zeichen für Ostern, als Zeichen für das wiedererstandene Leben und achten dabei auf die damit verbundene Namensänderung. So werden Eier zu Ostereiern, Hasen zu Osterhasen, es gibt Osterglocken und ganze Ostersträuße, wir kennen Osterlieder, Ostergedichte und Ostergeschichten und vieles mehr.

Zwischen den einzelnen Vorleseabschnitten haben wir verschiedene Möglichkeiten reflektierender Erarbeitung angegeben. Es wird jeweils von den Kindern abhängen, wo die Lehrerin ihre Schwerpunkte setzt. Im Übrigen geht es nicht darum, die Geschichte und ihre Symbolik intellektuell vollständig zu durchdringen und sie bei diesem Versuch zu zerren. Entscheidend ist, berechtigtes Vertrauen in die weiterführende Kraft des Lebens zu wecken, durch das die scheinbaren Endpunkte menschlicher Erfahrung wie Trauer, Angst, Konflikt … zu überwinden sind.

Das Osterlicht: Das Licht des Lebens 1

Material
Lehrerin: Tischlampe, blaues Seidentuch, Erdtuch, Kerze, schwarzes Tuch, Becken, Trommel, Gesprächskreismaterial, Tafelbild (siehe S. 270)
Kinder: Hefte, Blöcken, Buntstifte

Bald beginnen die Osterferien und jeder freut sich auf die freien Tage. Viele Kinder fahren fort, denn nach dem langen Winter haben Kinder und Erwachsene das Bedürfnis, die Sonne und die Farben des Frühlings bewusst zu erleben.
Heute früh sieht es im Klassenzimmer anders aus als sonst: Frau M. hat einen Tisch an den oberen Teil des Tischkreises gerückt, eine Trommel und ein Becken mit Schlägel darauf gelegt und eine kleine Tischlampe dazugestellt, die mit einem blauen Seidentuch abgedeckt ist. Interessiert betrachten die Kinder den Tisch und beratschlagen, was sie wohl heute erleben werden.

1. Im Sitzkreis schauen sie Frau M. zu, wie sie das Erdtuch in die Mitte legt, eine brennende Kerze in einer Ecke darauf stellt, sie gleich wieder sorgsam auslöscht und zuletzt ein schwarzes Tuch darüber breitet.

Den Kindern fällt viel dazu ein:

- Auf der Erde ist es dunkel geworden.
- Auf der Erde gab es ein Licht.
- Das Licht wurde ausgelöscht.
- Eine große Dunkelheit hat sich ausgebreitet.

Woran sie das erinnert, möchte Frau M. wissen. Einige melden sich und erzählen von der Nacht, vom Licht der Liebe, über das zu Weihnachten gesprochen wurde, vom Tod Jesu, wie sie es in Religion gelernt haben.
Die Kinder sind sich sicher:

2. Heute erfahren wir etwas über dieses ausgelöschte Licht.
3.1 Frau M. zieht die Vorhänge zu und verdunkelt das Klassenzimmer, knipst die Tischlampe an, von der nur ein hellblauer Lichtschein zu sehen ist. Sie schlägt immer lauter werdende Klänge auf dem Becken an, die dann immer leiser und müder werden und sich schließlich in der Stille verlieren. Aus dieser Stille kommt Frau M.s Stimme.

Es ist schon lange her, als die Menschen anfingen, sich nicht mehr richtig zu verstehen. Daraus wurde Streit, oft sogar Krieg, aber es gab immer wieder kluge Männer und Frauen, die zum Verstehen und zur Versöhnung unter den Menschen aufgerufen haben. Doch nur wenige hörten auf sie, und einige der klugen Männer und Frauen wurden sogar getötet. Eines Morgens, es war kurz vor Ostern, fegte ein mächtiger Sturm über das Land. Er brachte dicke, schwarze Wolken mit, die den Himmel verdunkelten, die Sonne verdeckten und ihr Licht schließlich auslöschten. Überall war es so dunkel, wie in der Nacht. Auch am nächsten Morgen zeigte sich die Sonne nur als dunkler Kreis inmitten eines dunklen Himmels, ihr Licht war verloschen, einfach ausgelöscht. Auch am übernächsten Tag änderte sich nichts. Die Dunkelheit blieb und die Menschen wurden immer trauriger und mutloser.

Frau M. unterbricht hier für einen kurzen Augenblick und zeigt durch ein Handzeichen, dass die Kinder passende Bewegungen machen sollen, während sie ihre Erzählung mit dunklen Trommeltönen begleitet. Im Zimmer ist es zwar dunkel, aber nicht so dunkel, wie in der Geschichte, und so können sich die Kinder sicher bewegen.

Einige wurden sogar krank und legten sich ins Bett. (Die Kinder legen sich auf den Boden, dorthin, wo Platz ist). Sie konnten sich bald nicht mehr richtig bewegen und lagen regungslos da.
Andere trauten sich keinen Schritt mehr aus dem Haus zu machen und verschlossen die Türen hinter sich. (Die Kinder stehen auf und setzen sich starr irgendwohin. Die Hände umschließen fest den Körper.)
Manche Menschen verließen zwar ihre Häuser , aber sie wurden in der Dunkelheit richtig böse. Ihre Gesichter verfinsterten sich und für ihre Nachbarn fanden sie kein freundliches Wort mehr. Sie beschimpften jeden, der ihnen über den Weg lief und beschuldigten sich gegenseitig, für diese Dunkelheit verantwortlich zu sein. (In entsprechender Körperhaltung und passendem Gesichtsausdruck gehen die Kinder durch das Klassenzimmer.) Die meisten Menschen aber wurden ganz still und traurig und sagten zueinander: „Das ist ja kein Leben mehr. Seit die Dunkelheit über uns hereingebrochen ist, fehlt das Licht des Lebens, fehlen Freude und Liebe." Auch die Kinder wagten nur noch zu flüstern und versteckten sich ängstlich in einem stillen Winkel.

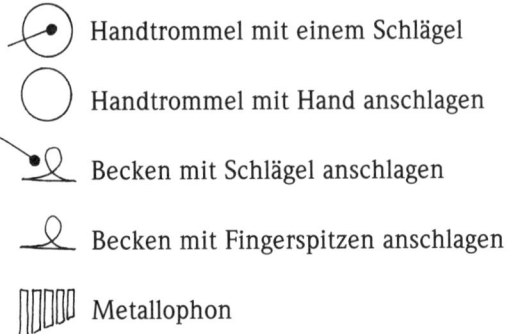

Symbole für Instrumente:

Handtrommel mit einem Schlägel

Handtrommel mit Hand anschlagen

Becken mit Schlägel anschlagen

Becken mit Fingerspitzen anschlagen

Metallophon

Auf Frau M.s Handzeichen setzen sich die Kinder wieder auf ihre Plätze in den Sitzkreis. Kurz schließen sie ihre Augen und spüren den Gefühlen nach, die sich in ihnen regen. Sie fühlen sich traurig und „ausgeleert", wie die Menschen in der Geschichte. Als sie darüber sprechen und Frau M. den Wagen mit dem Gesprächskreismaterial vor ihren Lampentisch schiebt, legen sie Steine, dunkle, meist schwarze Gedankenpunkte an den Rand des schwarzen Tuches.

Sie stellen fest:

- Die Dunkelheit macht traurig, müde und „langweilig".
- Die Dunkelheit verbirgt das Licht des Lebens, die Freude und die Liebe.
- Sie „verschluckt" geradezu die Freude, die Lust, sich zu bewegen, miteinander freundlich und unbeschwert umzugehen.
- Die Dunkelheit drückt nieder wie ein Stein.
- Sie bringt einen traurigen Gedanken nach dem anderen hervor.
- Man fühlt sich so, als ob jemand gestorben wäre.
- In der Dunkelheit kann nichts wachsen, Tiere und Menschen müssen hungern und sterben.

3.2

Betrübt saßen Großmutter und Lina in der finsteren Stube. Auch bei ihnen war der letzte Kerzenstummel schon lange abgebrannt. Lina hatte ihre Oma noch nie so still und freudlos erlebt. Endlich durchbrach Großmutter die Stille: „Drei Tage dauert die Finsternis nun schon an und jeder hat inzwischen begriffen, dass uns durch die Dunkelheit auch das Licht des Lebens verloren gegangen ist. Es ist Zeit für mich. Ich muss losgehen und das Licht des Lebens finden, damit es bei uns und in uns wieder hell wird. Wie du weißt, bin ich weit und breit die Einzige, die die Felsenhöhle kennt, in der das unauslöschliche, das ewige Licht des Lebens leuchtet. Ich bin die Einzige, die helfen kann." Lina nickte ernsthaft. „Lass mich mit dir gehen", bat sie. Und so machten sich die beiden unverzüglich auf den Weg.

Die Kinder haben erfasst, was auch die Menschen in der Geschichte begriffen haben:

- Anfangs konnten sie einander nicht mehr richtig verstehen. Aber sie merkten noch nicht, dass dadurch das Licht des Lebens, also die Freude und Liebe unter ihnen allmählich verschwunden sind.

Einige erinnern sich an die „Herzenstür", über die im Advent gesprochen wurde.

- Schließlich ist es auch außen um sie herum dunkel geworden, denn die Sonne hat kein Licht und keine Wärme mehr auf die Erde geschickt. Die Menschen sind böse, krank und traurig geworden. Jetzt haben sie zwar verstanden, dass sie das Licht des Lebens verloren haben, aber dadurch wurde es noch nicht hell. Ein Glück, dass Linas Großmutter gewusst hat, wie sie helfen kann.

Den Kindern geht es nun schon etwas besser, da es Hoffnung gibt, wieder Licht in das dunkle Land zu bringen und als Zeichen dieser Hoffnung legen sie entsprechende Gedankenpunkte und passende Dinge auf das Erdtuch. So wie sich die Kinder jetzt erleichtert fühlen, ging es sicherlich auch Lina. Was auf dem Boden liegt, passt auch für sie. Inge kennzeichnet noch mit kleinen Steinen den Anfang des Weges, den Großmutter und Lina nun einschlagen werden.
Jetzt schlägt Frau M. die Tafel auf. Mit einigen schnellen Kreidenstrichen lässt sie den Anfang des Weges vor uns entstehen, den Großmutter und Lina gemeinsam beschreiten (Abb. 56, siehe S. 270).

Abb. 56: Tafelbild und Hefteintrag

3.3

> *Wie zwei Schatten eilte Großmutter mit Lina an der Hand lautlos durch die dunklen Dorfstraßen dem Wald entgegen. Nirgendwo war etwas zu sehen und zu hören. Lina wurde es immer unheimlicher, denn auf dem gesamten Weg war von all den Tieren und Pflanzen, die ihr sonst täglich begegneten und die sie so gerne mochte, nichts zu sehen und nichts zu hören. Auf den Höfen gackerten keine Hühner, auf dem Feldweg vermisste sie die vielen bunten Blumen, von denen sie die meisten mit dem Namen kannte, es fehlte das vertraute Vogelgezwitscher und vergebens hielt sie nach den großen Feldhasen und den kleinen Kaninchen Ausschau. „Großmutter, sind nun die Pflanzen und Tiere alle gestorben?", fragte Lina ängstlich. Großmutter fasste Linas Hand noch fester und sagte sanft: „Hab´ Vertrauen, Lina, glaube mir, es wird alles gut. Nichts ist wirklich gestorben, lass dich nicht täuschen!" Etwas beruhigter, aber keineswegs überzeugt folgte das Mädchen seiner Großmutter weiter auf dem Weg - was sollte es auch sonst tun?*

Wieder macht Frau M. eine kleine Pause und schaut zu den Kindern, wie sie mit roten Wangen in sichtbarer Aufregung auf ihren Stühlen sitzen. Sie können Lina und ihre Angst vor dem Sterben gut verstehen und sprechen darüber, bei welcher Gelegenheit sie ähnliche Gedanken gehabt, wann sie ähnlich gefühlt haben. Ein Glück, dass Linas Großmutter mehr über den Tod und das Leben wusste und sie trösten konnte. Die Kinder erinnern sich auch, was sie darüber in der Adventszeit erfahren haben:

- Die grünen Zweige sind ein Zeichen dafür, dass das Leben immer weitergeht.

Wahrscheinlich hat Großmutter diese Erfahrung der Menschen gemeint, als sie davon gesprochen hat, Lina solle sich nicht täuschen lassen.

3.4 Alex legt aus vielen Zapfen einen kleinen Wald auf dem Erdtuch und legt mit Steinen den Weg weiter, denn Lina und Großmutter haben mittlerweile den Wald erreicht.

Im Wald war es stockdunkel. Die Baumstämme säumten wie kohlrabenschwarze Säulen den immer steiler werdenden Waldweg. Das Gehen wurde bald so beschwerlich, dass Großmutter und Lina sich abwechselnd stützen mussten. Dennoch schritten die beiden mutig vorwärts. Der Wald wurde immer dichter und finsterer, oft kamen sie an Wegkreuzungen und mussten zwischen mehreren Pfaden den richtigen wählen. Aber Großmutter führte Lina sicher weiter, denn sie kannte alle Waldwege so gut, dass sie sich auch in der Dunkelheit nicht verlief.

Die Kinder stellen sich nun selbst als große Bäume in der Mitte auf. Zu Frau M.s Trommel bewegen sie lautlos ihr „Äste", die sich immer mehr in die Höhe strecken und das Sonnenlicht suchen. Aber vergeblich. Müde hängen sie schließlich herunter, ehe sie sich noch einmal der Sonne entgegenstrecken und sich jeder wieder auf seinen Stuhl setzt.

Frau M. möchte jetzt von den Kindern wissen, wie sie an der Tafel weitermalen soll. Bald entsteht ein dunkler Wald, der Weg schlängelt sich leicht bergauf und an seinen Rändern wachsen hohe, schwarze Bäume.

3.5

Stumm wanderten die beiden weiter. Der Weg wurde noch kurvenreicher, aber schließlich hatten sie den Waldrand erreicht. „Jetzt ist es bestimmt nicht mehr weit bis zu den Felsenhöhlen", wünschte sich Lina sehnlichst. Erleichtert stellte sie fest, dass die schlimmste Finsternis

nachgelassen hatte, dass man Waldboden und kleine Sträucher klar sehen und sogar den weiteren Weg deutlich erkennen konnte. Sie blickte zum Himmel hinauf und meinte, die Sonne könnte jeden Augenblick anfangen zu leuchten und ihr Licht wiederbekommen.
„Lass uns kurz ausruhen, der Weg zur Höhle ist ziemlich steil", erklärte Großmutter und hielt Ausschau nach einem geeigneten Sitzplatz. Erschöpft, aber mit der Gewissheit, ganz nahe am Ziel zu sein, setzten sie sich auf einen umgefallenen Baumstamm. Ein zweiter Baumstamm lag quer über ihm. Selbst in der Dunkelheit sah man, dass die Stämme sehr, sehr alt waren und schon eine kleine Ewigkeit hier lagen. „Schau her, Lina, was fällt dir ein, wenn du diese beiden Stämme siehst?", fragte Großmutter. Erst als Lina sich auf den längeren Stamm stellte, sah sie ganz deutlich das Kreuz. „Ist das das Kreuz, von dem du mir schon so oft erzählt hast? Hat es mit der Dunkelheit zu tun, die, seit Jesus am Kreuz gestorben ist, schon öfter auf der Erde war?", wollte Lina aufgeregt wissen und es fielen ihr wieder die Erzählungen der Großmutter an den langen Winterabenden ein. „Ja, wir sind auf dem richtigen Weg, denn unser Weg musste an diesem Kreuz vorbeiführen, auch das habe ich dir erzählt", erinnerte Großmutter ihre Enkelin, die sich nun ganz dicht neben die alte Frau setzte und ihren Kopf vertrauensvoll in deren Schoß legte. „Ich weiß, Großmutter, ich erinnere mich ganz genau", flüsterte Lina.

Frau M. lässt nun wiederum einige zarte Beckenschläge erklingen, während die Kinder ihre Augen schließen und in Gedanken noch eine kleine Weile bei Lina und ihrer Großmutter bleiben. Dann recken und strecken sie sich. Jeder meint zu wissen, was Großmutter Lina über das Kreuz erzählt hat.

- Vor langer Zeit ist <u>Jesus</u> am <u>Kreuz gestorben</u>.
- Seit damals ist es immer wieder geschehen, dass das <u>Licht</u> auf der Erde <u>verschwindet</u> und es den Menschen so ergeht wie damals, als Jesus gestorben ist: Sie sind <u>traurig</u>, <u>krank</u> und manchmal auch <u>böse</u> in ihrer Verzweiflung geworden.
- Aber immer wieder gab es <u>Menschen</u> wie Großmutter, die sich vor der Dunkelheit nicht fürchteten, die ganz sicher wussten, dass das <u>Licht</u> für die Menschen wieder zu <u>finden</u> sein wird. Sie haben sich daran erinnert, dass auch für Jesus der Tod nicht das Ende gewesen ist, sondern dass dem <u>Tod</u> die <u>Auferstehung</u> gefolgt ist, dass für seine Freunde auf einmal die sichere <u>Gewissheit</u> da war, dass Jesus lebt – wenn auch anders als zuvor. So haben es die Kinder in Religion gelernt.

- Damit dieses Erinnern leichter geht, haben kluge Menschen vor langer Zeit dieses Baumkreuz hierher gelegt. „Das Kreuz, der Tod ist nicht das Ende", sollte es uns sagen, „der Weg geht weiter und führt zum Licht des Lebens, ohne das es nichts geben kann."

Renate holt aus Frau M.s Materialwagen zwei gerade Äste heraus und legt sie als Kreuz am Ende des Waldes auf das Erdtuch. Die Kinder betrachten es still, während einige von ihnen nochmals wiederholen, was sie gemeinsam herausgefunden haben.
Es ist klar, was Frau M. jetzt an der Tafel malen muss: das Ende des Waldes und das Kreuz, das die Sicherheit gegeben hat, auf dem richtigen Weg zu sein.

4. Die Kinder setzen sich in die Klassensitzordnung und öffnen ihre Hefte, in denen der Überschriftenstrich bereits vorbereitet ist. Aber bald sind sich die Kinder einig: Sie können die Überschrift erst finden, wenn sie wissen, wie die Geschichte ausgeht.
Gemeinsam mit Frau M. malen sie jetzt das Tafelbild in ihr Heft. Davor werden die Vorhänge auseinandergezogen und die Tischlampe ausgeschaltet. Frau M. malt das Bild noch einmal und hilft damit den Kindern sich auf dem Heftblatt leichter zurechtzufinden. Zuerst wird der Weg mit den dunkelbraunen Blöckchen und das Kreuz aufrecht stehend gemalt, damit es gut zu erkennen ist. Die wenigen Häuschen des Dorfes, von denen Großmutter und Lina losgegangen sind und den dunklen Wald malt jeder für sich alleine mit Blöckchen oder Buntstiften, ganz wie er will. Die „Dunkelheit" wird noch nicht gemalt, denn die Kinder wissen nicht, wo die Felsenhöhle sein muss. Das erfahren sie erst in der nächsten Stunde.

Das Osterlicht: Das Licht des Lebens 2

Material
Lehrerin: Erdtuch, Kerze, schwarzes Tuch, Gesprächskreismaterial, Becken, Trommel, Tafelbild (siehe S. 278), Metallophon, Teelicht, Liedblatt (siehe S. 279)
Kinder: Heft, Blöckchen, Buntstifte

Eigentlich „wissen" die Kinder: Großmutter und Lina werden das Licht finden und alles wird gut. Dennoch ist einigen etwas bange, als Frau M. wie gestern ihr Tischchen herrichtet und das Zimmer verdunkelt.

1.1 Im Sitzkreis bauen die Kinder in der Mitte das Bodenbild von gestern auf und wiederholen, was sie sich von der Geschichte gemerkt haben.

1.2 Manche haben auch aufregende Ideen, was Großmutter und Lina auf dem Weg zur Felsenhöhle noch alles erleben könnten, dennoch ist eines sicher:
2. Sie werden das Licht finden, das Licht des Lebens, das nicht verlöschen kann.
3.1

> *Das Ausruhen am Baumkreuz hatte Lina und Großmutter gestärkt und erfrischt, hoffnungsfroh gingen sie weiter. Zuerst kamen sie leicht voran, aber dann schlängelte sich der Weg einen steilen Berg hoch, auf dem nicht einmal ein einziger Grashalm wuchs. Lina umfasste die Hand ihrer Großmutter noch etwas fester als vorher, denn hier gefiel es ihr gar nicht. „Komm nur", ermunterte sie Großmutter, „denke nicht an die Dunkelheit, sondern halte Ausschau nach der Höhle." Und richtig. Nachdem sie die steile Anhöhe geschafft hatten, erblickten sie neben einer Quelle, die von Steinen aller Art umgeben war, eine unscheinbare kleine Felsenhöhle. In ihr musste sich das Licht des Lebens befinden.*

Frau M. lässt einige sanfte Beckenschläge ertönen, währenddessen die Kinder ihre Augen schließen. Als sie sie wieder öffnen, liegen einige Steine übereinandergetürmt auf dem Erdtuch. Sie stellen die Felsenhöhle dar, die Lina und Großmutter nun erreicht haben. Paul platziert mit einem hellblauen Wollfaden noch die Quelle inmitten der Felsenhöhle und Frau M. ergänzt ihr Tafelbild.

Was ist eine Felsenhöhle? Die Kinder verteilen sich in Vierergruppen im Klassenzimmer. Während drei Kinder die Felsenhöhle darstellen, indem sie sich stehend die Hände in Kopfhöhe reichen, hockt sich das vierte Kind in den so entstandenen Raum und schließt seine Augen. Von Frau M.s leisen Metallophonklängen begleitet, stellt es sich auf den Schutz und die Geborgenheit ein, die von dem entstandenen Raum ausgeht. Ein lauter Metallophonklang kündigt den Rollenwechsel in der Gruppe an. Nachdem alle Kinder sich in der Höhle erlebt haben, setzen sie sich wiederum auf ihre Plätze.

3.2

Aufgeregt betrat Lina an der Hand ihrer Großmutter jetzt die Höhle. Noch war kein Licht zu sehen und Lina traute sich kaum zu atmen. Vorsichtig gingen sie den verschlungenen Weg in das Innere der Höhle hinein. Da – zuerst war nur ein schwacher Lichtschein zu sehen, erst nach der letzten Kurve standen sie im Herzen der Höhle, wo das Licht leuchtete, das Licht des Lebens, das nie verlöschen kann. Seine wohligen, feinen Strahlen drangen bis zu Lina und der Großmutter. Bald waren sie eingehüllt in einem warmen, freundlich hellen Lichtschein, der ihre Herzen berührte. Da schien das Licht zu ihnen zu sprechen:

Ich bin bei euch, für Zeit und Ewigkeit. Ihr findet mich in euren Herzen und ihr spürt mich in eurem Sehnen nach Liebe und Frieden. Lasst dies alle Menschen wissen, damit die Sonne wieder unter euch scheinen kann und eure Freude und euer Verstehen wieder lebendig werden.

Glücklich sah Lina zu ihrer Großmutter hinauf. „Wir bringen die Freude zu den Menschen! Wir erinnern sie an das Licht des Lebens, das nie verlöschen kann. Wir werden leben."

In diesem Augenblick fing die Sonne hinter dem Hügel wieder zu strahlen an und erfüllte die ganze Landschaft mit ihrem lebendigen Licht. Großmutter deutete auf die Sonne: „Sie wird uns jetzt nach Hause begleiten und ihre warmen Strahlen werden Tiere und Pflanzen erwecken. Die Menschen werden wieder leben, glücklich leben. Alles wird gut!", verkündete sie feierlich und Lina nickte glücklich und dankbar.

Frau M. schlägt wiederum leise Töne auf dem Becken an, während die Kinder ihre Augen schließen. Als der letzte verklungen ist, dringen die noch zarteren Klänge des Metallophons an ihr Ohr. Auch seine Klänge wirken nach. Erst als sie ganz verklungen sind, recken und strecken die Kinder sich und öffnen ihre Augen.

Vor ihnen, inmitten der Steine auf dem Tuch, steht ein Teelicht und seine kleine Flamme erhellt die dunklen Steine. Es ist nur ein Zeichen für das Licht des Lebens, denn die Menschen können es nicht selbst entzünden, das haben die Kinder verstanden. Sie haben auch verstanden, dass dieses Licht dem entspricht, was man „Auferstehung" nennt. An Jesus hat es sich gezeigt, seine Freunde haben das begriffen.

- Das Licht des Lebens ist ewig.
- Es überdauert auch das, was die Menschen Tod nennen.

- Es zeigt sich uns, wenn wir liebevoll und friedlich miteinander leben können.
- Jeder Streit, jede Traurigkeit ... führt, wenn sie wirklich vorbei ist, wieder zu ihm zurück. Denn es war nie richtig fort, sondern nur verhüllt wie in dieser Felsenhöhle.

3.3 Ersin, Ina und Sven ziehen nun die Vorhänge wieder auseinander und die Helligkeit des Tages dringt ins Zimmer. Bettina entfernt das schwarze Tuch aus dem Bodenbild und Tobias zündet die Kerze wieder an.
Die Kinder gehen vor ihrem Stuhl in die Hocke und machen sich ganz klein. Sie schließen die Augen und erinnern sich daran, wie es den Menschen ergangen ist, als sie das Licht des Lebens durch Streit und Traurigkeit verdeckt haben, so dass sie es selbst nicht mehr in sich gespürt und in anderen gesehen haben. Diese Erinnerung wird von Frau M.s Trommelschlägen begleitet ◯. Als die Kinder auf einmal Metallophonklänge hören 𝄞, wissen sie, dass die traurige Zeit nun vorbei ist. Sie öffnen langsam ihre Augen, richten sich allmählich auf und lassen dabei das Licht des Lebens in sich wachsen. Danach stehen sie mit erhobenen Armen, die langsam und behutsam wieder zurück in ihre gewohnte Stellung sinken und schließlich bedächtig hin und her schwingen. Jeder ist jetzt eine freundliche Lichtquelle und sagt mit seinen Augen, seinem ganzen Gesicht einem Kind, das gegenüber im Kreis steht, etwas Freundliches. Währenddessen sind Frau M.s Metallophonschläge zu hören und ihre leisen, sparsamen Worte, damit jeder weiß, was er tun soll 𝄞.
Wieder im Sitzkreis berichten die Kinder kurz, welche „Freundlichkeit" sie spüren konnten. Vom einfachen „Ich mag dich" bis zu einem wichtigen „Lass uns wieder gut sein" haben sie viele Freundlichkeiten wahrgenommen.

3.4

Froh und leicht traten Großmutter und Lina den Heimweg an. Unter ihren Füßen spürten sie das frische Gras, über ihnen spielte der Wind mit den vielen kleinen grünen Blättern und den biegsamen Ästen. Als sie in den Wald kamen, empfing sie ein fröhliches Vogelkonzert: Es zwitscherte in allen Büschen und Wipfeln. Auf den vertrauten Feldern zeigten sich wieder Feldhasen und Kaninchen und auf den Bauernhöfen gackerten die Hühner. Lina entdeckte auch wieder ihre geliebten Blumen, die Osterglocken läuteten ihr geradezu entgegen. Von den Menschen in den Straßen wurden sie freundlich gegrüßt, manche wünschten ihnen sogar „Frohe Ostern!", denn sie erinnerten sich daran: Heute war

> *Ostersonntag. Die vorher Kranken machten ihre ersten Spaziergänge und alle Menschen begrüßten einander fröhlich und wechselten freundliche Worte.*
> *Und die Kinder? Die hättet ihr sehen und hören sollen! Sie hüpften glücklich durch die Straßen und sangen (siehe S. 279):*
> *Was dunkel war, das ist vergangen.*
> *Das Leben hat neu angefangen.*
> *Das Licht des Lebens hat alles erhellt,*
> *bringt Freude und Frieden den Menschen der Welt.*
> *Lina war sehr glücklich: Diesen Tag wird sie in ihrem Leben nie vergessen.*

Das Licht des Lebens hat also eine Veränderung bewirkt, das hat Lina erlebt und verstanden. Die Kinder sprechen darüber, wie sie sich bei den Menschen, Tieren und Pflanzen gezeigt hat und erinnern sich an eigene Erlebnisse, die mit einer solchen spürbaren Veränderung zum Guten, zum Frohen, verbunden sind.

Im Religionsunterricht haben die Kinder dieses Geschehen am Beispiel Jesus kennengelernt, und auch andere Wörter dafür verwendet. Sie haben gesprochen von

- Tod und Auferstehung Jesu - als Geschehen
- Ostern – als den Namen für das Fest, an dem man dieses Geschehen feiert.

Jetzt stehen alle auf und singen den Refrain der Kinder, während sie sich die Hand geben. Es ist ein richtiger Ostervers, stellt Christian fest, denn auch für Jesus ist sein Tod, der traurig und schmerzlich war, vorbei, während seine Auferstehung nach drei Tagen ihn zu neuem, bleibendem Leben erweckt hat. Zu Frau M.s Klavierbegleitung (Gitarre) summen und singen die Kinder das Osterlied, nachdem Frau M. jeden Vers, vor dem Singen, vorspricht. Jeder darf während des Singens passende Bewegungen machen.

4.1 In der Klassensitzordnung schlagen die Kinder Frau M. vor, wie sie ihr Tafelbild fertig stellen soll. Außerdem überlegen sie sich einige Überschriften, von der sie eine oberhalb des Striches ins Heft schreiben.

| Das Licht des Lebens |

4.2 Zuletzt wird das Bild im Heft wie in der letzten Stunde ergänzt (S. 278).

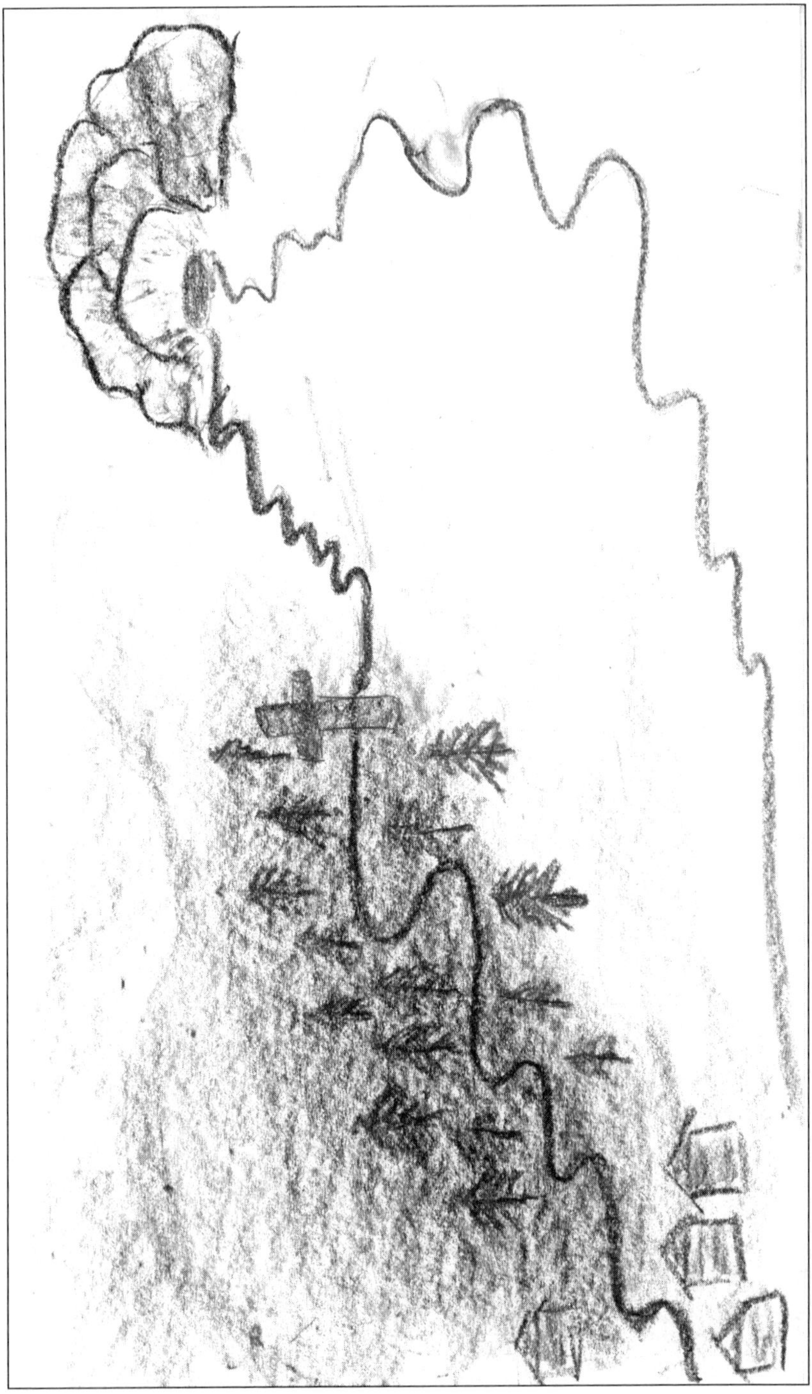

Abb. 57: Vollständiges Tafelbild und Hefteintrag

278

Osterlied Text und Melodie: Angelika Meltzer

1. Was dunkel war, das ist vergangen.
   Das Leben hat neu angefangen.

Refr.: Das Licht des Lebens hat alles erhellt,
   bringt Freude und Frieden den Menschen der Welt.

2. Die Häslein über Felder springen.
   Die Vögel frohe Lieder singen: Das Licht …

3. Die warme Sonne strahlt hernieder.
   Die Osterglocken künden's wieder: Das Licht …

Zeichen für Ostern

Material
Osterglocken mit separater Blumenzwiebel, Osterhase, Ostereier, Bastelmaterial nach Bedarf

Heute morgen bauen die Kinder das Bodenbild vom Licht des Lebens auf dem Jahreszeitentisch gemeinsam auf, singen mehrmals den Ostervers im Stehkreis und bewegen sich dazu.

In der Klassensitzordnung hören sie noch einmal den letzten Teil der Geschichte, den Frau M. ein zweites Mal vorliest. Diesmal sollen die Kinder beim Hören an Ostern, an Zeichen für Ostern und an Osterbrauchtum denken. Anschließend tauschen sie ihre ersten Gedanken darüber mit dem Nachbarn aus. Später finden sie noch mehr heraus:

- Eier, Hasen, Kaninchen, Blumen, vor allem Osterglocken sind für die Menschen Zeichen für neues Leben.
- Aus den Eiern schlüpfen kleine Vögel, kleine Hühner aus.
- Die Hasen und Kaninchen, bekommen viele Junge. Nach dem langen Winter springen sie wieder herum und finden auf den Feldern endlich alles, was sie zum Leben brauchen.
- Alle kennen Osterhasengeschichten, in denen Osterhasen Ostereier bringen oder verstecken. So wie man die kleinen Blätter an den Bäumen, die kleinen Blumen zwischen dem jungen Gras oft nur dann sieht, wenn man ganz genau hinschaut, so kann man auch die versteckten Ostereier erst nach einigem Suchen finden.
- Die Osterglocken „läuten" die Zeit des neuen Lebens „ein" und kündigen den Frühling an. Ihre Farbe ist ein kräftiges, frohes Gelb, das an die Sonne erinnert, die alles wachsen lässt. Während des Winters schlummerte das „Osterglockenleben" in einer kleinen Blumenzwiebel.

Nach diesem Gespräch stellt Frau M. eingepflanzte Osterglocken und eine Blumenzwiebel, einige Ostereier und einen Schokoladeosterhasen in die Jahreszeitenecke.

Natürlich wollen die Kinder auch etwas Österliches basteln. Damit fangen sie heute an, und haben auch in der nächsten Woche noch Zeit dafür. Bemalte Ostereier, ausgeblasene oder aus Papier ausgeschnittene, werden an die Zweige in der Jahreszeitenecke gehängt. Manche Kinder bringen selbst Bastelvorschläge, die sie zusammen mit anderen in einer „Neigungsgruppe" mit Hilfe von Frau M. umsetzen. Andere lesen lieber kurze Ostergeschichten, zu denen sie selbstständig Bilder malen. Am letzten Schultag vor den Osterferien nehmen die Kinder ihre Bastelarbeiten mit nach Hause, um sie zu verschenken oder eigene Zweige damit zu schmücken.

4. Die Zeit bis Pfingsten

Mit allen Sinnen ...

Die Osterferien sind vorbei und der Frühling mit seiner Lebendigkeit erweckt nicht nur die Natur, sondern auch in den Kindern den Drang nach draußen. Oft ist in dieser Zeit deutlich sichtbares körperliches Wachstum festzustellen und bei manchen bereits sehr bewusst erlebte Gemütsschwankungen, die mit einem deutlichen Konzentrationsverlust einhergehen. Die Interessen verlagern sich. Unlust, sich zu schriftlichen Aufgaben hinzusetzen, stellt sich vielfach ein und vieles, was noch bis vor kurzem mühelos gelungen ist, bereitet unerwartete Schwierigkeiten.

Wir versuchen, in unserer Unterrichtsplanung diesen Veränderungen zu begegnen. Da die Sinne durch die Jahreszeit nach außen gelenkt sind, werden auch wir unsere Aufmerksamkeit nach außen lenken und uns oft im Freien aufhalten. Meditative Elemente treten jetzt zurück, da in dieser Zeit den Kindern das Schauen nach innen erfahrungsgemäß schwer fällt.

... den Frühling entdecken

Material
Lehrerin: Buchstabenrätsel (siehe S. 282), 35 Klebeschildchen, Triangel, Symbolbilder, Korb mit zurechtgeschnittenen Frühlingsfrüchten (Kohlrabi, Karotten, Radieschen, Petersiliengrün, Schnittlauch, verschiedene Salatblätter, Kresse ...), Zahnstocher, Gesichtsbild DIN A3, grünes Tuch, Farbkreise, Tafelbild (siehe S. 286)
Kinder: Schreibblock, Heft, Blöckchen

Die Osterferien sind vorbei und mit einem lachenden und einem weinenden Auge treffen sich alle am ersten Schultag nach den Ferien. Die Erholung und die vielen Erlebnisse sind den Kindern deutlich von ihren Gesichtern abzulesen, daher auch das lachende Auge. Andrerseits sind viele auch ein bisschen traurig, dass die freien Tage so schnell vorbeigegangen sind. Besonders schwer können sich jene Kinder eingewöhnen, die mit dem Flugzeug ganz weit weg geflogen waren; man hat den Eindruck, als seien sie noch gar nicht richtig „da".
Aber inzwischen scheint mittlerweile jeder „angekommen" zu sein. Kein Wunder, es ist hell draußen und die Sonne streichelt alles mit ihren warmen Strahlen.

1. Frau M. malt ein großes weißes Fragezeichen an die Tafel und darunter ein buntes Bilder-Buchstabenrätsel (siehe S. 282). Die Kinder kennen das vom Lesen, deshalb machen sie sich sogleich in Partnerarbeit mit Papier

und Bleistift ans Entschlüsseln. Sie müssen den Anfangsbuchstaben der Bilder in der Reihenfolge, wie sie gemalt sind, aufschreiben. Wenn ein Buchstabe da steht, wird er einfach abgeschrieben. Nach kurzem Lesegemurmel heben die ersten ihre Finger hoch, und bald haben sie herausgefunden: Das Wort heißt FRÜHLING. Einige Kinder wollen gleich darüber erzählen: Tobias weiß, dass es im Frühling warm ist, Ayla freut sich schon aufs Freibad und Janina hat Appetit auf Kirschen.

Abb. 58: Bilder-Buchstabenrätsel

2. Wir werden gemeinsam den Frühling entdecken, kündigt Frau M. an, worunter sich manche Kinder noch gar nichts vorstellen können.
3.1 Damit die Entdeckungsreise erfolgreich wird, sollen zuerst die Rätselbilder genau betrachtet und es soll überlegt werden, was sie über den Frühling verraten. Das ist gar nicht schwierig.

- Das **F** steht für die **Farben,** die jetzt wieder auf die Wiesen, in die Parkanlagen und Gärten zurückkehren. Alles fängt zu blühen an und sieht wunderbar bunt aus.
- Das **R** erinnert uns an die **Regentropfen,** die im Frühling auch sehr zahlreich fallen. Denn die Pflanzen brauchen viel Wasser, um wachsen zu können.
- Das **Ü** mit seinen beiden Bildern erinnert daran, dass der Frühling eine **Übergangszeit** zwischen Winter und Sommer ist.
- Die Fenster der **Häuser (H)** werden nun weit geöffnet, um die warme Frühlingsluft einströmen zu lassen.
- Das **Licht (L)** der Sonne tut allen gut, es lockt die jungen Pflänzchen aus der Erde und die Menschen aus den Wohnungen.
- Auch der **Igel Imo (I)** kommt wieder aus seinem Winterversteck und bekommt langsam Appetit auf schmackhafte Frühlingsnahrung.
- Unsere **Nasen (N)** riechen die Frühlingsluft, den Duft der Blüten von Bäumen und Sträuchern.
- Bleibt noch das **G** für **Grün** – es ist *die* Farbe, die schon immer ein Zeichen für das Leben gewesen ist, das nun im Frühling wieder sichtbar wird.

3.2 Frau M. holt für jedes Kind ein kleines Klebeschildchen hervor, auf dem „Frühling" steht. Thomas will wissen, ob die Schildchen mit dem Computer „gemacht" worden sind, worauf Ersin ganz entrüstet „Wie denn sonst?" zurückfragt. Anscheinend wahllos geht nun Frau M. von einem Kind zum anderen und klebt die Schildchen an. Aber sie weiß nicht so recht, was sie will – oder doch? Die Schilder befinden sich

- auf der Nase,
- zwischen den Augen,
- auf der inneren Handfläche,
- auf der Wange,
- auf einem Ohr,
- oberhalb des Mundes.

Nachdem die Kinder fertig gekichert haben, kommen die ersten schon dahinter, warum die Schilder an verschiedenen Stellen kleben.

- Den Frühling kann man nämlich riechen, sehen, anfassen, auf der Haut spüren, hören und schmecken.

4. Um das auszuprobieren, geht Frau M. mit ihrer Klasse in den Schulhof. Die Klebeschilder bleiben allerdings im Klassenzimmer. „Jeder wird den Frühling alleine entdecken", erklärt Frau M. Deshalb nimmt sie zum Sammeln der Kinder ein „Frühlingsinstrument" mit in den Hof. Sebastian entscheidet sich für das Triangel als Frühlingsinstrument. Sein Klang ist hell und zart und passt irgendwie zum Frühling. Außerdem nimmt Frau M. einen abgedeckten Korb mit.

5.1 Auf dem Schulhof bilden die Kinder einen Stehkreis und Frau M. legt in seine Mitte das Bild einer Nase hin (Abb. 59, siehe S. 284). Michael weiß als Erster, was es bedeutet: „Wir werden den Frühling zuerst riechen." Damit die Nasen dafür auch richtig wach werden, rubbeln die Kinder sie zuerst einmal mit den Händen, bevor sie zum Riechen ausschwirren. Zuerst laufen die meisten recht ziellos herum, aber nachdem Frau M.s leise Triangeltöne einmal von der Hecke, dann von der Erde, dann wieder einfach aus der Luft zu hören sind und das Triangel auch dort zu sehen ist, entdecken die Kinder viel Riechenswertes.

5.2 Schließlich sammelt Frau M. ihre Klasse am vereinbarten Platz mit lauten Triangelschlägen. Was jeder gerochen hat, wird noch nicht verraten. Stattdessen legt die Lehrerin ein Augenbild in die Mitte (Abb. 59). Auch die Augen müssen für das aufmerksame Sehen erst vorbereitet werden. Deshalb legen die Kinder ihre warmen Handflächen vorsichtig auf die Augen und streicheln die geschlossenen Augendeckel mehrmals ganz sanft, bevor sie sich im Schulhof genau umsehen.

5.3 Danach fordert das nächste Schild auf, den Frühling anzufassen (Abb. 59). Dazu werden die Hände und Finger aufgeweckt, indem sie mit zunehmender und wieder abnehmender Kraft aneinander gerieben werden. Vorsichtig streichen die Kinder danach mit den Händen über die jungen Grashalme, die zarten Blätter und Äste mit den deutlich sichtbaren Knospen. Manche berühren auch sehr behutsam die bunten Blütenblätter der eingepflanzten Primeln.

5.4 Das nächste Bild sagt, dass die Wangen den Frühling erspüren sollen (Abb. 59). Mit beiden Händen werden sie vorbereitet. Diesmal bilden die Kinder einen großen Kreis rund um Frau M., schließen die Augen und bewegen sie bei jedem Triangelschlag einen kleinen Schritt um die eigene Achse gegen den Uhrzeigersinn. Wie später berichtet wird, erleben die Kinder viel Unterschiedliches. „Auf meiner Wange wird es ganz komisch. Manchmal warm – wenn die Sonne direkt draufscheint, dann wieder kalt, wenn ich im Kreis an eine andere Stelle gekommen bin", erzählt Uwe.

5.5 Nun sind die Ohren dran, wie das nächste Schild zeigt (Abb. 59). Die Kinder massieren sie sorgfältig, innen und außen. Dann schließen sie die Augen und lauschen zunächst auf dem Stehkreisplatz. Danach sucht sich jeder noch andere „Hörplätze". Immer wieder stellen sich die Kinder mit geschlossenen Augen hin und versuchen, genau hinzuhören.

5.6 Zuletzt legt Frau M. ein Schild mit einem aufgemalten Mund in die Mitte (Abb. 59). Schwierig, überlegt Renate, denn ihr fällt nichts ein, was es im Schulhof zu kosten gäbe. Petra huscht ein lautes „Ha!" heraus und sie zeigt aufgeregt auf Frau M.s Korb. Natürlich! Frühlingsgemüse, Frühlingsfrüchte sind hier drin, bereits in kleinen Häppchen zurecht geschnitten. Jeder leckt sich zuerst mit seiner Zunge mehrmals die Lippen ... schluckt ein paar Mal. Dann nehmen sich alle mit einem Zahnstocher etwas heraus und kosten einige Frühlingshäppchen.

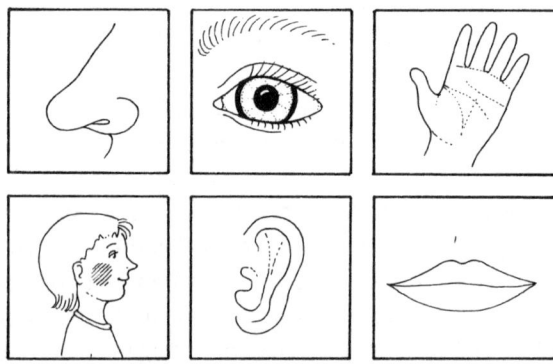

Abb. 59: Verschiedene Sinneswahrnehmungen

6.1 Im Klassenzimmer legt Frau M. ein großes Bild in die Mitte des Sitzkreises. Es zeigt ein freundliches Gesicht und zwei offene Hände (siehe S. 286). Sie legt dem Bild ein Frühlingsschild auf die Nase und jeder möchte dazu erzählen:

- Von der würzigen Luft, dem Geruch der Blätter und Blüten, der ersten kleinen Frühlingsblumen im Schulgarten, vom Duft der Erde und des Holzes der Baumrinden und der neuen grünen Äste, die später einmal braun und zu Holz werden.

6.2 Als das Frühlingsschild zwischen den Augen liegt, fällt den Kindern wieder viel dazu ein:

- Das helle Grün, die vielen kleinen Blätter, die Knospen, die manchmal grün, manchmal braun sind, die kleinen bunten Frühlingsblumen, die feuchte Erde, die Vögel ...

6.3 Das „Anfassen" des Frühlings war etwas Besonderes, denn das war neu für die Kinder. Sie erzählen,

- wie zart und biegsam die kleinen Blätter sind;
- man kann sie streicheln, wie man kleine Katzenpfötchen streichelt;
- die Blütenblätter sind ganz fein, die Knospen dagegen richtig pummelig;
- die Erde fasst sich feucht-warm an, an manchen Stellen feucht-kalt;
- die Steine sind trocken und warm wie die Heizung.

6.4 Auch das Spüren mit der Wange war ein Erlebnis:

- Mit der Haut spürt man die unterschiedliche Wärme;
- ein ganz leichter Wind kitzelt oder streichelt die Wangen.

6.5 Mit den Ohren war viel zu hören:

- Die Vögel zwitschern, die Blätter der Sträucher und der Bäume rauschen leise.
- Auch die Blätter auf dem Asphalt rascheln im Wind.
- Straßenlärm ist auch zu hören, aber den hört man das ganze Jahr.

6.6 Die ersten Frühlingsfrüchte schmecken ganz besonders.
- Alles schmeckt besonders saftig und irgendwie „leicht". Die Gemüsefrüchte haben auch ein bisschen süß geschmeckt.

7. Die Kinder sitzen wieder in der Klassensitzordnung und Frau M. deutet auf die Jahreszeitenecke.

Einige merken gleich, was nicht mehr passt. Das braune Erdtuch stimmt nicht mehr, denn die Wiesen sind mittlerweile hellgrün. Paul darf ein hellgrünes Tuch darauflegen und viele bunte Farbkreise für die Farben der Blüten.

8. Nun zeigt Frau M. ihr Tafelbild. Es ist noch nicht ganz fertig, denn in manchen Schreib- und Malfeldern steht nur ein Buchstabe. Schnell finden die Kinder heraus, was fehlt und wie die Wörter heißen. Frau M. ergänzt nach dem Diktat der Kinder. Gemeinsam wird das Heft vorbereitet, damit jeder selbstständig abschreiben und malen kann (Abb. 60 und S. 287).

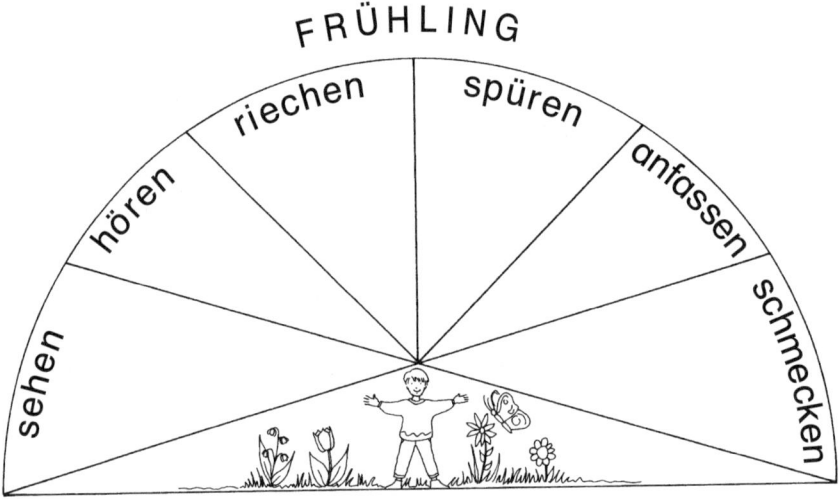

Abb. 60: Tafelbild

Lernaspekte

In diesen beiden Einheiten werden die Sinne bewusst als Träger für neue Lerninhalte genutzt. Gerade weil das Erleben in der Natur ganzheitlich, aber meist unreflektiert geschieht, ist es wichtig, sich den einzelnen „Sinnesorganen" zuzuwenden. Um die Wahrnehmungsfähigkeit zu erhöhen, schließen die Kinder immer die Augen, um nicht durch sie gleichsam zu „hören" oder zu „spüren". Es ist erstaunlich, was Kinder auf diese Weise Neues entdecken können, selbst im vertrauten Schulhofgelände. Ebenso lässt sich ein anderer „Naturraum" mit genügend Wahrnehmungsmöglichkeiten nutzen. Ein Spielplatz dagegen eignet sich nicht, da er zu große Ablenkungen bietet.

Der Hefteintrag erscheint vielleicht auf den ersten Blick kompliziert. Dabei werden jedoch basale Fähigkeiten gefördert wie Falten, freihändige Strichführung und das Abschreiben in leichter Bogenform, die zum konzentrierten und vertieften Arbeiten beitragen. Nur wer sich genau an die Anweisungen hält,

Vorbereiten des Hefteintrags

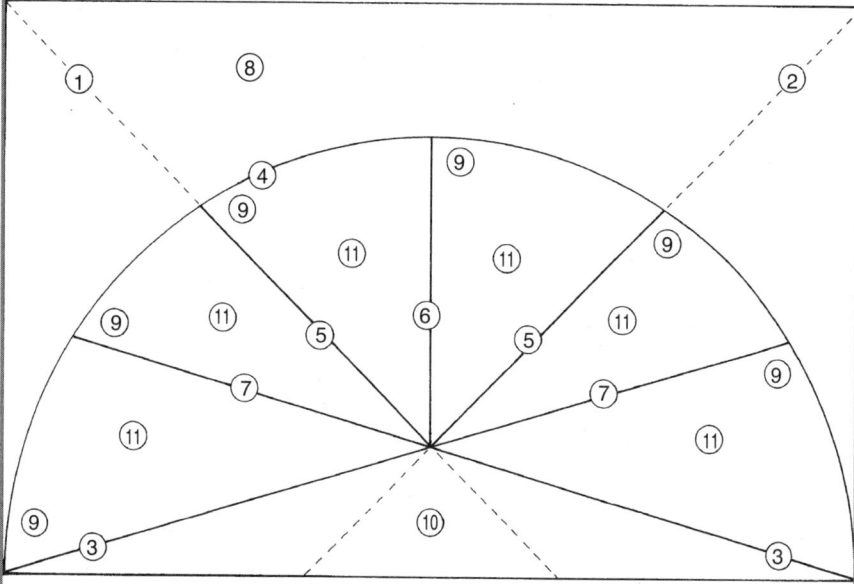

① und ② Falten.

③ Je einen Strich vom Schnittpunkt in die Ecken ziehen.

④ Bogen zeichnen (zuerst gelb, wenn er stimmt, grün nachfahren).

⑤ Vom Schnittpunkt bis zum Bogenrand die Faltlinie nachfahren.

⑥ Vom Schnittpunkt in der Mitte bis zum Bogen eine Linie ziehen.

⑦ Das rechte und linke Feld halbieren.

⑧ „Frühling" über die Bogenmitte schreiben.

⑨ Wörter für die Tätigkeiten in die Spalten schreiben. (Das Heft kann gedreht werden.)

⑩ Sich selbst unten in die Mitte zeichnen.

⑪ Felder mit Frühlingserlebnissen ausmalen.

gelangt zu einem ansprechenden Ergebnis und daran haben alle Kinder Freude. Ist die Raumaufteilung grafisch gut gelungen, lassen sich die Kinder auch gerne auf das ausführliche „malende Beschreiben" ihrer Erlebnisse ein. So wird der Hefteintrag zu einer umfassenden Vertiefung des vorher Wahrgenommenen und Erlebten. Eine passende Musik (siehe Anhang) kann das selbstständige Malen unterstützen.

... meine Sinne erfahren

Material
Lehrerin: Bilder zur Sinneswahrnehmung (siehe S. 284), Bewegungsbild (Abb. 61), Korb mit Musikinstrumenten (Triangel, Holzblocktrommel, Röhrentrommel, Schlagstäbe, Schellenkranz, Becken, Zimbeln), Kurzzeitwecker, Glocke, Stofftier; Erdtuch, Gedankenpunkte, Kassettenrekorder, Musikkassette (siehe Anhang), Filmdöschen gefüllt mit Pfeffer, Paprika, Kümmel, Zimt, Nelken, Honig, Orangenöl, Essig, Maggi, Duschgel, Zahnpasta, Parfum süß, Parfum herb, Seife
Kinder: Stirnband, Malblätter ca. 10 cm x 10 cm, Arbeitsblatt (siehe S. 292), Stationenblatt (siehe S. 293)

1.1 Alle Kinder stehen paarweise „rechts und links" von ihren Tischen und „wecken" gegenseitig jene Körperteile auf, mit denen sie gestern den Frühling entdeckt haben. Dazu hält die Lehrerin die bekannten Bilder hoch:

- die Nase wird gerubbelt;
- die geschlossen Augen werden mit den Handflächen behutsam gestreichelt;
- die Hände werden aneinandergerieben;
- die Wangen werden gestreichelt;
- die Ohren werden massiert.

Zuletzt zeigt die Lehrerin den Kindern noch ein neues Bild, ein Bewegungsbild (siehe rechts). Wie beim „Statuen formen" in der Turnhalle werden Kopf, Arme, Beine des Partners bewegt und in bestimmte Positionen gebracht.
Die gezeigten Bilder befestigt die Lehrerin nebeneinander an dem oberen Tafelrand, so dass unterhalb genügend Platz zum Schreiben bleibt.

Abb. 61: Bewegungsbild

1.2 Im Sitzkreis sprechen die Kinder über die eben ausgeführten Tätigkeiten. Mit ihren Händen haben sie ihre Nasen, ihre Augen, ihre Wangen, ihre

Ohren, ihren ganzen Körper aufgeweckt. „Auch die Knochen und Muskeln", erläutert Leonie und bewegt noch einmal ihre Arme und Beine. Außerdem kennt Florian das Wort „Sinne" als Sammelname für die aufgezählten Körperteile. Was die einzelnen Sinne können, weiß jedes Kind:
- mit der Nase riechen wir;
- mit den Augen sehen wir;
- mit der Haut fühlen wir;
- mit den Ohren hören wir;
- mit unseren Muskeln bewegen wir uns.

2. Wie genau die Sinne funktionieren, wenn sie so wie jetzt aufgeweckt und gut trainiert sind, werden die Kinder heute erleben.
Dazu hat sich die Lehrerin zunächst einige Spiele ausgedacht.

3.1 „Hörspiel"
Jedes Kind setzt sich in die Klassensitzordnung und bedeckt mit einem Stirnband die Augen. An verschiedenen Stellen im Klassenzimmer spielt die Lehrerin mit den Instrumenten aus dem Instrumentenkorb. Die Kinder zeigen dazu mit den Armen in die Richtung, aus der die Geräusche kommen. Aber es sind nicht nur Instrumentengeräusche zu hören. Da tropft der Wasserhahn, es klopft an der Tür, ein Kurzzeitwecker klingelt, eine Glocke läutet, Papier knistert, eine Schranktür quietscht. Aus dem Gedächtnis schreiben oder malen die Kinder gruppenweise alle Geräusche, die sie sich gemerkt haben, auf Schreibblätter, die stapelweise auf den Tischen liegen. Für jeden Begriff wird ein Blatt benutzt. Anhand der Blätter versuchen die Kinder, die Geräusche genau zu beschreiben. Die Lehrerin schreibt die gefundenen „Hörwörter" unter dem Hörsymbol an die Tafel. Dort ist jetzt zu lesen:

- laut, leise, dunkel, hell, fröhlich, traurig; rascheln, knistern, läuten, tropfen, klopfen, quietschen, klingeln.

3.2 „Sehspiel"
Jetzt legt die Lehrerin auf das Erdtuch Dinge in die Mitte, die es immer im Klassenzimmer gibt: Pauls Federmäppchen, Meltems Radiergummi, jeweils ein Stück roter und grüner Kreide, den Tafelschwamm, das Handtuch, einen durchsichtigen Gedankenpunkt, eine Teetasse, ein Trinkglas, ein Heft, ein Buch, einen Ast und einen Stein aus der Jahreszeitenecke, ein Stofftier. Die Dinge werden betrachtet und benannt. Dann „schlafen" die Kinder. Nach dem Aufwecken durch Frau M.s Klatschen soll festgestellt werden, welcher Gegenstand fehlt oder welcher neu hinzugekommen ist. Nach Abschluss des Spieles werden jetzt „Sehwörter" gesammelt. Unter das Symbol für „Sehen" schreibt Frau M.:

- hell, dunkel, durchsichtig, dicht, groß, klein, hart, weich, fest, lang, kurz, bunt, einfarbig; Holz, Porzellan, Glas, Papier, Stoff, Schaumstoff, Kreide, Folie, Stein.

3.3 „Fühlspiel"
Jetzt ist leise Musik aus dem Kassettenrekorder zu hören. Währenddessen bewegen sich die Kinder ruhig durch das Klassenzimmer. Ihre Aufgabe ist es, möglichst viele Dinge zu berühren und Eigenschaften zu finden, wie die Dinge sich für die Hand oder Wange anfühlen. Auch die Gegenstände, die noch immer auf dem Erdtuch liegen, werden erfühlt. Nach der Musik sitzt jeder in der Klassensitzordnung und nach dem Diktat der Kinder schreibt die Lehrerin „Fühlwörter" an die Tafel:

- glatt, rau, kalt, warm, hart, spitz, stumpf, weich, fest, dünn, dick, kuschelig, zart, gemütlich; berühren, streichen, streicheln, anfassen, tasten, fühlen, festhalten.

3.4 „Riechspiel"
Nun lässt Frau M. Filmdöschen herumgehen, an denen eifrig geschnuppert wird. Diesmal werden „Riechwörter" gesucht, die nicht einfach zu finden sind, denn entweder es fehlt der Wortschatz zum Benennen der Stoffe oder der zum Beschreiben des Geruches sowie des Riechvorgangs. Aber schließlich steht an der Tafel:

- scharf, mild, bitter, süß, sauer, würzig, salzig; schnuppern, riechen, schnaufen, duften, stinken, atmen.

3.5 „Bewegungsspiel"
Bewegungsspiele sollen sich die Kinder nun selbst überlegen. Ina kommt vor die Klasse und gibt den anderen Bewegungsanweisungen, die so lange ausgeführt werden, bis Ina klatscht und einen neuen „Bewegungsspielleiter" wählt. Nach jeder Spielrunde werden die gefunden Begriffe der Lehrerin zugerufen, die sie unter das entsprechende Symbol schreibt.

- Kopf, Gesicht, Augen, Mund, (Ohren), Hals, Schultern, Arme, Hände, Finger, Rücken, Hüfte, Beine, Füße, Zehen; stehen, liegen, sitzen, knien, hüpfen, springen, laufen, rennen, steigen, klettern, kriechen, krabbeln, robben; kräftig, zart, weit, eng, lang, kurz, schnell, langsam.

3.6 „Schmeckspiel"
Nun ist es Zeit für die Frühstückspause. Während die Kinder ihr Pausenbrot verzehren, notieren sie auf den Schreibblättern die Nahrungsmittel und die „Schmeckwörter" – beides selbstständig, jeder für sich:

- süß, sauer, bitter, salzig, saftig, trocken, bröselig, alt, frisch, flüssig, fest, matschig, weich, hart, langweilig.

Stefan kommt zur Tafel. Er nennt eines seiner eigenen „Schmeckwörter" und lässt die anderen raten, welches Nahrungsmittel er so empfunden hat. Wird es nicht erraten, so antwortet er „schmeckt anders". Wird es erraten, wird dieser neuer Spielleiter. Die genannten „Schmeckwörter" schreibt die Lehrerin wieder an die Tafel.

4. Mit Hilfe der „Sinneswörter" an der Tafel wiederholen die Kinder, fassen zusammen und sprechen über weitere Sinneserfahrungen. Ihnen fällt auf, dass etliche Wörter verschiedenen Sinnen zugeordnet werden können, diese werden unterstrichen. Jetzt ergeben sich neue Erkenntnisse:
- Die Sinne können zusammenarbeiten.
- Viele Gegenstände können mit mehreren Sinnen gleichzeitig erforscht werden.
- Durch Schauen, Befühlen, Schmecken kommt man manchmal zu den gleichen Feststellungen.
- Riechen und Schmecken gehören zusammen.
- In manchen Situationen brauchen wir bestimmte Sinne mehr als andere.
- Alle Sinne sind wichtig.

5. Auf einem Arbeitsblatt (siehe S. 292) sollen jene Sinne angekreuzt werden, die zu den dargestellten Abbildungen passen.

Lernaspekte

Nicht alle Kinder nehmen ihre Umwelt mit der gleichen Differenziertheit wahr. Außerdem ist der Wortschatz zur Beschreibung der Wahrnehmung sehr unterschiedlich. Durch das gemeinsame Finden von „Sinneswörtern" öffnen sich neue Möglichkeiten, eigene Empfindungen deutlicher zu spüren und sie zu beschreiben. Da möglichst viele Sinneswörter gefunden werden sollen, die bei der späteren Stationenarbeit noch gebraucht werden, übernimmt die Lehrerin das Aufschreiben an der Tafel.

Die Matrix auf dem Arbeitsblatt sollte nach dem Ausfüllen gründlich versprachlicht werden. Dabei soll klar werden, dass bei einem Vorgang verschiedene Körperteile verschiedene Funktionen gleichzeitig ausführen, z.B. Schmecken, Bewegen, Tasten mit der Zunge.

Die nachfolgenden Stationen werden gruppenweise durchlaufen. Auf dem begleitenden Stationenblatt (siehe S. 293) werden die jeweils zur Aufgabenlösung benötigten Sinne angekreuzt. Die Sinneswahrnehmungen sollen mit den „Sinneswörtern" an der Tafel möglichst genau beschrieben werden.

Arbeitsblatt

Alle meine Sinne sind wichtig

Mein Körper kann
1 sich bewegen 　3 hören 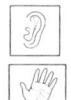　5 riechen
2 sehen　　　　　　　　　　4 fühlen　　　　　　　6 schmecken

	1	2	3	4	5	6

Stationenblatt

Mit welchen Sinnen hast du die Aufgaben gelöst? Kreuze an:

		🏃	👁	👂	✋	👃	👄
Station 1	📻						
Station 2	🔥						
Station 3	🌼						
Station 4	👥						
Station 5	🥤						
Station 6	🥫						
Station 7	🧱						
Station 8	✋						
Station 9	🦶						
Station 10	🪢						
Station 11	🪑						
Station 12	🐟						

Station 1: Kassettenrekorder

Material
Kassettenrekorder, Geräuschkassette (siehe Anhang), Kopfhörer, Abbildungen je nach Geräuschen

Kassettenrekorder				
Glocke	Klingel	Auto	Motorrad	Kinder
Vogel	Gewitter	Hund	Katze	Bach

1.
2. Lege die Bilder in die richtige Reihenfolge.
3. Erzähle. Erinnere dich an die „Hörwörter".
4. Kontrolliere die Bildfolge.

1	2	3	4	5
6	7	8	9	10

5.

Station 2: Küche oder Bad?

Material
Filmdosen beschriftet mit Ziffern von eins bis zehn, gefüllt mit Duschgel, Hautcreme, Parfum, Zahnpasta, Essig, Pfeffer, Honig, Joghurt, Früchtetee, Müsli, Mehl; Augenbinde, Wortkarten

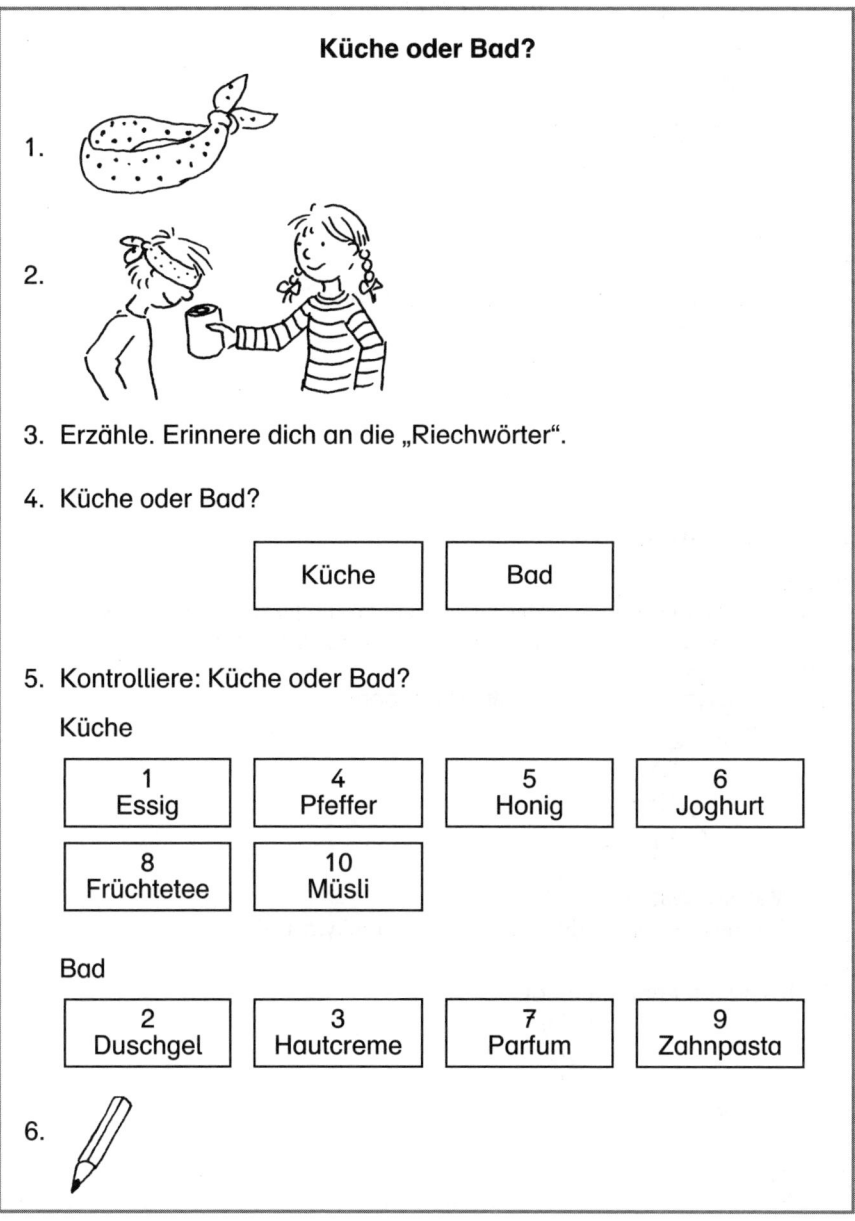

Station 3: Essbar oder nicht?

Material

Augenbinde, Osterglocken, Erde, Spülmittel, Seife, Apfel, Banane, Marmelade, Käse, Zitrone, Brot, Wortkarten

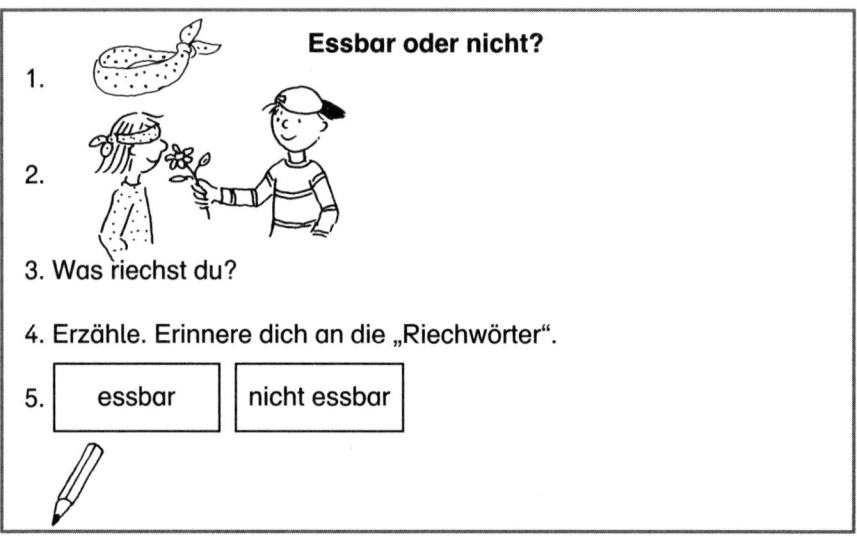

Essbar oder nicht?

1.
2.
3. Was riechst du?
4. Erzähle. Erinnere dich an die „Riechwörter".
5. essbar | nicht essbar

Station 4: Kostproben

Material

Augenbinde, Nahrungsmittel in kleinen Stücken: Milchschokolade, Zartbitterschokolade, Salzstangen, Butterbrot, Apfel, Birne, Banane, Kohlrabi, Salat, Cornflakes

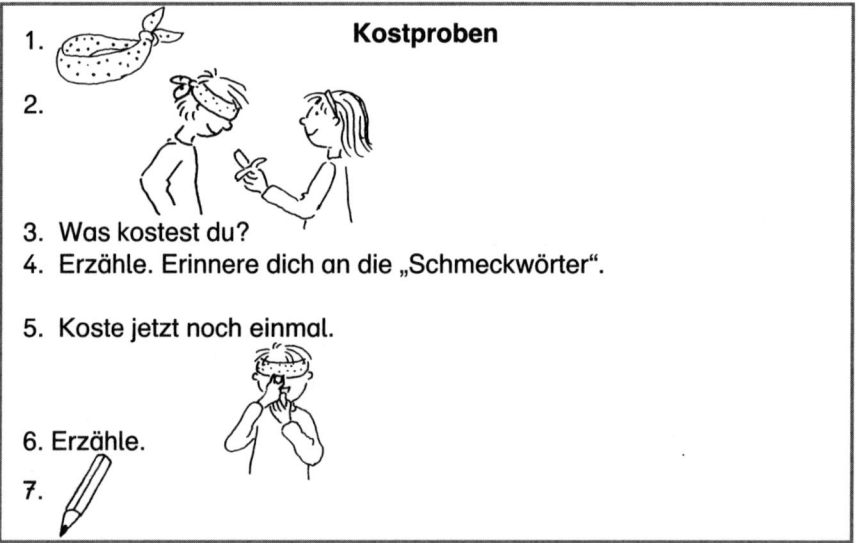

Kostproben

1.
2.
3. Was kostest du?
4. Erzähle. Erinnere dich an die „Schmeckwörter".
5. Koste jetzt noch einmal.
6. Erzähle.
7.

Station 5: Durst

Material

Augenbinde, Probierbecher gefüllt mit Leitungswasser, Mineralwasser, Salzwasser (leicht gesalzen), Zitronensaft verdünnt, Orangensaft, Orangenlimonade, Apfelsaft, Früchtetee, Pfefferminztee, Milch

Durst

1.
2.
3. Was trinkst du?
4. Erzähle. Erinnere dich an die „Schmeckwörter".
5.

Station 6: Schütteldosen

Material

je zwei Filmdosen mit gleichem Inhalt, aber in unterschiedlichen Mengen gefüllt: Vogelsand, Reis, Mehl, kleine Steine, Murmeln, Cornflakes; an der Unterseite der Dosen Aufkleber mit den Inhalten; Wortkarten mit den Materialien

| Sand | Reis | Mehl | Steine | Murmeln | Cornflakes |

Schütteldosen

1.
2. In welchen Dosen ist das Gleiche drin?
3. Ordne die Wortkarten richtig zu.
4. Drehe die Dosen um und kontrolliere.
5.

Station 7: Experiment

Material
beliebiges Bild an der Wand, in dem mehrere Stellen mit farbigen Klebepunkten markiert sind.

Experiment

1.

2. Zeige auf einen Klebepunkt.

3.    4.

5. Was geschieht mit dem Klebepunkt? Erzähle.

6. Wiederhole das Experiment mit anderen Punkten.

7.

Jenes Auge, das den Punkt an der gleichen Stelle sieht wie beim Sehen mit beiden Augen, ist das Führungsauge.

Station 8: Handlesen

Material

zwei Kimschachteln (an einer Seite offen zum Hineinschauen) mit je fünf Gegenständen zum Tasten wie Stein, Rinde, Murmel, Feder, Apfel, Banane, Knopf, Trinkbecher, Tasse, Radiergummi

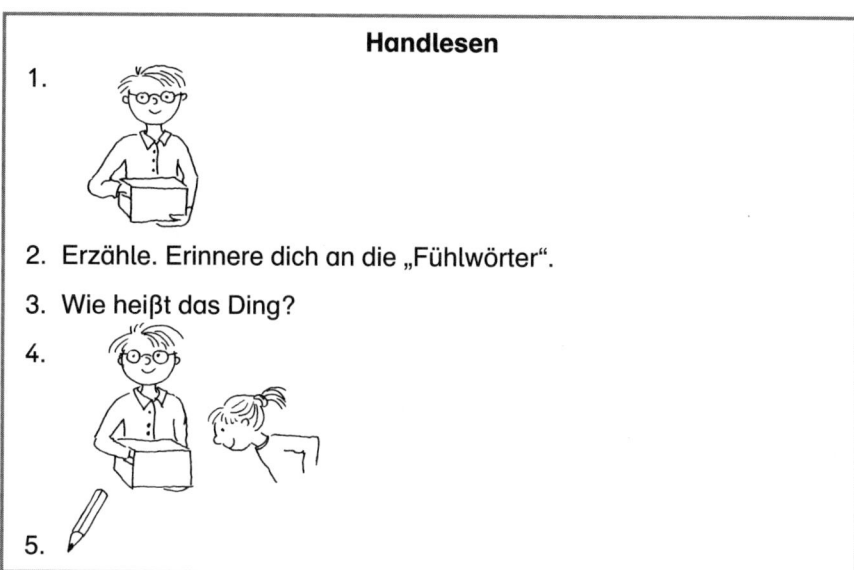

Station 9: Fußlesen

Material

Augenbinde, Schuhkartons gefüllt mit Erde, Vogelsand, kleine Steine, Stroh (Tierhandlung), Heu (Tierhandlung), Rindenmulch, Blätter, Papier, Fußabstreifer, kleine Wanne mit Wasser, Handtuch

Station 10: Seil

Material
mehrere Seile

Seil

1.
2.

3. Erzähle.
4. Welche Bewegungen kannst du noch mit dem Seil durchführen?
5. Welche Körperteile haben sich bewegt?
6.

Station 11: Trimm-dich-Station

Material
Schülertisch, mehrere Kinderstühle

Trimm-dich-Station

1. Baut eine Trimm-dich-Station auf.

2. Welche Bewegungen kann man an eurer Station üben?

3.

Station 12: Bilderrätsel lösen

Material
Bilderrätsel, Fernglas

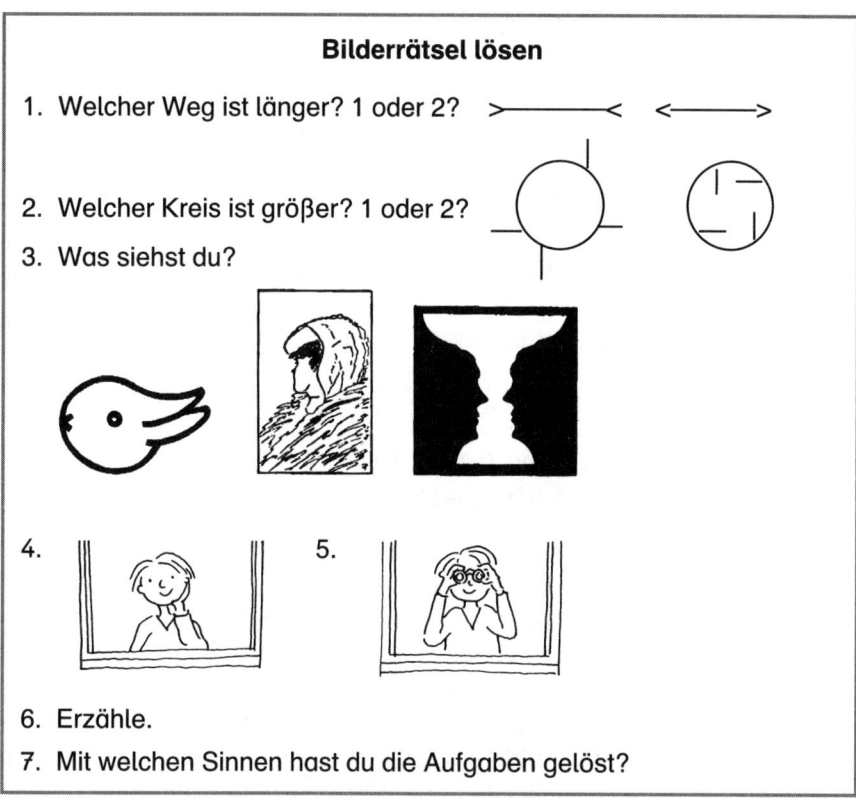

In einer abschließenden Reflexionsrunde berichten die Kinder über ihre Erfahrungen an den Stationen. Dabei werden bisherige Kenntnisse erweitert:

- Bei allen Stationen wurden mehrere Sinne zum Lösen der Aufgaben benötigt, z.B. Lesen der Arbeitsanweisung – Augen, Hören auf den Partner – Ohren, Aufschreiben der Antworten – Bewegen.
- Geruch und Geschmack hängen zusammen. Wird die Nase zugehalten, schmeckt man wenig oder gar nichts. Bei Schnupfen ist es genauso.
- Nicht alles, was gut riecht, ist auch essbar. Die Sinne schützen uns vor Gefahren.
- Nur durch beide Augen kann man genau sehen.
- Es geht leichter und schneller, mit mehreren Sinnen etwas zu erforschen als nur mit einem Sinn.
- Jeden Sinn kann man trainieren, damit er besonders gut funktioniert.

Dass wirklich alle Sinne ihren Sinn haben und lebenswichtig sind, erfahren die Kinder durch folgende Aufgaben:

- Sie schreiben mit geschlossenen Augen ihren Namen auf ein Blatt.
- Sie ziehen sich mit geschlossenen Augen ihre Schuhe an.
- Sie fangen mit einer Hand einen Ball.
- Sie ziehen den Reißverschluss ihres Federmäppchens mit einer Hand auf.
- Sie schreiben mit der „Nichtschreibhand" ihren Namen.
- Sie halten sich ein Ohr zu und lauschen, was die Lehrerin ihnen von verschiedenen Stellen im Klassenzimmer aus zuflüstert. Gleiche Übung mit dem anderen Ohr und mit beiden zugehaltenen Ohren.
- Sie sollen folgende Begriffe ohne Körperbewegung, ohne Mimik und ohne Sprache darstellen:
fröhlich, müde, traurig, erschrocken, verschlafen, neugierig

Die letzte Aufgabe lässt sich gar nicht lösen, die anderen nur mit Schwierigkeiten. Auf diese Weise erleben die Kinder, wie der Wegfall eines Sinnes eine echte Behinderung darstellt und dass das Ausdrücken von Gefühlen ohne Sprache und Bewegung unmöglich ist. Die gleichen Begriffe werden als Pantomime leicht erkannt. Ergänzt durch die Sprache wird mitmenschliche Kommunikation noch einfacher und eindeutiger.

- Es ist klar, dass man durch eine Brille oder ein Hörgerät den Funktionsmangel seines Seh – oder Hörsinns ausgleichen kann, dass stärkere Behinderungen für den Behinderten und seine Umgebung zu Problemen führen können. Die Auseinandersetzung mit dem Märchen „Der alte Großvater und der Enkel" von den Brüdern Grimm macht dies deutlich (siehe S. 303).
- Den Kindern wird allmählich bewusst: Wir können froh und dankbar sein, dass wir gesund sind und unsere Sinne gut funktionieren. Sie sind es wert, geschützt zu werden. Dazu gehört, alles zu vermeiden, was ihnen schadet. Es werden Beispiele aufgemalt und zu einem Plakat mit der Überschrift „Meine Sinne sind wertvoll" zusammengestellt. Darauf sind Symbolbilder für die Sinne zu sehen und daneben Beispiele, wofür sie notwendig sind. Außerdem Bilder zu der Überlegung: Was schadet meinen Sinnen? (einander ins Ohr brüllen - Radio und Walkman mit überlauter Musik – unsachgemäße Verwendung von Wattestäbchen – spitze Gegenstände – Schläge auf das Ohr; direkt in die grelle Sonne schauen – bei zu wenig Licht schreiben oder lesen – zu wenig Abstand vom Fernseher, Computer, Schreibblatt, Buch, Gameboy – spitze Gegenstände – Steine oder Sand – Brillen, die nicht angepasst sind ...)

Der alte Großvater und der Enkel   *Brüder Grimm*

Es war einmal ein steinalter Mann, dem waren die Augen trüb geworden, die Ohren taub, und die Knie zitterten ihm. Wenn er nun bei Tische saß und den Löffel kaum halten konnte, schüttete er Suppe auf das Tischtuch, und es floss ihm auch etwas wieder aus dem Mund. Sein Sohn und dessen Frau ekelten sich davor, und deswegen musste sich der alte Großvater endlich hinter den Ofen in die Ecke setzen; und sie gaben ihm sein Essen in ein irdenes Schüsselchen und noch dazu nicht einmal genug; da sah er betrübt nach dem Tisch, und die Augen wurden ihm nass. Einmal auch konnten seine zittrigen Hände das Schüsselchen nicht festhalten, es fiel zur Erde und zerbrach. Die junge Frau schalt, er sagte aber nichts und seufzte nur. Da kaufte sie ihm ein hölzernes Schüsselchen für ein paar Heller, daraus musste er nun essen. Wie die da so sitzen, so trägt der kleine Enkel von vier Jahren auf der Erde kleine Brettlein zusammen. „Was machst du da?", fragte der Vater. „Ich mache ein Tröglein", antwortete das Kind, „daraus sollen Vater und Mutter essen, wenn ich groß bin." Da sahen sich Mann und Frau eine Weile an, fingen endlich an zu weinen, holten alsofort den alten Großvater an den Tisch und ließen ihn von nun an immer mitessen, sagten auch nichts, wenn er ein wenig verschüttete.

... Willis Schätze erkunden

Material

Lehrerin: Herr Wunderlich und Willi (siehe S. 103), Wortkarte, sieben Gegenstände aus den Materialien:

    Metall: Messer, Löffel, Gabel, leere Dosen, Schlüssel, Nägel, Schraube, Schere
    Glas: große Glasflasche (1l), Trinkgläser (Senfgläser), Glasteller, Murmeln, Einweckgläser
    Kunststoff: Eierbecher, Vesperdose, Tüte, Trinkbecher, Butterdose, Lineal, Legosteine, Kämme
    Holz: Holzbaustein, -kette, -figur, -schienen, -eisenbahn, Bleistift, Lineal
    Papier: Schreibpapier, Tonpapier, Wellpappe, Transparentpapier, Papiertüte, Heft, Buch, Briefumschlag, Karton, Malblock, Küchenrolle, Zeitungspapier
    Stoff: Stoffreste aller Art, wie Wolle, Rupfen, Flausch, Baumwolle
    Stein: Steine in verschiedenen Größen und Sorten, wie Halbedelsteine, Kieselsteine, Schiefer, Granit, etc.

Kinder: unbeschriebene Wortkarten, Schatzzettel (siehe S. 306)

Als die Kinder heute ins Klassenzimmer kommen, liegt in der Mitte ein ramponierter Karton mit allerlei Dingen (siehe Material), die aus ihm herausquellen. Drinnen steckt, nur teilweise sichtbar, ein Schild mit der Aufschrift „Willis Schatzkiste". Interessiert finden sich die Kinder rund um das Durcheinander ein, fassen die Gegenstände an, ziehen das eine oder andere Stück heraus, stecken es wieder hinein oder legen es achtlos zur Seite. Sie unterhalten sich, erzählen von eigenen Schatzkisten und setzen sich gespannt in den Sitzkreis, als die Lehrerin das Bild von Willi und seinem Opa dazulegt.

1.1 Sogleich geht das Vermuten los:
- Das ist Willis Schatzkiste.
- Sie ist kaputt gegangen oder zu klein für die vielen Dinge, die er gesammelt hat.
- Willis Opa möchte, dass Willi alles oder wenigstens einen Teil wegwirft, wie das die meisten Eltern oder Großeltern auch wollen.
- Willi soll aufräumen.
- Willi braucht einen neuen Karton und soll alles einschlichten.
- Willi braucht mehrere Kartons, denn in einen passt das alles nicht hinein.

1.2 Der letzte Gedanke entspricht genau jener Situation, in der sich Willi befindet. Opa gönnt Willi alle seine Schätze, aber mit dem Durcheinander kann er sich nicht anfreunden. „Irgend etwas musst du dir einfallen lassen", fordert er Willi auf. „Der Karton ist kaputt und außerdem zu klein", brummt er noch etwas unwillig hinterher. Willi grübelt.

2. „Wir helfen Willi, wir lassen uns etwas einfallen", bringt es Bettina auf den Punkt.

3. In eifrigen Gesprächen, nach Belieben zu zweit oder in Gruppen, stellen die Kinder ihre Überlegungen an. Einig sind sie sich darüber, dass der Karton zunächst ausgeräumt werden muss, was gemeinsam schnell geht. „Den Karton kannst du wegwerfen, der bringt sowieso nichts", schlägt Stefan vor und trägt ihn auch schon zum Papierkorb.
Nach den Vorschlägen der Kinder werden jetzt die ersten Ordnungsversuche gestartet, zunächst in der Mitte. „Sonst weiß man nicht, wie groß die Kartons sein müssen", gibt Ina zu bedenken. Ordnungsversuche nach Verwendungszweck und Größe scheitern, denn Etliches lässt sich darin nicht unterbringen. „Wenn wir nach dem Material ordnen, geht es vielleicht leichter", überlegt Sven und schnappt sich die Nägel, die Schrauben und legt sie zur Dose. „Das alles gehört zu Metall", erklärt er und legt noch Messer, Löffel und Gabel dazu.

4.1 Jetzt geht das Sortieren auf dem Boden schnell. Sieben Kartons werden gebraucht und für jeden finden sich Kinder, die sich für diese Schätze besonders interessieren. Die „Schätze" werden in Kartons gelegt, die die Lehrerin zur Auswahl stellt, die Wortkarten mit den Materialangaben werden geschrieben und aufgeklebt.

4.2 Auf den Gruppentischen geht es weiter, denn die Kinder wollen herausfinden, warum Willi diese Dinge gesammelt hat. Deshalb werden sie

- angefasst,
- befühlt,
- betrachtet,
- bewegt.
- Es wird über sie gesprochen.

Damit die herausgefundenen Gründe leichter zu merken sind, bekommt jede Gruppe einen „Schatzzettel" (siehe S. 306). Um sie leichter zu beschreiben, können die Kinder die „Sinneswörter" an der Tafel benützen, sofern es erforderlich ist.

Nach dieser ersten Erkundungsrunde werden die Ergebnisse im Sitzkreis ausgetauscht. Alle Gruppen haben zu den bekannten „Sinneswörtern" noch weitere gefunden wie glänzend, matt, steif, biegsam, haltbar, durchsichtig, undurchsichtig, ... Sie können auch begründen, warum bestimmte Dinge aus bestimmten Materialien hergestellt sind.

5. Während die Stühle im Kreis bleiben, werden die „Schatzzettel" zu den Schatzkisten gelegt und ihre Aussagen von den Gruppen, die sich zuvor nicht mit ihnen befasst haben, überprüft. Wieder werden die Dinge

- angefasst,
- befühlt,
- betrachtet,
- bewegt.
- Es wird über sie gesprochen.

6. Willi kann mit der Ordnung, die die Kinder gefunden haben, wirklich zufrieden sein. Er hat jetzt nicht nur eine Schatzkiste, sondern sieben. Jedes Kind nimmt sich aus einer einen Schatz und legt ihn in die Mitte. Die „Schätze" werden zunächst genau angeschaut, bevor sie mit dem Erdtuch abgedeckt werden. Anschließend greift Thomas unter das Tuch und spricht: „Ich fühle was, was du nicht siehst, und das ist durchsichtig und rund." Gelingt es Thomas seinen Schatz so zu beschreiben, dass die anderen ihn erraten können, gewinnt er den Schatz und legt ihn unter seinen Stuhl. Wer ihn erraten hat, greift als Nächster unter das Tuch. Gelingt es ihm nicht, bleibt der Schatz an seinem Platz und Thomas wählt einen Nachfolger. Wer die meisten Schätze unter seinem Stuhl liegen hat, gewinnt.

„Schatzzettel"

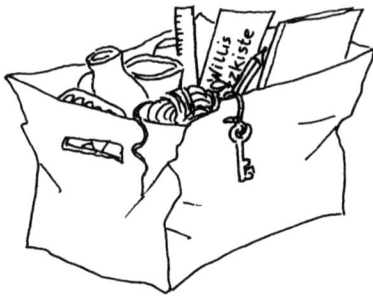

Schatzzettel für Willis Schätze aus _____

👁 Wie sieht das Material aus? _____

✋ Wie fühlt es sich an? _____

❓ Warum sind diese Dinge daraus gemacht? _____

Was gefällt Willi daran? _____

Lernaspekte

Willis sieben Schatzkisten werden im Klassenzimmer auf einen Ausstellungstisch gestellt und regen zu weiteren Aktivitäten an.

Spiel: Warm oder kalt?
Der Spielleiter gibt an seine Mitspieler verschiedene Fühlaufträge mit der Frage „Warm oder kalt?", die die Kinder entsprechend ihrem Fühleindruck beantworten.

- Fasse die Schlüssel an; lege die Hand auf deine Wange; lege die Hand auf die Glasschüssel; lege die Hand auf die Fensterscheibe; halte die Hand unter das fließende Wasser...

Auch andere Fragestellungen eignen sich für dieses Spiel:
- Matt oder glänzend? Weich oder hart? Rau oder glatt? Zerbrechlich oder unzerbrechlich? Biegsam oder fest?

Stoffbilder
Die Stoffreste werden aufgeklebt und zu Bildern verarbeitet, die zwei Überschriften haben. Die eine bezieht sich auf das Material, die andere auf das damit gestaltete Thema:

- „Flauschbild" – Winter
- „Baumwollbild" – Frühling
- „Rupfenbild" – Sommer
- „Wollbild" – Herbst

Steinmännchen
Mit Klebepistole werden Steinmännchen zusammengesetzt und bemalt.

Papierbasteleien
Aus verschiedenen Bastelbüchern suchen sich die Kinder Bastelvorschläge und setzen sie mit dem geeigneten Papier um.

Materialien im Klassenzimmer
Die Kinder schreiben die Namen der Materialien, die im Klassenzimmer zu sehen sind, auf Blätter und kleben sie an die entsprechenden Gegenstände.

Kimschachtel
Ein Kind mit verbundenen Augen ertastet Gegenstand und Material in der Kimschachtel, das der Partner hineinlegt.

... Musik aus Willis Schatzkiste erleben

Material
siehe vorangehende Einheit; Geburtstagspäckchen mit Hämmerchen, Münzen, Büroklammer; Glasschüssel; kleine Kunststoffflasche, Yoghurtbecher, Holzblocktrommel mit Holzschlägel, mindestens zwei Kartonrollen von Frischhaltefolien, Seidenpapier; Augenbinden

1. Heute stehen Willis Schatzkisten in der Mitte und die Kinder sitzen im Sitzkreis. Die Lehrerin legt ein eingepacktes Päckchen dazu, das leicht als Geburtstagspäckchen zu erkennen ist. Alex und Daniela packen es aus. „Das gehört in Willis Schatzkisten", stellt Meltem fest. Rasch werden die Gegenstände zu den entsprechenden Materialkisten gelegt.
   Willi freut sich über seine neuen Schätze. Besonders gefällt ihm die Holzblocktrommel, mit der er gleich zu spielen beginnt. Da hat er plötzlich eine Idee für seine Geburtstagsfeier mit seinen Freunden. Florian kommt gleich dahinter:
2. „Er macht Musik mit seinen Freunden mit selbst erfundenen Instrumenten aus den Schatzkisten."
2.1 Ob die Idee umsetzbar ist, wird zunächst ausprobiert. Ersin schlägt die zwei Kartonrollen aneinander – das klingt etwas dumpf. Löffel und Gabel aneinander zu schlagen klingt hell. Aneinander geschlagene Joghurtbecher verursachen ein klopfendes Geräusch. Grundsätzlich müsste es zu schaffen sein, eine Geburtstagsmusik zu erfinden.
2.2 Es bilden sich Gruppen für die Geburtstagsmusik, die Instrumente ausfindig machen. Probiert wird so leise wie möglich, um von den eigenen Ideen nicht allzu viel zu verraten. Allerdings leihen sie sich gegenseitig ab und zu Gegenstände aus, wenn das Geeignete in der eigenen Kiste nicht zu finden ist.
2.3 Nach ausgiebigen Proben stellen die Gruppen „ihre" Instrumente vor. Manchen haben sie spezielle Namen gegeben. Fachmännisch werden die Klangfarben erörtert.

Metallmusik:
- Mit dem Hammer gegen die Dose schlagen (Hammertrommel);
- Schrauben und Büroklammern in leeren Dosen schütteln (Schraubenrassel, Büroklammerrassel);
- Münzen in den hohl geformten Händen klappern lassen (Münzrassel);
- Nägel in der Glasschüssel kreisen und hüpfen lassen.
- Die Gabel mit dem Griff an die Tischkante pressen und die Zinken hinunterdrücken, so dass sie schwingen (Gabelgitarre).

Glasmusik:
- An die Öffnung der Glasflasche blasen (Glasflöte).
- Mit dem Finger den Rand zweier Trinkgläser, in denen unterschiedlich viel Wasser ist, umfahren.
- Im Glasteller Murmeln kreisen lassen.
- Mit dem Löffel und Messer an ein Trinkglas klopfen (Glastrommel).

Kunststoffmusik:
- Eierbecher aneinander schlagen.
- Mit dem Lineal über den Kamm fahren (Kammgitarre).
- In die Öffnung der Kunststoffflasche blasen (Flaschenflöte).
- Joghurtbecher aneinander reiben.
- Legosteine in der Vesperdose klappern lassen (Legorassel).

Holzmusik:
- Holzbausteine aneinander schlagen.
- Mit der Holzkette rasseln. (Holzkettenrassel).
- Das Holzlineal halten und mit dem Bleistift darauf klopfen (Linealtrommel).

Papier:
- Kartonrollen aneinander schlagen (Schlagrollen).
- Seidenpapier an den Kamm pressen und blasen (Kammmundharmonika).
- Mit Zeitungspapier rascheln.
- Mit Buch und Heft abwechselnd auf den Tisch schlagen.

Stein:
- Steine aneinander klopfen (Steintrommel).
- Kleine Steine in einem Joghurtbecher schütteln (Steinrassel)

3. Nach dem Vorstellen der „Instrumente" spielen alle „Instrumentenraten". Mehrere Kinder setzen sich Augenbinden auf und lauschen auf ein „Instrument". Klang und Materialien werden angegeben sowie die Bewegung, durch die das „Instrument" zum Klingen gebracht wird.
4. Zuletzt setzen sich die einzelnen Instrumentengruppen wie in einem Orchester zusammen. Der „Dirigent" deutet mit seinem Dirigentenstab, einem Bleistift,

- auf immer eine der Instrumentengruppen, die zusammen spielen;
- auf einzelne Instrumente aus den verschiedenen Instrumentengruppen.

Hält er die fünf Finger seiner freien Hand gespreizt, dann wird laut gespielt, schließt er sie zur Faust, wird leise gespielt.

5. Willi wünscht sich ein Geburtstagslied, das nun abwechselnd mit verschiedenen Instrumenten begleitet wird, während die anderen Kinder singen.
6. Zum Abschluss sprechen die Kinder darüber, was sie heute erlebt und was sie dabei erfahren haben:
   - Alle Materialien manchen Geräusche.
   - Jedes Material klingt anders.
   - Aus allen Materialien kann man „Instrumente" herstellen.

... meine Zähne erkunden

Material
Lehrerin: ausgefallene Milchzähne der Kinder in Zahndöschen, Gebissmodell, Handspiegel für jedes Kind, Brotwürfel für jedes Kind, „Riesenzahnbürste", Kamm, Watte, Zahnbürste, Zahnputzsanduhr, Zahnpasta, Zahnputzbecher, Zahnbürste für jedes Kind
Kinder: Anweisungsblatt (siehe S. 311 f.)

Heute hält der Schulzahnarzt Unterricht in der Klasse, bevor er die Zähne der Kinder untersucht. Deshalb bringen die Kinder bereits ausgefallene Milchzähne mit. Noch bevor die Stunde beginnt,
- werden sie einander gezeigt;
- sprechen sie über Situationen, in denen diese ausgefallen sind;
- werden die Zahnlücken gezeigt, die den ausgefallenen Zähnen entsprechen.

Auch der Zahnarzt möchte von den Kindern etwas über ihre ausgefallenen Zähne wissen. Während sie erzählen, zeigen sie an einem „Riesengebiss", das der Zahnarzt mitgebracht hat, welcher Zahn bereits ausgefallen ist. Manche Kinder wissen auch, dass die ausgefallenen Zähne Milchzähne heißen und dass es ein Milchgebiss und ein Erwachsenengebiss gibt. Das „Riesengebiss" zeigt ein Erwachsenengebiss, denn nach dem Zahnwechsel, der bereits bei fast allen Kindern begonnen hat, wächst bei jedem Kind das Erwachsenengebiss.
Jetzt verteilt der Zahnarzt Handspiegel, Anweisungsblätter und Brotwürfel an die Kinder. Damit sollen verschiedene Aufgaben gelöst werden, zunächst die auf der Vorderseite des Anweisungsblattes.

Von den Milchzähnen zu den bleibenden Zähnen

Wie viele Zähne sind in deinem **Oberkiefer?**

Wie viele Zähne sind in deinem **Unterkiefer?**

Milchgebiss (M)

Wie viele Zähne sind im **Oberkiefer?**

Wie viele Zähne sind im **Unterkiefer?**

Wie viele Zähne hat das **Milchgebiss?**

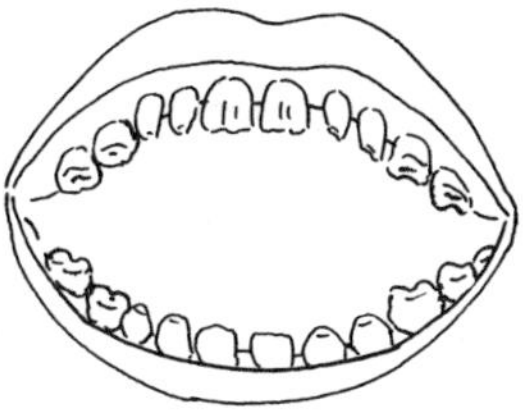

Male deine ausgefallenen Zähne mit Bleistift an.

Bleibendes Gebiss (B)

Wie viele Zähne sind im **Oberkiefer?**

Wie viele Zähne sind im **Unterkiefer?**

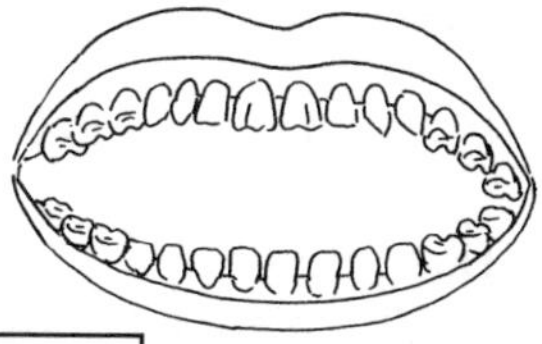

Wie viele Zähne hat das bleibende **Gebiss?**

Male **deine** bleibenden Zähne gelb an.

Überlege:

- Welches Gebiss hat mehr Zähne?
- Warum?

Abb. 62: Anweisungsblatt Vorderseite

Meine Zähne

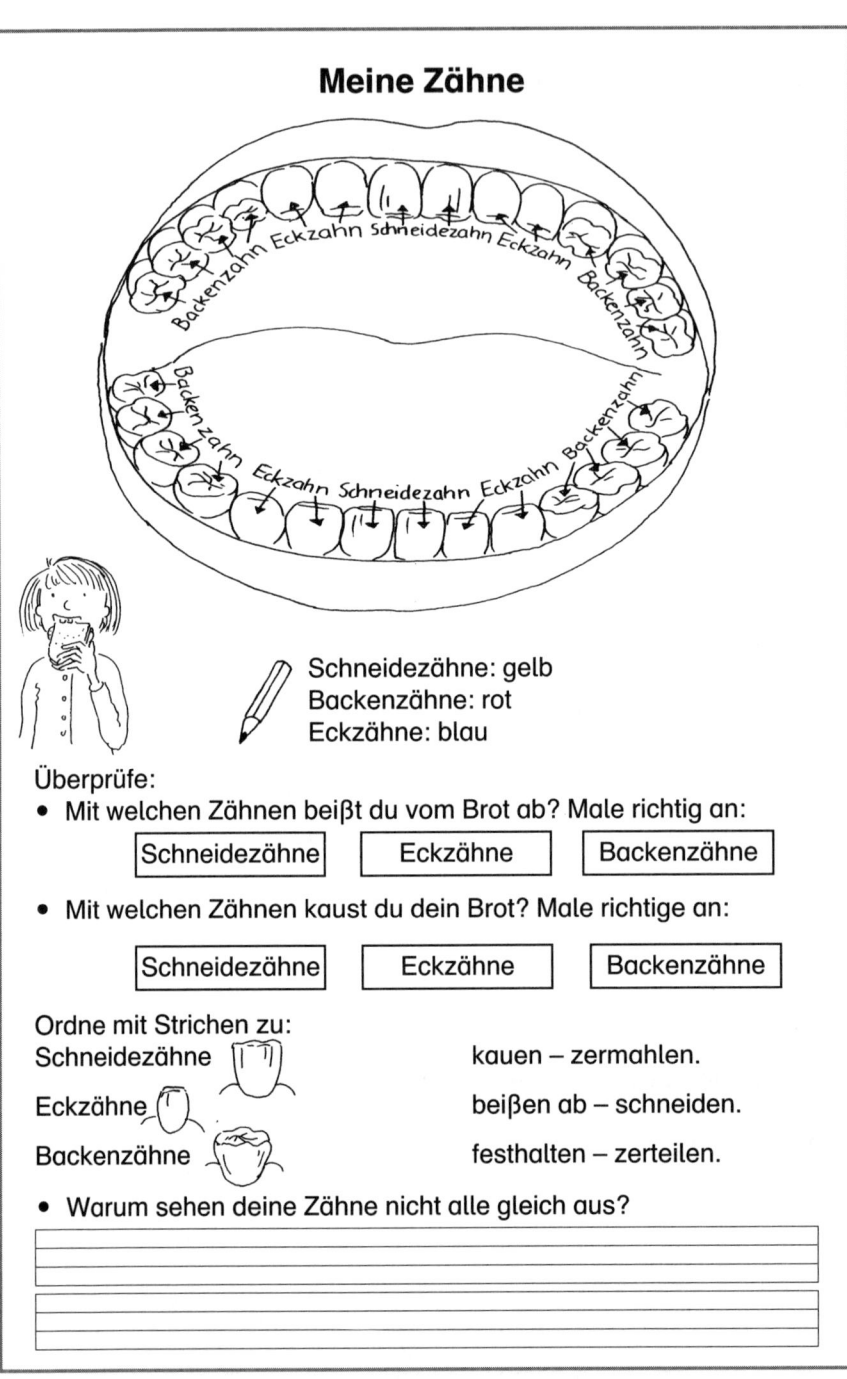

Schneidezähne: gelb
Backenzähne: rot
Eckzähne: blau

Überprüfe:
- Mit welchen Zähnen beißt du vom Brot ab? Male richtig an:

  | Schneidezähne | Eckzähne | Backenzähne |

- Mit welchen Zähnen kaust du dein Brot? Male richtige an:

  | Schneidezähne | Eckzähne | Backenzähne |

Ordne mit Strichen zu:

Schneidezähne   kauen – zermahlen.

Eckzähne   beißen ab – schneiden.

Backenzähne   festhalten – zerteilen.

- Warum sehen deine Zähne nicht alle gleich aus?

Abb. 63: Anweisungsblatt Rückseite

- Jedes Kind betrachtet seine Zähne im Spiegel nach den Anweisungen auf dem Blatt. Die Fragen werden überlegt und beantwortet.
- Die Sitznachbarn betrachten nun wechselseitig ihre Gebisse. Auch jetzt gehen sie die Fragen auf dem Blatt durch und vergleichen die überlegten Lösungen miteinander.
- In der Vierergruppe tauschen sie die Erfahrungen aus, bevor alle die Ergebnisse gemeinsam vergleichen.

Jetzt versammeln sich die Kinder noch einmal um das Gebissmodell. Diesmal sollen sie die einzelnen Zähne genau betrachten. Die unterschiedlichen Formen und Flächen der Zähne sind hier besser zu erkennen als auf den kleinen, bereits abgenutzten Milchzähnen der Kinder.

- Außenfläche, Innenfläche und Kaufläche werden benannt und an den verschiedenen Zähnen gezeigt.
- Die unterschiedlichen Formen der Zähne geben Aufschluss über ihre Funktion, die die Kinder nun selbst herausfinden sollen. Auf der Rückseite des Arbeitsblattes (siehe S. 312) geht es weiter.

Nach dem Vergleichen der Arbeitsergebnisse, stellt der Zahnarzt weitere Fragen:

- Wofür brauchst du deine Zähne?
- Was tust du, damit deine Zähne gesund bleiben?
- Wie kannst du deine Zähne pflegen?
- Weshalb musst du deine Zähne pflegen?

Der Zahnarzt erklärt den Kindern auch die Funktion des Zahnschmelzes und dass er durch das Zähneputzen geschützt wird. Jedes Kind bekommt von ihm eine Zahnpasta, einen Zahnputzbecher und eine Zahnbürste geschenkt. Die Kinder nennen die Funktionen der Zahnputzutensilien und führen mit der trockenen Zahnbürste vor, wie sie ihre Zähne putzen. Es ist zu sehen, dass die meisten Kinder bereits verschiedene Zahnputztechniken kennen, sie aber teilweise unsachgemäß anwenden. Am Modell benennen sie deshalb die verschiedenen Putzflächen und überlegen die richtige Putzweise.

- Außen- und Innenflächen Oberkiefer:
Ein Versuch mit einem Kamm, in dem Watte steckt, beweist, dass sich nur durch Abwärtsbürsten die Watte von den Kammzähnen löst. Mit einer Riesenzahnbürste werden diese Putzbewegungen nochmals vorgezeigt, die dabei entstehenden Bewegungen als Grafik an der Tafel gezeichnet:

Zahnputzmerkhilfen

- Außen- und Innenfläche Oberkiefer:

- Außen- und Innenfläche Unterkiefer: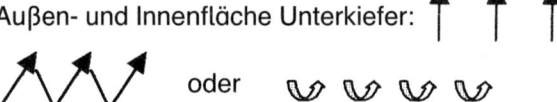

- Kauflächen:

Da nicht alle Kinder mit den kreisenden Bewegungen zurechtkommen, werden alternative Möglichkeiten angeboten, die die Kinder mit ihren trockenen Zahnbürsten ausprobieren, bevor sie sich für eine entscheiden und die unter Kontrolle des Zahnarztes und der Lehrerin üben. Die Haltung der Zahnbürste, nämlich am Ende des Bürstenstieles, um auch die Backenzähne gut zu erwischen, wird ebenfalls kontrolliert. Geputzt wird nach einer festgelegten Reihenfolge, um keine Zahnfläche zu vergessen:

- Oberkiefer: Außenflächen, Innenflächen, Kauflächen – immer von hinten nach vorne.
- Unterkiefer: Außenflächen, Innenflächen, Kauflächen – immer von hinten nach vorne.

Dass morgens und abends geputzt werden soll, weiß jedes Kind. Auch über die Größe der Zahnbürste und ihre sonstige Beschaffenheit wissen alle Bescheid, ebenso darüber, dass nach spätestens drei Monaten eine neue Zahnbürste gekauft werden muss.

Bei einem gemeinsamen Putzversuch wird jetzt die Putzdauer von zwei bis drei Minuten an einer Zahnputzsanduhr eingestellt. An den Reaktionen vieler Kinder ist zu merken, dass die gewohnte Putzzeit sehr viel kürzer ist. Außerdem stellen sie fest, dass es gar nicht so einfach ist, während der gesamten Putzzeit die richtigen Bewegungen zu machen und auch wirklich alle Zähne zu erwischen. Die „Fühlprobe mit der Zunge" beweist es.

Zum Abschluss erzählt der Schulzahnarzt den Kindern etwas über Bakterien, die entstehen, wenn Speisereste auf der Zahnoberfläche und in den Zahnzwischenräumen bleiben. Er spricht kurz über gesundes Essen und weist auf die Schädlichkeit von Zucker in den Süßigkeiten... hin. Bevor er jedes Kind im Arztzimmer der Schule untersucht, fordert er die Kinder auf, regelmäßig ihre Zähne beim Zahnarzt kontrollieren zu lassen.

Es wird vereinbart, dass die Kinder ab nun gruppenweise jeden Morgen in der Schule mit den geschenkten Zahnputzsachen die Zähne putzen. Frau M. wird sich vergewissern, ob sie Technik, Reihenfolge und Putzzeit einhalten.

... meine Zähne putzen

Material
Lehrerin: Musikinstrument, Zahnputzmerkhilfe (siehe S. 314)
Kinder: Arbeitsblatt zum Lied (siehe S. 317), Liedblatt (siehe S. 318), Zahnputzutensilien

Nachdem das Zähneputzen mit dem Schulzahnarzt pantomimisch ausprobiert wurde, soll es heute zum ersten Mal praktisch angewandt werden. In Partnergesprächen tauschen die Kinder die Erfahrungen aus der Zahnarztstunde aus und führen das pantomimische Zahnputzen noch einmal durch. Schon jetzt ist zu sehen, dass viele Kinder Probleme haben, sich an eine Reihenfolge zu halten.

Deshalb bekommen sie von ihrer Lehrerin ein Blatt, auf dem die Putzabfolge zu sehen und zu lesen ist. Das heißt nur teilweise, denn die ausgesparten Textstellen sollen in Partnerarbeit ergänzt werden. Unter die Bilder werden jene stimmigen Putzbewegungen gezeichnet, mit denen die Kinder am besten zurechtkommen (siehe S. 314). Die fehlenden Begriffe schreibt die Lehrerin an der Tafel vor, damit die Kinder sie richtig in die Schreibzeilen eintragen können (siehe S. 317).

Wer mit dem Arbeitsblatt fertig ist, bekommt von Frau M. ein Zahnputzlied (siehe S. 318). Da sein Text mit dem des Arbeitsblattes identisch ist, dient es als Kontrollblatt, bevor Frau M. das Lied anstimmt und mit den Kindern singt. Während die Innenkreiskinder singen, „putzen" die Außenkreiskinder nach den Textanweisungen und umgekehrt.

Später nehmen die Kinder das Zahnputzlied auf Kassette auf. Es wird mehrmals hintereinander gesungen, so lange, wie auch das Zähneputzen dauern soll, ca. drei Minuten. Für „Schnellputzkinder" ist das Anhören der Aufnahme während des morgendlichen „Gruppenputzens" eine gute Hilfe, nicht vorzeitig mit dem Putzen aufzuhören. Deshalb überspielen mehrere Kinder das Zahnputzlied für daheim, denn „mit dem Lied macht das Zähneputzen viel mehr Spaß als mit der Sanduhr".

Als weitere Hilfe befestigt die Lehrerin die Bilder, die auf dem Arbeitsblatt zu sehen sind, als Zahnputzmerkhilfe oberhalb des Waschbeckens (siehe S. 314).

Mit der Zeit werden die Kinder richtige Zahnputzprofis:
Sie wissen, dass

- sie nicht zu viel und nicht zu wenig Zahnpasta auf die Zahnbürste geben sollen, denn beides macht die Zähne nicht sauber;
- sie die Zähne in einer bestimmten Reihenfolge putzen müssen, um keinen zu vergessen. Automatisch würde jeder nur „vorne" putzen, haben sie festgestellt;
- die Zähne verschiedene Putzflächen haben, die sie ebenfalls in einer Reihenfolge putzen müssen, um alle Teile zu erwischen. Die meisten würden am liebsten nur „außen" putzen;
- sie aufmerksam auf ihre Putzbewegungen achten müssen, denn die Hand putzt am liebsten „hin und her", obwohl das die Speisereste an einigen Stellen nicht entfernt;
- sie nach dem Putzen gründlich spülen müssen, damit wirklich alle Reste weggeschwemmt werden.

Die Zahnputzmerkhilfe, die oberhalb des Waschbeckens hängt, bekommt jedes Kind auch für daheim, damit es auch dort morgens, nach dem Frühstück, und abends, nach dem letzten Bissen, die Zähne richtig putzen kann.

Lernaspekte
Der ausführliche Besuch eines Schulzahnarztes in der ersten Klasse gehört in unserer Schule zum Schulalltag. Es ist für die Kinder interessant, ihn nicht nur als Arzt, sondern vorab als Lehrer zu erleben. Nach einschlägigen Kindergartenerfahrungen fühlen sie sich bei diesem Thema bereits sehr kompetent. Für die Klassenlehrerin bleibt in diesem Bereich die wichtige Aufgabe, die Anwendung des Kopfwissens zu beobachten und zu betreuen, da speziell Kinder mit feinmotorischen Problemen diese Anwendung nicht immer richtig durchführen können. Sowohl das Einhalten der Reihenfolge als auch der gezielte Umgang mit der Zahnbürste stößt dabei auf Schwierigkeiten und oftmals sind die praktischen Abweichungen vom theoretischen Wissen den Kindern überhaupt nicht bewusst.
Nach einem kurzen Elterninformationsschreiben hat sich das morgendliche Putzen der einzelnen Gruppen mit Liedbegleitung gut bewährt. Es sollte noch einige Zeit beibehalten und in der zweiten Klasse im Rahmen des Themas „Ernährung" wiederholt werden. Zahnputzmaterial wird von den Krankenkassen bzw. über die Anforderung beim Schulzahnarzt auch in der zweiten Klasse gestellt.

Arbeitsblatt

So putz ich meine Zähne

1. So putz ich meine Zähne, so putz ich ganz genau!

   Mit warmem Wasser _____,

   die _____ lösen sich,

   Da freut sich jeder Zahn! Da freut sich jeder Zahn!

2. So putz ich meine Zähne, so putz ich ganz genau!

   Die _____ mit viel Fleiß

   bürst tüchtig ich von _____.

   Da freut sich jeder Zahn! Da freut sich jeder Zahn!

3. So putz ich meine Zähne, so putz ich ganz genau!

   Die _____, das ist nicht schwer,

   bürst tüchtig ich mit _____.

   Da freut sich jeder Zahn! Da freut sich jeder Zahn!

4. So putz ich meine Zähne, so putz ich ganz genau!

   Die _____ mit viel Fleiß

   bürst tüchtig ich von _____.

   Da freut sich jeder Zahn! Da freut sich jeder Zahn!

5. Die Zeit ist abgelaufen, ich habe gut geputzt.

   Nun _____ gründlich meinen Mund,

   die Zähne bleiben so _____.

   Der Atem ist ganz frisch und sauber mein _____.

So putz ich meine Zähne Text und Melodie: Angelika Meltzer

1. So putz ich meine Zähne, so putz ich ganz genau!
   Mit warmem Wasser spüle ich,
   die Speisereste lösen sich,
   Da freut sich jeder Zahn! Da freut sich jeder Zahn!

2. So putz ich meine Zähne, so putz ich ganz genau!
   Die Vorderseiten mit viel Fleiß
   bürst tüchtig ich von Rot nach Weiß.
   Da freut sich jeder Zahn! Da freut sich jeder Zahn!

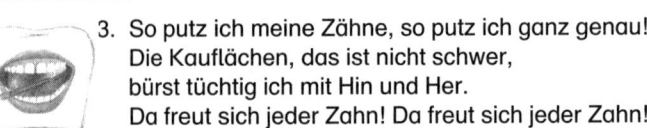
3. So putz ich meine Zähne, so putz ich ganz genau!
   Die Kauflächen, das ist nicht schwer,
   bürst tüchtig ich mit Hin und Her.
   Da freut sich jeder Zahn! Da freut sich jeder Zahn!
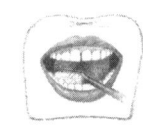

4. So putz ich meine Zähne, so putz ich ganz genau!
   Die Innenseiten mit viel Fleiß
   bürst tüchtig ich von Rot nach Weiß.
   Da freut sich jeder Zahn! Da freut sich jeder Zahn!

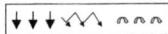

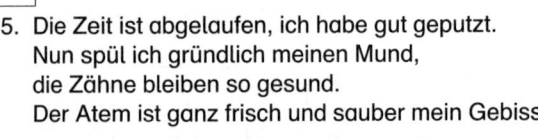
5. Die Zeit ist abgelaufen, ich habe gut geputzt.
   Nun spül ich gründlich meinen Mund,
   die Zähne bleiben so gesund.
   Der Atem ist ganz frisch und sauber mein Gebiss.

Der vom Zahnarzt angesprochene Ernährungsaspekt der Zahnpflege wird in einer weiteren Einheit thematisiert.

In der Mitte steht ein großes Tablett mit lauter feinen Sachen auf einem Tisch. Da gibt es einen Apfel, eine Banane, Schokolade und vieles mehr. Die Kinder erinnern sich an ihr Gespräch mit dem Zahnarzt:

- Zucker macht die Zähne krank.
- Es gibt Speisen, die für die Zähne gesund sind.
- Es gibt Speisen, die für die Zähne schädlich sind.

Nun wird eine entsprechende Auswahl getroffen.

- Äpfel, Karotten, Radieschen, Vollkornbrot sind besonders gesund, denn diese Speisen lassen sich gut zerkauen, ohne dass dabei zu viele Speisereste in den Zähnen bleiben.
- Bananen, Schokolade, Marmelade, Honig und Bonbons werden im Mund weich und verteilen sich schnell auf den Zähnen, die sie dann wie eine klebrige „Mütze" umschließen. Diese „Mütze" enthält viele Bakterien, die die Zähne kaputt machen.

Ob diese Auswahl stimmt, wird jetzt ausprobiert. Jedes Kind nimmt sich verschiedene Nahrungsmittel vom Tablett.

Nach dem Abbeißen, Kauen und Runterschlucken der Speisen schauen sich die Kinder innerhalb der Sitzgruppe in den Mund und auf die Zähne. Die Kinder mit dem Vollkornbrot haben einige Brösel zwischen ihren Zähnen, bei den Kindern, die die Karotten gegessen haben, sind gar keine Reste zu sehen. Die Marmelade und der Honig, welche Frau M. vorher auf das Weißbrot gestrichen hat, sind sehr deutlich zu sehen und die Schokolade klebt noch richtig an den Zähnen. Die Kinder suchen nach Lösungen. Eine Möglichkeit wäre, ab nun nie mehr Schokolade oder nie mehr Honig und Bananen zu essen. Das kommt ihnen aber nicht sehr klug und durchführbar vor, weshalb eine zweite Möglichkeit überlegt wird:

- Nach zuckerhaltigen Speisen sollen die Zähne zusätzlich geputzt werden, damit sich erst gar keine klebrige „Bakterienmützen" bilden können, an denen wieder neue Speisereste haften bleiben.

Innerhalb der Gruppe treffen die Kinder nun eine Auswahl jener Nahrungsmittel, nach deren Genuss die Zähne zu putzen sind. Die Gruppen ordnen sie auf einem zweiten Tablett und begründen ihre Entscheidung.

Zuletzt wird wiederholt. Frau M. schreibt und zeichnet an der Tafel mit (siehe S. 320). Anschließend übertragen die Kinder das Tafelbild ins Heft (siehe S. 321).

Tafelbild

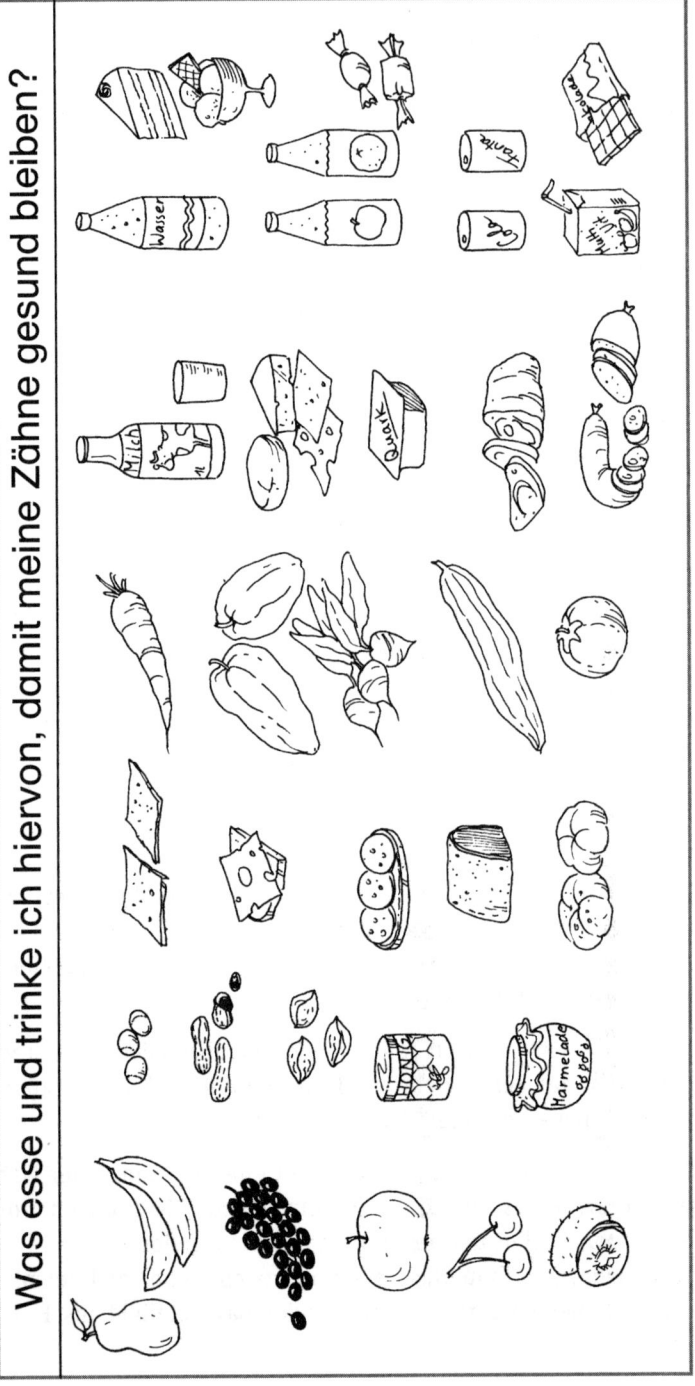

Abb. 64: Tafelbild

Hefteintrag

Gesundes Essen erhält meine Zähne gesund.

Süßigkeiten machen meine Zähne krank.

Nach dem Naschen, nach dem Essen,
Zähneputzen nicht vergessen!

... den eigenen Körper entdecken

Material
Kinder: Anlauttabelle, unbeschriebene Etiketten, Arbeitsblatt (siehe S. 323), Handspiegel

Selbstverständlich reicht es nicht, nur die Zähne zu pflegen. Der Körper besteht aus vielen Teilen, die alle gepflegt werden wollen, als Voraussetzung für Gesundheit und Wohlgefühl.

- Die Kinder sitzen gruppenweise zusammen, mit einem Stapel unbeschrifteter Etiketten auf dem Tisch. Gemeinsam werden die Namen der Körperteile überlegt und mit Hilfe der Anlauttabelle auf die Etiketten geschrieben.
- Gruppen, die fertig sind, kleben ihre Etiketten auf die entsprechenden Körperteile und begeben sich danach in die Mitte. Aufmerksam betrachten sich die Kinder aus verschiedenen Gruppen gegenseitig, denn immer wieder werden Etiketten mit Aufschriften entdeckt, die man selbst vergessen hat.
- Nachdem alle fertig sind, versammeln sich die Kinder im Sitzkreis. Die Kinder vergleichen die gefundenen Begriffe miteinander. Für manche Körperteile fehlt vor allen den ausländischen Kindern ein angemessenes Vokabular. So gibt es Unklarheiten bei der Benennung der einzelnen Finger, Brust und Busen ist für einige identisch. Das Etikett für „Bauch" wird irgendwo im Brustbereich aufgeklebt. Nachdem alle Unklarheiten beseitigt sind, kleben die Etiketten da, wo sie hingehören. Die nachfolgende Aufzählung beinhaltet einen Umfang, der je nach Klassensituation reduziert wird.
Kopf: Haare, Hinterkopf, Stirn, Augenbrauen, Wimpern, Augen, Schläfen, Nase, Wangen, Mund, Lippen, Kinn, Ohren, Hals
Hand: Daumen, Zeigefinger, Mittelfinger, Ringfinger, kleiner Finger
Oberkörper: Schultern, Brust, Arme, Ellbogen, Hände, Rücken
Unterkörper: Becken, Bauch, Beine, Oberschenkel, Knie, Unterschenkel, Waden, Schienbein, Füße, Fersen, Zehen

Da die Kinder ihre Etiketten auf die Kleidung kleben, werden in diesem Zusammenhang selten die Geschlechtsteile benannt. Der Beschäftigung mit geschlechtsspezifischen Körperteilen muss ein Elternabend vorausgehen, in dem auch das benützte Material angesprochen wird. Dieses gibt es meist kostenlos in der Bundeszentrale für gesundheitliche Aufklärung, Ostmerheimer Str. 200, 51109 Köln.

Die Kinder erhalten nun ein Arbeitsblatt, an dem die unvollständigen Körperkonturen des abgebildeten Kindes ergänzt werden. Mit Hilfe des Handspiegels versucht jedes Kind, ein „Selbstporträt" zu zeichnen. Die Etiketten werden auf das Blatt geklebt und durch Striche mit den Körperteilen verbunden.

Mein Körper

Wer sein Blatt fertig gestellt hat, sucht sich mit einem Partner einen Platz im Klassenzimmer und vergleicht Körperformen und -aussehen miteinander:

- Die Kinder stehen Rücken an Rücken. Sie vergleichen ihre Körpergröße und -breite miteinander.
- Sie legen die Handflächen aneinander. Fingerform- und Länge werden verglichen, ebenso die Hautfarbe.
- Sie stellen sich nebeneinander, Knie an Knie. Beinlänge, Kniehöhe werden verglichen.
- Sie sitzen am Boden und ziehen die Schuhe aus. Unterschiede der Fußform, Fußbreite und Fußlänge werden festgestellt (barfuß in der Turnhalle).
- Sie stellen sich nebeneinander, Arm an Arm. Armlängen, Ellbogenhöhen werden verglichen.

In einer anschließenden Reflexionsrunde berichten die Kinder über ihre Erfahrungen beim Vergleichen ihrer Körperteile. Am erstaunlichsten ist, dass Kinder, deren Körpergröße so gut wie identisch ist, in den Gliedmaßen deutliche Unterschiede aufweisen.

In der Turnhalle erleben die Kinder ihren Körper noch einmal anders.

- Auf dem Rücken mit geschlossenen Augen liegend atmen die Kinder ruhig ein und aus. Sie beobachten ihren Atem, spüren ihn und die mit ihm verbundenen Körperbewegungen.
- Ebenfalls auf dem Rücken mit geschlossenen Augen liegend spüren sie ihren Körper von den Fersen bis zum Kopf.
- Die Lehrerin nennt die einzelnen Körperteile, damit die Kinder sie leichter wahrnehmen können: Fersen, Waden, Po, Rücken, Schulter, Hinterkopf.
- Ein Kind liegt auf dem Bauch, mit seitlich ausgestreckten Armen und Beinen. Der Partner drückt sachte mit einem Sandsäckchen die ganze Rückenfläche an verschiedenen Stellen ab.
- Die gleiche Übung mit den Handflächen.
- Ein Kind liegt auf dem Rücken, während der Partner mit beiden Händen langsam einen Arm nach dem anderen von den Schultern abwärts streicht, ein Bein nach dem anderen vom Becken bis zu den Zehen streicht, vom Hals den Vorderkörper entlang über die Beine bis zu den Zehen.
- Die Kinder sitzen barfuß auf dem Boden und massieren einen Fuß nach dem anderen.
- Die Kinder sitzen mit geschlossenen Augen auf dem Boden. Eine Hand berührt verschiedene kleidungsfreie Körperstellen. Einmal fühlt die Hand, einmal die berührte Stelle.

- Die Kinder spannen ihre Muskeln an und lassen wieder los: Kopf, Hals, Schultern, Arme und Hände, Oberkörper, Bauch, Beine, sowie den ganzen Körper.
- Mit langsamen, bewussten Bewegungen wird Folgendes geübt: Schreiten wie ein Storch – Schleichen wie ein Fuchs – Kriechen wie eine Schlange – Hüpfen wie ein Häschen. Anschließend auf dem Rücken mit geschlossenen Augen liegen und den Atem beobachten. Die Hände liegen zuerst auf dem Bauch, dann auf der Brust, danach seitlich vom Körper.

Alle Übungen dienen der Entspannung und Sensibilisierung der Körperwahrnehmung. Nach jeder Übung sollte genügend Zeit zum Beschreiben der Empfindungen sein. Je öfter diese und ähnliche Übungen gemacht werden, desto besser gelingt es den Kindern, ihren Körper differenziert zu erspüren und ihre Wahrnehmungen zu beschreiben.

... den eigenen Körper pflegen

Material
Lehrerin: Seife, Handtücher, Waschlappen, Kämme, Haarbürsten, Handspiegel, Shampoo, Feile, Handcreme, Zahnbürste, Zahnpasta, Zahnputzbecher, Tafelbild (siehe S. 327), Folie, Kassettenrekorder, Musikkassette (siehe Anhang)
Kinder: von daheim mitgebrachte Kämme und Bürsten

Obwohl die Kinder nun schon lesen können, sind an der Seitentafel noch immer alle Anlautbilder zu sehen, die an die Buchstabengeschichten erinnern. Die Kinder begegneten dabei Gestalten, mit denen sie sich rasch anfreundeten und über die kleine Geschichten erfunden werden, manchmal sogar Fortsetzungsgeschichten. Zeitweise gibt Frau M. kleine Hilfen für die Geschichten, so auch bei einem der Lieblinge, bei dem gemütlichen, lustigen Florian Zwackelzahn.
Florian Zwackelzahn wohnt in einem Häuschen am Rand eines kleinen Sees. Tagsüber hält er sich am liebsten auf seinem Boot draußen am See auf, beobachtet die Fische im Wasser und die Tiere, die sich in der Nähe des Seeufers zeigen. Da gibt es Enten, Frösche, Libellen, Schmetterlinge und noch viele andere Tiere. Natürlich hat er auch viel zu tun, denn an seinem Boot ist immer etwas zu verschönern oder zu reparieren. Am Nachmittag kommt Florian Zwackelzahn meist recht schmutzig nach Hause und wäscht sich als Erstes gründlich und genüsslich die Hände, denn er weiß, dass der Schmutz krank macht. Anschließend duscht er gründlich und wäscht sich seine Haare. Danach reinigt er die Fingernägel, feilt kleine Scharten weg, die er draußen bekommen hat, zieht sich saubere Unterwäsche und frische Kleidung an und

kämmt sich seine Haare mit einem seiner vielen Kämme. In seiner Küche bereitet er sich ein leckeres Abendessen zu, das ihm jedes Mal ganz köstlich schmeckt. Bevor er ins Bett geht, putzt er sich seine Zähne sehr genau und schläft dann zufrieden ein.

Diese Woche ist der Körperpflege mit Florian Zwackelzahn gewidmet. Frau M. hat am **Montag** alles mitgebracht und auf einem Tisch ausgebreitet, was Florian Zwackelzahn für seine Körperpflege braucht. Die Kinder dürfen

- an seiner Lieblingsseife und seinem Haarshampoo riechen,
- seine Lieblingshandtücher anfassen,
- seine Nagelfeile betrachten,
- seine verschiedenen Kämme bestaunen,
- seine neue Zahnbürste bewundern,
- seine Zahnpastamarke kennenlernen.

Nicht nur Florian Zwackelzahn ist gerne sauber, die Kinder sind es auch. Das schreiben sie als Überschrift in ihr Heft, nachdem sie es gefaltet und mit dem Überschriftenstrich vorbereitet haben. Frau M. schreibt an der Tafel mit. Sie malt und schreibt auch alles auf, was Florian Zwackelzahn und die Kinder für die Körperpflege verwenden.

Florian hat bemerkenswerte Gewohnheiten. Wenn er heimkommt, schaut er sich zuerst seine Hände an. Meistens wundert er sich, was für Schmutz an ihnen haftet und wäscht sie sich dann. Auch die Kinder

- schauen sich ihre Hände genau an.

Da gibt es Reste von Wachsmalkreiden, kleine Bleistiftstriche, die sie deutlich sehen. Sie riechen an ihren Händen und rümpfen ihre Nase, denn sie stinken ein wenig.

- Sie fassen mit den Händen das Heft, einen Stift, das Federmäppchen an und erzählen, wie sich das anfühlt.

Frau M. schreibt auf einer Folie die Wahrnehmungen auf, ohne den Kindern ihre Aufzeichnungen zu zeigen.

Nachdem jeder seine Hände so genau betrachtet und untersucht hat, treten die Kinder gruppenweise zum Händewaschen an. Während eine Gruppe rund um das Waschbecken versammelt steht und sich immer zwei Kinder gleichzeitig die Hände sorgfältig waschen, beginnen die anderen einstweilen mit dem Hefteintrag.

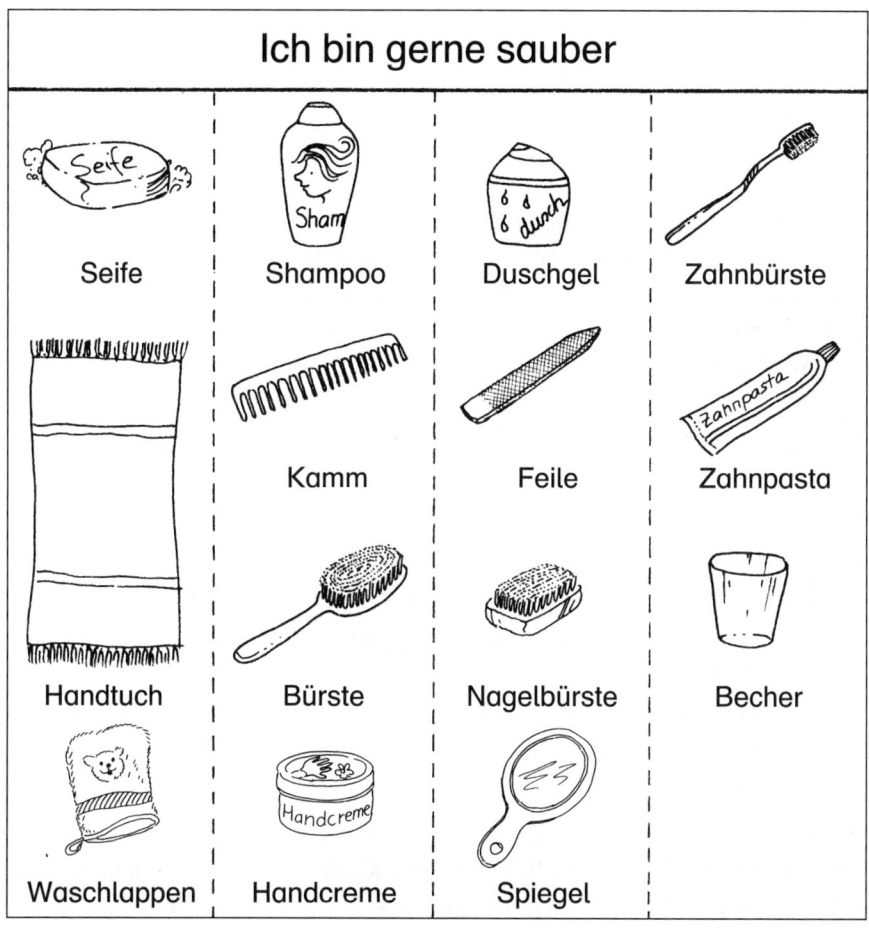

Abb. 65: Tafelbild und Hefteintrag

Hefteintrag:
1. Überschriftenstrich
2. Schreiben der Überschrift
3. Seite zur Hälfte falten, dann vierteln
4. Gegenstände zeichnen und die entsprechenden Namen darunter schreiben

Im Tafelbild stehen die Namen unten aufgereiht.

Die Kinder
- halten zunächst die Hände unter das fließende Wasser; es ist leicht zu sehen, dass die schmutzigen Hände einfach nass, aber nicht sauber sind. Einzig der Geruch ist etwas gedämpft.
- waschen die Hände anschließend mit Seife. Obwohl sie die Hände fest aneinander reiben, lassen sich auch so manche Schmutzreste nicht entfernen. Eine Handbürste schafft Abhilfe.
- trocknen die Hände gründlich ab, betrachten sie wiederum und riechen an ihnen. Jetzt fühlen sich die Hände frisch und sauber an.
- fassen die gleichen Gegenstände wie vorher an. Leise erzählen die Kinder Frau M., was sich verändert hat.

Sie schreibt es ebenfalls auf ihre Folie.
Jetzt hat sich jeder die Hände gewaschen und ist mit seinem Hefteintrag fertig.
Die Kinder schauen sich nun an, was Frau M. auf die Folie geschrieben hat. Sie stellen fest, dass es allen recht ähnlich ergangen ist:

- Die ungewaschenen Hände fühlten sich klebrig, schwer, sogar etwas unbeweglich an. Was die Kinder damit anfassten, war im Vergleich zu später nicht richtig zu spüren.
- Nach dem Waschen waren sie leichter, beweglicher, rochen gut und frisch. Was sie mit ihnen anfassten, war ganz deutlich zu spüren.

Und wie geht es den Händen jetzt?
Sie sind nicht mehr ganz so frisch wie gleich nach dem Waschen, aber auch nicht so klebrig wie vor dem Waschen. Die Kinder können verstehen, warum sich Florian Zwackelzahn nach dem Händewaschen so behaglich fühlt. Christian meint, er werde sich ab nun auch viel lieber seine Hände waschen.

Am **Dienstag** betrachten die Kinder Florian Zwackelzahns Kämme und Haarbürsten genauer. Er besitzt ganz viele verschiedene und in der Gruppensitzordnung werden die einzelnen Exemplare angeschaut. Da gibt es welche

- mit breiten Zähnen und breiten Abständen zwischen den Zähnen;
- mit dünnen Zähnen, so dass man die Abstände fast gar nicht sehen kann;
- mit verschieden breiten Zähnen auf ein- und demselben Kamm.

Über dieses Thema wissen die Mädchen gut Bescheid. Sie erzählen von feinen, von langen, von lockigen Haaren und dass das Kämmen mit dem falschen Kamm recht weh tun kann.
Da jeder heute einen Kamm und eine Haarbürste mitgebracht hat, probieren die Kinder das Kämmen und Bürsten mit dem Sitznachbarn gleich aus, d.h. sie

spielen Friseur. Begonnen wird mit dem Kämmen. Die Innenkreiskinder sind die „Kunden", die Außenkreiskinder die Friseure. Das macht den Kindern viel Spaß und Frau M. muss öfter zur Ruhe mahnen. Dann wird getauscht und auch jetzt gibt es viel zu lachen.
Noch zweimal wird gewechselt. Diesmal soll das Kämmen und das Gekämmtwerden ohne Worte stattfinden. Die „Kunden" sollen ihre Augen schließen und spüren, an welcher Stelle des Kopfes sich der Kamm gerade befindet. Die „Friseure" sollen ganz langsam ihren Kamm führen und dabei die Veränderung der Haare genau beobachten. Diesmal lässt Frau M. leise Musik im „Frisiersalon" laufen. Nach gleicher Abfolge vollzieht sich das Bürsten.
In einem anschließenden Gesprächskreis werden die Erfahrungen ausgetauscht. Die Kinder stellen fest, dass die ersten Friseurspiele zwar sehr lustig waren, aber weder hat der „Kopf" etwas gespürt, noch haben die „Augen" richtig gesehen, was während des Kämmens oder Bürstens mit den Haaren passiert ist. Die zweite Frisierrunde lief ganz anders ab.

- An manchen Stellen des Kopfes war der leichte Druck des Kammes sehr angenehm, an anderen weniger.
- Der Kopf bzw. die Kopfhaut fühlte sich nach dem Kämmen leicht an, unabhängig von der Länge der Haare.
- Während des Kämmens konnte man die einzelnen Haare und wie sie sich neu ordnen, sehr deutlich sehen. Bei längeren Haaren war die Veränderung deutlicher sichtbar als bei ganz kurzen Haaren.
- An manchen Stellen des Kopfes allerdings wollten sich die Haare nicht so hinlegen, wie der „Friseur" es gerne hätte. Diese Stellen nennt man Wirbel.
- Beim Bürsten hat sich der ganze Kopf „beruhigt". Manche Kinder mussten gähnen.
- Am angenehmsten war das Bürsten vom Scheitel abwärts. Das Bürsten in die entgegengesetzte Richtung war für die meisten unbehaglich.

Zum Abschluss denken sich die Kinder in der Gruppensitzordnung eine Kammgeschichte aus, die sie in vier Bildern als Bildergeschichte aufmalen, bevor sie den anderen Kindern präsentiert wird. Es soll eine Geschichte werden, in der Florian Zwackelzahn mit einem seiner Kämme etwas erlebt hat.
Nach der Vorstellrunde wird die schönste Geschichte ausgewählt. Am besten hat den Kindern „Florian Zwackelzahn und der grüne Kamm" gefallen. Alex, Joyce, Christina und Paul haben sie erfunden und jeweils zu ihren gemalten Bildern erzählt. Florian Zwackelzahn fand eines Tages den grünen Kamm unter seinem Lieblingsbaum und erklärte ihn deshalb zu seinem Lieblingskamm (1. Bild). Immer wieder kämmte er sich mit ihm ganz schwungvoll, bis

eines Tages bei dem grünen Kamm ein Zahn zu wackeln begann, der schließlich ausfiel (2. Bild). Florian Zwackelzahn nahm ihn deshalb zu seinem Zahnarzt mit, als er zur nächsten Kontrolle ging (3. Bild). Aber der Zahnarzt schüttelte nur den Kopf und lachte: „Leider kann ich deinem Kamm nicht helfen, lieber Florian. Ein Kammzahn kann nicht mehr nachwachsen "(4. Bild). Seit dieser Zeit kämmt sich Florian nur sehr vorsichtig seine Haare (5. Bild).

Am **Mittwoch** haben sich die Kinder im Laufe des Vormittags wieder gruppenweise mit Florian Zwackelzahns Seife die Hände gewaschen und diesmal zusätzlich ihre Fingernägel vor und nach dem Waschen betrachtet. Selbst nach dem Waschen sind diese bei manchen Kindern noch nicht richtig sauber, außerdem haben einige von ihnen an ihren Fingernägelrändern Ecken und Scharten entdeckt. Also säubern sie mit der Spitze der Nagelfeilen die Fingernägel und feilen die Scharten mit Frau M.s Hilfe glatt. Die frisch gewaschenen Hände fühlen sich bei machen Kindern rau an. Dagegen hilft die Handcreme, die die Kinder dosiert benutzen.

Im Sitzkreis wird darüber nachgedacht, wann es jeweils notwendig ist, sich die Hände zu waschen. Etliche Beispiele werden gefunden:

- vor dem Essen und manchmal danach, wenn die Hände beim Essen schmutzig geworden sind,
- nach der Toilette,
- nach dem Spielen im Sand oder in der Erde,
- nach dem Füttern und Streicheln von Tieren,
- nach dem Spielen auf dem Spielplatz.

So einfach es ist, diese Beispiele zu finden und sie zu begründen, so schwierig ist es für viele, sich selbstständig und verlässlich um eine angemessene Körperpflege zu kümmern. Vielleicht hilft ein Plakat, auf dem Waschregeln formuliert und entsprechende Bilder aufgeklebt werden. Es erhält die Überschrift „Umweltfreundliches Waschen" und wird in die Nähe des Waschbeckens aufgehängt. Es dient als Erinnerungshilfe, die die Kinder gerne annehmen. Wer ab nun selbstständig in entsprechenden Situationen seine Hände gewaschen hat, nimmt aus einem Kästchen ein Stickerbild und klebt es auf das Plakat.

Heute ist **Donnerstag** und die Kinder stellen fest, dass sie beinahe alles, was Florian Zwackelzahn für seine Körperpflege benötigt, in der Schule bereits benützt haben. Sein Haarshampoo können sie hier allerdings nicht ausprobieren. Deshalb soll jeder beim nächsten Haarewaschen daheim den Unterschied zwischen gewaschenem und ungewaschenem Kopf erforschen und am nächsten Tag darüber berichten.

Am **Freitag** versammeln sich die Kinder noch einmal im Sitzkreis zu einer Gesprächsrunde. Vieles wurde in dieser Woche ausprobiert und alle Kinder haben Erfahrungen mit dem morgendlichen Zähneputzen in der Schule. Obwohl die Beschäftigung mit der Körperpflege allen Kindern Freude gemacht hat, sieht das eigenverantwortliche Tun daheim oft anders aus. „Ich vergesse immer …", „Ich vergesse oft …" ist immer wieder zu hören. Deshalb wird nach einer Möglichkeit gesucht, die „Vergesslichkeiten" zu reduzieren. Das Spiel „Ich nehme mit – ich lasse da" scheint geeignet dafür:

- In der Mitte befinden sich unbeschriebene Notizzettel, Stifte und Papierkorb.
- Jeder überlegt sich einen Punkt, den er im Zusammenhang mit seiner persönlichen Körperpflege ab nun ändern oder nach den Erfahrungen in dieser Woche beibehalten möchte. Diesen Punkt, sein Ziel, malt oder schreibt er auf einen Notizzettel.
- Weiter wird überlegt, welches Verhalten er dafür aufgeben muss, um dieses Ziel zu erreichen. Auch dazu wird auf einem anderen Zettel etwas gemalt oder geschrieben.
- Mit beiden Zetteln sitzen die Kinder im Sitzkreis. Leonie beginnt: „Ich nehme mit, dass ich meine Zähne so lange putze wie unser Lied auf der Kassette zu hören ist."(Sie hält den entsprechenden Zettel hoch). „Ich lasse da, dass mir Zähneputzen langweilig ist und ich deshalb schnell fertig werden will."(Sie wirft den passenden Zettel in den Papierkorb). Dann kommt ein anderes Kind dran.
- Nach Spielabschluss nehmen die Kinder ihre „Zielzettel" mit nach Hause, um sie an einer Stelle anzubringen, die ihnen die Durchführung ihres selbstgewählten Vorsatzes erleichtert.

Lernaspekte
Bei allen Aspekten der Sauberkeitserziehung ist das konkrete Tun wichtiger als umfangreiche Hefteinträge. Die gezielten Körperwahrnehmungen, die in diesem Zusammenhang erfahren und versprachlicht werden, rücken das Thema Sauberkeit in ein sehr persönliches Bezugsfeld, weg von einem verordneten „Du musst..." hin zu einem natürlichen Bedürfnis nach körperlicher Sauberkeit und Wohlbefinden.
Dieses Bedürfnis ist sehr individuell ausgeprägt und teilweise abhängig von den häuslichen Gewohnheiten und erziehlichen Voraussetzungen. Daher ist es wichtig, dass Kinder zu einer Eigenverantwortung für die persönliche Körperpflege geführt werden. Voraussetzung dazu ist eine lebendige Körperwahrnehmung und eine positive Einstellung dem eigenen Körper gegenüber. So

wird es leichter möglich sein, Hürden verschiedener Art zu überwinden, sich selbstständig und situationsorientiert zu pflegen.

Das in diesem Zusammenhang durchgeführte Spiel ist sprachlich nicht unproblematisch, da die Satzanfänge nicht einfach weiterzuführen sind. Wir haben es dennoch gewählt, weil die Kinder dadurch konkret Verhaltensziele benennen, die für sie persönlich einsichtig und wichtig sind, sowie Verhaltensweisen oder Gefühle, die diesen Zielen zuwiderlaufen. Erste Einsichten in die Notwendigkeit bewusster Verhaltensänderungen werden dadurch gewonnen.

... Schmutz mit Wasser lösen

Material
Lehrerin: Laminierfolien für DIN-A3-Format, Seife, Waschlotion, Spülmittel, Scheuermilch, Waschpulver, sechs größere Wassergefäße, Spüllappen, Scheuerschwämme, Tücher zum Trockenreiben
Kinder: DIN-A3-Zeichenblätter, Wasserfarben mit Zubehör

Gerade ist eine Stunde zu Ende gegangen, in der die Kinder mit besonderem Eifer bei der Sache waren. Mit Wasserfarben in beliebiger Farbwahl strichen sie ihre Hände ein und bedruckten damit DIN-A3-Zeichenblätter. Auch einzelne Fingerabdrücke wurden darauf verewigt. Die Lehrerin wird diese Blätter laminieren und auf diese Weise entstehen abwaschbare Essensunterlagen, die daheim oder in der Schule benützt werden.

Nach der Arbeit wird diesmal nicht aufgeräumt, sondern es bleibt alles liegen und stehen. Mit ihren schmutzigen Händen setzen sich die Kinder in den Sitzkreis, diesmal auf den Boden.

Natürlich sind nicht nur die Hände schmutzig. Trotz Malunterlagen gibt es auch Farbflecken auf den Tischen, die Wassergefäße und die Pinsel sind schmutzig, das Waschbecken, in das das Farbwasser geleert wurde, hat unansehnliche Farbränder. Es stellt sich die Frage:

> Womit kann der Schmutz entfernt werden?

Dass Wasser dazu gebraucht wird, ist für alle klar. Aber was wird sonst noch benötigt? Die Kinder bringen Vorschläge:
- Seife, Waschlotion, Spülmittel, Scheuermilch, Waschpulver.

Die Lehrerin hat diese Reinigungsmittel und Wassergefäße vorbereitet. Die Kinder probieren aus, wie der Schmutz am eigenen Tisch am leichtesten zu entfernen ist.

- Zunächst wird blankes Wasser auf die Schmutzstellen geträufelt und beobachtet, was geschieht.

- Dann werden alle Reinigungsmittel an verschiedenen Stellen mit etwas Wasser vermischt und weiter beobachtet.
- Danach reiben die Kinder mit den Fingern an den Schmutzstellen.
- Ein einfacher Spüllappen wird verwendet.
- Nun wird ein Scheuerschwamm benützt.
- Der Tisch wird im Ganzen sauber gerieben und mit klarem Wasser nachgereinigt.
- Zuletzt wird er mit einem Tuch trocken gerieben.

Anschließend versammeln sich die Kinder wieder im Sitzkreis. Tische und Hände sind mittlerweile sauber, die Hände eher „automatisch", da sie mit vielerlei Reinigungsmittel in Berührung kamen. Die Kinder berichten über ihre Erfahrungen:

- Wasser hat die Farbe verdünnt, so wie es beim Malen geschieht.
- Alle Reinigungsmittel haben sich mit Wasser verändert, aufgelöst.
- Kein Reinigungsmittel führte ohne Mithilfe der Kinder zur gewünschten Sauberkeit.
- Bei starken Farbflecken wurde fest geschrubbt, bei leichten Verfärbungen reichte einfaches Wischen aus.
- Obwohl der Tisch zuletzt sauber aussah, waren dennoch Farbreste auf dem Trockentuch zu sehen.

In ihr Heft zeichnen die Kinder unter der Überschrift „Womit kann der Schmutz entfernt werden?" Erinnerungsbilder an die vergangene Stunde.

1. Malkasten und Pinsel;
2. schmutziger Tisch;
3. Wasser und Reinigungsmittel;
4. Spüllappen und Schwamm;
5. Trockentuch.

Unter die Bilder schreiben die Kinder: „Durch Reinigungsmittel und Schrubben hat sich der Schmutz im Wasser gelöst."

Luft zum Leben

Der unsichtbare Schatz

Material
Lehrerin: kleines Kästchen, Jahreszeitentücher, vier Paar Ringe, vier Matten
Kinder: Sandsäckchen, Chiffontücher, Märchenwolle oder Watte, Japanbälle, Luftballons

Der Tag beginnt heute in der Turnhalle. Die Kinder versammeln sich nach einer freien Bewegungsphase im Sitzkreis auf dem markierten Kreis am Boden.
Frau M. legt jetzt die vier Jahreszeitentücher in jahreszeitlicher kreisförmiger Anordnung in die Kreismitte, stellt behutsam ein kleines Kästchen darauf und lässt die Kinder vermuten, was darin sein könnte. Die Kinder denken an einen kleinen Ball, einen Edelstein, einen Ring, ein Geldstück. Frau M. hilft etwas nach und behauptet, in diesem Kästchen wäre ein ganz wertvoller Schatz. Wieder werden Edelstein und Ring genannt, diesmal ist er sogar aus Gold. Vorsichtig öffnet nun Ayla den Deckel. Die Enttäuschung ist den Kindern anzusehen und anzuhören, als sie in eine leere Kiste hineinblicken. „Lasst euch nicht täuschen", ermuntert die Lehrerin die unruhig gewordenen Kinder. „In der Kiste ist wirklich ein Schatz."
Florian will der Sache auf den Grund gehen. Er schaut genau in jede Ecke der Kiste, fühlt den Innenraum mit den Fingern ab und findet dennoch nichts.
„Vielleicht ist der Schatz unsichtbar", meldet sich Thomas. „So wie die Luft", fällt ihm Ina ins Wort. „Die Luft", rufen jetzt mehrere Kinder durcheinander. „Die Luft ist der Schatz." Zufrieden deutet Frau M. auf die Jahreszeitentücher.
„Die Luft gibt es immer."
„Ohne Luft kann man nicht leben, deshalb ist sie ein Schatz."
„Die Luft ist kostbar wie ein Schatz."
„Man darf keine Luftverschmutzung machen."... Alle möglichen Gedanken gehen den Kindern durch den Kopf.
„Dieser Schatz ist sogar in dir", behauptet Frau M. Petra beschreibt ausführlich, dass man die Luft ein- und ausatmet, „und wenn man das nicht macht, dann stirbt man."
Der „Schatz" Luft ist nicht nur unsichtbar, er hat noch viele andere Eigenschaften. Einige davon werden in dieser Stunde am eigenen Körper etwas genauer erforscht.
Die Lehrerin verteilt in den vier Ecken der Turnhalle und in der Mitte des Raumes Sandsäckchen, Chiffontücher, Märchenwolle, Japanbälle und Luftballons.

Sie lässt vier Paar Ringe herunter, unter die die Kinder Matten legen. Jahreszeitentücher und Schatzkästchen entfernt sie. Die Kinder bilden sechs Gruppen und durchlaufen zügig die sechs Stationen, an denen Stationenkarten liegen, nach denen geübt wird.

- Station Sandsäckchen (Partnerübung im Wechsel)
  Ein Kind legt sich auf den Rücken. Der Partner verteilt zwei bis drei Sandsäckchen auf Brust und Bauch und beobachtet, welches Säckchen sich hebt, während das liegende Kind ein- und ausatmet.
  Nach dem Partnerwechsel wird nochmals ein- und ausgeatmet. Diesmal geschieht das Ausatmen auf den Laut „sch". Das beobachtende Kind schließt die Augen und hört auf den ein- und ausgeatmeten Atemstrom.

- Station Chiffontücher (Partnerübung im Wechsel)
  Ein Kind legt sich auf den Rücken, über seinem Gesicht ein ausgebreitetes Chiffontuch. Der Partner beobachtet, wie sich das Chiffontuch durch Ein- und Ausatmen leicht bewegt. Außerdem hört er genau hin, wie das Ein- und Ausatmen klingt.

- Station Märchenwolle
  Die Kinder bilden zwei Untergruppen, die sich gegenüber auf dem Bauch liegen. Ein Kreidestrich markiert eine Mittellinie. Auf der Mittellinie liegt etwas Märchenwolle, die die Kinder hin und her blasen. Immer, wenn die Märchenwolle über die Mittellinie gepustet wird, gibt es einen Punkt für die Gruppe.

- Station Japanbälle
  Die Kinder blasen Japanbälle auf und versuchen sie durch Pusten in der Luft zu halten.

- Station Luftballon
  Die Kinder blasen einen Luftballon auf. Langsam lassen sie die Luft wieder aus und hören dem Geräusch genau zu.

- Station Schaukeln
  Die Kinder setzen sich in die Ringe und schaukeln. An ihrem Körper fühlen sie die Luftbewegung, je nach Schwung, in unterschiedlicher Intensität. Wer mag, schließt beim Schaukeln die Augen.

Nach dem Durchlaufen aller Stationen setzen sich die Kinder wieder in den Sitzkreis, die Stationenkarten werden in die Mitte gelegt. Mit ihrer Hilfe sprechen die Kinder über ihre Erfahrungen. Dabei werden erste Eigenschaften genannt:

- Die Luft braucht Platz – in meinem Bauch (Körper), in den Japanbällen, im Luftballon.
- Die Luft dehnt etwas aus – meinen Bauch (Körper), Japanbälle, Luftballons.
- Die Luft macht Geräusche: beim Einatmen, Ausatmen, auch wenn der Luftballon „ausatmet".
- Mein Atem ist wie ein kleiner Wind, er kann etwas bewegen: das Chiffontuch, die Japanbälle.
- Beim Schaukeln spüren wir die Luft an unserem Körper, auch beim Rennen.
- Überall um uns herum ist Luft. Wir können sie nicht sehen, aber wir atmen sie ein und aus und fühlen sie. Wir brauchen sie zum Leben.

Nun markiert Frau M. mit zwei Sandsäckchen den Anfang eines Hallenrundlaufes. Jedes Kind soll mehrere Runden laufen und zählen, wie viele es schafft. Wer „müde" geworden ist, setzt sich wieder auf die Kreislinie.
Die Kondition der Kinder ist recht unterschiedlich. Einig sind sich alle dahingehend, dass man irgendwann „geschafft" ist, weil man „keine Luft mehr kriegt". So fühlt es sich wenigstens an. Einige Kinder wissen mehr darüber:

- Durch das schnelle Laufen braucht der Körper mehr Luft als sonst.
- Wer schnell läuft, atmet schneller und tiefer.

Zum Abschluss noch eine erstaunliche Erfahrung. Die Kinder halten sich die Nasen zu und die Luft an. Frau M. zählt langsam und die Kinder merken sich die Zahl, bei der sie automatisch wieder eingeatmet haben.
Dass dieses Einatmen automatisch funktioniert, ist sehr beruhigend. Es muss wohl auch so sein, denn von Geburt bis zum Tod atmen alle Menschen und Tiere unzählige Male ein und aus.

- Auch in der Nacht, während wir schlafen, atmen wir, ohne daran zu denken. Dass muss so sein, denn ohne Luft können wir nicht leben.
- Das Atmen geschieht ganz natürlich.
- Es ist für uns auch natürlich, dass um uns herum immer Luft ist.

„Nur im Weltraum ist das nicht so", schließt Sven den Erfahrungsaustausch über die „automatische Luft" ab.

Den Weg in die Umkleideräume gehen die Kinder einzeln. Sie sollen feststellen, ob sie dabei noch mehr über die Luft herausfinden können.
Und bevor es wieder zurück ins Klassenzimmer geht, wird eine kleine „Luftpause" auf dem Schulhof gemacht.

Spiele und Versuche mit Luft

Material
Lehrerin: Bilder und Wortkarten (siehe unten), Karton DIN A 3, „Luftwörter", Stationenmaterial (siehe Stationen)
Kinder: unbeschriebene Wortkarten, unbeschriebene Satzstreifen

Die nächste Stunde beginnt im Sitzkreis, im nicht gelüfteten Klassenzimmer. Wieder stellt Frau M. das kleine Kästchen in die Mitte. Die Kinder wiederholen ihre Erfahrungen in der Turnhalle, ergänzen sie mit denen auf dem Weg zu den Umkleideräumen und in der „Luftpause". Um das Kästchen werden Bilder und Wortkarten (Abb. 66) gelegt.

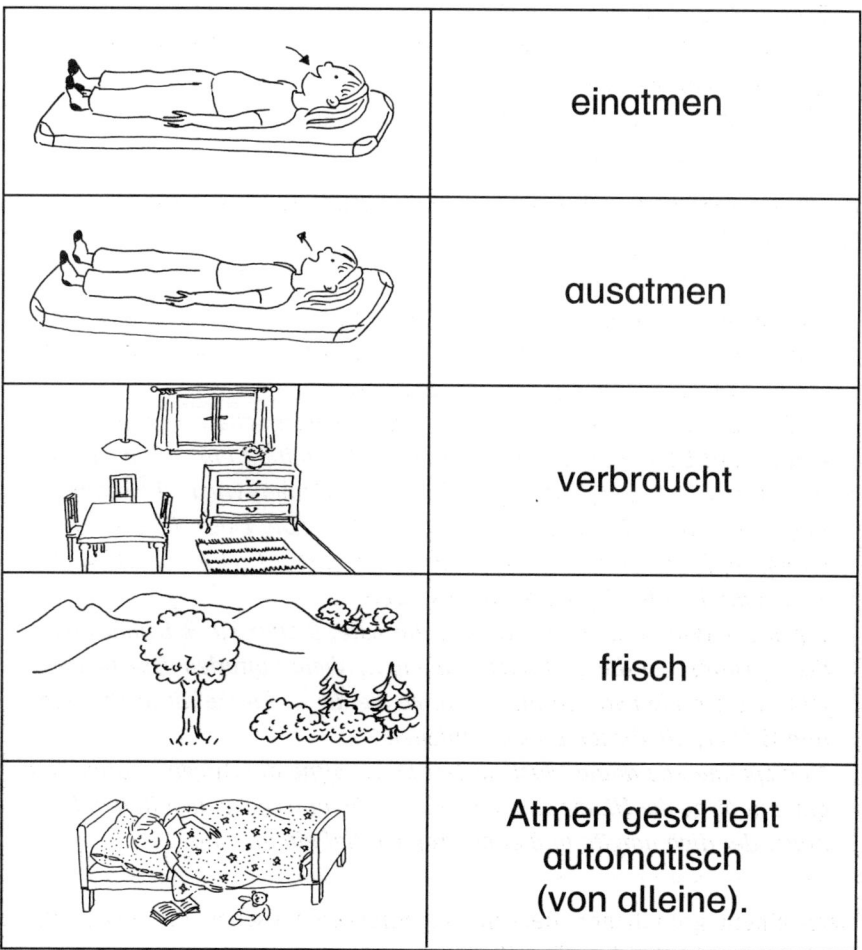

Abb. 66: Bilder und Wortkarten

Die Kinder entdecken:

- Beim Einatmen strömt Luft in den Körper, beim Ausatmen verlässt sie ihn wieder.
- Die Luft im Zimmer ist voll mit „ausgeatmeter" Luft. Sie ist nicht so frisch wie die Luft draußen, denn sie ist verbraucht. Aber Luft ist überall.

Um den Unterschied zwischen der verbrauchten Luft und der frischen Luft noch einmal bewusst zu erleben, verlassen die Kinder kurz das Klassenzimmer, bevor sie es wieder betreten. Jetzt ist die verbrauchte Luft für alle ganz deutlich zu merken. Frau M. öffnet die Fenster, da „man sich bei der verbrauchten Luft nicht so gut konzentrieren kann", wie Florian weiß.

- Die Luft im Körper braucht Platz, deshalb „machen sich der Bauch und der Brustkorb beim Einatmen dick".
- Wenn wir schnell laufen, lange Seil hüpfen oder viele Treppen rasch steigen, brauchen wir mehr Luft.
- Wir atmen die Luft automatisch ein und aus, am Tag und in der Nacht, weil wir ohne Luft nicht leben können.

Die Kinder schließen nun ihre Augen. Leise Musik ist zu hören und die ruhige Stimme der Lehrerin:

> *Du sitzt jetzt aufrecht auf deinem Stuhl ... Deine Hände liegen locker auf den Oberschenkeln ... Dein Mund ist geschlossen, deine Zähne berühren sich nicht ... Schließe jetzt deine Augen ...*
> *In der Schatzkiste haben wir einen unsichtbaren Schatz gefunden: die Luft ... Luft ist überall ... Sie umgibt uns, sie umhüllt uns ... sie ist auch in uns und lässt uns lebendig sein ... Luft können wir nicht sehen ... Aber wir spüren sie, wenn sie sich bewegt ... (Die Lehrerin kreist über ihrem Kopf ein Handtuch oder fächelt mit einem DIN A 3 Karton). Du kannst die Luft jetzt ganz deutlich spüren ...*
> *Wenn der Wind etwas bewegt, z.B. die Äste, Blätter eines Baumes oder Staub, kannst du die Luft auch „sehen" ... Viele Lufterlebnisse tauchen jetzt wie ein Film vor dir auf ... Merke sie dir ... Merke dir auch Bilder und Wörter, die dir jetzt dazu einfallen ...*
> *Nun spanne alle deine Muskeln fest an ... öffne die Augen ... atme tief ein und öffne die Hände ... steh auf, strecke und recke dich in den Luftraum, der dich umgibt und atme drei mal tief ein und aus.*

Nach einem gründlichen Recken und Strecken tauschen die Sitznachbarn Erlebnisse und gefundene Begriffe aus.

Anschließend werden diese „Luftwörter" in der Vierergruppe ausgetauscht und mit dicken Markern auf die vorbereiteten Wortkarten geschrieben. Bei rechtschriftlichen Problemen hilft eine Anlauttabelle oder die Lehrerin.

frisch, Sauerstoff, unsichtbar, zart, kalt, kühl, Schmetterling, überall, Wolken, lebenswichtig, Vögel, Flugzeug, fühlbar, wichtig, blasen, feucht, Luftdruck, Sonne, Ball, riechen, wedeln, Drachen steigen, leicht, warm, Stoffe, heiß, Wind, Heißluftballon, Fahrrad, Luftballon, Luftverschmutzung, Sturm

Die Wortkarten werden an der Tafel befestigt. Bei identischen Begriffen wird nur eine Wortkarte benützt. Dann sprechen die Kinder darüber, was ihr Wort mit der Luft zu tun hat.
Auch der Lehrerin sind „Luftwörter" eingefallen. Sie hat sie aufgeschrieben und mitgebracht:
Windspiel, Windrad, Seifenblasen, Wasserglas, Papier, Tanz, Fallschirm, Segelschiffchen, Luftballon, Trick

Die Kinder überlegen kurz:
- Windspiel – die Klangstäbe klingen, wenn sie bewegt werden
- Windrad – bewegt sich durch den Wind
- Seifenblasen – fliegen in der Luft
- Wasserglas – vielleicht ist auch Luft darin
- Papier – damit kann man Flieger basteln
- Tanz – man atmet schnell, wenn man schnell tanzt
- Fallschirm – fliegt zur Erde
- Segelschiffchen – der Wind treibt das Schiffchen an
- Luftballon – man bläst Luft in den Luftballon
- Trick – vielleicht ein Zaubertrick mit der Luft

Frau M. äußert sich nicht zu den Vermutungen der Kinder. Stattdessen bietet sie ihnen an, mit Hilfe verschiedener Stationen selbst herauszufinden, was diese „Luftwörter" mit der Luft zu tun haben.
Je nachdem, von welchem „Luftwort" sie sich angesprochen fühlen, ordnen sich die Kinder nun selbst den dazugehörigen Stationen zu. Sie sind leicht aufzufinden, denn der Stationenname ist identisch mit den Luftwörtern.
An jeder Station liegen neben den Materialien auch Arbeitsblätter und ein Aussagenblatt bereit. In das Malkästchen sollen ein Symbol für die Station gemalt und die zur Station passenden Aussagen angekreuzt werden.

Aussagenblatt:

> Was passt?
>
> Kreuze an:
>   ☐ Luft kann bewegen.
>   ☐ Luft kann bremsen.
>   ☐ Luft kann tragen.
>   ☐ Luft braucht Platz.
>   ☐ Luft kann man einsperren.
>   ☐ Luft ist elastisch.
>   ☐ Wo Luft ist, kann nichts Anderes sein.

Außerdem liegt auf einem „Lufttisch" Material (Gegenstände oder/und Bilder) bereit, mit dessen Hilfe die Kinder die letzte Aufgabe jeder Stationen lösen können:

Blätter, Windrad, Dosen, Glöckchen, Holzklangstäbe, Luftballon, Schwimmflügel, Luftmatratze, Samenkörner, Chiffontücher ...

Je mehr Gegenstände tatsächlich vorhanden sind, umso besser.

Abb. 67: „Lufttisch"

Station: Windspiel

Material:
einfaches zerlegtes Klangspiel (Klangstäbe, Fäden, Holzteil zum Befestigen der eingefädelten Klangstäbe)

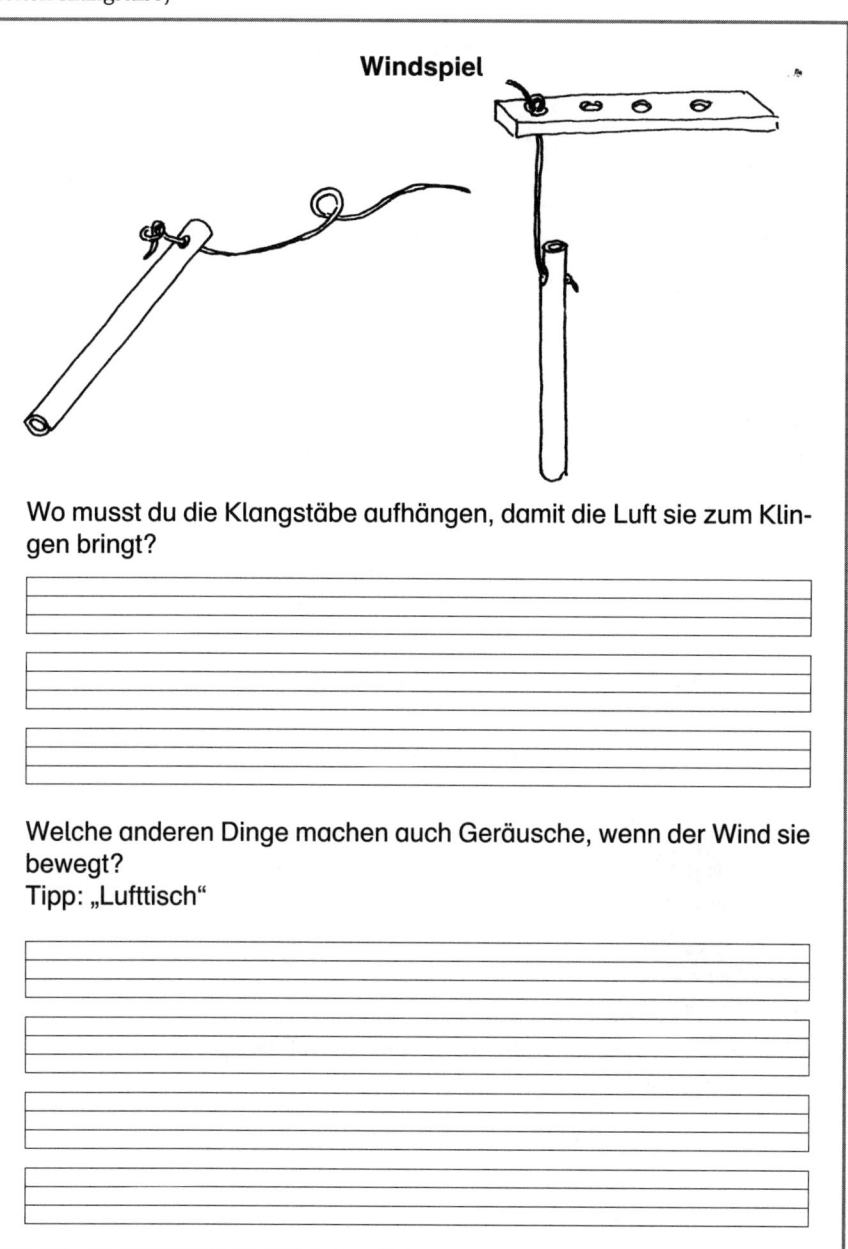

Wo musst du die Klangstäbe aufhängen, damit die Luft sie zum Klingen bringt?

Welche anderen Dinge machen auch Geräusche, wenn der Wind sie bewegt?
Tipp: „Lufttisch"

Station: Windräder

Material:
Windradschablonen, Schere, dünner Nagel, zwei Perlen, dünner Holzstab

Windräder

Wie kann dein Windrädchen bewegt werden, ohne dass du es mit deiner Hand bewegst?

Das „Windrad" auf diesem Bild hat eine besondere Aufgabe.
Was weißt du über sie?

Welche Dinge kennst du noch, die der Wind bewegt?
Tipp: „Lufttisch"

Station: Seifenblasen

Material:
Gefäß mit Wasser, Fläschchen mit Spülmittel – Pipettenverschluss, eine Kinderschere

Seifenblasen

Was geschieht?

Warum fliegen die Seifenblasen eine Weile in der Luft?

Welche anderen Dinge kennst du, bei denen etwas Ähnliches geschieht?
Tipp: „Lufttisch"

Station: Wasserglas

Material: Wasserglas, Flasche oder Krug mit Wasser, Strohhalm

Wasserglas

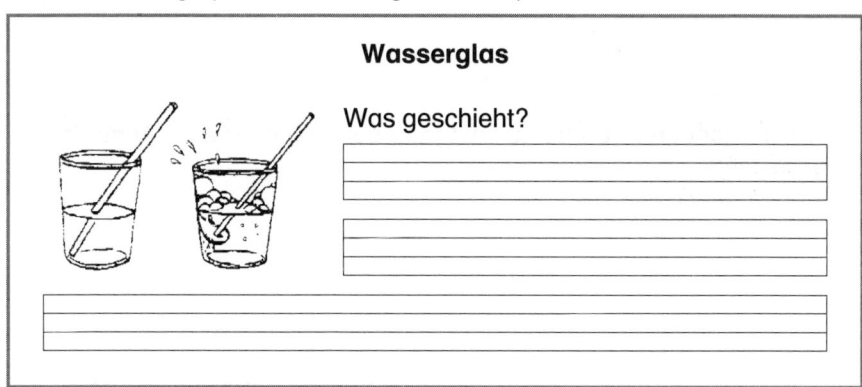

Was geschieht?

Station: Papier

Material:
Papierschnitzel, Blatt Papier DIN A 4, Karton, Schlüssel, Papier zum Falten (siehe Abb. Papierflieger)

Papier

- Steige auf einen Stuhl. Lasse dann die Papierschnitzel fallen.
- Falte einen Papierflieger und lass auch ihn zu Boden fallen.

Was geschieht mit den Dingen, wenn du sie zu Boden fallen lässt?

Warum fallen nicht alle Gegenstände gleich schnell zu Boden?

Welche anderen Dinge kennst du, bei denen etwas Ähnliches geschieht?
Tipp: „Lufttisch"

Station: Tanz

Material:
Trinkhalme, die sich knicken lassen, Tischtennisball, Feder, kleine getrocknete Blätter

Tanz

Was geschieht mit den Dingen?

Warum beginnen die Dinge zu tanzen?

Welche anderen Dinge kennst du, die der Wind zum Tanzen bringt?
Tipp: „Lufttisch"

Station: Fallschirm

Material:
Plastikfolie ca. 20 cm x 20 cm, Taschentuch in gleicher Größe – beide an den vier Ecken gelocht, acht gleich lange dünne Schnüre, zwei Duplomännchen (oder Ähnliches), dünne Schnüre zum Befestigen der Männchen

Fallschirm

- Baue aus der Plastikfolie einen Fallschirm.

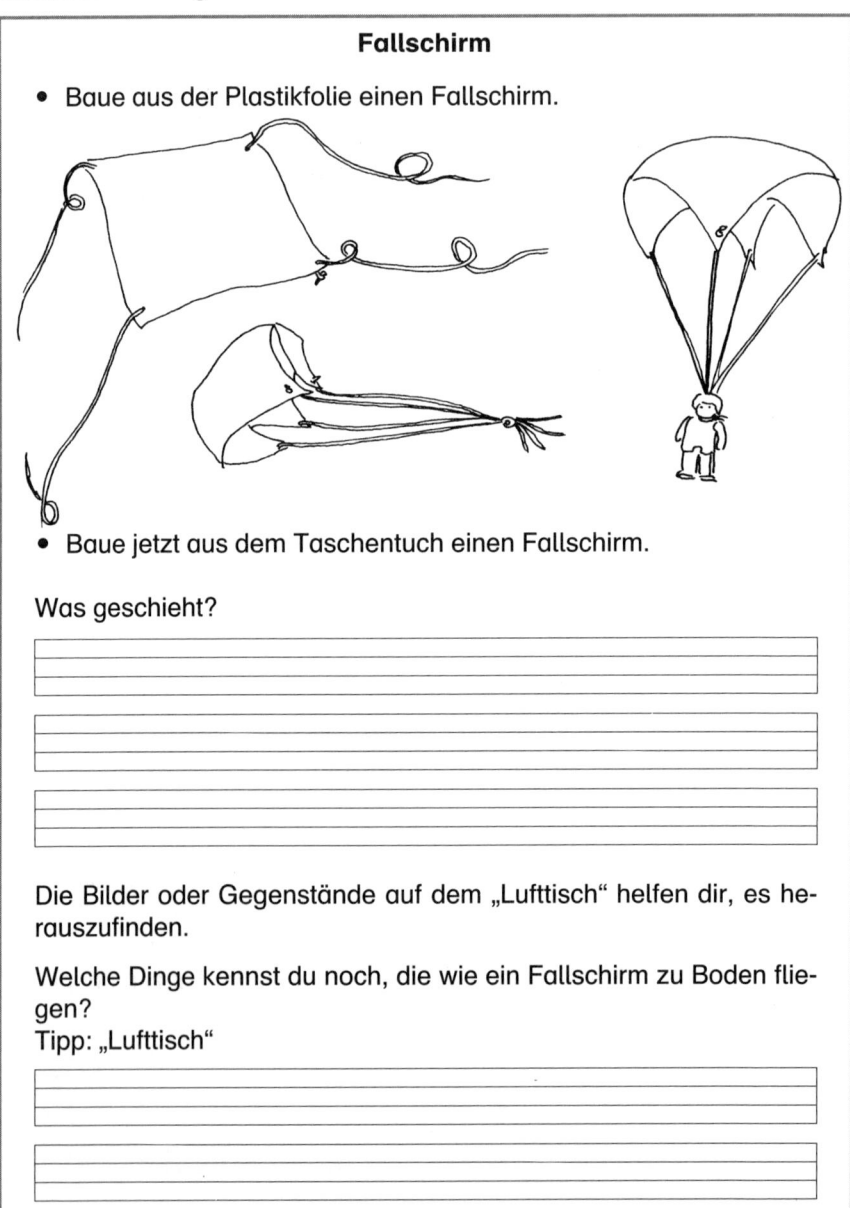

- Baue jetzt aus dem Taschentuch einen Fallschirm.

Was geschieht?

Die Bilder oder Gegenstände auf dem „Lufttisch" helfen dir, es herauszufinden.

Welche Dinge kennst du noch, die wie ein Fallschirm zu Boden fliegen?
Tipp: „Lufttisch"

Station: Segelschiffchen

Material:
Korkenscheiben, verkürzte Schaschlikstäbe, Scheren, Papier, Gefäß mit Wasser

Segelschiffchen

- Schneide ein Segel aus Papier aus.
- Stecke ein Stäbchen hindurch.
- Stecke das fertige Segel in die Korkscheibe.
- Setze dein Schiff ins Wasser.
- Puste.

Was geschieht?

Welche anderen Dinge kennst du, bei denen etwas Ähnliches geschieht?
Tipp: „Lufttisch"

Station: Luftballon in der Flasche

Material:
Glasflasche, Luftballon, Strohhalm

Luftballon in der Flasche

Was geschieht?

Wozu brauchst du den Strohhalm?

Station: Trick

Material:
Knetgummi, Tischtennisball, Gefäß mit Wasser, Trinkglas

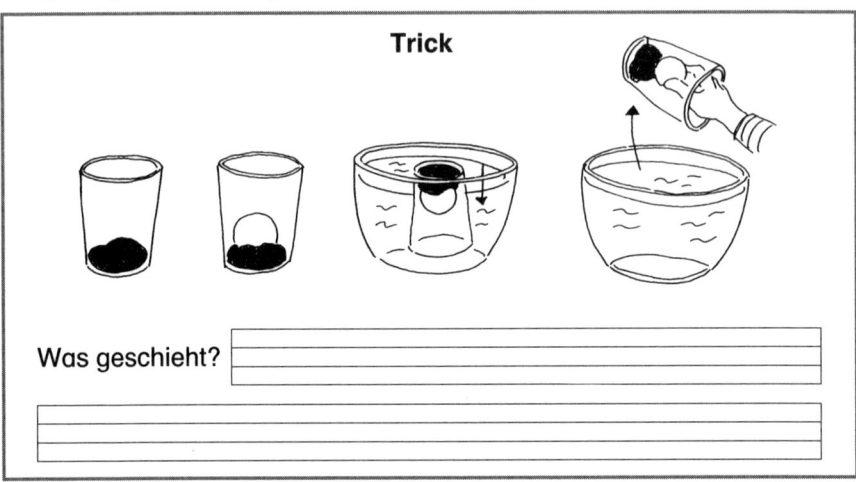

Nachdem die Kinder die von ihnen gewählte Station durchlaufen haben, versammeln sie sich mit ihren Arbeits- und Aussageblättern wieder im Sitzkreis. Sie berichten über ihre Beobachtungen und lesen ihre Eintragungen vor.

Bleibt noch zu überlegen, welche Eigenschaften der Luft die Kinder heute entdeckt haben und was ihnen noch dazu eingefallen ist:

Luft ist überall

- Die Luft ist ein kostbarer Schatz, weil Menschen, Tiere und Pflanzen ohne sie nicht leben können. Wir können alle mithelfen, diesen Schatz zu bewahren, indem wir oft zu Fuß gehen oder mit dem Fahrrad fahren anstatt ein Auto zu benützen.
- Gute Luft hilft mit, dass wir gesund bleiben. Verbrauchte und verschmutzte Luft kann krank machen.
- Die Luft im Klassenzimmer „ist schwer, nicht gut, schlecht, langweilig", wenn wir lange nicht gelüftet haben. Daran kann man erkennen, dass sie verbraucht ist.
- Die Luft im Pausehof ist frisch, sie riecht gut. Nur wenn ein Auto draußen vorbeifährt, stinkt es. Denn durch die Abgase vieler Autos entsteht schmutzige Luft.

Luft kann einige Gegenstände bewegen

Wenn ich kräftig puste, bewegen sich Gegenstände wie Watte oder Tischtennisbälle. Mein Atem ist dann wie der Wind, der viele Dinge bewegen kann:

Windrädchen, Tischtennisball, Blätter, die Äste der Bäume, Papierschnitzel, Klangstäbe, Glöckchen, Dosen, Segelschiffe, Drachen, Wäsche auf der Wäscheleine, Windmühle.

Luft braucht Platz und lässt sich einsperren
- Luft braucht Platz und kann etwas ausdehnen: meinen „Bauch", die Seifenblasen, Luftballon, Fußball, Hüpfball, Sitzball, Wasserball, Schwimmflügel, Luftmatratze, Schlauchboot, Fahrradschlauch, Autoreifen.
- Dinge, in denen die Luft eingeschlossen wird, brauchen wir zum Spielen, zum Fahren, zum Ausruhen.
- Beim Ausatmen kann ich einen Luftballon aufblasen. Durch die Nase pumpe ich zuerst die Lungen voll mit Luft und durch den Mund blase ich die Luft in den Ballon.

Luft kann Dinge tragen und antreiben
- Manche Dinge sind so leicht, dass die Luft sie eine Weile tragen kann: Samen wie vom Löwenzahn, Papierschnitzel, Papierflieger, Blätter, Chiffontücher, Drachen.
- Manche großen und kleinen Dinge können in der Luft fliegen, wenn sie von Natur aus oder von den Menschen entsprechend gebaut sind: Vögel, Insekten, Flugzeuge, Hubschrauber, Segelflieger.

Luft hat Kraft
Manchmal hat die bewegte Luft sehr viel Kraft. Aus einem „Lüftchen" wird dann ein Wind, aus dem Wind ein Sturm, aus dem Sturm ein Orkan oder ein Tornado. Diese starken Stürme können viel Schaden anrichten. Sie können große Äste abbrechen, Segelboote zum Kentern bringen und sogar Fensterscheiben und Dächer beschädigen.

Wo Luft ist, kann nichts anderes sein
Der Trick mit dem Wasserglas hat es bewiesen: wo Luft ist, kann nichts anderes sein. Deshalb braucht sie Platz, drängt die „Haut" des Luftballons zur Seite oder hebt beim Atmen unseren Brustkorb.

Zum Abschluss wird zur Freude der Kinder ein bekanntes Spiel gespielt: Alles, was Flügel hat, fliegt.

Auch in den nächsten Tagen bleiben die in die Ausgangssituation gebrachten Stationen aufgebaut und im Laufe der Woche haben alle Kinder alle Stationen mehrmals besucht. In dieser Zeit entsteht auch die Idee, eine „Luftausstellung" oder ein „Luftfest" im Schulhof zu veranstalten und dazu andere Klassen einzuladen.

Ein „Luftfest" im Schulhof

Material

langes Seil oder lange Stange, Luftballons, langer Faden, Windrad, kleine Dosen und Glöckchen, Windspiel, bunte Fäden, bunte Bänder, Stoff- und Papierstreifen, einige Wäschestücke, Jojo, Joghurtbecher an Schnüren, aufgefädelte Blätter, Federn an Schnüren, Blumensamen in Frühstückstüte, Papierflieger, Schneesterne aus Papier

Mit Eifer bereiten die Kinder ihr „Luftfest" vor. Schon Tage vor dem Fest ist die „Luftausstellung" im Schulhof zu bewundern.

Zwischen zwei Bäumen hat der Hausmeister ein langes Seil fest gespannt. Auf diesem wird alles befestigt, was der Wind bewegen kann: Luftballon, hängendes Windrad, kleine Dosen und Glöckchen, das Windspiel, bunte Fäden, bunte Bänder, Stoff- und Papierstreifen, einige Wäschestücke, ein Jojo …

Zwischen den einzelnen Ausstellungsstücken ist anfangs viel Platz, damit die Ausstellung ergänzt werden kann. So bringen Kinder aus einer anderen Klasse umgedrehte Joghurtbecher mit, durch deren Boden sie eine Schnur gezogen haben. Aufgefädelte Blätter, verschiedene Federn, Blumensamen in einem durchsichtigen Tütchen, selbst gebastelte Papierflieger, ausgeschnittene Schneesterne ergänzen die „Luftausstellung".

Am Tag des Festes gibt es verschiedene Angebote. Für die errichteten Stationen haben sich die Kinder Namen ausgedacht und ein Informationsschild angefertigt, auf dem die entsprechende Eigenschaft der Luft zu lesen ist. Auch einige Eltern sind anwesend und helfen mit, wenn die Kinder alleine nicht zurechtkommen.

Luft braucht Platz

Material: verschiedene Luftpumpen, Fahrrad, Fußball, Luftmatratze, Wasserball, Schwimmflügel, etc.

Ersin, Florian und Thomas, mit mehreren unterschiedlichen Luftpumpen ausgestattet, haben einen „Luftpumpenservice" eingerichtet. Bei ihnen kann man einen Fahrradschlauch, einen Fußball und was man sonst noch gerne aufgepumpt haben möchte, aufpumpen lassen oder selbst aufpumpen. Man bringt die Dinge mit oder wählt etwas aus dem Angebot der Station.

Luft kann mein Schiff bewegen

Material: Kinderplantschbecken mit Wasser gefüllt, Korkscheiben, verkürzte Schaschlikstäbe, Scheren, Papier

Zuerst haben Sven und Alex ein Kinderplantschbecken aufgepumpt und danach mit Wasser gefüllt. Für sie ist es der **„Segelsee"**, auf dem selbstgebaute Segelschiffchen um die Wette segeln können.
Wer noch kein **Segelschiffchen** hat, kann mit den beiden eines bauen.

Wo Luft ist, kann nichts anderes sein

Material: Behälter mit Wasser, Trinkgläser, Taschentuch, Papier, Kaugummi, Knetgummi, Tischtennisball, Spielfiguren

Um Mirjam und Joyce sind immer viele Kinder versammelt, denn bei ihrer Station, die sie **„Schiffchen versenken"** genannt haben, kann man nicht nur die Schiffchen mit Hilfe des umgedrehten Glases auf den Grund des Wasserbehälters versenken, ohne dass sie nass werden, sondern auch andere Dinge wie ein Taschentuch, ein zerknülltes Papier, einen in das Glas geklebten Kaugummi und was die Kinder sonst noch mitbringen.

Luft kann bremsen

Material: große Plastiktüten, Hüpfball

Auf dem Sportplatz gibt es einen **„Tütenlauf"** mit großen Plastiktüten. Die Mitspieler laufen mit einer Tüte in der Hand eine vorgegebene Strecke zu einem Hüpfball, um ihn herum und wieder zurück. Beim Hinlaufen halten sie die Tüte an einem Griff seitlich vom Körper in Kopfhöhe, sodass beim Laufen Luft in die Tüte eindringt und den Läufer bremst; beim Zurücklaufen wird die Tüte an einer Ecke des Tütenbodens festgehalten, sodass sie sich nicht aufbläst.

Luft bewegt das Windrad

Material: Windradschablonen zum Ausschneiden, Scheren, dünne Nägel, Perlen, dünne Holzstäbe

Mit Sabine und Leonie kann man **Windräder** in unterschiedlichen Größen bauen.

Luft kann bremsen

Material: Plastikfolien ca. 20 cm x 20 cm, dünne Schnüre, Spielfiguren

Stefan und Sebastian betreuen die **Fallschirmstation.** Die Fallschirme können die Mitspieler behalten, die Spielfiguren müssen wieder abgegeben werden, es sei denn, es werden eigene mitgebracht. Wer mit dem Basteln fertig ist, kann vom Schulhof aus zusehen, wie sein Fallschirm aus einem Gangfenster des ersten Stocks auf den Schulhof fliegt, vielleicht sogar um die Wette mit anderen. Aus Sicherheitsgründen lassen Erwachsene die Fallschirme aus dem Fenster fliegen. Außerdem können die Kinder vom Fenster aus den Flug ihres Fallschirms nicht so gut beobachten wie vom Hof aus.

Luft kann man als Wind spüren

Material: Zeichenpapier in verschiedenen Größen, Wachsblöcke

Ina und Daniela bieten Zeichenpapier in verschiedenen Größen und Wachsblöcke an. Mit den Blöcken ist das Zeichenpapier schnell bunt bemalt und anschließend zu einem Fächer gefaltet, den man in der Hitze gut gebrauchen kann.

Luft kann tragen

Material: Papier

Uwe und Paul helfen beim Falten von **Papierfliegern** mit, die selbstverständlich ausprobiert werden.

Luft kann federn

Material: Wasserbälle, Fußbälle, Gummibälle, Plastikbälle

Bettina und Katharina verleihen „**Federbälle**". Sie bieten zehn verschiedene Bälle an: Wasserbälle, Fußbälle, Gummibälle, Plastikbälle. Die aufpumpbaren Bälle sind nicht alle optimal mit Luft gefüllt, was durch bloßes Anschauen aber nicht zu erkennen ist. Die Teilnehmer wählen fünf Bälle aus und prellen sie auf den Boden. Der Ball, der am besten federt, wird zum persönlichen „Federball" gewählt.

Luft treibt an

Material: Strohhalme, lange Fäden (3 – 4 m lang), Luftballons, Klebestreifen

Durch einen Strohhalm wird ein langer Faden gefädelt, den zwei Kinder gespannt festhalten. Ein Luftballon wird aufgeblasen und zugehalten, während ein anderes Kind den „Ballonbauch" mit Klebestreifen am Strohhalm befestigt. Danach wird der Ballon losgelassen.

Aus welcher Richtung kommt der Wind?

Material: Wasserbehälter, Windhose, Wetterhahn, Windspiel, Stab

Meltem und Janina haben einen kleinen Wasserbehälter aufgestellt, eine **Windhose**, einen **Wetterhahn** und ein **Windspiel**. Die Kinder sollen an den aufgestellten Dingen beobachten, aus welcher Richtung der Wind kommt. In diese Richtung wird ein Stab gelegt. Anschließend überprüfen die Kinder ihre Beobachtung, indem sie einen Finger in den Wasserbehälter tauchen und ihn in die Luft halten.

Atmen und Bewegen

Material: Stuhl, Stoppuhr, Notizzettel, Stifte

Zunächst setzen die Mitspieler sich auf einen Stuhl, den Ayla und Petra zu ihrer Station gestellt haben. Ayla zählt die **Atemzüge** der Mitspieler, während Petra die Stoppuhr auf dreißig Sekunden einstellt. Die gezählten Atemzüge werden aufgeschrieben. Anschließend rennt der Mitspieler, so schnell er kann, zweimal um ein abgestecktes Feld. Anschließend werden wieder die Atemzüge in dreißig Sekunden gezählt und notiert. Falls die Kinder mit der Stoppuhr nicht zurechtkommen, hilft ein Erwachsener mit.

Zum Abschluss des Luftfestes tanzen die Kinder einen **Lufttanz** mit Hilfe eines **Schwungtuches** zu einer schwungvollen Musik, die Mirjam mitgebracht hat. Immer wieder fangen die Kinder die Luft unter dem Schwungtuch ein, indem sie das Tuch ohne loszulassen hochwerfen und unter dem Tuch möglichst eng zusammenlaufen.

Lernaspekte

Die Luft ist ein Element, mit dem viele Kinder bereits im Kindergarten vertraut geworden sind. Die meisten Versuche sind bereits bekannt, das Spielen mit Gegenständen im Zusammenhang mit der Luft ebenso.
Weniger bewusste Erfahrungen mit der Luft haben die Kinder mit dem eigenen Körper. Dass die Luft im eigenen Körper einen Raum einnimmt, sich deshalb die Bauchdecke hebt und senkt, dass bei jedem Atemzug „Wind" erzeugt wird, der sich nur begrenzt gezielt steuern lässt, ist für die meisten Kinder eine neue Wahrnehmung.

Auch wenn vom zeitlichen Ablauf die Spiele und Versuche mit den Gegenständen den größten Raum einnehmen, sollte bewusstes Atmen immer wieder zwischengeschaltet werden und die persönlichen Erfahrungen sollten in diesem Zusammenhang zur Sprache kommen. Dann spüren die Kinder bald, ob ihr Körper das Bedürfnis nach mehr Sauerstoff hat, ob kurze Bewegungsphasen und Atempausen während der Arbeit erforderlich sind, ob Atmen und Bewegen mithelfen, sich besser und anhaltender zu konzentrieren.
Das Wahrnehmen der persönlichen Konzentrationskurve verbunden mit sinnvollen, leicht einsetzbaren Strategien, gehört mit zum Erfassen und Lenken des eigenen Lerngeschehens. Bewusstes Atmen, ausgiebiges Gähnen, Recken und Strecken je nach Bedarf sind basale „Techniken" in diesem Bereich und werden von den Kindern, einmal in ihrer entlastenden Funktion erfasst, gerne angenommen und selbstständig angewendet.
Über diese „Erfahrungsbrücke" haben die Kinder für die Notwendigkeit, die Luft „sauber" zu erhalten, einen unmittelbaren Zugang, denn sie spüren den Mangel an „sauberer" Luft und seine Auswirkungen direkt. Andrerseits spüren sie aber auch, wie gut es tut, sich an „frischer" Luft zu bewegen, sie einzuatmen.
In diesem Zusammenhang führten die Kinder ein „Frischlufttagebuch". In eine Tabelle haben sie jeweils eingetragen, wie lange (ungefähr) sich jedes Kind täglich draußen aufgehalten hat und welche Tätigkeit es dabei ausgeführt hat. Es wird geschrieben oder gemalt, ganz nach Belieben.

Mein Frischlufttagebuch

Ich bin jeden Tag an der frischen Luft:

	von	bis	Dauer	Tätigkeit
Montag				
Dienstag				
Mittwoch				
Donnerstag				
Freitag				
Samstag				
Sonntag				

Die nach der Tagebuchwoche durchgeführte Reflexion ergab von Seiten der Kinder erste Erkenntnisse:

- Nach dem Spielen im Freien fühlt man sich fit, während das Spielen in der Wohnung oft müde macht.
- Wer draußen spielt, hat weniger Lust zum Fernsehen.
- Beim Spielen im Freien bewegt man sich automatisch mehr.
- Im Freien kommen viele Kinder auf neue Ideen, während die Spielideen daheim oft sehr begrenzt sind.
- Draußen wird es fast nie langweilig.
- Spazieren oder einkaufen gehen macht zwar nicht so viel Spaß, tut aber dennoch gut.
- Wer viele Wege zu Fuß erledigt, hilft mit, die Luft „sauber" zu halten.
- Wer zu Fuß zur Schule geht, ist wacher und kann besser aufpassen.

Mit ihren Blöckchen und Buntstiften gestalten die Kinder einen Hefteintrag. Das Heft wird quer genommen und über dem Überschriftenstrich wird die von den Kindern gewählte Überschrift „Luft, der unsichtbare Schatz" geschrieben. Mit den Blöckchen wird eine Landschaft angedeutet (Wiese, Himmel, Tiere, Pflanzen, Haus), Details, die sich an der Stationenarbeit und den Spielen im Hof orientieren sollen, wählt jeder selbst aus.

In Gruppenarbeit – mit den von den Kindern assoziierten „Luftwörtern" aus der zweiten Einheit – entstehen mehr oder weniger umfangreiche Texte, die das Wesentliche festhalten. Sie werden ebenfalls ins Heft geschrieben und ergänzen die Bilddarstellungen.

Wettererfahrungen

Unser Wetter heute

Material
Lehrerin: Jahreszeitenecke mit Ästen in einem Wassergefäß, Themenkreis mit Themenschild „Wetter", verschiedene Wettervorhersagen aus Tageszeitungen, Wettersymbole (siehe S. 357), Stab, ca. ein Meter lang, Stoffstreifen aus einem dünnen, leichten Material
Kinder: Notizzettel ohne Linien, Schreibblock

1. Im Themenkreis der Klasse hängt heute ein neues Schild. Darauf ist „Wetter" zu lesen. Da sich die Kinder sicher sind, über dieses Thema selbst viel zu wissen, sprechen sie gleich in der Gruppe darüber, was ihnen dazu einfällt. Das Wichtigste schreiben oder malen sie auf Notizzettel, jeden Gedanken auf ein eigenes Blatt. Im Sitzkreis tauschen sie die Überlegungen aus. Schließlich werden die Zettel an die Äste gesteckt, die in der Jahreszeitenecke in einem Wassergefäß stehen. Bei Zetteln mit gleichem Inhalt entscheiden die Kinder, welcher aufgehängt wird.

Die Kinder wissen schon viel über das Wetter. Sie benennen die verschiedenen Niederschläge, denken an Sonne, Wind, an Kälte und Wärme. Sonnen werden gemalt, ebenso Regentropfen, Schneeflocken und Wolken. Tobias weiß etwas über eine Wetterstation und den Wetterbericht.
2. Es ist klar, heute dreht sich alles um das Wetter, um das Wetter heute.
3.1 Hier im Klassenzimmer ist nicht allzu viel vom Wetter zu merken. Im Zimmer ist es angenehm warm, das ganze Jahr über. Deshalb gehen die Kinder mit Frau M. in den Schulhof. Sie nehmen ihre Schreibblöcke mit und notieren ihre Wetterbeobachtungen.
3.2 Zurück im Klassenzimmer vergleichen sie.

- Von der Sonne ist wenig zu sehen, denn sie ist etwas von den Wolken verdeckt.
- Es weht ein leichter Wind, den gar nicht alle Kinder wahrgenommen haben.
- Es ist mäßig warm, die meisten Kinder zogen ihre Jacken an.
- Außerdem muss es etwas geregnet haben, denn an schattigen Stellen ist der Belag des Schulhofes noch feucht.

3.3 Die Kinder haben ihre Beobachtungen aufgeschrieben, so gut es ging. Dies war ziemlich umständlich und dauerte lange. Beim Vergleich mit den Bildern und Wörtern, die in der Jahreszeitenecke hängen, stellen die Kinder fest, dass das Wetter heute nicht ganz so eindeutig ist, wie das, was sie vom Wetter zunächst aufgemalt oder geschrieben haben. Deshalb werden andere Möglichkeiten überlegt, das Wetter zu beschreiben, einfach und genau:

- Man könnte Bilder zum heutigen Wetter malen – aber das dauert ebenfalls lange.
- Man könnte Fotos machen – aber darauf ist der „leichte Wind" nicht zu sehen.
- Man könnte wie im Wetterbericht im Fernsehen oder in der Zeitung Zeichen malen, die eine bestimmte Wetterbedeutung haben.

3.4 Das versuchen die Kinder nun. Sie zeichnen Symbole für das Wetter heute:
- regnerisch, leichter Wind, Sonne von den Wolken bedeckt, mäßig warm

Auch Frau M. hat dafür Symbole mitgebracht (siehe S. 357), die sie an die Tafel hängt. Sie werden mit denen der Kinder genau verglichen. Tobias fällt noch etwas auf: „Das sind die, die es auch in der Zeitung und im Fernsehen gibt." Die Zeichen für „regnerisch" und „bedeckt", wie sie im

Fernsehen oder Radio benannt werden, haben die Kinder recht ähnlich getroffen. Beim Wind war es schwierig, ebenso bei „mäßig warm". „In der Zeitung ist immer ein Thermometer aufgemalt", fällt jetzt Ina ein. Ein Windsymbol kennen die Kinder nicht. Das pustende Windgesicht von Mirjam gefällt ihnen fürs erste gut.

4. Nun überlegen sie, was mit den gefundenen Zeichen zu tun ist und wie sie diese Woche weiter vorgehen könnten. Wieder bringen die Kinder Vorschläge:

- die Wetterzeichen auf ein Blatt kleben und den Tag dazu schreiben. Das könnte man auch an den nächsten Tagen machen.
- die Wetterzeichen im Klassenzimmer aufhängen und das Datum dazuschreiben, eine ganze Woche lang oder länger.
- ein „Wettertagebuch" führen, so ähnlich wie das „Frischlufttagebuch".
- die Wetterzeichen zu jedem Tag der Wochenuhr hängen und jeden Tag das Wetter ansagen.

5.1 Alle Vorschläge finden ihre Anhänger und so wird beschlossen, sie auch in die Tat umzusetzen. Aber es entsteht ein neues Problem: Was malen die Kinder, wenn es morgen ein Gewitter geben wird? „Oder gar schneien?", wirft Uwe kichernd ein. Frau M. hat verschiedene Wetterberichte aus verschiedenen Zeitungen gesammelt, die sich die Kinder jetzt gruppenweise anschauen. Die Zeichen, die darauf zu sehen sind, helfen den Kindern weiter, obwohl es nicht immer dieselben sind, die für gleiche Wettererscheinungen benützt werden. Dennoch sind alle leicht zu „lesen". Einige sind für sie besonders einfach zu entschlüsseln:

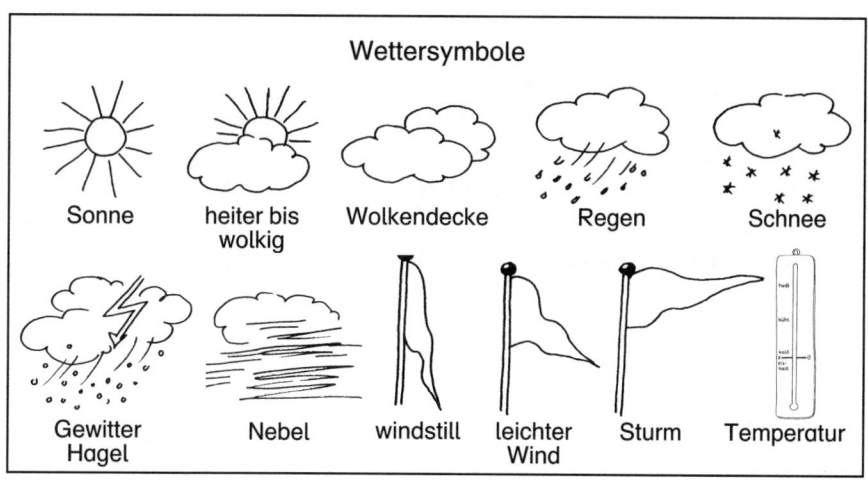

- Die Wolke mit dem Blitz, dem Regen und dem Hagel bedeutet „Gewitter". Der Hagel ist deshalb dazugemalt, weil es Hagel eigentlich nur im Zusammenhang mit Gewitter gibt.
- Die Wolke mit den Schneesternen bedeutet „Schnee".
- Die Sonne am Himmel bedeutet „Sonnenschein", „wolkenlos".
- Die Sonne, halb bedeckt von einer Wolke, bedeutet „Sonne mit leichter Bewölkung", „heiter bis wolkig".
- Wolken bedeuten „Wolkendecke".
- Die drei verschiedenen Windfahnen bedeuten „windstill", „schwacher Wind", „starker Wind" oder „Sturm".
- Das aufgemalte Thermometer zeigt die Wärme oder Kälte an.

5.2 Auch diese Zeichen werden an die Tafel gehängt. Die Kinder malen sie auf die Notizzettel, damit sie am nächsten Tag mit den verschiedenen Wetteraufzeichnungen beginnen können.

6. Zuletzt wird noch eine „Wetterfahne" gebastelt, damit die Kinder die Windstärke genauer bestimmen können. Bettina schneidet aus einem Stückchen Stoff einen handbreiten Streifen fast so lang wie der Holzstab, die Wetterfahne. Sie wird an einem Ende des Holzstabes befestigt. Ob die Aussage der Kinder über den leichten Wind richtig war, probieren sie gleich aus und stecken die Fahne in eines der Schulhofbeete in die Erde. Es stimmt: Heute weht ein schwacher Wind, denn die Fahne entfernt sich leicht vom Stock.

Lernaspekte

Die Kinder haben zum Wetter noch wenig bewussten Bezug. Oft wollen sie auch im Winter ohne Jacke aus dem Klassenzimmer in die Pause gehen und sind auf entsprechende Erinnerungen angewiesen. Sie freuen sich zwar über sonnige Tage, über frisch gefallenen Schnee, aber dass mit dem Wetter auch Vorsorge, manchmal auch Schwierigkeiten verbunden sind, hat für sie noch keine Bedeutung.

Andrerseits haben sie bereits eine Menge allgemeiner Erfahrungen mit dem Wetter gesammelt. Sie kennen die Wettererscheinungen und einige ihrer Symbole aus dem Fernsehen, aus Kinderlexika, der Zeitung oder dem Internet, je nach den familiären Gewohnheiten. Über die Notwendigkeit von Wettervorhersagen dachten sie noch nicht nach, auch nicht darüber, ob und welchen Einfluss das Wetter auf die Natur, auf Menschen, Tiere und Pflanzen hat. Mit diesen Themenaspekten werden sich die nächsten Einheiten befassen.

Zunächst überdenken die Kinder ihre Vorhaben, führen sie aus und geben ihnen auch Namen:

- **Wetterfaltbuch:** Die ursprüngliche Idee, für jeden Tag ein „Wetterblatt" anzufertigen, wird beibehalten. Allerdings sollen die Blätter zusammenhängend sein, wie bei einem Buch. So wird ein DIN-A3-Blatt der Länge nach gefaltet und auseinander geschnitten (Faltbücher für zwei Wochen). Die beiden Teile werden dreimal gefaltet, sodass acht Felder entstehen. Auf das erste Feld wird die Woche geschrieben und am Ende der Woche alle in dieser Woche vorkommenden Wettererscheinungen aufgemalt. Auf die anderen Felder werden die einzelnen Wochentage notiert, darunter die Wettersymbole gemalt und geklebt.
- **Wetterzeichen:** Die Wetterzeichen werden im Klassenzimmer so untereinander aufgehängt, dass daneben Platz zum Hinhängen des Datums ist. Zum Feststellen der Häufigkeit ein und derselben Wettererscheinung ist diese Darstellungsform günstig.
- **Wettertagebuch:**

Mein Wettertagebuch									
Montag									
Dienstag									
Mittwoch									
Donnerstag									
Freitag									
Samstag									
Sonntag									

- **Wetteruhr:** Über den ursprünglichen Vorschlag, Wetterzeichen zu jedem Tag der Wochenuhr zu hängen, wird nochmals nachgedacht. Einfacher wäre es, eine Wetteruhr mit Zeigern zu basteln. Zusammen mit Frau M. lässt sich auch dieses Vorhaben durchführen (siehe S. 360). Ab nun wird im Zusammenhang mit der Morgenansage das aktuelle Wetter an der Uhr eingestellt und im Stil eines Wetterberichtes angesagt.

Wetteruhr

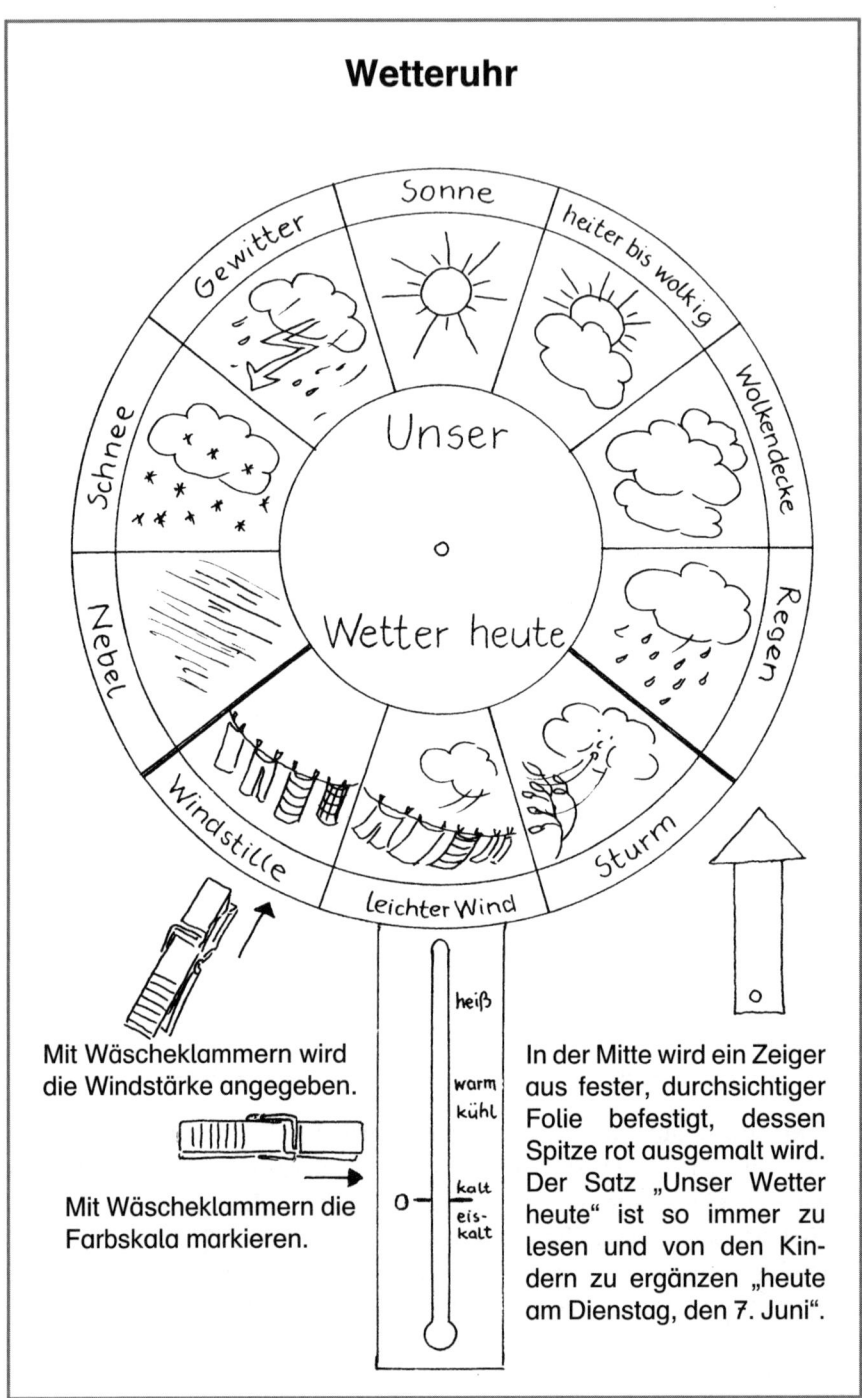

Mit Wäscheklammern wird die Windstärke angegeben.

Mit Wäscheklammern die Farbskala markieren.

In der Mitte wird ein Zeiger aus fester, durchsichtiger Folie befestigt, dessen Spitze rot ausgemalt wird. Der Satz „Unser Wetter heute" ist so immer zu lesen und von den Kindern zu ergänzen „heute am Dienstag, den 7. Juni".

Zum Feststellen der Windstärke gehen die Kinder jeden Tag mit ihrer Wetterfahne auf den Schulhof.

Um über Wärme und Kälte Aussagen zu machen und das Thermometerröhrchen richtig auszumalen, befestigt Frau M. ein Außenthermometer. Die vorhandene Skala wird überklebt. An ihrer Stelle stehen Begriffe auf der einen Seite, eine Farbskala, bei der die Farben ineinander übergehen, auf der anderen:

heiß	+ 25 °	orange
warm	+ 15 °	gelb
kühl	+ 10 °	hellblau
kalt	0 °	blau
eiskalt	ab – 1 °	dunkelblau

Den Farbbereich, den das Thermometer anzeigt, übertragen die Kinder in ihr Thermometerröhrchen. Den Wärmebegriff können sie darunter schreiben.

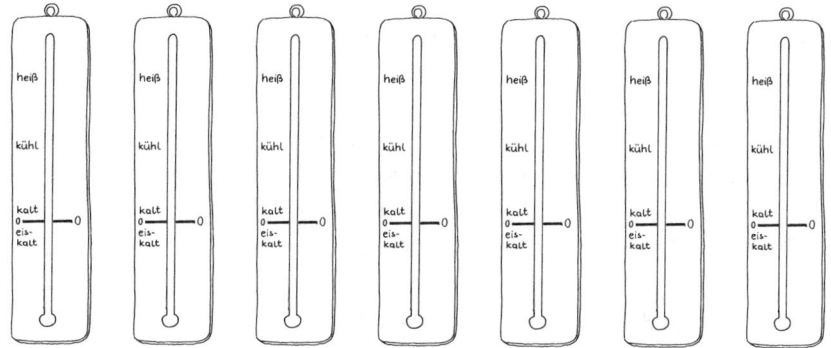

Abb. 68: Thermometerröhrchen

Nach Abschluss einer Woche erstatten die Kinder einen Wetterwochenbericht. Sie stellen nicht nur die eigenen Berichte vor, sondern bringen auch Wetterberichte aus der Zeitung zum Vergleich mit.

Frau M. hat einen Radiowetterbericht und einen Fernsehwetterbericht auf Kassette aufgenommen und den Kindern vorgespielt. Anfangs herrschte Verwirrung unter den Kindern. Denn während sie für den Donnerstag das Symbol für „Sonnenschein" aufmalten, sprach der Radiosprecher von „Dauerregen." Nach nochmaligem Anhören erkannten die Kinder: Der Wetterbericht aus dem Radio bezog sich auf eine ganz andere Gegend. Das bedeutet: Das Wetter kann innerhalb eines Landes wie Deutschland ganz unterschiedlich sein. Da scheint in Hamburg die Sonne, in Berlin ist es bedeckt, in München regnet es. In den regionalen Tageszeitungen oder im regionalen Fernsehprogramm wird der regionale Wetterbericht angegeben.

Jede Gruppe überlegt sich Fragen, die sie von den anderen beantwortet haben möchte. Die dazu verwendeten „Fachbegriffe" werden vorab geklärt und an die Tafel geschrieben:

- Welche Bewölkung gab es in dieser Woche?
- Welche Niederschläge gab es?
- An welchen Tagen gab es Niederschläge?
- Wann gab es keine Niederschläge?
- An welchen Tagen war das Wetter wechselhaft ?
- Was zeigte das Thermometer an?
- Welcher Tag war der wärmste in der Woche?
- Welcher Tag war der kälteste in der Woche?
- Welche Windstärke war zu beobachten?
- An welchem Tag war es windstill ?

Im Klassenzimmer wird ein „Wettertisch" eingerichtet, auf dem Angebote zu finden sind, die die Kinder gerne annehmen. Dazu gehören auch Bücher und Lexika (ausgeliehen vom Bücherbus), in denen sich die Kinder selbstständig zum Thema „Wetter" informieren können.

<u>Wettervorhersagen hören</u>

Material: Kassettenrekorder, Kassette, Wettersymbolkarten (siehe S. 357), Wortkarten: Frühling, Sommer, Herbst, Winter

Die Kinder hören die Wetterberichte an und legen die passenden Wettersymbole in der Reihenfolge ihrer Nennung. Selbstkontrolle erfolgt durch Umdrehen der Kärtchen, auf denen eine Zahlenfolge zu lesen ist. Jede Wettervorhersage soll einer Jahreszeit zugeordnet werden. Auf der Rückseite der Jahreszeiten-Wortkarten ist ebenfalls eine Zahlenfolge zu lesen.

Kassettentext:

> Wettervorhersage: Am Morgen ist der Himmel noch bedeckt. Gegen Mittag reißen die Wolken auf und für den Rest des Tages wird es heiter bis wolkig. Am Abend und in der Nacht sind Gewitter zu erwarten. Es bleibt schwül und heiß.
>
> Wettervorhersage: Das eiskalte Wetter hält an. Es wird heftiger Schneefall bei schwachem Wind erwartet. Achtung Autofahrer! Es ist mit Straßenglätte zu rechnen.
>
> Wettervorhersage: Auch zum Wochenende ist keine Wetterbesserung in Sicht. Erst im Laufe des Vormittags löst sich der dichte Nebel langsam auf. Tagsüber bleibt es bedeckt, gegen Abend ist mit Regen und heftigem Wind zu rechnen. Es bleibt kühl.
>
> Wettervorhersage: Am Morgen ist es noch kühl, gegen Mittag wird es angenehm warm. In ganz Deutschland ist der Himmel wolkenlos. Es ist windstill.

Wetterdomino

Material: Wetterdomino (siehe S. 364)

Wettergeschichten

Material: Märchenwolle, Wettersymbolkarten (siehe S. 357), Schreibpapier, Zeichenblock

Die Wettersymbolkarten werden mit der Bildseite nach unten gelegt. Ein Kind zieht eine Karte und erzählt zu ihr eine Wettergeschichte.
Die Kinder können ihre Geschichten auch alleine oder mit Märchenwolle gestalten, sie aufschreiben, malen oder beides.

Wetterrätsel

Das Rätselspiel kann mit Partnern oder in der Gruppe gespielt werden. Die Karten liegen offen, während ein Kind eine Wettersituation zu einem Symbolbild beschreibt. Wer die Karte als Erster zuordnen kann, fährt fort.
Beim Beschreiben müssen die Kinder darauf achten, das im Symbol abgebildete Wettersymbol *nicht* zu nennen. Also nicht: „Heute hat es geschneit", sondern: „Mit meinem Schlitten fahre ich den Berg hinunter".

Wetterdomino

Los gehts!	☀
wolkenlos	
heftiger Wind	
Regen	
Nebel	
schwacher Wind	
Wolkendecke	
windstill	
heiter bis wolkig	
Schneefall	Ende

Wetterfragen

Material: Wettersymbolkarten (siehe S. 357), Schreibblock, Zeichenblock

Dieses Spiel wird ebenfalls mit Partnern oder in der Gruppe gespielt. Diesmal werden Fragen gestellt, die mit den Wettersymbolkarten beantwortet werden, z.B.: Bei welchem Wetter brauchst du Gummistiefel?
Die Fragen können auch aufgeschrieben oder gemalt werden.

Mit Willi in der Ferienwoche

Material
Lehrerin: Willi und Herr Wunderlich (siehe S. 103), Koffer, Sandalen, Badehose, Taucherbrille, einige T-Shirts, zwei kurze Hosen, gefütterte Fäustlinge aus wasserabweisendem Material, Brief, Briefumschlag, Wettersymbolkarten (siehe S. 357)
Kinder: Zeichenblock, fünf Bögen DIN-A3-Tonpapier

Als die Kinder heute ins Klassenzimmer kommen, bemerken sie gleich die Bilder zweier alter Bekannter. Es ist Willi mit seinem Opa Herrn Wunderlich (siehe S. 103). In der Mitte des Klassenzimmers steht ein großer Koffer. Die Kinder denken sofort an Urlaub, fragt sich nur, wer in den Urlaub fährt und wohin.

1.1 Im Sitzkreis äußern die Kinder ihre ersten Gedanken. „Wenn wir in den Koffer hineinschauen, wissen wir vielleicht, wohin Willi und sein Opa fahren", schlägt Ayla vor und Paul öffnet den Koffer. Alles, was darin ist, wird in der Mitte ausgebreitet: Sandalen, Badehose, Taucherbrille, einige T-Shirts, zwei kurze Hosen, dicke Fäustlinge, alles in Kindergröße. Es ist klar: Willi soll in Urlaub fahren und, wie man sieht, ans Meer oder an einen See. Warum er die Fäustlinge eingepackt hat, ist nicht leicht zu erraten. „Wahrscheinlich sind sie neu und sie gefallen ihm", vermutet Alex und einige nicken dazu verständnisvoll.

1.2 Ganz unten im Koffer liegt noch ein Umschlag mit einem Brief. Leonie öffnet ihn und liest vor:

Sehr geehrter Herr Wunderlich,

wir haben die Anmeldung Ihres Enkels Willi Wunderlich zur „Ferienwoche auf dem Land" zur Kenntnis genommen und freuen uns auf sein Kommen. Um für seinen Aufenthalt gut ausgestattet zu sein, braucht Willi Bekleidung für jede Wetterlage. Bitte denken Sie daran.
Bei Fragen stehen wir Ihnen gerne zur Verfügung.

Mit freundlichen Grüßen
Armin Holl
Leiter der Ferienwoche

Gleich zweimal wird der Brief vorgelesen, dann weiß es jeder:

- Willi hat zu wenig eingepackt.
- Willi hat falsch eingepackt, denn in den Pfingstferien braucht man keine Fäustlinge.
- Willi hat nichts für Regen und Kälte mit.

2. „Wir helfen Willi beim Kofferpacken, damit er für jedes Wetter etwas mitnimmt", schlägt Uwe vor.
3.1 Gruppenweise malen oder schreiben die Kinder nach ersten Besprechungen, was Willi in seinen Koffer packen soll. Immer wieder schauen sie dabei auf die Wettersymbolkarten, die im Klassenzimmer hängen, nur um keine Wetterlage zu vergessen.
Die Ergebnisse werden im Sitzkreis vorgestellt. Die Kinder begnügen sich nicht nur mit dem Aufzählen der Kleidungsstücke im Zusammenhang mit der Wetterlage, sondern sie begründen auch mit den Aktivitäten, die ihnen einfallen. „Willi braucht Gummistiefel, auch wenn der Regen vorbei ist, denn die Wiesen und Wege sind trotzdem noch nass", erklärt Sven.
Zuletzt ist Willis Koffer ganz schön voll. Er braucht:

- Gummistiefel, Regenjacke, Matschhose, wenn es regnet;
- gefütterte Jacke, Pullover, lange Hose, geschlossene Schuhe, Mütze, Schal, Strumpfhosen, wenn es kalt ist;
- T-Shirts, kurze Hosen, Kniestrümpfe, Socken, Sandalen, Sportschuhe, wenn es warm ist.
- Badehosen, Sonnenbrille, Sonnenkappe, wenn es heiß ist.

3.2 Jede Gruppe erhält nun einen Bogen Tonpapier. Aus ihm soll durch Abrundung der Ecken und Ankleben eines Griffes ein „Koffer" werden. Die Kleidungsstücke werden ausgeschnitten und geordnet nach Wetterlage auf den Koffer geklebt. Die Kinder finden auch passende Überschriften wie „Willi ist immer richtig angezogen" oder „Willi zieht sich nach dem Wetter an".
4. Wer damit fertig ist, überlegt im Sitzkreis, ob Willi der Einzige ist, für den das Wetter wichtig ist, und ob das nur für die Ferien gilt. Die Bilder in der Mitte geben an, ob niemand vergessen wurde (siehe S. 367).

Jetzt wissen die Kinder noch mehr. Sie ordnen die Bilder nach „Menschen und das Wetter", „Tiere und das Wetter", „Pflanzen und das Wetter." Das Wichtigste wird zusammengefasst:

- Alle **Menschen** richten sich nach dem Wetter: morgens, wenn sie sich anziehen, wenn sie aus dem Haus gehen, wenn sie die Wohnung lüften, wenn sie die Wohnung heizen. Es ist für uns natürlich, dass wir im Winter die Heizung einschalten und in der Sommerhitze Schutz in der Wohnung suchen.
- Verkehrsteilnehmer, Kinder und alte Menschen müssen besonders auf das Wetter achten und sich auf der Straße entsprechend vorsichtig verhalten, z.B. bei Nebel oder Glatteis.
- Es gibt Erwachsene, die einen Beruf haben, der ebenfalls stark wetterabhängig ist (Bauer, Pilot, Kaminkehrer, Bauarbeiter, Gärtner, Dachdecker, Straßenarbeiter …).
- Viele Unternehmungen gelingen nur bei schönem Wetter (Sommerfest im Garten, Geburtstagsfeier im Garten, Baden im See)
- Für alle Menschen ist es daher wichtig, auf die Wettervorhersage zu achten, auch wenn sie nicht immer genau „stimmt". Manchmal ist es notwendig, seine Pläne zu ändern, wenn das Wetter dafür nicht geeignet ist (Schlittenfahren, Schneemann bauen, Baden im See …).
- Menschen können sich an das Wetter durch ihre Kleidung anpassen und bei jedem Wetter auch im Freien etwas unternehmen (Wandern, kurze Spaziergänge mit Regenkleidung …).
- Auch Tiere sind vom Wetter abhängig. Von Natur aus wissen sie, wie sie sich bei welcher Wetterlage zu verhalten haben.
  – Der Igel hält Winterschlaf.
  – Die Zugvögel fliegen im Herbst in warme Länder und kommen erst im Frühjahr wieder.
  – Die Eichhörnchen halten Winterruhe.
  – Die Regenwürmer kriechen bei Regen aus der Erde, da sie im Wasser keine Luft bekommen. Nach dem Regen schlüpfen sie wieder zurück in die Erde.
  – Nur bei trockenem Wetter sammeln die Bienen Nektar aus den Blüten, denn bei Regen können sie nicht fliegen und die Blüten sind geschlossen.
- Auch das Leben der Pflanzen richtet sich nach dem Wetter.
  – Viele Blumen halten ihre Blüten nur bei Sonnenschein offen und schließen sie bei Dunkelheit und Regen. Sie schützen ihre Samen vor der Nässe.

- Bei heftigem Sturm brechen Äste ab.
- Wenn es im Sommer lange nicht regnet, können Wiesen und Felder von der Sonne verbrennen und verdorren.

5. In Expertengruppen arbeiten die Kinder mit den Bildern weiter. Sie werden auf Tonpapier geklebt und ihre Abhängigkeit vom Wetter in kleinen Sätzen beschrieben oder durch eigene Bilder ergänzt.
6. Außerdem erhält jedes Kind einen kleinen „Willi" als Anziehpuppe, für den es eine Garderobe für das ganze Jahr zusammenstellen kann. Die grundlegenden Kleidungsformen werden je nach Jahreszeit verändert.

Abb. 69: Kleidungsstücke für Willi; Anziehpuppe

Eines kann man bei der Anziehpuppe Willi nicht berücksichtigen: das Material, aus dem die Kleidungsstücke hergestellt sind, muss ebenfalls dem Wetter angepasst sein. Dennoch wird Willi passend eingekleidet. Die hergestellten Kleidungsstücke werden auf den Körper geklebt und die vielen Willis hängen anschließend als Mobile im Klassenzimmer.

5. Die Zeit bis Schulschluss

Das erste Schuljahr geht langsam seinem Ende zu. Man spürt den Kindern zwar die Erholung durch Feiertage und/oder Ferien an und auch die Bereitschaft, noch Neues zu lernen. Dennoch – belastbar sind sie nicht mehr.
Der unterrichtliche Schwerpunkt liegt in diesen Tagen auf der Vorbereitung schulischer Schlussveranstaltungen. Auch wenn nicht immer etwas „vorgeführt" wird, das der Einübung bedarf, sollten die Kinder mit dem jeweiligen Organisationsrahmen bereits vorher so vertraut sein, dass am Tage des Festes über dessen Ablauf Klarheit besteht.
Für einen Motivationsschub in den letzten Wochen sorgt auch die Beschäftigung mit einem klassenbezogenen eigenen Thema.

Unser eigenes Thema

Material: unbeschriebene Wortkarten, Schreibblock,

Kinder haben ihre eigenen Fragen, ihre eigenen Interessen und Probleme. Gelingt es im Rahmen des Unterrichts, gebührend darauf einzugehen, fühlen sich die Kinder verstanden, ernst genommen und aktiv in die Unterrichtsplanung einbezogen. Deshalb sieht z. B. der Neue Grundschullehrplan für Bayern im ersten Themenbereich „Unser eigenes Thema" verpflichtend vor, ein Thema aus der aktuellen und individuellen Interessenslage der Schüler zu bearbeiten. Für die Themenwahl gelten, wie bei den verbindlichen Themen, bestimmte Auswahlkriterien:

- Zugänglichkeit für die Schüler,
- Lebensbedeutsamkeit,
- sachliche Ergiebigkeit,
- Möglichkeit, exemplarisch zu lernen.

Zu diesem Zeitpunkt im Schuljahr wissen die Kinder, was ein „Thema" ist und kennen Möglichkeiten der Bearbeitung. Sie haben dabei gelernt, für sich persönlich oder innerhalb einer Gruppe Entscheidungen zu treffen und diese konkret umzusetzen. Deshalb ist für sie auch verständlich, dass vor der Bearbeitung einer Thematik die Einigung darauf stattfindet. Dazu müssen zunächst Themen vorgeschlagen werden. Das kann auf unterschiedliche Weise geschehen:
Die Kinder

- malen oder schreiben ihr Thema auf Karten, die an einer Seitentafel oder Pinnwand gesammelt werden.

- sammeln in einem „Themenheft" Themenvorschläge. Ist der eigene Vorschlag schon gezeichnet oder notiert, wird der eigene Name zu dem des Initiators hinzugefügt.
- bringen Unterlagen zu einem Thema mit. Das können Bücher, Prospekte oder Bilder sein. Auf einem „Thementisch" wird das Material ausgestellt, ein Themenschild dazugeschrieben, sodass sich alle darüber informieren können.

Nach einer gründlichen Vorstellung der Themen einigen sich die Kinder auf eines:

- Die Themenabstimmung erfolgt durch Handzeichen.
- Die Themenschilder werden im Klassenzimmer weiträumig ausgelegt. Wer Näheres darüber wissen will, stellt sich zu einem Schild.
- Jeder schreibt das Thema seiner Wahl auf einen Notizzettel. Die Notizzettel werden gesammelt und ausgezählt.
- Das Thema, das die höchste Zustimmung erhält, wird als Klassenthema „Unser eigenes Thema".

Das Thema wird auf eine Wortkarte geschrieben und in den Themenkreis des Klassenzimmers gehängt. Jetzt überlegen alle Schritte zur Konkretisierung und greifen dabei auf bereits bekannte Methoden zurück:

- Eigene Erfahrungen werden erörtert und inhaltliche Ordnungskriterien gesucht.
- Die Kinder sammeln Fragen (schriftlich, Mikrofonaufnahme).
- Die Tätigkeitssymbole des Themenkreises geben Impulse zur Durchführung.
- Informationsmaterial wird inhaltlich sortiert und Teilbereiche werden festgelegt, die arbeitsteilig bearbeitet werden können.
- Fehlende Informationen werden benannt und es wird nach Informationsquellen gesucht (Ausstellungen, themenspezifische Einrichtungen, „Fachleute").

Je nach Thema wird weitergearbeitet. Aus den vielfältigen Informationen stellen die Kinder Materialien her:

- Themenbuch
- Themenmappen
- Nachschlagkartei
- Quizfragen und – antworten
- Tonbandinterviews
- Spielanleitungen

- Versuchsstationen
- Erfahrungsberichte
- Puzzles aus Informationsbildern
- Beobachtungsbögen
- Zeichnungen
- Bilder
- Informationsplakate
- Collagen

Immer wieder gibt es Zwischenreflexionen, in denen die Kinder ihre Erfahrungen mit den gewählten Bearbeitungsformen austauschen, Probleme ansprechen und nach Lösungen suchen.
Zuletzt werden die Arbeitsergebnisse der verschiedenen Arbeitsgruppen vorgestellt und ein passender Abschluss überlegt. Das kann ein Fest sein, zu dem Eltern oder andere Klassen eingeladen werden, eine Ausstellung im Klassenzimmer oder eine Wandzeitung in den Gängen des Schulhauses. Daraus kann sogar ein Angebot werden, das Thema in Klassen des eigenen oder eines anderen Schulhauses vorzustellen.

Mit Willi die Wiese erforschen

In Schulnähe gibt es den „Wiesengrund" mit Wiesen und Sträuchern, den die Kinder mit ihrer Lehrerin bereits mehrmals im Schuljahr aufgesucht haben. Zu jeder Jahreszeit lädt der „Wiesengrund" zum Spielen und Beobachten der jahreszeitlichen Veränderungen ein. Bei jedem Besuch entstanden Fotos, die im Klassenzimmer hängen und die die Wiese im Herbst, im Winter und im Frühling zeigen. Gemalte Bilder und kleine Schriftstücke, die an die bisherigen Wiesenerlebnisse erinnern, wurden auf Tonpapier geklebt und schmücken ebenfalls das Klassenzimmer.
Nun, rund um den Sommeranfang, befassen wir uns noch einmal, diesmal gezielt und ausgiebig, mit dem Thema Wiese.

Willi wird Wiesenforscher

Material
Herr Wunderlich und Willi (siehe S. 103), Forscherrahmen (siehe S. 375), Lupen, Becherlupen, Klemmbretter DIN A4 (z.B. Kartons von Zeichenblöcken), zwei Büroklammern pro Kind, Fotoapparat, Kassettenrekorder mit Mikrofon

Heute wird in der Klassensitzordnung begonnen. Frau M. befestigt Herrn Wunderlich und Willi an der Tafel und den Kindern fällt schnell ein, was sie von den beiden schon wissen. Dann erzählt Frau M.:

> *Jetzt, da es so heiß ist, besucht Willi seinen Opa besonders gerne, denn in Herrn Wunderlichs Garten ist immer ein schattiges Plätzchen zu finden. Heute sticht die Sonne ganz besonders stark und Willi jammert ein wenig: „Ach, ist das heiß! Jetzt wäre es im Schwimmbad schön oder wenigstens in einem Swimmingpool, wie der Hannes einen hat. Gestern war ich bei ihm, und wir waren fast die ganze Zeit im Wasser." Nach einer kleinen Pause fragt er seinen Opa: „Opa, warum hast du eigentlich keinen Swimmingpool in deinem großen Garten? Auf der Wiese hinter dem Gemüsebeet könnten wir doch ein Loch für einen Swimmingpool graben. Das wäre ganz toll, jetzt im Sommer. Bitte, Opa, ich wünsche mir so sehr einen Swimmingpool!"*
>
> *Eine Weile überlegt Herr Wunderlich, bevor er antwortet: „Ich verstehe, was du meinst, Willi, und ich verstehe auch deinen Wunsch. Aber bevor wir uns darüber weiter unterhalten, möchte ich dir die Wiese, von der du gesprochen hast, einmal genauer zeigen. Wie es aussieht, ist es Zeit, dass für dich die „Wiesenforscherschule" beginnt. Komm mit in den Keller, wir fangen gleich mit dem Unterricht an!" Und bevor Willi noch etwas fragen kann, läuft sein Opa bereits die Treppe hinunter.*
>
> *Im Keller ist es angenehm kühl. Während Herr Wunderlich aus allen möglichen Regalen Dinge zusammensucht, setzt sich Willi auf einen alten Stuhl und denkt nach, was sein Opa gesagt hat. „Wie war das?", überlegt er. „Es ist Zeit, dass für mich die Wiesenforscherschule beginnt?"*

Hier unterbricht Frau M. ihre Erzählung. Wiesenforscherschule... Daniel meldet sich als Erster und versucht zu erklären, was Herr Wunderlich gemeint hat. Den Kindern fällt viel dazu ein, denn sie haben schließlich genügend Wiesenerfahrungen und bereits selbst über die Wiese Etliches herausgefunden:

- Auf der Wiese wächst Gras, vermischt mit verschiedenen Blumen.
- Auf der Wiese leben Tiere.
- Ein Wiesenforscher erforscht das Leben der Pflanzen und Tiere auf der Wiese, d.h. er beobachtet, was es auf der Wiese alles zu entdecken gibt.
- Wiesenforscherschule ist eine Schule, in der man lernt, ein Wiesenforscher zu werden.

Die Kinder erfahren heute, wie für Willi die Wiesenforscherschule begonnen hat. Im Sitzkreis legt Frau M. einige Dinge in die Mitte, die Herr Wunderlich seinem Enkel gezeigt hat. Die Kinder schauen sie interessiert an, versuchen sie zu benennen und probieren sie aus, so weit es möglich ist.

- Beim „Forscherrahmen" weiß zuerst keiner, was man damit tun kann. Aber als Frau M. ihn an die Buchstabentafel über das W-Bild hält, erkennt bald jeder:
Der Forscherrahmen zeigt einen Ausschnitt von einem großen Bild. Nur das, was im Forscherrahmen zu sehen ist, ist zu erforschen. An der Buchstabentafel ist es das W-Bild, auf der Wiese sind es die Blumen und Tiere, die man im Rahmen sieht.
- In einem Beutel liegen viele Lupen und Becherlupen. Das ist einfach, denn die Kinder wissen, dass man durch eine Lupe alles größer sehen kann. Aber wie macht man das?
Jeder holt sich eine Lupe aus der Tüte und probiert erst einmal aus, wie man sie ans Auge halten muss, um etwas zu sehen. Dann werden mit ihrer Hilfe die Fingerspitzen angeschaut, die Handfläche, die Haare auf dem Kopf des Nachbarn. Nach einigen Versuchen werden die Kinder im Lupensehen immer geschickter und legen die Lupen wieder in den Beutel zurück. Warum braucht ein Wiesenforscher so eine Lupe?
Durch eine Lupe kann man Blumen und Blätter vergrößert ansehen, vielleicht sogar Tiere, wenn sie sich nicht zu schnell bewegen. Besser zum Beobachten der Tiere eignen sich die Becherlupen, in die man sie für kurze Zeit hineinsetzen kann. Um ein richtiger Wiesenforscher zu werden, muss man nämlich genau und deutlich sehen können.

Nun liegen noch viele Kartons und eine Schachtel mit Büroklammern in der Mitte. Frau M. zeigt wofür:

- Der Karton wird als Klemmbrett benutzt. Mit zwei Büroklammern befestigt man ein Blatt, auf dem alles aufgeschrieben wird, was man sieht.
Jeder macht sich ein Klemmbrett zurecht und legt es unter seinen Stuhl.
- Jetzt liegen noch der Fotoapparat und ein Kassettenrekorder mit Mikrofon in der Mitte. Mit dem Fotoapparat werden Pflanzen, Tiere sowie ein grö-

ßeres Wiesenstück fotografiert, mit dem Kassettenrekorder Wiesengeräusche aufgenommen.

„Ich denke du weißt, wie sich ein richtiger Wiesenforscher auf der Wiese verhält", meint Herr Wunderlich, nachdem er und Willi alles zusammengepackt haben und die Kellertreppe hinaufgehen.

Darüber wissen die Kinder Bescheid:
- Um keine Blumen umzutreten, bleibt man am Wiesenrand.
- Wenn man die Wiese doch einmal betreten muss, so ist man ganz vorsichtig und aufmerksam, um nichts zu verletzen.
- Wiesenblumen sind keine Pflückblumen, bis auf wenige Ausnahmen. Will man dennoch eine Pflanze mit nach Hause nehmen, wird sie behutsam abgeschnitten, damit die Wurzeln nicht mit ausgerupft werden.

„Deine erste Unterrichtsstunde als Wiesenforscher hast du bereits hinter dir", erklärt Herr Wunderlich seinem Enkel. Gemeinsam packen sie alles in einen Korb und laufen zur Wiese hinter dem Gemüsebeet.

Auch die Kinder haben die erste Wiesenforscherstunde hinter sich und richten ebenfalls ihre Forscherausrüstung her, damit alles parat liegt, wenn sie morgen zu einer der Wiesen in den Wiesengrund gehen.

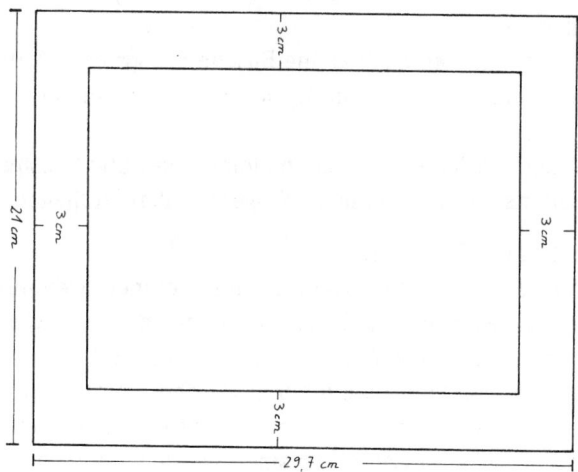

Abb. 70: Forscherrahmen (1 Karton DIN A 4)

Ein Tag in der Wiesenforscherschule

Material
Forscherrahmen, Lupen, Becherlupen, Klemmbretter DIN A4 (siehe vorhergehende Stunde), Anweisungsblatt (siehe S. 377), Handtücher als Sitzunterlage, Federmäppchen, Verpflegung

Heute kommen die Kinder mit großen Erwartungen in die Schule. Rasch wird die Forscherausrüstung in den Rucksack gepackt und es kann losgehen.
Bis zum Wiesengrund ist es nicht weit. Nach kurzer Zeit hat Frau M. mit den Kindern die Wiese erreicht, die sie sich für ihr Vorhaben ausgesucht hat. Diese ist am Rand abgemäht und so breiten die Kinder in einem großen Kreis ihre Handtücher aus, legen ihre Rucksäcke darauf und setzen sich daneben. „Das ist unser Sammelplatz", erklärt Frau M. Gemeinsam erinnern sich die Kinder daran, was sie hier vorhaben, nämlich wie Willi etwas in der Wiesenforscherschule zu lernen, um ein richtiger Wiesenforscher zu werden.
Frau M. holt jetzt aus ihrem Rucksack ein beschriebenes Blatt heraus. Es gibt sieben Punkte, zu denen jeweils ein Bild und ein Textabschnitt gehören. Die Kinder begreifen: Auf dem Blatt steht alles, was Herr Wunderlich seinem Enkel gezeigt hat, was Willi als zukünftiger Wiesenforscher zu tun hat. Es ist ein Brief, ein Anweisungsblatt von der Wiesenforscherschule (siehe S. 377).
Ina liest den oberen Text und Punkt 1) laut vor.
Jeder geht nun für sich alleine los und erst auf Frau M.s Handzeichen treffen sich die Kinder wieder auf dem Sammelplatz. Alle möchten erzählen, denn sie haben viel erkundet:

- Auf der Wiese wächst viel Gras und dazwischen gibt es kleinere und größere Blumen.
- Auf der Wiese wachsen auch kleine Büsche mit grünen Blättern.
- An manchen Stellen sieht man die Erde durchschimmern, da wo gerade nichts wächst.
- Zwischen den Grashalmen kriechen kleine Käfer und Grashüpfer.
- Immer wieder sieht man Schmetterlinge und Bienen fliegen.

Thomas liest nun bei 2) weiter.
Die Kinder packen ihre Forscherrahmen aus, nehmen Klemmbrett mit Blatt und Stift mit und begeben sich vorsichtig alleine oder in Gruppen mit auf die Wiese. Wie abgesprochen treten sie behutsam auf und gehen gerade nur so weit, dass sie ihren Rahmen auf ein blumenreiches Stück legen können. Es ist erstaunlich, wie viele Blumen auf so einem kleinen Stückchen Wiese wachsen! Manche sind bekannt und ihre Namen werden aufgeschrieben.

Anweisungsblatt für Wiesenforscher

Deine erste Wiesenforscherstunde hast du hinter dir. Heute geht es weiter. Bei deiner Ausbildung zum Wiesenforscher wünsche ich dir viel Freude.

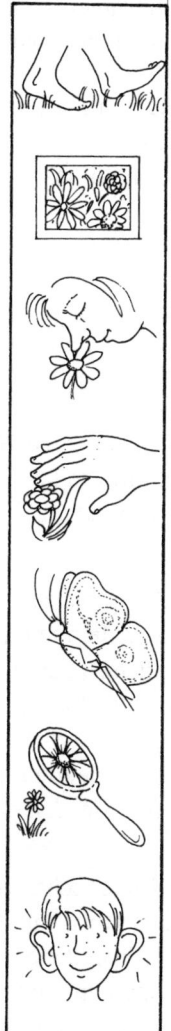

1. Gehe **langsam** und **still** am Wiesenrand entlang. Merke dir, was du dabei entdeckst.

2. Lege den **Forscherrahmen** vorsichtig auf ein Wiesenstück mit vielen Blumen.
   Schau dir die Blumen genau an. Benütze deine Lupe. Kennst du ihre Namen?
   Schau dir das Gras genau an.
   Was entdeckst du?

3. Entdecke die Wiese mit deiner **Wiesenforschernase**. Lege dich ins Gras und schließe deine Augen. Atme langsam und ruhig ein und aus.
   Was entdeckt deine Nase?

4. Setze dich ins Gras und schließe deine Augen. Streichle ganz zart mit deinen **Wiesenforscherhänden** die Spitzen der Grashalme und die kleinen Blumenköpfchen.
   Was spüren deine Hände?

5. Halte jetzt Ausschau nach **Tieren**.
   Schau aufmerksam und genau.

6. Suche dir ein **Tier** aus und betrachte es durch deine **Becherlupe**. Geh behutsam mit dem Tier um.

7. Vergrößere deine Ohren und halte dazu deine Hände jeweils hinter sie. Nun hast du richtige **Wiesenforscherohren**. Drehe deinen Kopf in die Richtung, aus der du ein Geräusch hörst.

Alle Achtung, du warst in der Wiesenforscherschule sehr tüchtig. Ich freue mich schon auf unsere nächste Stunde. Bis dann!

Dein Wiesenforscherlehrer

Im anschließenden Gespräch berichten sie von gelben und weißen Blumen, von roten und blauen, nennen dabei die unterschiedlichsten Blumennamen. Da sie sich nicht immer einigen können, schauen sie sich gemeinsam mit Frau M. die verschieden farbigen Blumen noch einmal der Reihe nach an. Um sie besonders deutlich zu sehen, benützen sie ihre Lupen. Jetzt können sie sicher sein:

- Auf der Wiese wachsen **Gänseblümchen** und **Margeriten**. Ihre „Blütenmitte" ist gelb, ihr „Blütenkleid" ist weiß. Es besteht aus vielen kleinen Blütenblättern, die rund um die „Mitte" angeordnet sind, wie kleine Sterne, sternförmig.
- Auf der Wiese wachsen **Hahnenfuß** und **Löwenzahn**. Beide haben gelbe Blüten, aber ihre Blütenblätter sehen sich gar nicht ähnlich.
- Die kleinen **Kleeblüten** sind manchmal weiß und manchmal rot. Sie sehen aus wie kleine Bällchen.
- Blau ist die zarte **Glockenblume**. Ihre Blüte sieht aus wie ein richtiges Glöckchen.
- Überall wächst hohes und kurzes **Gras**. Die Blätter sind schmal und lang und am oberen Ende spitz.

Ruhig und deutlich spricht Frau M. einen Blumenrätselvers vor, auf den die Kinder leicht die richtige Antwort finden und den sie bald mitsprechen können (siehe S. 380). Während sie die Antworten sagen, zeigt ein Kind auf die genannten Blumen. Jetzt singt Frau M. die Blumenrätsel als Lied vor, dabei ist es für alle ganz leicht, richtig mitzusingen (siehe S. 380).

Nun ist es Zeit für Punkt 3). Schnell hat jedes Kind einen Lieblingsplatz gefunden und sich hingelegt. Es ist schön, die Augen geschlossen zu halten und einfach zu riechen. Der Duft der Wiese wird dabei immer deutlicher, bald merken die Kinder, dass es viele verschiedene Düfte sind, die sie gleichzeitig riechen. Darüber erzählen sie in dem anschließenden Erfahrungsgespräch. Sie wundern sich, dass sie jetzt, mit offenen Augen, nicht mehr so deutlich riechen können. Plötzlich können sie einzelne Blumen, zu denen sie sich ganz nah hinunterbeugen, ebenfalls nur schwach riechen.

Myriam liest Anweisung 4). Was jetzt zu tun ist, ist für die Kinder schön und lustig gleichzeitig. Beim Streicheln biegen sich die Grasspitzen etwas um, kitzeln ein wenig die Handflächen und die Blumen fühlen sich irgendwie groß an. Immer wieder blinzeln einige mit den Augen, denn sie meinen, auf eine große, unbekannte Blume gestoßen zu sein, und dann ist es doch nur eine runde Kleeblüte ... gewesen. Ja, so kann man sich täuschen.

Nun ziehen die Kinder ihre Schuhe und Strümpfe aus und stellen sich paarweise zusammen. Während der eine die Augen schließt, führt ihn der andere behutsam am Wiesenrand entlang. Beide sollen sich merken – der eine mit offenen Augen, der andere mit geschlossenen - was unter ihren Füßen zu spüren ist. Bevor die Rollen getauscht werden, tauschen sie ihre Erfahrungen aus.

Für das Arbeitsblatt, das Frau M. nun austeilt, benötigen die Kinder wieder das Klemmbrett. Jeder schaut sich noch einmal die Blumen auf der Wiese an und sucht ihr Bild auf dem Arbeitsblatt. Werden sie gefunden, wird der Kreis daneben gelb angemalt (siehe S. 381).

Wie in jeder richtigen Schule gibt es auch in der Wiesenforscherschule eine Essenspause. Nach dem Essen ist Zeit, die Wiese zu genießen und mit ihr und an ihrem Rand zu spielen.

- Frau M. zeigt den Kindern, wie man eine Graspfeife bastelt und darauf pfeift: Man klemmt ein genügend breites und langes Grasblatt zwischen die ausgestreckten Daumen und bläst durch den schmalen Spalt.
- Die Stängel der Löwenzahnblüten lassen sich zu einem hübschen Kranz oder einer Kette flechten. Löwenzahnblüten sind einige der wenigen Blüten, die man guten Gewissens abpflücken kann, denn es gibt sehr viele davon. Dennoch soll vor dem Abpflücken überlegt werden, welche Pflanzen wirklich benötigt werden, damit nicht unnötig Blüten ausgerissen werden.
- Einige Kinder sind mit den Lupen unterwegs und möchten sich als selbstständige Wiesenforscher betätigen. Wer mag, kann seine persönlichen „Forschungsergebnisse" auf dem Arbeitsblatt aufzeichnen.
- Tobias und Uwe entdecken eine Schnecke, die sich langsam zwischen den Grashalmen bewegt.
- Unter einem flachen Stein finden Inge und Ayla einen Regenwurm, den sie mit ihren Augen verfolgen. Das ist richtig spannend, stellen sie fest.
- Eine kleine Gruppe spielt das Spiel „Ich sehe was, was du nicht siehst". Als echte Wiesenforscher entdecken sie dabei bislang unbeachtete Pflanzen, Tiere und Steine und zeichnen sie auf ihr Arbeitsblatt.
- Nicht jeder möchte etwas tun. Inge und Bettina haben sich einfach auf ihre Handtücher gelegt und schauen auf dem Bauch liegend in die Wiese hinein. Von hier aus sehen die vielen Stängel und Blüten viel größer aus. Man sieht viel deutlicher, wie sie im Wind hin- und herschaukeln, wie sich Ameisen, Käfer und andere Tierchen zwischen ihnen bewegen.

Auch eine Wiesenforscherschulpause ist einmal zu Ende und die nächste Wiesenforscherstunde beginnt mit dem Fotografieren der Pflanzen und eines Wiesenstücks. Eine gute Gelegenheit, die Pflanzen wiederzufinden und ihre Namen zu nennen.

Wiesenrätsel Text und Melodie: Angelika Meltzer

Ref: Nun ra - tet mal, was ich da se - he, wenn
1. Ein wei - ßes Kleid mit gel - ber Mit - te trägt

ich auf die - ser Wie - se ste - he.
stolz die gro - ße (Mar - ge - ri - te).

Refrain: Nun ratet mal, was ich da sehe,
wenn ich auf dieser Wiese stehe!

Blumen: 1. Ein weißes Kleid mit gelber Mitte
trägt stolz die große … (Margerite).

2. Die kleine gelbe Blume ruft:
Ich bin der scharfe … (Hahnenfuß).

3. Mal ist er rot, mal weiß wie Schnee,
den Tieren schmeckt der fette … (Klee).

4. Jetzt bläst du meine Schirmchen an.
Einst war ich gelber … (Löwenzahn).

5. Was wächst dort für 'ne blaue Blume?
Ihr Glöckchen sagt's: die … (Glockenblume).

6. Auf allen Wiesen gibt es das:
Es ist das hohe (kurze) grüne … (Gras).

Tiere: 1. Auf dem Klee mit viel Gebrummel
tummelt sich die dicke … (Hummel).

2. Voll bepackt, so geht auf Reisen
klein und flink ein Volk … (Ameisen).

3. Durch die Luft mal her mal hin
fliegt ein bunter … (Schmetterling).

4. Die Erde wühlt er um und um
der lange rosa … (Regenwurm).

5. Im Weben hält sie niemals inne,
spannt Netze auf, es ist die … (Spinne).

6. Es krabbelt hier ein roter Käfer –
hat Punkte – der … (Marienkäfer).

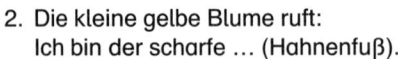

Jetzt geht es mit der Anweisung 5) auf dem Blatt weiter. Vor allem jene Kinder, die während der Pause selbstständig geforscht haben, können jetzt viel erzählen, während die anderen nach den genannten Tieren fleißig Ausschau halten und sie ebenfalls genau beobachten.

- Es gibt Schmetterlinge, Libellen, Bienen, Hummeln, Wespen, Fliegen, Marienkäfer, Ameisen, Spinnen, Grashüpfer, Schnecken...
- Manche Tiere können **fliegen** (Schmetterlinge, Bienen, Hummeln, Wespen, Fliegen, Marienkäfer, Libellen...).
- Manche Tiere können nur **kriechen** (Regenwurm, Schnecke, Käfer...).
- Manche Tiere können **fliegen** und **kriechen** (Marienkäfer, einige Ameisen, Junikäfer...).
- Manche Tiere können **hüpfen** (Grashüpfer, Erdkröten, Frösche...).

Als Nächstes kundschaften die Kinder die Wege der kriechenden, fliegenden und hüpfenden Tiere aus. Das ist ganz schön schwierig, denn irgendwie sind die meisten Tiere plötzlich einfach „weg". Ob das an der mangelnden Aufmerksamkeit liegt? Nicht nur, denn wenn ein Regenwurm in sein Erdloch verschwindet, dann kann ihn niemand weiter beobachten.

Bei Anweisung 6) wird erneut die Lupe benützt. Es ist erstaunlich, wie viel Neues an den Tieren zu entdecken ist, was sonst gar nicht auffällt. Da gibt es fadendünne Beine, verschiedenförmige Flügel und tastende Fühler. Es gibt kleine „Pelzchen", glatte und runzelige Körper sowie winzige bis große Augen. Wären die meisten Tiere in ihren Bewegungen nicht ganz so schnell, könnte man sie noch länger und genauer anschauen. So versuchen die Kinder, ihre Beobachtungen so ausführlich wie möglich zu schildern.

Nun stellt Frau M. wieder Rätselfragen. Die Antworten sind ganz leicht zu finden. Bald können die Kinder auch die Tierrätsel mit ihrer Lehrerin singen. Anschließend ist jeder nochmals mit dem Arbeitsblatt und dem Klemmbrett unterwegs. Diesmal hält er Ausschau nach den Tieren der Wiese. Die Fensterchen auf dem Arbeitsblatt werden gelb angemalt, sofern sie gesehen und erkannt werden. Manch einer macht dabei wieder persönliche Entdeckungen, die er aufmalt oder aufschreibt.

Auf dem Sammelplatz liest Sabine die letzte Anweisung vor. Jeder sucht sich daraufhin einen „Lauschplatz", auf dem er sich ruhig mit geschlossenen Augen, Hände an die „Wiesenforscherohren" haltend, hinsetzt oder hinlegt. Die Lehrerin will die Geräusche auf Kassette aufnehmen, deshalb müssen die Kinder ganz leise sein. Nach der Kassettenaufnahme wird erzählt.

Jeder hat etwas gehört und die Kinder versuchen, die wahrgenommenen Geräusche so genau wie möglich zu beschreiben. Manchmal ringen sie dabei um die passenden Wörter.

- Die Fliege surrt. Die Biene summt. Die Hummel brummt. Die Grille zirpt. Der Frosch quakt. Der Wind rauscht. Das Auto brummt. Die Glocken läuten ...

Ein letztes Mal versammeln sich die Kinder auf den Handtüchern. Erkan liest den Schluss vor und zufrieden machen sich die Kinder auf den Heimweg. Zuvor schneidet Frau M. noch behutsam ein bis drei Exemplare der entdeckten Pflanzen ab und trägt sie vorsichtig in die Schule – für die nächste Wiesenforscherstunde.

Pflanzen und Tiere der Wiese

Material
Kassettenrekorder, „Wiesentonbandaufnahme", Wiesenblumen in Wassergefäßen, Arbeitsblatt (siehe S. 381), Pflanzenabbildungen (siehe S. 387), Tierabbildungen (siehe S. 388), Steckbriefe (siehe S. 389 ff.), Fotos, grünes Tuch, Erdtuch, zwei Schülertische, Anweisungsblatt, Wiesenmemory (siehe S. 387 ff.)

Als die Kinder am nächsten Tag in die Schule kommen, sehen sie in der Mitte ein großes Durcheinander. Da stehen die von der Wiese mitgenommenen Blumen in kleinen Wassergefäßen, dazwischen sind Bilder von Tieren und Wiesenblumen zu sehen. Viele Wortkarten sowie ein braunes und ein grünes Tuch liegen ebenfalls herum.
Im Sitzkreis hören sich die Kinder die Geräuschaufnahme von der Wiese an. Rasch sind die Erinnerungen an den gestrigen Tag wieder gegenwärtig und die Kinder tauschen ihre Erlebnisse und Beobachtungen aus. Bei der Gelegenheit benennen sie die Tiere und Pflanzen, die sich in der Mitte befinden und lesen die entsprechenden Wortkarten. Mit viel Freude singen sie das Blumen- und Tierrätsellied (siehe S. 380) und zeigen dabei auf die genannten Pflanzen und Tiere.
Frau M. erzählt von Willi und Herrn Wunderlich weiter:

> *Die Zeit auf der Wiese seines Opas verging für Willi wie im Flug. Bei seinem nächsten Besuch lief er gleich wieder zur Wiese und beobachtete sie mit Forscherrahmen und Lupe. Den Swimmingpool hat er ganz vergessen. Auf einmal steht Herr Wunderlich hinter ihm. „Schöne Grüße von der Wiesenforscherschule!", ruft er ihm entgegen. „Es gibt noch Aufgaben für dich, damit du deine bisherigen Erforschungen immer wieder überprüfen kannst. Die Aufgaben stehen auf diesem Blatt geschrieben." Herr Wunderlich übergibt es seinem Enkel.*

Frau M. holt ein gefaltetes Blatt heraus und überreicht es Ayla. Gespannt beginnt sie zu lesen:

> *Lieber Wiesenforscherschüler!*
> *Sicherlich möchtest du dir deine Erlebnisse auf der Wiese immer wieder ins Gedächtnis rufen. Überlege dir deshalb,*
> - *wie man Pflanzen und Tiere ordnen kann;*
> - *zu welchen Pflanzen und Tieren die Steckbriefe gehören;*
> - *wie du die Pflanzen und Tiere auf deinem Wiesenblatt ausmalst.*
>
> *Ich wünsche dir dazu gutes Gelingen.*
>
> *Dein Wiesenforscherlehrer*

Das gefällt den Kindern. Zuerst überlegen sie sich **Ordnungsmöglichkeiten** für Tiere und Pflanzen und bilden dazu „Pflanzen- und Tiergruppen".

- Zunächst werden zwei freie Schülertische im hinteren Teil des Klassenzimmers jeweils mit dem grünen und dem braunen Tuch belegt, als Zeichen für die Wiese und Erde. Dann beginnen die „Pflanzengruppen" am grünen, die „Tiergruppen" am braunen Tisch ihre Arbeit.
- Die erste Gruppe sortiert die Blumen in den Wassergefäßen nach Farben.
- Die zweite Gruppe sucht die passenden Abbildungen und legt sie jeweils vor die Wassergefäße (siehe S. 387).
- Die dritte Gruppe stellt die richtigen Namenskärtchen davor.
- Die vierte Gruppe wählt aus den bereits entwickelten Fotos die passenden aus und legt sie ebenfalls dazu.
- Die fünfte Gruppe ordnet die Tiere nach fliegenden, kriechenden und hüpfenden Wiesentieren.
- Die sechste Gruppe stellt die richtigen Namenskärtchen und entsprechenden Tierbilder dazu.
- Die siebte Gruppe sortiert die Tierfotos.

In einem Stehhalbkreis versammelt sich die Hälfte der Klasse vor dem Pflanzentisch. Jetzt, da alles so geordnet steht, ist es leicht, schwierige Rätselfragen zu finden. Einer beginnt z.B.:

- Ich sehe eine Pflanze mit besonders kurzem Stängel und vielen kleinen weißen Blütenblättern... (Gänseblümchen).

Die andere Hälfte der Kinder stellt sich um den „Tiertisch". Auch hier werden Rätselfragen gestellt:

- Ich sehe ein Tier mit einem grauen Fell und einem langen Schwanz ... (Feldmaus).

Anschließend tauschen die Gruppen ihre Plätze.

Nun geht es mit den Steckbriefen (siehe S. 389 – 394) weiter. Jeder Steckbrief zeigt ein Bild einer Pflanze oder eines Tieres mit kurzer Beschreibung. Fürs erste werden die Steckbriefe den Pflanzen und Bildern richtig zugeordnet. Später können damit verschiedene Spiele gespielt werden:

- Die Steckbriefe werden in einer beliebigen Reihenfolge ausgelegt, eine Spielfigur steht am Anfang der Reihe. Es wird gewürfelt. Je nach Augenzahl rückt die Figur zum entsprechenden Steckbrief vor. Er wird gelesen und der richtige Pflanzen- oder Tiername genannt. Wer es schafft, erhält die Karte. Wer die meisten Karten sammeln kann, gewinnt.
- Die Steckbriefe kommen in einen Fühlsack oder unter ein Tuch. Eine Karte wird gezogen und vom Spielleiter vorgelesen. Wer den gesuchten Begriff aufgeschrieben hat, nimmt sich einen Spielstein (oder ein Plättchen, z.B. Rechenplättchen).
- Der Spielleiter zeigt den Namen eines Tieres oder einer Pflanze. Wer sie am genauesten beschreiben kann, wird neuer Spielleiter.

Nun wird es Zeit, das Arbeitsblatt vom Vortag herauszuholen (siehe S. 381). Bevor die Kinder mit dem Ausmalen mit Buntstiften beginnen, werden noch einmal die mitgebrachten Pflanzen genau angeschaut. In die ausgemalten runden und eckigen Kästchen schreiben die Kinder die Nummern hinein. Wer fertig ist, klebt das Blatt selbstständig in sein Heft.

Noch einmal setzen sich alle in den Sitzkreis. Die Lehrerin erzählt die Geschichte von Willi und Herrn Wunderlich zu Ende:

> *Willi war sehr fleißig. Den ganzen Nachmittag beschäftigte er sich damit, Bilder von Tieren und Pflanzen zu zeichnen, in Büchern und Kalendern nach ihnen zu suchen und alles unter einem regen- und windgeschützten Eckchen vor dem Haus übersichtlich hinzustellen. Als er fertig war, rief er nach seinem Opa. Sehr zufrieden betrachtete Herr Wunderlich das Werk seines Enkels und lobte ihn ausreichend. Schließlich fragte er ganz ruhig: „Nun, Willi, wie ist es jetzt; möchtest du noch immer, dass wir in die Wiese ein riesiges Loch buddeln, um einen Swimmingpool zu bauen?"*

Frau M. schaut die Kinder an. Was wird Willi wohl geantwortet haben? Fast alle sind der Meinung, dass Willi die Lust auf einen Swimmingpool vergangen ist. Denn die vielen Pflanzen, die vielen Tiere – wo sollten sie nur weiterleben? Sie alle würden kaputt gehen, das schöne, vielfältige Pflanzen- und Tierleben wäre einfach weggebaggert, nur um einige wenige Wochen im Jahr ein bisschen Spaß und Abkühlung zu bekommen.

> *Auch Willi hat so gedacht. „Wenn es mir zu heiß ist, nehme ich einfach den Gartenschlauch und spritze mich damit ab!", erklärt er seinem Opa und probiert es auch gleich aus. „Und außerdem bleibe ich ein Wiesenforscher, denn auf der Wiese gibt es das ganze Jahr hindurch viel zu entdecken."*

Herr Wunderlich hat Willi zur Erinnerung an seine Erlebnisse in der Wiesenforscherschule und an seine Entscheidung, ein Wiesenforscher zu bleiben, ein Wiesenmemory geschenkt. Frau M. hat es mitgebracht und die Kinder spielen es immer wieder gerne.

Aus den Abbildungen von S. 389 bis S. 394 bzw. S. 387 f. kann ein Wiesenmemory hergestellt werden.

Wir bereiten ein Wiesenfest vor

Das umfangreiche Material regt an, ein Wiesenfest zu veranstalten, verbunden mit einer Wiesenausstellung im Klassenzimmer. Dazu werden andere Klassen und die „alten" Freunde aus dem Kindergarten eingeladen. „Die wissen wahrscheinlich noch wenig über die Wiese", vermutet Leonie. „Die wissen noch gar nicht, was eine Blüte ist", konkretisiert sie ihre Meinung.
Kritisch werden Fragen überlegt, deren Beantwortung wichtig ist, damit man sich „in der Wiesenausstellung auskennt". Die folgenden zu beantworten, halten die Kinder für besonders wichtig:

1. Aus welchen Teilen besteht eine Wiesenpflanze?
2. Wie ist die Wiese entstanden?
3. Wie entsteht ein Schmetterling?

Außerdem werden für ein Fest Getränke und Speisen gebraucht – zumindest als Kostproben. Auch sie sollten etwas mit der Wiese zu tun haben.

<u>1. Aus welchen Teilen besteht eine Wiesenpflanze?</u>
- An eine kräftige Margerite, die vorsichtig mit den Wurzeln ausgegraben wurde, werden kleine Wortkarten an die Pflanzenteile gehängt:

| Wurzel | Stängel | Blatt | Blüte |

Pflanzenabbildungen und Wortkarten

	Gänseblümchen		Kamille
	Hahnenfuß		Sauerampfer
	Glockenblume		rote Lichtnelke
	Weißer Klee		Wiesenschaumkraut
	Roter Klee		Schafgarbe
	Löwenzahn		Spitzwegerich
	Margerite		Fuchsschwanz

Tierabbildungen und Wortkarten

Heupferd	Weinberg-schnecke	Ameise	Hummel	Feldmaus
Biene	Marienkäfer	Spinne	Maulwurf	Regenwurm
Blattlaus	Brauner Grashüpfer	Tausendfüßler	Tagpfauen-auge	Zitronen-falter
Kleiner Fuchs	Hase	Wespe	Laufkäfer	Raupe

- Einige der mitgebrachten Pflanzen werden gepresst und aufgeklebt. Zu diesen Pflanzen werden auch die Namen der Pflanzenteile geschrieben.
- Eine Gruppe, die sich dieser Frage besonders widmet, stellt einen kurzen Text zusammen, zu dem Bilder gemalt werden:

Wiesenblumen sind Blütenpflanzen

Sie haben Wurzeln, Stängel, Blätter und Blüten.

Die **Wurzel** ist der Teil der Pflanze, der unter der Erde wächst und der Blume Halt gibt. Die Wurzeln nehmen Wasser und Nahrung aus dem Boden auf.

Am **Stängel** wachsen Blätter und Blüten.

Die grünen **Blätter** nehmen die Kraft der Sonne auf. Es gibt viele verschiedene Blattformen.

Die bunten **Blüten** locken mit ihren Farben Insekten wie Bienen und Schmetterlinge an.

Aus den Blüten werden **Samen**. Aus den Samen wachsen im nächsten Jahr neue Blumen.

Steckbriefe

Gänseblümchen

Blüte:
gelbes Blütenköpfchen mit weißen kleinen Blütenblättern, manchmal mit rötlichem Rand

Blatt:
eiförmig, Rand mit wenigen Zacken

Stängel: kurz

Roter Klee

Blüte:
rosa, kugelig

Blatt:
oval, glatter Rand

Steckbriefe

Weißer Klee

Blüte:
weiß, kugelig

Blatt:
oval, glatter Rand

Glockenblume

Blüte:
lila, wie eine Glocke

Blatt:
länglich, glatter Rand

Hahnenfuß

Blüte:
gelb

Blatt:
wie der Fuß eines
Hahnes – dreiteilig

Achtung: giftig!

Löwenzahn

Blüte:
gelb, tellerförmig

Blatt:
länglich, stark gezähnt

Steckbriefe

Margerite

Blüte:
weiß mit gelber Mitte

Blatt:
länglich, gesägter Rand

Schafgarbe

Blüte:
viele weiße bis rosa Blüten,
an jedem Stängel wie ein
kleines Blütensträußchen

Blatt:
wie eine Feder

Spitzwegerich

Blüte:
braun mit weißen Fäden,
wie ein Ohrputzstäbchen

Blatt:
länglich, glatter Rand

Sauerampfer

Blüte:
klein, rötlich

Blatt:
schlank, glatter Rand

Steckbriefe

Kamille

Blüte:
gelbes Blütenköpfchen mit
weißen Blütenblättern
Sie duftet.

Blatt:
wie eine Feder

Stängel: lang

Marienkäfer

Auf seinem roten Rücken
hat er schwarze Punkte.
Er frisst Blattläuse.

Biene

Sie wohnt in einem Bienenstock. Sie ernährt sich vom Nektar (Blütensaft), den sie aus den Blüten saugt. Blütenpollen bleiben an ihren Beinen hängen. Wenn sie viele Blüten besucht hat, sehen die Pollen an den Beinen wie „gelbe Höschen" aus.

Achtung: Sie sticht!

Hummel

Sie ist dicker und größer
als die Biene mit vielen
Härchen auf dem Körper.
Sie trinkt den Nektar aus
den Blüten.

Steckbriefe

Ameise

Sie lebt mit vielen tausend
anderen Ameisen in einem
Ameisenhaufen.
Bitte nicht stören!

Spinne

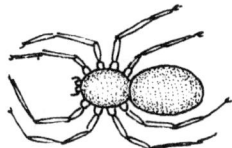

Sie hat acht Beine.
Sie spinnt dünne Fäden
und baut damit Netze.
Darin fängt sie Fliegen
und andere Insekten.

Regenwurm

Er ist rosa bis rotbraun.
Sein Körper ist in viele Ringe
eingeteilt. Er gräbt Gänge in
die Erde und lockert sie.
So kommen Luft und Wasser
leichter an die Wurzeln der
Pflanzen.

Maus

Sie hat ein braungraues Fell
und einen langen Schwanz. Sie
ist ein Nagetier mit scharfen
Nagezähnen.

Steckbriefe

Brauner Grashüpfer

Er ist braun und kann sehr weit springen. Wenn er die Beine schnell an den Flügeln reibt, entsteht ein Zirpgesang.

Maulwurf

Er hat ein schwarzes, glänzendes Fell. Er gräbt Gänge unter der Erde und hinterlässt beim Graben Maulwurfshügel.

Tausendfüßler

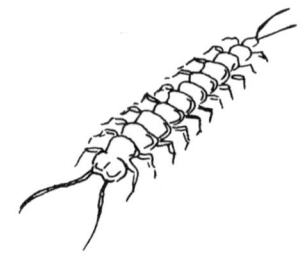

Er sieht aus wie ein langer Wurm und hat oft über hundert Beine.

Kleiner Fuchs

Die Oberseite der Flügel ist orange und schwarz gefärbt. Blaue Halbmonde schmücken den Flügelrand.
Der Schmetterling saugt mit seinem Rüssel Nektar aus den Blüten.

Am Tag des Wiesenfestes stellen die Kinder an ihre Besucher Fragen, die diese spontan oder mit Hilfe des Textes beantworten können: Was weißt du von den Pflanzenwurzeln?

- Das Aussehen der Wurzeln, Stängel, Blätter und Blüten wird auf kleine Kärtchen gezeichnet und Besonderheiten werden dazugeschrieben.
  Wurzeln: gerade, krumm, verzweigt, Länge, Farbe, Form (wie ein...)
  Stängel: rund, kantig, gerillt, hohl, behaart
  Blätter: dick, dünn, weich, fest; länglich, eiförmig, rund, spitz; glatter Rand, gezackter Rand, runder Rand
  Blüten: Farbe, Anzahl der Blütenblätter, Form (rund, oval, spitz)

Am Tag des Wiesenfestes sollen die Besucher die Kärtchen zu den richtigen Pflanzen legen.

2. Wie ist die Wiese entstanden?
Auch für diese Frage findet sich eine Expertengruppe zusammen. Die Kinder führen Versuche durch:

- Verschiedene Samen (Löwenzahnsamen, Grassamen) werden auf feuchte Watte gelegt. Auf kleine Kärtchen werden die täglichen Veränderungen gezeichnet und geschrieben.
- Am Beispiel des Löwenzahns wird die Vermehrung von Blütenpflanzen gezeigt. Die Satzstreifen werden den Bildern zugeordnet. Kontrolle durch Nummern auf der Rückseite von Bildern und Satzstreifen.

Der Lebenslauf eines Löwenzahns

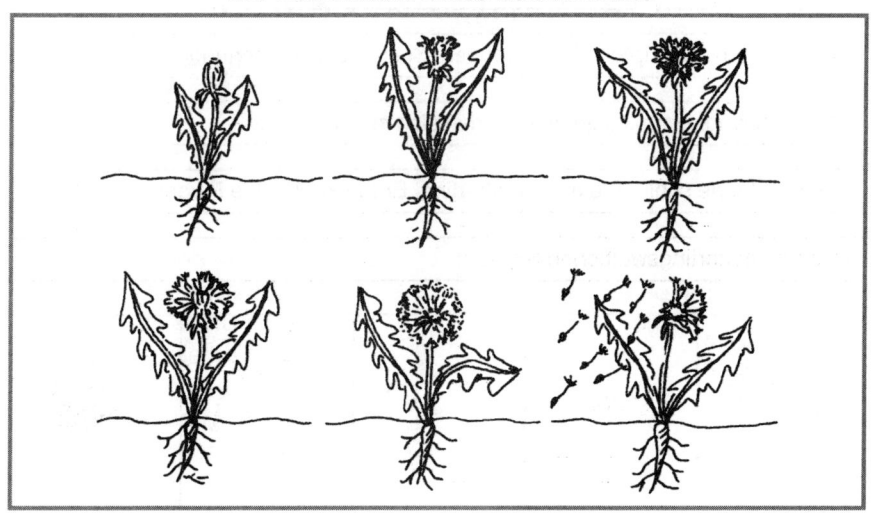

Ein Löwenzahn wächst auf der Wiese.

Aus ihm wächst an einem Stängel eine gelbe Blüte.

Sie verwandelt sich in eine Pusteblume.

Der Wind trägt ihre Schirmchen davon.

Da, wo sie hinfallen, wächst ein neuer Löwenzahn.

Die Kinder überlegen sich optische Formen zum Hinlegen der Bilder, die den Lebenslauf des Löwenzahns verdeutlichen.
- Die Kinder zeichnen eine Löwenzahnpflanze und beschriften ihre Teile.
- Aus Lesebüchern werden Löwenzahngedichte abgeschrieben und illustriert.
- Für das Wiesenfest wird ein Löwenzahngedicht auswendig gelernt und mit Bewegungen gestaltet.

3. Wie entsteht ein Schmetterling?
Die Lehrerin gibt den Kindern Abbildungen, die sie zu ordnen versuchen (siehe unten). Die folgenden Satzstreifen helfen ihnen dabei (Kontrolle durch Nummern auf der Rückseite der Satzstreifen und Bilder):

So entsteht ein Schmetterling

Ein Schmetterlingsweibchen legt Eier.

Aus den Eiern schlüpfen kleine Raupen. Sie fressen Blätter und wachsen rasch.

Die ausgewachsene Raupe verwandelt sich in eine Puppe.

Aus der Puppe schlüpft ein Schmetterling. Er trocknet seine Flügel an der Luft.

Das Schmetterlingsweibchen legt Eier.

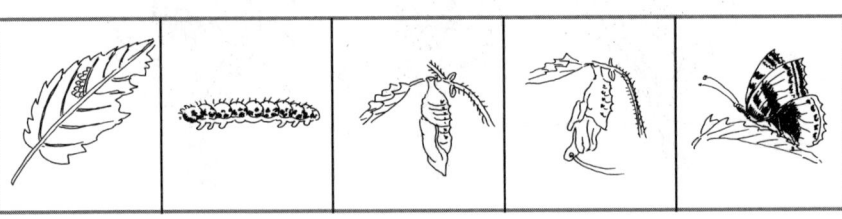

Die Kinder überlegen sich eine optische Form zum Hinlegen der Bilder, die den Lebenskreislauf des Schmetterlings verdeutlicht.

Am Tag des Wiesenfestes ordnen die Besucher Bilder und Satzstreifen. Die Geschichte der kleinen „Raupe Nimmersatt" wird vorgelesen.

Aus dünner Vlieseline (in den Stoffabteilungen der Kaufhäuser erhältlich) schneiden die Kinder Schmetterlingsformen aus und betupfen sie symmetrisch mit Wasserfarben. Mit den fertigen Schmetterlingen werden die Äste der Jahreszeitenecke geschmückt.

Am Tag des Wiesenfestes werden auch einige Kostproben angeboten. Die „Wiesenzutaten" sollten von möglichst abgasfreien Wiesen gepflückt werden. Bei der Zubereitung des Löwenzahnhonigs können die Besucher zusehen:

Löwenzahnhonig
1 l Löwenzahnblüten : waschen, trocknen, grob hacken.
Mit 1 l Wasser und drei Schreiben Zitrone aufkochen, 20 Minuten köcheln lassen. Durch ein Sieb abgießen.
Den Saft mit 1 kg Zucker aufkochen und 90 Minuten einkochen lassen, dabei öfter umrühren.
Den dickflüssigen Honig in gereinigte Gläser füllen und verschließen.

Löwenzahnsalat
Junge Löwenzahnblätter waschen, in Streifen schneiden, mit gehackten Zwiebeln mischen – Soße aus Olivenöl, Obstessig, Salz und etwas Kleehonig.

Frischkäse mit Sauerampfer
Gewaschene, gezupfte Sauerampferblätter mit Frischkäse mischen.

Eiersalat mit Gänseblümchen und Sauerampfer
Hart gekochte Eier und Hartkäse in Würfel schneiden und mit gewaschenen Gänseblümchen vorsichtig mischen. Soße aus Olivenöl, Obstessig, Salz, Pfeffer und Kleehonig.

Brennesseltee
Getrocknete Brennesselblätter (auch als Tee fertig zu kaufen) mit kochendem Wasser aufgießen und ziehen lassen.

Kamillentee
Getrocknete Kamillenblüten (in der Apotheke zu kaufen) mit kochendem Wasser aufgießen und ziehen lassen.

6. Anhang

In unseren Stunden werden immer wieder Musikstücke verwendet: zur Entspannung, zur Konzentration, zur Empathie, zur Bewegung. Nachstehend eine kurze Übersicht der von uns benützten Musikstücke zur Anregung.

Unsere Erfahrungen:

Die Lehrerin muss einen Bezug zu dem von ihr ausgewählten Musikstück haben, sonst wird es für ihr Vorhaben keine geeignete Erzähl- oder Konzentrationsanregung sein können.
An der Reaktion der Kinder lässt sich die unterstützende oder störende Funktion erkennen. Die natürliche Eingewöhnungsbedürftigkeit mancher Stilrichtungen ist hiermit nicht gemeint.
Bestimmte musikalische Passagen für gleiche oder ähnliche Situationen werden zu nonverbalen Lern- und Konzentrationshilfen und erleichtern ein schnelles Sich-Einstellen auf die gegenwärtige Aufgabe. So gibt es für uns z. B. eine „Ichmusik", eine „Schleichmusik" etc.

Für den praktischen Einsatz gibt es jeweils zwei Musikvorschläge, sofern nicht ganz allgemein „Meditative Musik" empfohlen wird. Es gibt davon ein umfangreiches Angebot unterschiedlichster Stilrichtungen, das vor seinem Einsatz verantwortungsvoll auf seine Eignung zu überprüfen ist. Bewährt haben sich jeweils jene Musikstücke, die eine ruhige Klarheit statt einer diffusen Unruhe vermitteln, die zur Zentrierung und nicht zur Zerstreuung der Persönlichkeit beitragen. Es kann nicht unserem erziehlichen Anliegen entsprechen, wenn Kinder durch das Erleben von Musik in ihre peripheren Wunsch- und (Sehn)-Suchtfelder geraten, den Weg dahin gleichsam mit unserer Hilfe „erlernen" und auf Dauer gesehen den positiven Bezug zur Realität und ihrer Aufgabenstellung verlieren. Uns geht es vielmehr um die Erfahrung der vorhandenen Fülle innerhalb der eigenen Persönlichkeit und nicht um ein Kreisen um die „Egomitte". Diese gibt sich mit Illusionen zufrieden und kann die Realität nur insoweit akzeptieren, inwieweit sie das eigene „Ich will haben ..." befriedigt.

Seite 19:
„Schleichmusik": *Karunesh,* Sounds of the Heart, Relax;
A. Vivaldi, Die vier Jahreszeiten, Konzert Nr. 3, Herbst, Adagio

Seite 24, 26:
„Gehen": *Karunesh,* Sounds of the Heart, Clouds and Wings;
J. S. Bach, Ouvertüre Nr. 3 D-dur, 2. Satz Air
„Ichmusik": *Mike Rowland,* Silver Wings;
T. Albinoni, Adagio g-moll

„Lieblingsfarbemusik": *Vangelis,* Missing, Hauptthema;
J. Sibelius, Valse triste op. 44
„Lieblingstiermusik": *Vangelis,* Opera Sauvage, L'enfant;
C. Saint-Saens, Karneval der Tiere, Königlicher Marsch des Löwen

Seite 30:
„Ichmusik" siehe Seite 26

Seite 34, 132:
„Tanzen": *Karunesh,* Sounds of the Heart, The Commune;
A. Vivaldi, Die vier Jahreszeiten, Konzert Nr. 3, Herbst, Allegro

Seite 47:
„Lieblingsfarbemusik" siehe Seite 26

Seite 56, 68, 70, 116, 131:
„Ichmusik" siehe Seite 26 bzw. „Meditative Musik"

Seite 76, 124, 147, 294:
Geräuschkassette: Geräusche und Effekte zum Nachvertonen – Straßengeräusche – Naturgeräusche – Verschiedenes (siehe Abb. S. 294)

Seite 165, 166, 167, 177:
„Nachtmusik": *Aeoliah,* Angel Love;
E. Grieg, Peer Gynt, Suite Nr. 1, 2. Satz, Äses Tod

Seite 230:
A. Vivaldi, Die vier Jahreszeiten, Konzert Nr. 1 „Frühling", I: Allegro („Vögel und Knospen"*); Konzert Nr. 2 „Sommer" III: L'orage (Presto), („Gewittermusik"); Konzert Nr. 3 „Herbst"; III: Allegro („Erntetanz"); Konzert Nr. 4 „Winter", I: Allegro non molto („Spaziergang auf dem Eis")
*Die in Klammern gesetzten Begriffe beziehen sich auf die inhaltlichen Schwerpunkte bei der Interpretation der Konzertausschnitte – siehe Seite 232

Seite 325:
„Traummusik": *Arndt Stein,* Musik zum Entspannen und Träumen aus dem Soundtrack Frühlingsmorgen, Sonnenlicht;
J. Massenet, Thais, Meditation

Grundlagenliteratur

Lehrplan für die Grundschulen in Bayern, Bayerisches Staatsministerium für Unterricht und Kultus, München 2000

Lernwege der Kinder, Marlies Hempel (Hsg.), in: Grundlagen der Schulpädagogik, Band 29, Schneider Verlag, Hohengehren 1999

Erzieherische Leitbilder und Mündigkeit von Kurt Aregger, in: Schriftenreihe Lehrerbildung Sentimatt Luzern, Verlag Sauerländer, Frankfurt a. M. o. J.

Milz, Ingeborg, Sprechen, Lesen, Schreiben, Teilleistungsschwächen im Bereich der gesprochenen und geschriebenen Sprache, C.Winter, Heidelberg 1997

Bundschuh, Konrad, Heilpädagogische Psychologie, UNI taschenbücher 1645, UTB für Wissenschaft, E. Reinhardt, Zürich 1995

Klaushofer, Johann W., Gestalt, Ganzheit und heilsame Begegnung im Religionsunterricht, Otto Müller Verlag, Salzburg 1989

Müller-Bardorff, H., Meditation in der Grundschule, Wolf Handbücher Unterrichtspraxis, Wolf Verlag, Regensburg 1990

Frankl, V.E., Ärztliche Seelsorge, Grundlagen der Logotherapie und Existenzanalye, Frankfurt a. Main, 4. Auflage 1992

Frankl, V.E., Das Leiden am sinnlosen Leben, Psychotherapie für heute, Herderbücherei Band 615, Freiburg 1977

Aeppli, Willi, Aus dem Anfangsunterricht einer Rudolf Steiner Schule, Verlag Rolf Kugler, 2. Auflage 1988

Fabricius, C., Mit Kinder Formen zeichnen, Novalis Verlag AG, Schaffhausen 1990

van Leeuwen, M., Jahreszeitentische, Verlag Freies Geistesleben GmbH, Stuttgart 1990

Die Autorinnen

Angelika Meltzer, Lehrerin an einer Grundschule in Fürth/Bay. Mentorin und Betreuungslehrerin mit langjähriger praktischer Erfahrung in der Klassenführung von 1. und 2. Jahrgangsstufe. Veröffentlichung zum Sachunterricht im Oldenbourg Schulbuchverlag.

Edith Wittassek, Lehrerin an einer Grundschule in Nürnberg. Viele Jahre als Mentorin und Betreuungslehrerin tätig, derzeit als Beratungslehrerin und Multiplikatorin für den Neuen Grundschullehrplan in Bayern. Veröffentlichungen im Oldenbourg Schulbuchverlag in den Bereichen Mathematik und Sachunterricht.